G. I. GURDJIEFF

BEELZEBUBS ERZÄHLUNGEN
FÜR SEINEN ENKEL

G. I. GURDJIEFF

All und Alles
Erste Serie

G. I. GURDJIEFF

Beelzebubs Erzählungen für seinen Enkel

Eine objektiv unparteiische Kritik des Lebens des Menschen

Zweites Buch

 TRIANGLE EDITIONS, INC.

Die englische Ausgabe von G. I. Gurdjieffs Werk aus dem Jahr 1949 lautet
>Beelzebub's Tales to His Grandson,
An Objectively Impartial Criticism of the Life of Man.
All and Everything. First Series<

Die deutsche Fassung des Werkes,
aus dem Englischen übersetzt von Louise March,
erschien 1950 im Verlag der Palme, Innsbruck, 1967 in Editions Janus, Paris
und dem Freytag Verlag, München, in Kommission,
1981 im Sphinx Verlag, Basel, und 2000 im Diederichs Verlag, München.

Verantwortlich für diese durchgesehene Auflage: SAKEM e.V.
www.gurdjieff-arbeit.de

2010
ISBN 978–0–9823518–1–9 (*Zweites Buch*)
Copyright ©Triangle Editions, Inc., New York

Druck: Libri Plureos GmbH, Friedensallee 273, 22763 Hamburg
Printed in Germany.

PLAN DES GESAMTWERKES

ALL UND ALLES
IN 3 SERIEN

I. Serie

BEELZEBUBS ERZÄHLUNGEN
FÜR SEINEN ENKEL
oder
EINE OBJEKTIV-UNPARTEIISCHE KRITIK DES
LEBENS DES MENSCHEN

II. Serie

BEGEGNUNGEN MIT BEMERKENSWERTEN
MENSCHEN

III. Serie

DAS LEBEN IST NUR WIRKLICH,
‚WENN ICH BIN‘

Das Ganze ist nach völlig neuen Prinzipien logischer Erwägung geschrieben und strengstens auf die Lösung der folgenden drei Hauptprobleme gerichtet:

Die erste Serie,

um ohne Schonung und Kompromiß die im Denken und Fühlen des Lesers seit Jahrhunderten eingewurzelten Meinungen und Ansichten über alles in der Welt Existierende zu vernichten.

Die zweite Serie,

um den Leser mit dem für eine neue Schöpfung nötigen Material bekanntzumachen und dessen Richtigkeit und Qualität zu beweisen.

Die dritte Serie,

um im Denken und Fühlen des Lesers — anstelle der jetzt von ihm wahrgenommenen eingebildeten Welt — eine Vorstellung zu bilden, die der in Wirklichkeit existierenden Welt entspricht.

WOHLWOLLENDER RAT

aus dem Stegreif eigenhändig vom Autor geschrieben,
als er das Buch in Druck gab.

Den zahlreichen Folgerungen und Schlüssen nach, zu denen ich in meinen experimentellen Forschungen über die Art kam, wie der moderne Mensch neue Eindrücke, Gehörtes oder Gelesenes, verwertet, und auch dem Sinn einer Volksweisheit nach, deren ich mich soeben erinnerte und die aus sehr alten Zeiten auf unsere Tage kam und besagt:

„Jedes Gebet kann von den Höheren Mächten nur dann erhört und eine entsprechende Antwort nur dann erlangt werden, wenn es dreimal gesagt wird:

Erstens – für das Wohlergehen oder den Seelenfrieden unserer Eltern.

Zweitens – zum Wohle unseres Nachbarn

Und erst Drittens — zu unserem eigenen", halte ich es für nötig, auf der ersten Seite dieses ersten, jetzt ganz beendeten und schon in Druck gegebenen Buches folgenden Rat zu erteilen:

„Lies jede meiner Schriften dreimal:

Erstens — wenigstens so mechanisch, wie du gewöhnt bist, alle deine modernen Bücher und Zeitungen zu lesen;

Zweitens — so als ob du einer anderen Person vorläsest;

Und erst Drittens — versuche in das Wesen meiner Schriften einzudringen."

Erst dann kannst du dir deine dir allein eigene Meinung über meine Schriften bilden. Und nur dann kann sich meine Hoffnung verwirklichen, daß je nach deinem Verständnis du den besonderen Nutzen für dich daraus gewinnen wirst, den ich dir mit meinem ganzen Sein wünsche.

DER AUTOR

INHALT

Erstes Buch

	Seite
I. Erwachen des Denkens............................	1
II. Einführung: Warum Beelzebub in unser Sonnensystem kam........................	53
III. Warum das Schiff „Karnak" im Fallen Verspätung hatte.............................	59
IV. Das Fallgesetz........................	70
V. Das System des Erzengels Hariton................	75
VI. Das Perpetuum mobile............................	78
VII. Echter Seins-Pflicht bewusst werden...............	82
VIII. Der freche Schlingel Hassin, Beelzebubs Enkel, erdreistet sich, die Menschen „Wegschnecken" zu nennen...............................	85
IX. Der Entstehungsgrund des Mondes................	87
X. Warum die „Menschen" nicht Menschen sind....	94
XI. Ein pikanter Zug der sonderbaren Psyche des heutigen Menschen	101
XII. Erstes „Knurren"........................	105
XIII. Warum in der Vernunft des Menschen die Einbildung als Wirklichkeit wahrgenommen wird...................	111

		Seite
XIV.	Der Anfang von Perspektiven, die nichts sehr Heiteres versprechen................................	115
XV.	Beelzebubs erste Hinabkunft auf den Planeten Erde...	118
XVI.	Die Relativität des Zeitbegriffs.....................	131
XVII.	Erzabsurd: Beelzebub behauptet, daß unsere Sonne weder leuchtet noch wärmt................	145
XVIII.	Erzphantastisch.......................................	161
IX.	Beelzebubs Erzählungen von seiner zweiten Hinabkunft auf den Planeten Erde.................	191
XX.	Beelzebubs dritter Flug auf den Planeten Erde...	223
XXI.	Beelzebub besucht zum ersten Mal Indien.......	244
XXII.	Beelzebub zum ersten Mal in Tibet...............	270
XXIII.	Der vierte persönliche Aufenthalt Beelzebubs auf dem Planeten Erde..............................	287
XXIV.	Beelzebub fliegt ein fünftes Mal auf den Planeten Erde...	336
XXV.	Der von Oben auf die Erde gesandte Sehr Heilige Aschiata Schiämasch...........................	369
XXVI.	Der Legomonsismus betreffs der Überlegungen des Sehr Heiligen Aschiata Schiämasch unter dem Titel „Der Schrecken der Situation"........	375
XXVII.	Die Form der Existenzordnung, die der Sehr Heilige Aschiata Schiämasch für die Menschen schuf..	389
XXVIII.	Der Hauptschuldige an der Vernichtung aller Sehr Heiligen Arbeiten Aschiata Schiämasch....	414

Zweites Buch

		Seite
XXIX.	Früchte alter Zivilisationen und Blüten der modernen..	439
XXX.	Kunst...	477
XXXI.	Sechstes und letztes Verweilen Beelzebubs auf dem Planeten Erde...................................	556
XXXII.	Hypnotismus...	593
XXXIII.	Beelzebub als berufsmäßiger Hypnotiseur........	617
XXXIV.	Beelzebub in Rußland....................................	631
XXXV.	Änderung in dem geplanten Fallkurs des Zwischen-System-Schiffes „Karnak"....................	700
XXXVI.	Noch ein klein wenig mehr über die Deutschen...	704
XXXVII.	Frankreich...	707
XXXVII.	Religion..	741
XXXIX.	Der heilige Planet „Fegefeuer".......................	793

Drittes Buch

XL.	Beelzebub erzählt, wie die Menschen das kosmische Grund-Welt-Gesetz Heptaparaparschinoch kennenlernten und wieder vergaßen................	867
XLI.	Der Bucharische Derwisch Hadschi-Asvaz-Truv....	927
XLII.	Beelzebub in Amerika....................................	978
XLIII.	Beelzebubs Ansicht über den periodischen gegenseitigen Vernichtungsprozess der Menschen...	1123
XLIV.	Beelzebubs Meinung nach ist des Menschen Auffassung von Gerechtigkeit im objektiven Sinn für ihn eine verfluchte falsche Vorspiegelung...	1190

		Seite
XLV.	Beelzebubs Meinung nach ist des Menschen Gewinnung von Elektrizität aus der Natur und ihre Vernichtung während ihres Gebrauches eine der Hauptursachen zur Verkürzung des Lebens des Menschen...	1219
XLVI.	Beelzebub erklärt seinem Enkel die Bedeutung der von ihm gewählten Form und Reihenfolge, in der er die Kunde über die Menschen darlegte..	1236
XLVII.	Das gesetzmäßige Resultat unparteiischen Denkens..	1249
XLVIII.	Vom Autor..	1262

XXIX. Kapitel

FRÜCHTE ALTER ZIVILISATIONEN
UND BLÜTEN DER MODERNEN

„Im assoziativen Lauf meiner Erzählungen über die dir lieben dreihirnigen Wesen auf dem Planeten Erde muß ich dir jetzt, mein Junge, unbedingt ein wenig mehr über zwei wichtige Gemeinschaften dort erzählen, die ‚Griechen‘ und die ‚Römer‘, die vom Antlitz jenes unglückseligen Planeten sogar die Erinnerung an die durch die heiligsten Arbeiten des das Wesen liebenden Aschiata Schiämasch erhaltenen Resultate ‚wegfegten‘.

„Ich muß dir vor allem sagen, daß in jener Periode, als auf der Oberfläche deines Planeten, und zwar auf dem Kontinent Asien, im Bestande eines dortigen dreihirnigen Wesens die von Oben bestimmte heilige Empfängnis unseres jetzt All-kosmischen Sehr Heiligen Aschiata Schiämasch verwirklicht wurde und auch später, während der Periode Seiner Sehr Heiligen Tätigkeit und der darauffolgenden allmählichen Vernichtung aller von ihm erreichten Resultate durch deine Lieblinge, daß es auch auf dem benachbarten Kontinent, der damals schon Europa hieß, eine Menge jener sonderbaren dir lieben dreihirnigen Wesen gab, die sich schon lange vor dieser Zeit in verschiedene selbständige Gemeinschaften gruppiert hatten.

„Zu jenen selbständigen Gemeinschaften gehörten damals — auf Grund derselben kosmischen Gesetze, die ich schon einmal erwähnt habe — jene zwei großen und, wie sie dort sagen, ‚mächtigsten‘ Gemeinschaften, das heißt Gemeinschaften, die am besten organisiert und mit den wirksamsten Mitteln für die Prozesse gegenseitigen Vernichtens ausgestattet waren, nämlich die ‚Griechen' und ‚Römer'.

„Und diese vom Standpunkt deiner gegenwärtigen Lieblinge aus ‚sehr alten' Gemeinschaften muß ich dir unbedingt und möglichst ausführlich darstellen, weil sie damals nicht nur, wie ich bereits sagte, vom Antlitz jenes unglückseligen Planeten auch jene letzten Resultate ‚wegfegten', die für alle dreihirnigen Wesen aller folgenden Epochen segensreich gewesen wären, und sogar alle Spuren einer Erinnerung an die sehr heiligen Arbeiten des Das Wesen Liebenden Aschiata Schiämasch, sondern weil sie auch die Ursache davon waren, daß in der Vernunft deiner gegenwärtigen Lieblinge echter ‚Unsinn' vor sich geht und daß in ihnen jener ‚Grund-Seins-Impuls' für objektive Moral völlig verschwunden ist, genannt ‚organisches Schamgefühl'.

„Ein näheres Bekanntwerden mit diesen großen Gruppierungen deiner Lieblinge und mit verschiedenen von ihnen geschaffenen Formen von ‚Glückseligkeit', die auf die Wesen späterer Epochen übergegangen sind, wird dir eine gute Vorstellung davon geben und dir verständlich machen, wie sich dort einzelne selbständige Gemeinschaften bilden und auch weshalb eine gegebene Gemeinschaft, sobald sie, ohne das Zutun der Wesen selbst mächtig geworden ist, Vorteil aus dieser Tatsache zieht und darauf ausgeht, alles von anderen ‚weniger mächtigen' Gemeinschaften schon Erworbene zu vernichten und ihnen ihre eigenen ‚neuen Erfindungen' aufzudrängen, meistens im besten Glauben, daß diese eben das sind, was die anderen brauchen.

„Ich muß vorausschicken, mein Junge, daß ich dir die Entstehungsgeschichte jener alten Gemeinschaften, der Griechen und Römer, wie auch alles, was später mit ihnen zusammenhängt, hier nicht nach den Resultaten meiner persönlichen Nachforschungen darstelle, sondern dir nur jene Kunden über sie weitergebe, die ich von einem jener Wesen unseres Stammes erfuhr, das sich entschlossen hatte, für immer auf diesem deinem Planeten zu bleiben.

„Die Sache ist die, daß, als ich zum sechsten und letzten Mal auf den Planeten Erde hinabkam, ich die Absicht hatte, auf jeden Fall mir endgültig alle wirklichen Ursachen dessen klarzumachen, weshalb die Psyche jener dreihirnigen Wesen, die wie die Psyche der übrigen dreihirnigen Wesen unseres großen Weltalls sein sollte und sein könnte, auf jenem Planeten so außerordentlich sonderbar geworden war.

„Und da ich bei meinen Nachforschungen wiederholt feststellte, daß eine Hauptursache der verschiedenen Anomalitäten der allgemeinen Psyche der modernen Wesen die sogenannte ‚Zivilisation' war, die ihren Ursprung in jenen zwei großen Gruppierungen von Wesen, Griechen und Römer genannt, hatte, so mußte ich auch auf bestimmte Einzelheiten über sie eingehen.

„Da ich aber in jener Zeit völlig mit meinen Nachforschungen über die Tätigkeit des Sehr Heiligen Aschiata Schiämasch in Anspruch genommen war, übertrug ich die Aufklärung der Entstehungsgeschichte jener zwei selbständigen Gruppierungen deiner Lieblinge — was ihr sogenanntes ‚subjektives Seins-Sein' angeht — jenem gleichen Wesen unseres Stammes, das, wie ich dir schon sagte, bis zur Jetztzeit in einer großen Stadt des Kontinents Europa eine ‚Begräbnis-Anstalt' unterhält.

„Aus den Nachforschungen dieses unseres Landsmannes ergab es sich, daß lange, lange vor der Periode, auf die sich das bezog, was ich dir über die majestätische Stadt Babylon erzählte, damals nämlich, als der Existenzprozeß jener sonderbaren Wesen noch hauptsächlich auf dem Kontinent Asien vor sich ging und Tikliamisch ihr Kulturzentrum war, daß es damals auf jenem besagten Kontinent Europa, der jetzt der Haupt-Existenzort deiner

Lieblinge ist, noch keine fest organisierten Gemeinschaften gab.

„Damals existierten auf jenem Kontinent hauptsächlich zwei- und einhirnige Wesen, die dort wilde ‚Vierfüßler' und ‚Reptilien' genannt werden; aber von deinen Lieblingen, den zweifüßigen Wesen, gab es damals auf jenem Kontinent nur erst einige kleine Gruppen, die fast ebenso ‚wild' wie die ‚Vierfüßler' waren.

„Diese kleinen Gruppen zweifüßiger Wesen beschäftigten sich damals ausschließlich mit der Vernichtung der vierfüßigen- und Reptilwesen und manchmal auch mit der Vernichtung der Wesen ihresgleichen.

„Die Zahl deiner Lieblinge auf jenem Kontinent Europa wuchs erst dann an, als Emigranten aus Maralpläsie, die von Ort zu Ort wanderten, schließlich dorthin kamen und sich dort niederließen.

„Am Ende jener Epoche siedelten nämlich eine Anzahl von Wesen der ersten asiatischen Gruppe von Tikliamisch auf jenen Kontinent Europa über, die zwei ganz verschiedene Berufe ausübten; nämlich einige von ihnen beschäftigten sich mit verschiedenen See-Gewerben und andere mit dem, was dort ‚Viehzucht' und ‚Hirtentum' genannt wird.

„Die Familien, die sich mit Viehzucht beschäftigten, siedelten sich hauptsächlich an den südlichen Küsten des Kontinents an, weil jene Gegenden damals für die Unterhaltung und Fütterung jener vierfüßigen Wesen sehr gut geeignet waren.

„Und jene Gruppe irdischer Wesen nannte man damals ‚Latinaki', was soviel wie ‚Hirten' bedeutete.

„Anfangs existierten diese Hirten mit ihren Familien und Herden zerstreut an verschiedenen Plätzen. Später aber wuchs ihre Zahl allmählich an, einerseits durch die Einwanderung von Wesen aus dem Kontinent Asien, die die gleiche Beschäftigung wie sie hatten, und anderererseits, weil sie immer fruchtbarer wurden, und das deshalb, weil die Natur des Planeten Erde begonnen hatte, sich der verschlechterten Qualität der für die große Natur erforderlichen Vibrationen, die sich aus den Ausstrahlungen der irdischen Wesen bilden, anzupassen, indem sie diese Vibrationen durch solche ersetzte, die jetzt nur durch die Prozesse ihres heiligen ‚Raskuarno' oder wie sie sagen, durch ihren Tod freiwerden.

Und als nun all demzufolge ihre Zahl beträchtlich anwuchs und die äußeren Bedingungen häufigen Verkehr zwischen den einzelnen Familien erforderten, gründeten sie ihre erste gemeinschaftliche Ansiedlung und nannten sie ‚Rimk'.

Von dieser Gruppe asiatischer Hirten stammen die späteren berühmten ‚Römer' ab, deren Name von dem Namen ihrer ersten gemeinschaftlichen Ansiedlung ‚Rimk' herrührt.

„Und jene asiatischen Wesen, die ein ‚See-Gewerbe' betrieben, die sich nämlich mit Fischfang und dem Sammeln von Schwämmen, Korallen und Seegras beschäftigten, wanderten mit ihren Familien zur leichteren Ausübung ihres Berufes aus und ließen sich entweder an den westlichen Küsten ihres Kontinents Aschark oder an den südöstlichen Küsten des Kontinents Europa nieder oder an den Inseln jener Meeresenge, die den Kontinent Asien vom Kontinent Europa trennt.

„Die Wesen dieser neugebildeten Gruppen dreihirniger irdischer Wesen wurden damals ‚Hellenaki' genannt, was soviel wie ‚Fischer' bedeutete.

„Die Zahl der Wesen jener Gruppe vermehrte sich auch allmählich aus den gleichen Ursachen, die schon hinsichtlich der Gruppe von Hirten angeführt worden waren.

„Der Name der Wesen dieser zweiten Gruppe wurde mehrmals geändert und schließlich kam man dazu, sie ‚Griechen' zu nennen.

„Also, mein teurer Junge!

„Die Wesen eben jener zwei Gruppen waren eine der Hauptursachen, daß die Vernunft deiner gegenwärtigen Lieblinge mechanisch wurde und daß in ihnen jene Gegebenheiten völlig atrophierten, die den Impuls des Seins-Schamgefühls hervorrufen.

„Die Griechen waren die Ursache, daß die Vernunft der dortigen dreihirnigen Wesen allmählich immer mehr degenerierte, so daß sie in den gegenwärtigen dortigen Wesen, in der Sprache unseres teuren Mulla-Nassr-Eddin, bereits eine ‚echte Unsinns-Mühle' ist.

„Die Römer aber waren die Ursache, weshalb als Resultat folgerichtiger Veränderungen im Bestande der gegenwärtigen dreihirnigen Wesen dort sich niemals jene Faktoren kristallisieren, die in den übrigen dreihirnigen Wesen den Impuls hervorrufen, der ‚instinktives Schamgefühl' heißt, jenen Seins-Impuls nämlich, auf dem die sogenannte ‚objektive Moral' beruht.

„Und so entstanden jene beiden Gemeinschaften dort, die später, wie es dort öfters vorkommt, für eine gewisse Periode sehr solide und mächtig wurden. Die weitere Geschichte ihres verderblichen, noch immer wirksamen Nachlasses für die Wesen der folgenden Geschlechter aber ist folgende:

„Den Nachforschungen unseres Landsmannes nach scheint es, daß die ersten Stammväter der Wesen jener Gemeinschaft, die später Griechenland genannt wurde, oft gezwungen waren, wegen des häufigen Unwetters auf dem Meere, das sie in ihren See-Gewerben hinderte, bei Regen und Wind an geschützten Orten Zuflucht zu suchen, wo sie aus Langeweile anfingen, sich mit verschiedenen von ihnen zum Zeitvertreib erfundenen ‚Spielen' zu beschäftigen.

„Wie es sich später herausstellte, gaben sich diese alten Fischer anfangs mit solchen ‚Spielen' ab, wie sie heutzutage Kinder dort spielen, solche Kinder aber, muß bemerkt werden, die noch nicht in die gegenwärtigen Schulen gehen, denn die armen Kinder, die in die Schule gehen, haben so viele Aufgaben zu machen, die vor allem im Auswendiglernen von allerlei von verschiedenen dortigen Hasnamuss-Kandidaten verfaßten ‚Dichtungen‘ bestehen, daß sie nie Zeit haben, sich mit irgendwelchen ‚Spielen‘ zu beschäftigen.

„Kurzum, diese armen Fischer dort spielten anfangs aus Langeweile gewöhnliche Kinder-Spiele, die sich schon lange zuvor dort eingebürgert hatten; als aber später einer von ihnen ein neues Spiel erfand, genannt ‚aus dem Leeren ins Leere gießen‘, gefiel es allen dermaßen, daß sie von da an sich nur noch mit diesem Spiel abgaben.

„Dieses Spiel bestand in der Formulierung irgendeiner Frage über irgendeinen ‚Unsinn‘, nämlich eine Frage über eine absichtliche Faselei und derjenige, an den die Frage gerichtet war, mußte eine möglichst glaubwürdige Antwort geben.

„Eben dieses Spiel nun war die Ursache zu allem, was dann geschah.

„Es stellte sich heraus, daß unter jenen alten, sich langweilenden Fischern einige so ‚aufgeweckt‘ und ‚erfinderisch‘ waren, daß sie bald sehr gewandt nach den Prinzipien dieses sonderbaren ‚Spieles‘ sehr lange Erklärungen erfanden.

„Und als einer von ihnen entdeckt hatte, wie aus der Haut jenes Fisches, der ‚Haifisch‘ genannt wird, das gemacht werden konnte, was man später ‚Pergament‘ nannte, begannen sogar einige dieser geschickten Burschen, nur um vor ihren Gefährten ‚groß-zu-tun‘, diese ihre langen Erklärungen sogar auf diesen Fischhäuten aufzuzeichnen, wobei sie jene konventionellen Zeichen anwandten, die sie schon zuvor für ein anderes Spiel, genannt ‚Mausefalle‘, erfunden hatten.

„Und noch ein wenig später, als diese gelangweilten Fischer schon ihren Nachkommen Platz gemacht hatten, gingen auf diese letzteren sowohl diese mit Aufzeichnungen versehenen Fischhäute als auch der Hang zu dem erwähnten sonderbaren ‚Spiel‘ erblich über; und diese verschiedenen neuen Erfindungen, sowohl ihre eigenen als die ihrer Vorfahren, bezeichneten sie mit dem sehr hochtrabenden Namen ‚Wissenschaft‘.

„Und da der Hang zur ‚Erfindung‘ dieser ‚Wissenschaften‘ von Geschlecht zu Geschlecht weiterging, wurden im Laufe der Zeit die Wesen jener Gruppe, deren Vorfahren einfache asiatische Fischer gewesen waren, zu ‚Spezialisten‘ in der Erfindung aller möglichen ‚Wissenschaften‘.

„Und außerdem gingen auch diese Wissenschaften von Geschlecht zu Geschlecht weiter und eine Anzahl von ihnen gelangte in fast unveränderter Form bis auf die gegenwärtigen Wesen jenes Planeten.

„Und deshalb kristallisieren sich in den gegenwärtigen Wesen dieses Unglücks-Planeten fast mehr als die Hälfte der in ihrer Vernunft entstehenden sogenannten ‚Egoplastikuren‘, durch die im allgemeinen der Prozeß der sogenannten ‚Seins-Weltanschauung‘ in den Wesen vor sich geht, aus solchen Wahrheiten, die von jenen gelangweilten Fischern und den ihnen nachfolgenden Generationen erfunden worden waren.

„Was aber die alten Hirten anbelangt, die später die große mächtige Gemeinschaft ‚Rom‘ genannt, bildeten, so waren die Stammväter dieser Gruppe auch öfters durch schlechtes Wetter gezwungen, ihre Herden in geschützte Plätze zu treiben und sich auf irgendeine Weise miteinander die Zeit zu vertreiben.

„Wenn sie so zusammen waren, führten sie ‚verschiedene Gespräche‘. Als sie aber alles zu Ende gesprochen hatten und sich zu langweilen begannen, schlug einer von ihnen vor, daß sie sich zur Abwechslung mit dem beschäftigen könnten, was sie damals zum erstenmal ‚Cinque-contra-uno' nannten, eine Beschäftigung, die sich unter demselben Namen bis zur Jetztzeit unter ihren dort entstehenden und existierenden Nachkommen erhalten hat.

„Solange sich nur die Wesen männlichen Geschlechtes damit beschäftigten, ging alles ‚ruhig und friedlich' zu; als aber ein wenig später sich ihre ‚passiven Hälften', nämlich ihre Frauen, einmischten, die sofort diese ‚Beschäftigung' zu schätzen begannen und rasch große Vorliebe für sie gewannen, erzielten sie allmählich solche ‚Finessen' in diesen Beschäftigungen, daß, selbst wenn unser All-universeller erzlistiger Luzifer sich seinen verehrten Kopf darüber zerbrechen würde, er doch nicht ein Zehntel jener ‚Nummern' erfinden könnte, die diese früheren Hirten damals erfanden und für die Wesen der folgenden Geschlechter jenes unglückseligen Planeten ‚zubereiteten'.

„Also, mein Junge, als diese beiden selbständigen Gruppierungen irdischer dreihirniger Wesen sich vermehrten und alle verschiedenen wirksamen Mittel und Wege erwarben, die zu erreichen das gewöhnliche Ziel aller Gemeinschaften dort in allen Perioden ihrer Existenz war, nämlich Mittel und Wege zur gegenseitigen Vernichtung, begannen sie diese Prozesse mit anderen selbständigen Gemeinschaften dort auszuführen — meistens natürlich mit weniger mächtigen Gemeinschaften — und manchmal auch untereinander.

„Es ist höchst interessant, hier zu bemerken, daß, wenn sich zwischen diesen zwei Gemeinschaften, die, was den Besitz wirksamer Mittel für die Prozesse gegenseitiger Vernichtung betrifft, von fast gleicher Stärke waren, sich Friedensperioden einstellten, dann die Wesen beider Gruppen oft miteinander in Berührung kamen, dank der benachbarten Lage ihrer Existenzorte, und daß sie dann sogar freundliche Beziehungen miteinander unterhielten. Und auf diese Weise übernahmen sie nach und nach voneinander jene Eigentümlichkeiten, die ihre Vorfahren zuerst erfunden hatten und die ihnen in Fleisch und Blut übergegangen sind.

„Mit anderen Worten, das häufige Zusammentreffen der Wesen jener zwei Gemeinschaften hatte zur Folge, daß die griechischen Wesen, die von den römischen Wesen alle Finessen sexueller ‚Nummern' übernahmen, ihre sogenannten ‚athenischen Nächte' zu veranstalten begannen, wogegen die Römer-Wesen, nachdem sie von den Griechen-Wesen gelernt hatten, wie man ‚Wissenschaften' braut, ihr später berühmt gewordenes sogenanntes ‚Römisches-Recht' erfanden.

„Danach verging viel Zeit. Die Erfinder dieser beiden Arten von Seins-Äußerungen waren schon längst vernichtet und ebenfalls vernichtet waren auch schon ihre Nachkommen, die zufällig ‚mächtig' geworden waren.

„Und trotzdem ... trotzdem verschwenden die modernen dreihirnigen Wesen jenes Planeten mehr als die Hälfte ihrer Existenz und ihre mit Mühe und Not erworbene Seins-Energie unbewußt und manchmal sogar bewußt daran, sich jene zwei Ideale anzueignen und zu verwirklichen, deren Entstehung der Initiative der besagten gelangweilten asiatischen ‚Fischer' und ‚Hirten' zu verdanken ist.

„Und es scheint, mein Junge, daß später, als diese beiden Gruppierungen deiner Lieblinge viele der besagten wirksamen Mittel zur erfolgreichen Vernichtung der Existenz der ihnen ähnlichen Wesen erworben hatten und als sie Übung darin gewannen, Wesen anderer Länder zu überreden oder kraft ihrer Mittel zu zwingen, ihre eigenen inneren Überzeugungen gegen jene von den Vorfahren ihrer Besieger erfundenen Ideale einzutauschen, sie sich zuerst, wie ich schon sagte, die benachbarten Gemeinschaften, die auf dem Kontinent Europa lagen, unterwarfen; später wandten sie sich, unterstützt von den in dieser Periode zusammengebrachten ‚Kriegshorden‘, zu demselben Zweck nach dem Kontinent Asien.

„Dort aber auf dem Kontinent Asien fingen sie an, ihren verderblichen Einfluß zuerst auf die Wesen auszuüben, die die westlichen Küsten jenes Kontinents bevölkerten — Wesen, in denen, wie ich schon sagte, Jahrhunderte hindurch Seins-Impulse für eine mehr oder weniger normale ‚Seins-Existenz‘ herangebildet worden waren — und drangen später allmählich ins Innere dieses Festlandes vor.

„Ihr Vordringen in das Innere des Kontinents Asien ging sehr erfolgreich vonstatten und ihre Reihen nahmen ständig zu, hauptsächlich deswegen, weil die in Babylon gewesenen Gelehrten überall auf dem Kontinent Asien weiterhin die Vernunft der Wesen mit ihren Hasnamussischen Ideen gefangenhielten.

„Bedeutend half ihnen auch der Umstand, daß in den Instinkten der asiatischen Wesen sich noch die Resultate des Einflusses der ‚Eingeweihten‘ und ‚Priester‘ bewahrt hatten, der Jünger des Sehr Heiligen Aschiata Schiämasch, die in ihren Predigten außer anderem eines der Hauptgebote Aschiata Schiämaschs weitergaben, das da lautet:

„‚Töte einen anderen selbst dann nicht, wenn dein eigenes Leben in Gefahr ist.‘

„Indem diese ehemaligen Fischer und Hirten dies ausnutzten, konnten sie sehr leicht vordringen und unterwegs all jene vernichten, die nicht die von ihnen erworbenen ‚Götzen‘, das heißt ihre phantastischen Wissenschaften und ihre phänomenale Sittenlosigkeit, anzubeten gewillt waren.

„Anfangs drangen diese für alle dreihirnigen Wesen aller folgenden Generationen ‚Böses-säenden-Wesen‘, die auf dem Kontinent Europa entstanden, besonders die Griechen, zwar langsam aber sicher ins Innere des Kontinents Asien vor.

„Als aber etwas später jener endgültig geformte ‚erzeitle-Grieche‘, der künftige Hasnamuss Alexander von Mazedonien, an der Spitze dessen, was eine Armee genannt wird, dort erschien, begann jener Prozeß, der auch die letzten Reste der Resultate der sehr heiligen absichtlichen Arbeiten unseres jetzt schon Allgemein Kosmischen Höchsten Sehr Heiligen Aschiata Schiämasch wegfegte, worauf wieder, wie man sagt, die ‚alte Geschichte‘ weiterging.

„Obschon jedesmal mit der Veränderung des Platzes des Kulturzentrums unter deinen Lieblingen, jenen seltsamen dreihirnigen Wesen, eine sogenannte neue ‚Zivilisation‘ entstand, und jede neue ‚Zivilisation‘ für die Wesen der folgenden Epochen sowohl etwas Neues als auch etwas Übelbringendes mit sich brachte, hat doch keine dieser zahlreichen Zivilisationen, die gegenwärtige Periode natürlich eingeschlossen, soviel Übles für die Wesen späterer Epochen bereitet, als eben jene berühmte ‚griechisch-römische-Zivilisation‘.

„Ohne die vielen anderen und geringeren Züge ihrer Psyche aufzuzählen, die sich nicht für dreihirnige Wesen ziemen, die aber jetzt in dem Bestand deiner Lieblinge vorkommen, ist diese Zivilisation vor allem daran schuld, daß aus dem Bestand der dreihirnigen Wesen der folgenden Geschlechter und insbesondere der gegenwärtigen Wesen die Möglichkeiten vollständig verschwanden, die die Gegebenheiten für ein ‚gesundes-logisches-Denken‘ kristallisieren und den Impuls der ‚Seins-Selbst-Scham‘ hervorrufen.

„Und zwar führten zur völligen Atrophie des ersteren die ‚alt-griechischen phantastischen-Wissenschaften‘; wogegen die Ursache des letzteren in der ‚altrömischen-Sittenlosigkeit‘ lag.

FRÜCHTE ALTER ZIVILISATION

„In der ersten Periode jener ‚Griechisch-Römischen Zivilisation‘ waren die besagten verderblichen Impulse, nämlich die ‚Leidenschaft zur Erfindung phantastischer Wissenschaften‘ und der ‚Hang-zur-Sittenlosigkeit‘, allein den griechischen und römischen Wesen eigen; später aber, als, wie ich schon sagte, die Wesen dieser beiden Gemeinschaften zufällig mächtig wurden und mit Wesen anderer Gemeinschaften zusammenkamen und sie beeinflußten, wurden die Wesen anderer Gemeinschaften deiner unglückseligen Lieblinge von diesen sonderbaren und unnatürlichen Seins-Impulsen angesteckt.

„Dies begann einerseits, wie ich dir schon sagte, durch den ständigen Einfluß dieser beiden Gemeinschaften und anderseits ob jener Eigentümlichkeit ihrer Psyche, die allen dreihirnigen Wesen jenes Planeten anhaftet und sich in ihnen durch das, was dort ‚Nachahmung‘ genannt wird, einbürgert.

„Und somit brachten diese ‚Erfindungen‘ jener zwei alten Gemeinschaften es nach und nach dahin, daß zur Jetztzeit die Psyche deiner Lieblinge, die schon vordem recht wackelig war, jetzt in allen von ihnen ohne Ausnahme schon so schwankend geworden ist, daß sowohl ihre ‚Weltanschauung‘ als überhaupt die ganze Einrichtung ihrer gewöhnlichen Existenz ausschließlich auf der Basis jener zwei besagten Erfindungen der Wesen jener ‚griechisch-römischen‘ Zivilisation beruht und vor sich geht, nämlich auf der Basis des Phantasierens und des Strebens nach sexueller Befriedigung.

„Es ist sehr interessant, hier zu bemerken, daß obgleich, wie ich dir schon sagte, dank der von den alten Römern auf sie gekommenen Erbschaft die den dreihirnigen Wesen geziemende ‚organische Selbstscham‘ aus dem Bestande deiner Lieblinge allmählich vollkommen verschwand, dafür aber etwas diesem Impuls Ähnliches in ihnen entstand.

„Von diesem ‚Pseudo-Seins-Impuls', den sie auch ‚Scham' nennen, gibt es soviel du willst im Bestande deiner gegenwärtigen Lieblinge, aber die Gegebenheiten, die diesen wie alle übrigen Impulse hervorrufen, sind recht merkwürdig.

„Dieser Seins-Impuls entsteht in ihrem Bestande nur dann, wenn sie etwas tun, was unter den dort waltenden anomalen Bedingungen ihrer gewöhnlichen Seins-Existenz nicht gut vor anderen ausgeführt werden kann.

„Wenn aber niemand sieht, was sie tun, dann ist es ihnen ganz gleich — selbst wenn ihrem eigenen Bewußtsein und ihrem eigenen Gefühl nach es nicht wünschenswert sein sollte, ruft doch keine dieser Äußerungen einen solchen Impuls in ihnen hervor.

„Die von den alten Römern geschaffene ‚Seligkeit' drang in der letzten Zeit so in die Natur deiner auf allen Festländern jenes unglückseligen Planeten existierenden Lieblinge ein, daß es schwer zu sagen ist, welche Wesen welcher gegenwärtigen Gemeinschaft am meisten von diesen ‚verbindlichen' Römern geerbt haben.

„Was aber das von den alten Griechen weiter gegebene Erbe anbelangt, die Leidenschaft nämlich, verschiedene phantastische ‚Wissenschaften' zu erfinden, so ist diese Leidenschaft nicht allen dreihirnigen Wesen der Jetztzeit in gleichem Maße eigen, sondern sie ging nur auf bestimmte Wesen in allen großen wie kleinen Gemeinschaften auf allen Festlandsteilen der Oberfläche jenes sonderbaren Planeten über.

„Diese Leidenschaft, ‚phantastische-Wissenschaften-zu-erfinden', ging von den alten Griechen erblich am meisten auf die Wesen jener gegenwärtigen Gemeinschaft über, die dort unter dem Namen ‚Deutschland' existiert.

„Die Wesen des gegenwärtigen Deutschland kann man schlechtweg als die ‚direkten-Erben-der-alt-griechischen-Zivilisation' bezeichnen.

„Und man kann sie deshalb so bezeichnen, weil hauptsächlich sie in der Jetztzeit die gegenwärtige Zivilisation mit allerlei neuen ‚Wissenschaften' und ‚Erfindungen' bereichern.

„Unglücklicherweise, mein Junge, haben die Wesen der gegenwärtigen Gemeinschaft Deutschland in vielem sogar die Wesen des alten Griechenland, wie man sagt, ‚übertroffen'.

„Durch die von den alten Griechen erfundenen ‚Wissenschaften' wurde nur das Seins-Denken in anderen Wesen verdorben und wird noch weiter verdorben.

„Die gegenwärtigen Wesen der Gemeinschaft Deutschland aber wurden außerdem noch sehr geschickt im Erfinden solcher Wissenschaften, durch die die erwähnte besondere Krankheit, das ‚Klügeln', sich unter deinen übrigen Lieblingen sehr weit verbreitete. In den Prozessen dieser Krankheit bemerken zufällig viele von ihnen halb bewußt oder sogar ganz automatisch irgendeine kleine Einzelheit jenes allgemeinen kosmischen Prozesses, der alles Existierende bewirkt, und wenn sie dann später anderen davon Mitteilung machen, nutzen sie dies für irgendeine ihrer sogenannten ‚neuen Erfindungen' aus, wodurch sie die Anzahl jener ‚neuen Mittel' vergrößern, von denen sich so viele während der zwei letzten ihrer Jahrhunderte dort anhäuften, so daß ihre Gesamtwirkung schon zu einer sogenannten ‚insgesamt-zersetzenden-Kraft' wurde, im Gegensatz zu der sogenannten ‚insgesamt-aufbauenden Kraft' der Natur.

„Und tatsächlich, mein Junge, einzig ob der von den Wesen jenes gegenwärtigen Deutschland erfundenen Wissenschaften erwerben die übrigen dreihirnigen Wesen deines Planeten, sowohl die, die zu dieser als auch zu anderen Gemeinschaften gehören, die Möglichkeit zu ‚erfinden', und sie erfinden jetzt schon fast jeden Tag hier oder dort irgendeine ‚neue Erfindung' oder ‚neue Mittel', und da sie diese in ihrem Existenzprozeß anwenden, haben sie es schon dahin gebracht, daß die schon sowieso geschwächte arme Natur kaum mehr fähig ist, ihre sogenannten ‚Evolutions- und Involutions-Prozesse' auszuführen.

„Damit du dir klarer vorstellen und besser verstehen kannst, wie diese gegenwärtigen direkten Nachkommen ihre ‚Erblasser' übertrafen, muß ich dir einige jetzt dort vorkommenden und in vollem Maße praktisch angewandten Mittel erklären, die es nur dank dieser der ‚Natur helfenden' direkten Erben der alten Griechen gibt.

„Ich will dir einige der dort heutzutage überall existierenden und angewandten Mittel erklären, die von den Wesen eben jener gegenwärtigen Gemeinschaft ‚Deutschland' erfunden worden sind.

„Zu allererst möchte ich nebenbei ein sehr sonderbares Kuriosum hervorheben, nämlich, daß diese gegenwärtigen ‚Vertreter' der alten Griechen ihren besagten verderblichen ‚Erfindungen' Namen geben, die aus irgendeinem Grunde alle auf ‚in' endigen.

„Nehmen wir aus der Menge sehr vieler überaus verderblicher ‚Erfindungen' jener deutschen Wesen nur gerade fünf ihrer sogenannten ‚chemischen-Stoffe', zum Beispiel die, die jetzt dort unter den Namen von 1. Satkein, 2. Anilin, 3. Kokain, 4. Atropin und 5. Alizarin existieren, chemische Stoffe, die in der Jetztzeit von den Wesen aller Kontinente und Inseln gebraucht werden, wie unser teurer Mulla-Nassr-Eddin sagt, ‚sogar ohne Einschränkung'.

„Das erste von den aufgezählten eigens von den deutschen Wesen erfundene Mittel, nämlich ‚Satkein', ist nichts anderes als ‚Samukuruasar', das heißt, eines der sieben sogenannten ‚neutralisierenden Gase', die im allgemeinen Bestand jedes Planeten entstehen und immer vorhanden sind und die am ‚endgültigen Kristallisieren' aller bestimmten auf-und-inplanetischen Bildungen teilnehmen und die, einzeln genommen, immer und überall sogenannte ‚wahllose Vernichter des schon Entstandenen' sind.

„Über diese deutsche Erfindung erfuhr ich auch einmal unter anderem, daß, als eines der Wesen jener Gemeinschaft aus Gründen, die ich vor kurzem beschrieb, aus irgendeiner bestimmten auf-oder-inplanetischen Bildung dieses Gas gewann und dabei seiner Eigentümlichkeit gewahr wurde und einigen anderen davon erzählte — daß dann diese anderen, der Tatsache zufolge, daß in dem Bestand der Wesen ihrer Gemeinschaft und somit in ihnen das sogenannte ‚allerintensivste Erleben' der Haupteigentümlichkeit der Psyche der dreihirnigen Wesen deines Planeten stattfand, nämlich ‚das-dringende-Bedürfnis-die-Existenz-anderer-ihresgleichen-zu-vernichten', und da zu jener Zeit die Wesen jener Gemeinschaft in den Prozeß der gegenseitigen Vernichtung mit den Wesen benachbarter Gemeinschaften verwickelt waren, beschlossen diese anderen sofort ‚begeistert', sich ganz dem Erfinden von Mitteln zu widmen, um die besondere Eigenschaft jenes Gases für die schnelleren Massenvernichtungen der Existenz der Wesen anderer Gemeinschaften auszunutzen.

„Und nachdem sie praktische Untersuchungen im Hinblick auf dieses Ziel begonnen hatten, entdeckte einer von ihnen bald, daß dieses Gas zu dem erwähnten Zweck gut gebraucht werden konnte, falls man es in reinem Zustand so konzentrierte, daß es zu jeder beliebigen Zeit in jeden beliebigen Raum freigelassen werden konnte.

„Dies genügte, um zu veranlassen, daß von dieser Zeit an die gewöhnlichen Wesen jener Gemeinschaft dieses Gas künstlich aus der allgemeinen Harmonie der Verwirklichung alles Existierenden zu isolieren und nach Belieben auf eine gewisse Weise im Prozeß der gegenseitigen Vernichtung freizulassen begannen, eben dann und dort, wo es die größte Anzahl von Wesen sogenannter ‚feindlicher Gemeinschaften' gab.

„Sobald dieser aufgespeicherte besonders zerstörend wirkende kosmische Stoff absichtlich unter den erwähnten Bedingungen in die Atmosphäre freigelassen wird, um dann bei seinem Streben, wieder mit anderen entsprechenden kosmischen Stoffen zu verschmelzen, in den planetischen Körper eines sich in der Nähe befindenden dreihirnigen Wesens eintritt, vernichtet er sofort und vollständig dessen Existenz oder hemmt im besten Fall das Funktionieren des einen oder anderen Teiles seines ganzen Bestandes für immer.

„Der zweite der von mir aufgezählten ‚chemischen-Stoffe‘, nämlich Anilin, ist ein chemischer Farbstoff, mit dem die meisten aufplanetischen Bildungen gefärbt werden können, aus denen die dreihirnigen Wesen dort alle möglichen Gegenstände verfertigen, die sie im Prozeß ihrer gewöhnlichen Seins-Existenz brauchen.

„Dank jener Erfindung können deine Lieblinge jetzt jeden Gegenstand mit jeder Farbe färben; wie es aber um die Dauerhaftigkeit jener Gegenstände bestellt ist — darin liegt eben die ‚Lieblings-Katze‘ ihres berühmten Bismarck begraben.

„Ehe jenes verderbliche Anilin existierte, wurden die für die gewöhnliche Existenz deiner Lieblinge nötigen Gegenstände, wie zum Beispiel sogenannte ‚Teppiche‘, ‚Gemälde‘ und verschiedene wollene, hölzerne und lederne Produkte, mit einfachen Pflanzenfarben gefärbt, die sie durch jahrhundertelange Erfahrung zu gewinnen gelernt hatten, und die soeben aufgezählten Gegenstände konnten fünf bis zehn und sogar fünfzehn ihrer Jahrhunderte hindurch halten.

„Jetzt aber bleibt dank dieses Anilins oder anderer künstlicher Farbstoffe, in denen dieses gleiche Anilin als Basis vorhanden ist, von den mit diesen neuen Farben gefärbten Gegenständen nach dreißig Jahren vielleicht höchstens noch die Erinnerung an sie übrig.

„Ich muß auch noch sagen, daß die Wesen der gegenwärtigen Gemeinschaft Deutschland nicht allein verursachten, daß die Erzeugnisse aller gegenwärtigen Wesen dieses Planeten durch dieses verderbliche Anilin rasch vernichtet werden, sondern auch, daß es Erzeugnisse aus alten Zeiten fast nicht mehr auf jenem unglückseligen Planeten gibt. Dahin kam es, weil sie zu verschiedenen hasnamussischen Zwecken und für ihre berühmten, wie sie sie nennen, ‚wissenschaftlichen Ziele‘ die erhalten gebliebenen alten Erzeugnisse aus allen Ländern sammeln und da sie nicht wissen, wie alte Gegenstände aufzubewahren sind, zu ihrer schnelleren Vernichtung beitragen.

„Übrigens gebrauchen sie diese gesammelten ‚Antiquitäten‘ und verwenden sie als ‚Muster‘ für ‚billige Waren‘, die überall auf jenem unglückseligen Planeten unter dem Namen ‚Ersatz‘ bekannt sind.

„Was den dritten der aufgezählten chemischen Stoffe, die sie erfanden, angeht, nämlich das Kokain, so hilft dieser chemische Stoff nicht nur der Natur, den Zerfall planetischer Bildungen, in diesem Falle ihrer eigenen planetischen Körper, zu beschleunigen, sondern dieses chemische Mittel übt eine Wirkung auf die Psyche der gegenwärtigen Wesen des Planeten Erde aus, die der Wirkung erstaunlich ähnlich ist, die das berüchtigte Organ Kundabuffer auf die Psyche ihrer Vorfahren hatte.

„Als ihre Vorfahren diese Erfindung des großen Erzengels Luisos in sich hatten, waren sie durch sie immer genau in dem gleichen Zustand wie die gegenwärtigen Wesen, wenn sie diese deutsche Erfindung namens Kokain einnehmen.

„Ich muß dich, mein Junge, hier natürlich darauf aufmerksam machen, daß, selbst wenn die Wirkung jener deutschen Erfindung der Wirkung des berüchtigten Organs Kundabuffer gleichkommt, dies doch ohne jede bewußte Absicht seitens der gegenwärtigen Wesen der Gemeinschaft Deutschland geschieht, sie wurden nur durch Zufall Kollegen des großen Engels Luisos.

„Heutzutage nehmen fast alle Wesen, die zu den echten Repräsentanten der gegenwärtigen Zivilisation zählen, sehr genau und mit größtem Vergnügen und Zärtlichkeit jenen ‚Segen‘ der gegenwärtigen Zivilisation in sich ein, natürlich immer zu Ehren, wie unser teurer Mulla-Nassr-Eddin sagt, ‚des Gehörnten‘.

„Der vierte der aufgezählten chemischen Stoffe, nämlich Atropin, ist heutzutage auch überall dort zu verschiedensten Zwecken in großem Umlauf, und seine häufigste Anwendung dient einem höchst sonderbaren Zwecke.

„Es scheint, daß ob immer derselben anomal eingebürgerten Bedingungen für die gewöhnliche Seins-Existenz dort ihr Seh-Organ die Eigenschaft erwarb, die Gesichter der anderen nur dann gut und angenehm zu finden, wenn diese anderen dunkle Augen haben.

„Und da, wenn dieser chemische Stoff, genannt Atropin, in einer bestimmten Weise in die Augen der Wesen eingeführt wird, die Pupillen sich erweitern und verdunkeln, träufeln viele von ihnen dieses Atropin in ihre Augen ein, damit ihre Gesichter den anderen gut und angenehm erscheinen.

„Und tatsächlich, mein Junge, jene irdischen Wesen, die diese ‚deutsche Wohltat‘ in ihre Augen einführen, laufen bis zu fünfundvierzig Jahren mit sehr dunklen Augen herum.

„Ich sagte bis zu fünfundvierzig, weil es bis jetzt noch nie vorgekommen ist, daß ein Wesen, das dieses Mittel gebrauchte, noch nach fünfundvierzig Jahren sehen und sich dieses Mittels weiter bedienen konnte.

„‚Alizarin‘, die fünfte und letzte der aufgezählten Erfindungen, ist auch überall weit verbreitet.

„Und dieser Segen dieser gegenwärtigen Zivilisation wird dort vor allem von den sogenannten ‚Konditoren‘ und anderen Spezialisten gebraucht, die für die übrigen Wesen dieses Planeten sehr wohlschmeckende Dinge für ihre erste Nahrung bereiten.

FRÜCHTE ALTER ZIVILISATION

„Die Konditoren und andere Berufstüchtige, die für deine übrigen Lieblinge die besagten wohlschmeckenden Dinge für ihre erste Nahrung bereiten, gebrauchen eben diese deutsche ‚unfehlbar-wirkende' Schöpfung Alizarin — natürlich unbewußt — zu jenem Zwecke, der schon sowieso das Ideal der ganzen modernen Zivilisation dort ist und in der Sprache unseres geschätzten Mulla-Nassr-Eddin so umschrieben wird: ‚wenn ich nur jetzt alles schön und angenehm habe — nach mir dann die Sintflut'.

„Wie dem auch sei, mein Junge, diese gegenwärtigen Vertreter der Wesen des alten Griechenland sind mit all dem, was sie praktisch durch die von ihnen selbst erfundenen Wissenschaften erreichten, jetzt schon eine große Hilfe für die arme Natur, doch allein für ihren Zerfallsprozeß. Nicht umsonst hat unser teurer Mulla-Nassr-Eddin den folgenden weisen Ausspruch getan: ‚Besser täglich zehn Haare vom Kopf seiner Mutter ausziehen, als nicht der Natur helfen.'

„Genau gesprochen, ging die Fähigkeit, ‚phantastische Wissenschaften' zu brauen und allerlei neue Mittel für die gewöhnliche Seins-Existenz zu erfinden von den alten Griechen nicht nur allein auf die Wesen jener heutigen Gemeinschaft Deutschland über, sondern die gleiche Fähigkeit wurde vielleicht in nicht geringerem Maße von den Wesen einer anderen gegenwärtigen auch selbständigen Gemeinschaft ererbt, die sich jetzt ihrer Größe erfreut.

„Diese andere gegenwärtige Gemeinschaft deiner Lieblinge heißt England.

„Auf die Wesen jener zweiten gegenwärtigen Gemeinschaft England und ganz direkt auf sie ging von den alten Griechen eine ihrer verderblichsten ‚Erfindungen' über und wurde von den Wesen jener gegenwärtigen Gemeinschaft völlig übernommen und praktisch verwirklicht.

„Diese ihre besonders verderbliche Erfindung nannten

die alten Griechen ‚Diapharon‘ und die gegenwärtigen Wesen nennen sie ‚Sport‘.

„Über diesen gegenwärtigen ‚Sport‘ werde ich dir soviel als möglich eingehend am Ende meiner Erzählung sprechen; einstweilen mußt du nur wissen, daß, obgleich die Wesen jener Gemeinschaft England jetzt auch viele verschiedene neue Gegenstände erfinden, die deine Lieblinge im Prozeß ihrer gewöhnlichen Seins-Existenz brauchen, sie doch immerhin nicht chemische Stoffe erfinden, wie die Wesen der gegenwärtigen Gemeinschaft Deutschland; nein... sie erfinden hauptsächlich sogenannte ‚Metall-Waren‘.

„Besonders in der letzten Zeit sind sie Fachleute darin geworden, für alle auf der ganzen Oberfläche deines Planeten existierenden Wesen große Mengen aller möglichen ‚Metall-Waren‘ zu erfinden und sie damit zu versorgen, als da sind ‚Schlösser‘, ‚Rasiermesser‘, ‚Mausefallen‘, ‚Revolver‘, ‚Sensen‘, ‚Maschinengewehre‘, ‚Kochtöpfe‘, ‚Scharniere‘, ‚Gewehre‘, ‚Federmesser‘, ‚Patronen‘, ‚Federn‘, ‚Minen‘, ‚Nadeln‘ und viele andere Dinge dieser Art.

„Und seit die Wesen dieser gegenwärtigen Gemeinschaft diese praktischen Gegenstände erfanden, wurde die gewöhnliche Existenz der dreihirnigen Wesen deines Planeten genau wie unser teurer Mulla-Nassr-Eddin sagt, ‚nicht Leben, sondern geschenkte Marmelade‘.

„Die Wesen jener gegenwärtigen Gemeinschaft sind die Wohltäter für alle übrigen gegenwärtigen Wesen deines Planeten, weil sie ihnen, wie man dort sagt, ‚menschenfreundliche Hilfe‘ anbieten, vor allem was ihre erste Seins-Pflicht betrifft, nämlich die Pflicht, von Zeit zu Zeit den Prozeß gegenseitiger Vernichtung auszuführen.

„Dank ihrer wurde die Erfüllung jener Seins-Pflicht für deine gegenwärtigen Lieblinge ‚eine bloße Kleinigkeit‘.

„Ohne diese Erfindungen fiel es deinen armen Lieblingen in früheren Epochen recht schwer, jene ‚Seins-

Pflicht' zu erfüllen, weil sie damals gezwungen waren, viel Schweiß dafür zu vergießen.

„Jetzt aber sind sie dank der von diesen gegenwärtigen Wesen erfundenen verschiedenen Arten von Vorrichtungen, wie wiederum unser geschätzter Mulla-Nassr-Eddin sagt, einfach ‚auf Rosen gebettet'.

„Die gegenwärtigen Wesen müssen sich überhaupt kaum anstrengen, die Existenz ihnen ähnlicher Wesen gänzlich zu vernichten.

„Sie können manchmal, dieweil sie in ihren sogenannten ‚smoking rooms' sitzen, eben zum Zeitvertreib mehrere zehn und manchmal hunderte von ihnen ähnlichen Wesen vernichten.

„Es wird nicht schaden, glaube ich, wenn ich dir jetzt auch noch von den noch existierenden direkten Nachkommen der Wesen der erwähnten ‚griechisch-römischen Zivilisation' erzähle.

„Die Nachkommen der Wesen der einst ‚großen' und ‚mächtigen' Gemeinschaft Griechenland existieren noch jetzt und bilden noch eine eigene selbständige Gemeinschaft; doch hat diese Gemeinschaft in der jetzigen Zeit fast gar keine Bedeutung mehr für die anderen selbständigen Gemeinschaften.

„Und sie machen es auch nicht länger, wie es ihre Vorfahren taten, die vortreffliche Spezialisten in der Erfindung aller möglichen phantastischen Wissenschaften waren; denn selbst wenn ein gegenwärtiger Grieche eine neue brauen sollte, würden doch die Wesen der anderen Gemeinschaften der Jetztzeit ihr nicht die geringste Aufmerksamkeit zollen.

„Und sie würden ihr deshalb keine Aufmerksamkeit zollen, weil diese Gemeinschaft heutzutage nicht über eine hinreichende Anzahl sogenannter ‚Kanonen' und ‚Schiffe' verfügt, um anderen dortigen gegenwärtigen Gemeinschaften als eine sogenannte Autorität zu gelten.

„Die Nachkommen der früheren großen Griechen, nämlich die Griechen der Jetztzeit, haben die ihrem Bestande schon eigen gewordene Gewohnheit, eine sogenannte ‚eingebildete Autorität' für die übrigen dreihirnigen Wesen dort darstellen zu wollen, verloren und haben statt dessen auf fast allen Kontinenten und Inseln sogenannte ‚Buden' aufgestellt, wo sie ohne Hast, ‚langsam und sachte' mit sogenannten ‚Schwämmen', ‚Halva', ‚Rahatlokum' und so weiter und manchmal auch mit ‚getrockneten persischen Früchten' Handel treiben, wobei natürlich der getrocknete Fisch ‚Kephal' nicht vergessen werden darf.

„Und was die Nachkommen der berühmten Römer anbelangt, so entstehen und existieren sie zwar noch weiter, aber sie tragen schon nicht mehr den Namen ihrer Vorfahren, obschon sie den Hauptpunkt ihrer Gemeinschaft nach wie vor mit dem gleichlautenden Worte ‚Rom' bezeichnen. Die gegenwärtigen Wesen der Gemeinschaft, die von den Nachkommen jener früheren Hirten, den späteren großen Römern, gebildet wird, werden von den übrigen Wesen dort ‚Italiener' genannt.

„Auf die Wesen, genannt Italiener, kam fast gar nichts von ihren Vorfahren, mit Ausnahme jenes spezifischen Seins-Impulses, der sich auf jenem Planeten zuerst im Bestand der alten Römerwesen kristallisierte und sich später langsam unter allen übrigen dreihirnigen Wesen jenes Planeten verbreitete.

„Heutzutage existieren die Wesen jener gegenwärtigen Gemeinschaft ganz still und friedlich und erfinden nichts weiter als unausgesetzt immer neue Formen ihrer harmlosen sogenannten Makkaroni.

„Außerdem ging auf gewisse Wesen jenes gegenwärtigen Italien eine besonders schöne merkwürdige ‚Eigenschaft' erblich von ihren Ahnen über, genannt ‚andern Vergnügen bereiten'.

„Nur äußern sie dies ererbte Bedürfnis, nämlich ‚anderen Vergnügen bereiten', nicht den Wesen ihresgleichen, sondern den Wesen anderer Form und Art gegenüber.

„Um gerecht zu sein, muß man jedoch sagen, daß die Wesen verschiedener Teile des gegenwärtigen Italien diese besagte besondere Eigenschaft nicht allein von den großen Römern ererbten, sondern diese ererbte Eigenschaft war mehr durch ihre Vorfahren bedeutend späterer Epochen ‚eingebürgert' worden, damals nämlich, als sie die von ihnen für ihre egoistischen Zwecke umgebildeten Lehren eines wirklich echten ‚heiligen Gesandten von Oben' unter den Wesen sowohl ihrer eigenen Gemeinschaft als auch benachbarter schwächerer Gemeinschaften verbreiteten.

„Heutzutage äußern die Wesen verschiedener Teile des gegenwärtigen Italien die Eigenschaft, ‚andern Vergnügen zu bereiten', folgendermaßen:

„Sie vernichten die Existenz jener vierfüßigen Wesen, dort ‚Schafe' und ‚Ziegen' genannt, deren planetische Körper sie zu ihrer ersten Seins-Nahrung gebrauchen, nicht gleich auf einmal, sondern um ihnen dieses ‚Vergnügen' zu bereiten, tun sie es ‚langsam und sachte', während mehrerer Tage; das heißt, an einem Tag nehmen sie ein Bein ab, dann ein paar Tage später ein zweites Bein und dann ein drittes und so weiter, solange das Schaf oder die Ziege noch atmen kann. Atmen aber können Schafe und Ziegen auch ohne die besagten Teile ihres allgemeinen Bestandes für eine sehr lange Zeit, da diese Teile an dem Hauptfunktionieren der Aufnahme der für die Existenz nötigen kosmischen Stoffe nicht teilnehmen, sie nehmen nur an den Funktionen teil, durch die sich in den Wesen jene Impulse verwirklichen, durch die sie Selbstempfindung verspüren.

„Nach dem Gesagten scheint es nicht nötig zu sein, uns noch mehr über die Nachkommen jener Römer auszulassen, die einst so ‚drohend' und ‚groß' für die anderen Gemeinschaften dort waren.

„Wenden wir uns nun jener besonders verderblichen ‚Erfindung' der alten Griechen zu, die jetzt dort praktisch von den Wesen der gegenwärtigen Gemeinschaft namens England angewandt wird, der Erfindung, genannt ‚Sport'.

„Die Wesen dieser gegenwärtigen Gemeinschaft England, nämlich jene Wesen, die im Prozeß ihrer gewöhnlichen Existenz diese besonders verderbliche Erfindung der alten Griechen kultivieren, schufen dadurch, ob der verderblichen Folgen derselben nicht nur für sie selbst einen weiteren unfehlbar wirkenden Faktor für die Verkürzung ihrer schon ohnedies sehr nichtigen Existenzdauer, sondern steckten auch außerdem, da sie die ‚Größe' ihrer Gemeinschaft in der Jetztzeit erleben, wodurch sie für die übrigen irdischen dreihirnigen Wesen zu Autoritäten wurden, und da sie die Verwirklichung dieser Erfindung tatsächlich zu ihrem Ideal und ihre Verbreitung zu ihrem Ziel machten, steckten sie mit dieser Erfindung auch die Wesen aller anderen größeren und kleineren Gemeinschaften dieses unglückseligen Planeten völlig an.

„Der Grund zu diesem sehr ernsthaften Irrtum ist darin zu suchen, daß jene Faktoren sich nicht mehr länger im allgemeinen Bestand deiner Lieblinge kristallisieren können, durch die ‚logisches Denken' in dreihirnigen Wesen verwirklicht wird.

„Und da ihnen dieses ‚logische Denken' fehlt, begnügen sich fast alle von ihnen ausnahmslos mit der Behauptung einiger dortiger Hasnamuss-Kandidaten, daß sie nämlich durch diesen Sport etwas Gutes erreichen — und glauben dies mit ihrem ganzen Bestande und widmen sich mit Begeisterung diesem Sport, um dieses ‚Etwas' zu erreichen.

„Keiner dieser Unglücklichen weiß und wird es auch nie begreifen, daß sie durch diesen verderblichen Sport nicht nur nichts Gutes erreichen, sondern, wie ich dir schon sagte, dadurch sogar ihre schon ohnedies nichtige Existenzdauer verkürzen.

„Damit du dir besser vorstellen und verstehen kannst, warum sich ihre Existenzdauer durch diesen Sport noch mehr verkürzt, ist es hier am Platze, dir etwas ausführlicher zu erklären, was ich dir schon zu erklären versprach, nämlich, welcher Unterschied besteht zwischen der Seins-Existenzdauer dem ‚Fulasnitamnischen'-Prinzip nach und dem des ‚Itoklanoz' nach.

„Du erinnerst dich, daß, als ich dir erklärte, wie deine Lieblinge den ‚Zeitlauf' definieren, ich dir sagte, daß, nachdem das Organ Kundabuffer mit all seinen Eigenschaften aus ihrem Bestand beseitigt worden war, ihre Existenzdauer einfach wie die aller normalen in unserem Weltall entstehenden dreihirnigen Wesen nach dem sogenannten ‚Fulasnitamnischen' Prinzip verlief, daß sie nämlich solange existieren mußten, bis ihr ‚zweiter-Seins-Körper-Kesdschan' endgültig in ihnen bekleidet und ihre Vernunft schließlich bis zum heiligen ‚Ischmesch' vervollkommnet war.

„Später aber, als sie auf eine sich für dreihirnige Wesen immer weniger ziemende Weise zu existieren begannen und vollends aufhörten, in ihrem Bestande ihre für sie von der großen Natur vorgesehene Seins-Partkdolgpflicht auszuüben, durch die allein es dreihirnigen Wesen möglich ist, in ihrem Bestand die Gegebenheiten zur ‚Bekleidung' ihrer besagten höheren Teile zu erwerben, und als alldem zufolge die Qualität ihrer Ausstrahlungen nicht mehr den Anforderungen des erhabensten kosmischen Trogoautoegokratischen Prozesses entsprach, war die große Natur gezwungen, zum Zwecke des ‚Ausgleichs-der-Vibrationen' ihre Existenzdauer allmählich nach dem sogenannten Prinzip Itoklanoz zu verwirklichen, jenem Prinzip nämlich, nach dem überall die Existenzdauer ein- und zweihirniger Wesen verwirklicht wird, die nicht über die den dreihirnigen Wesen eigenen Möglichkeiten verfügen und die deshalb in ihrem Bestande die besagte von der großen

Natur vorgesehene Partkdolgpflicht nicht erfüllen können.

„Diesem Prinzip zufolge wird sowohl die Seins-Existenzdauer als auch der ganze Inhalt ihres allgemeinen Bestandes im allgemeinen von den Resultaten erworben, die aus den folgenden sieben sie umgebenden Verwirklichungen entstehen, und zwar:
1. Von der Erblichkeit im allgemeinen.
2. Von den Bedingungen und der Umgebung im Augenblick ihrer Empfängnis.
3. Von der Kombination der Ausstrahlungen aller Planeten ihres Sonnensystems während ihrer Bildung im Schoß ihrer Erzeugerin.
4. Von der Art der Seins-Äußerungen ihrer Erzeuger in der Periode, ehe sie das Alter eines verantwortlichen Wesens erreichen.
5. Von der Qualität der Seins-Existenz der Wesen ihresgleichen in ihrer nahen Umgebung.
6. Von der Qualität der sogenannten ‚Teleokrimalnischen' Gedankenwellen, die sich in der sie umgebenden Atmosphäre in der Periode, bis sie ihr mündiges Alter erreichen, bilden, das heißt, der aufrichtig geäußerten guten Wünsche und Handlungen seitens der sogenannten ‚Wesen-gleichen-Blutes' und endlich
7. Von der Qualität der dem entsprechenden Wesen selbst eigenen sogenannten ‚Seins-Egoplastikuren', das heißt seinen Seins-Anstrengungen, um sich alle Gegebenheiten zur Erwerbung objektiver Vernunft anzueignen.

„Die Haupteigentümlichkeit der Existenz nach dem Prinzip Itoklanoz besteht darin, daß im Bestand der Wesen, die nach ihm existieren, und abhängig von den aufgezählten sieben äußeren Verwirklichungen in ihren ‚Seins-Lokalisierungen', die in den Wesen die Hauptpunkte für die Verwirklichungsquellen aller einzelnen unabhängigen Teile ihres ganzen Bestandes darstellen, oder, wie deine Lieblinge sagen, in ihren ‚Gehirnen' sich die sogenannten ‚Rollenkandelnost' kristallisieren, das heißt ein ‚Etwas', das in den gegebenen Lokalisierungen oder Gehirnen eine bestimmte Quantität möglicher Assoziationen oder ‚Erlebnisse' ergibt.

„Und da, mein Junge, diese deine gegenwärtigen Lieblinge, die dreihirnigen Wesen des Planeten Erde, nur nach dem Prinzip ‚Itoklanoz' entstehen, kristallisieren sich in ihren Gehirnen von dem Augenblick ihrer Empfängnis an bis zu dem Alter eines verantwortlichen dreihirnigen Wesens diese ‚Rollenkandelnost', durch die die Assoziationsprozesse vor sich gehen können.

„Zur besseren Beleuchtung dieser Frage und zu deinem klareren Verständnis und auch um nicht unnütz die Zeit an solche Erklärungen zu verschwenden, die das Wesen selbst und auch die Funktionierungsformen dieser bestimmten kosmischen Verwirklichungen wie diese soeben erwähnten ‚Rollenkandelnost' betreffen, die gesetzmäßig in den ‚Lokalisierungen' oder ‚Gehirnen' jener nur auf Grund des ‚Itoklanoz' existierender Wesen kristallisieren, will ich dir als Beispiel dafür jene ‚künstlichen Jamtesternoche' geben, die auch deine Lieblinge haben und die sie ‚mechanische Uhren' nennen.

„Wie du schon weißt, gibt es verschiedene sogenannte Systeme dieser ‚künstlichen Jamtesternoche' oder ‚mechanischen Uhren', doch sind sie alle nach ein und demselben Prinzip von ‚Spannung oder Druck einer aufgezogenen Feder' konstruiert.

„Ein System der ‚künstlichen Jamtesternoche' oder ‚mechanischen Uhren' enthält eine Triebfeder, die genau so berechnet und eingerichtet ist, daß ihre Spannung für vierundzwanzig Stunden ausreicht, ein anderes System hat eine Triebfeder für eine Woche, ein drittes für einen Monat und so weiter.

„Die ‚Rollenkandelnost' in den Gehirnen der Wesen, die nur nach dem Prinzip ‚Itoklanoz' existieren, entspricht der Feder in den ‚mechanischen Uhren' verschiedener Systeme.

„Da die Dauer des Ablaufs der ‚mechanischen Uhren' von der Feder abhängt, die sie enthalten, so hängt auch die Existenzdauer der Wesen ausschließlich von der ‚Rollenkandelnost' ab, die sich in ihren Gehirnen bei ihrer Entstehung und im Prozeß ihrer weiteren Bildung formt.

„Wie die Feder einer Uhr nur auf eine bestimmte Dauer ‚aufgezogen' werden kann, können auch diese Wesen nur soviel assoziieren und erleben, als ihnen die Natur bei der Kristallisierung eben dieser ‚Rollenkandelnost' in ihren Gehirnen ermöglichte.

„Sie können eben gerade soviel assoziieren und folglich solange existieren und weder länger noch kürzer.

„Wie mechanische Uhren nur solange funktionieren können, als ihre Feder noch unter der ‚Spannung des Aufziehens' steht, so können auch die Wesen, in deren Gehirnen sich die besagten ‚Rollenkandelnost' kristallisieren, nur soviel erleben und folglich solange existieren, bis die in ihren Gehirnen durch die besagten sieben äußeren Bedingungen geformten ‚Rollenkandelnost' abgelaufen sind.

„Also, mein Junge, seit im Bestande deiner Lieblinge nicht mehr länger die Resultate der ‚Partkdolgpflicht' erreicht wurden und die Dauer ihrer Existenz ausschließlich von den Resultaten der sieben soeben von mir aufgezählten zufällig zusammengetroffenen äußeren Bedingungen abhängt, ist alldem zufolge ihre Existenz, besonders die der gegenwärtigen Wesen, von recht unterschiedlicher Dauer.

„Ihre Existenz kann jetzt von einer ihrer Minuten bis zu siebzig oder neunzig ihrer Jahre betragen.

„Und all dem Gesagten zufolge mögen deine Lieblinge

so oder so existieren und diese oder jene Maßnahmen ergreifen — und selbst wenn sie, wie sie sagen, sich sogar in einen ‚gläsernen Kasten setzen' würden — sobald der Inhalt der in ihren Gehirnen kristallisierten ‚Rollenkandelnost' abgelaufen ist, hört dieses ‚Gehirn' sofort zu funktionieren auf.

„Der Unterschied zwischen mechanischen Uhren und deinen gegenwärtigen Lieblingen besteht darin, daß es in mechanischen Uhren nur eine Feder gibt, wogegen deine Lieblinge über drei selbständige ‚Rollenkandelnost' verfügen.

„Und diese selbständigen ‚Rollenkandelnost' in den dreihirnigen Wesen führen in ihren drei selbständigen Lokalisierungen folgende Namen:

„Die erste — die Rollenkandelnost des ‚Denkzentrums'.

„Die zweite — die Rollenkandelnost des ‚Gefühlszentrums'.

„Die dritte — die Rollenkandelnost des ‚Bewegungszentrums'.

„Selbst jene Tatsache, die sich oft wiederholt, nämlich daß der Prozeß des heiligen ‚Raskuarno' für deine Lieblinge je in ‚Dritteln' stattfindet oder, wie sie sagen würden, daß sie teilweise ‚absterben', geht auch aus der Tatsache hervor, daß sie, weil sie lediglich nach dem ‚Prinzip Itoklanoz' entstehen und sich bilden, unharmonisch existieren und den Inhalt dieser drei selbständigen Gehirne, nämlich ihre Rollenkandelnost ungleichmäßig abnutzen, weshalb eben häufig ein solch ‚schreckliches Absterben' vorkommt, wie es sich für dreihirnige Wesen nicht ziemt.

„Während meines Aufenthaltes dort unter ihnen hatte ich sehr oft Gelegenheit ihr ‚Absterben-in-Dritteln' festzustellen.

„Und dies ist möglich, weil die ‚Rollenkandelnost' von einem ihrer Gehirne vollständig im Bestand deiner Lieblinge, besonders der gegenwärtigen, verbraucht sein kann, die Wesen selbst aber trotzdem noch für lange Zeit existieren können.

„Zum Beispiel kommt es öfters vor, daß in einem von ihnen ob seiner spezifisch anomalen Existenz der Inhalt einer der ‚Rollenkandelnost' abgelaufen ist, und wenn dies das ‚Bewegungszentrum' ist, das sie ‚Rückenmark' nennen, so fährt solch ein gegenwärtiges dreihirniges Wesen noch zu denken und fühlen fort, hat aber jede Möglichkeit verloren, die Teile seines ‚planetischen Körpers' absichtlich zu lenken.

„Es ist hier interessant zu bemerken, daß, wenn einer deiner gegenwärtigen Lieblinge auf solche Weise teilweise stirbt, ihre gegenwärtigen ‚Zerlikner' oder, wie sie sagen, ‚Ärzte' einen solchen Tod mit voller Überzeugung für eine Krankheit halten und mit allen ihnen zu Gebote stehenden Arten von ‚Klügeleien' zu behandeln suchen und diesen angeblichen Krankheiten alle möglichen Namen geben, und zwar in einer ihnen völlig unbekannten alten Sprache, genannt ‚Latein'.

„Die weitverbreitetsten Krankheiten mit solchen Namen sind folgende: ‚Hemiplegia', ‚Paraplegia', ‚Paralysis-progressiva-essentialis', ‚Tabes-dorsalis', Paralysis agitans', ‚Sklerosis disseminata' und so fort und so weiter.

„Ein solcher ‚Tod in Dritteln' ist dort auf dem dir lieben Planeten Erde besonders oft in den zwei letzten ihrer Jahrhunderte vorgekommen und trifft jene deiner Lieblinge, die entweder durch ihren Beruf oder durch irgendeine ihrer sogenannten ‚Leidenschaften', die auf Grund immer derselben anomal eingerichteten Bedingungen ihrer gewöhnlichen Seins-Existenz entstehen und von den Wesen aller großen und kleinen Gemeinschaften dort erworben werden, in ihrer Seins-Existenz den Inhalt der ‚Rollenkandelnost' des einen oder anderen ihrer Seinsgehirne in einem mehr oder weniger hohen Grade verbraucht haben.

„So kommt zum Beispiel dort ein ‚Drittel Tod' wegen der Rollenkandelnost des Bewegungszentrums oder Rückenmarks oft unter solchen irdischen Wesen vor, die sich mit jener Beschäftigung abgeben, die durch die verderbliche Erfindung der alten Griechen von den Wesen der jetzigen Gemeinschaft Englands ausgeübt wird, jene verderbliche Beschäftigung, die sie selbst ‚Sport' nennen.

„Du wirst den Charakter der verhängnisvollen Folgen jener verderblichen Beschäftigungen dort gut daraus ersehen, wenn ich dir sage, daß ich während meines letzten Aufenthaltes unter diesen deinen Lieblingen einmal eine besondere Rubrik in meine Statistik einführte, um für mich selbst festzustellen, wie lange jene dreihirnigen Wesen existieren können, die von Beruf sogenannte ‚Ringer' sind, und daß in meiner Statistik kein einziger Fall vorkam, daß einer von ihnen mehr als neunundvierzig Jahre alt wurde.

„Und ein ‚Drittel Tod' durch den frühzeitigen Ablauf der ‚Rollenkandelnost' des Gefühlszentrums kommt am meisten dort unter jenen irdischen Wesen vor, die ihrem Beruf nach sogenannte ‚Vertreter der Kunst' sind.

„Die Mehrzahl der Leute dieses irdischen Berufes, besonders der gegenwärtigen, erkranken zuerst an irgendeiner Form von sogenannter ‚Psychopathie'. In ihrer Psychopathie steigern sie sich in gewisse ‚Gefühle' hinein und nutzen durch die Wiederholung dieses anomalen Seinsimpulses allmählich den Inhalt der Rollenkandelnost ihres ‚Gefühlszentrums' ab und disharmonieren dadurch das Tempo ihres eigenen allgemeinen Bestandes und bringen sich so zu jenem sonderbaren Ende, das selbst unter ihnen nicht häufig vorkommt.

„Es ist sehr interessant, hier nebenbei auch zu bemerken, daß der ‚Dritteltod' durch das ‚Gefühlszentrum' bei deinen Lieblingen auch noch durch eine andere sehr sonderbare Form von Psychopathie hervorgerufen wird, die dort

‚Altruismus' genannt wird.

„Und was den vorzeitigen teilweisen Tod durch die ‚Rollenkandelnost' des Denkzentrums betrifft, so kommen Todesfälle dieser Art in der letzten Zeit immer häufiger unter deinen Lieblingen vor.

„Diese Art von Tod durch das ‚Denkzentrum' kommt vor allem unter jenen deiner Lieblinge vor, die danach streben, Gelehrte ‚neuen Formats' zu werden oder es schon sind, und auch unter jenen, die in der Periode ihrer Existenz an der Leidenschaft erkranken, sogenannte ‚Bücher' und ‚Zeitungen' zu lesen.

„Bei solchen dreihirnigen Wesen dort, die Überflüssiges lesen und nur durch Gedanken assoziieren, schwindet schließlich der Inhalt der ‚Rollenkandelnost' ihres Denkzentrums, bevor der Inhalt der ‚Rollenkandelnost' ihrer anderen Seins-Zentren aufgebraucht ist.

„Und somit, mein Junge, widerfahren all diese Unglücke, nämlich die Verkürzung ihrer Existenzdauer und viele andere für sie verderblichen Folgen, deinen Lieblingen nur deshalb, weil sie bis jetzt noch nicht zur Erkenntnis kamen, daß es ein kosmisches Gesetz gibt, genannt ‚Ausgleich-vielquelliger-Vibrationen'.

„Wenn nur irgendeinem von ihnen eine solche Idee in den Sinn käme und sie damit wenn auch nur ihr gewöhnliches Klügeln vornähmen, würden sie vielleicht ein sehr einfaches, was sie ‚Geheimnis' nennen, herausfinden.

„Ich glaube, daß sicher irgendeiner dieses ‚Geheimnis' verstehen könnte, erstens weil es einfach und augenscheinlich ist; und zweitens, weil es schon längst entdeckt wurde und sie es sogar oft für ihre praktischen Ziele anwenden.

„Sie wenden dieses einfache Geheimnis, von dem ich spreche, sogar für jene mechanischen Uhren an, die wir als erklärendes Beispiel zum Vergleich für ihre Existenzdauer nahmen.

„Bei allen mechanischen Uhren, ganz gleich welcher

Systeme, wird das besagte einfache Geheimnis von ihnen zur Regulierung der sogenannten ‚Spannung' der besagten Springfeder auf den entsprechenden Teil des ganzen Mechanismus der Uhr angewandt und wird, wie es scheint, ‚Unruhe' genannt.

„Durch diese ‚Unruhe' ist es möglich, den Mechanismus einer Uhr, die zum Beispiel für vierundzwanzig Stunden aufgezogen ist, einen ganzen Monat lang gehen zu lassen; und umgekehrt ist es möglich, durch denselben Regulator die für vierundzwanzig Stunden aufgezogene Uhr in fünf Minuten ablaufen zu lassen.

„Im allgemeinen Bestand jedes Wesens, das nur nach dem Itoklanoz existiert, ist ein ‚Etwas' vorhanden, das dem ‚Regulator' einer mechanischen Uhr ähnlich ist und ‚Iransamhalt' genannt wird. Dieses ‚Etwas' bedeutet: sich-nicht-solchen-Assoziationen-hingeben,-die-aus-dem-Funktionieren-nur-eines-seiner-Gehirne-stammen'.

„Aber selbst wenn sie solch ein einfaches Geheimnis verstehen sollten, würden sie trotzdem nicht einmal jene dazu nötigen, selbst für die gegenwärtigen Wesen offensichtlichen Seins-Anstrengungen machen, durch die dank der Umsicht der Natur in den Wesen überhaupt die Möglichkeit zu sogenannter ‚harmonischer Assoziation' erworben wird, kraft derer allein im Bestande aller dreihirnigen Wesen Energie für ihre aktive Seins-Existenz geschaffen wird. In der Jetztzeit kann sich diese Energie im Bestande deiner Lieblinge nur noch während ihres vollkommen unbewußten Zustandes bilden; das heißt, in dem Zustand, den sie ‚Schlaf' nennen.

„In deinen Lieblingen nämlich, besonders in deinen gegenwärtigen, die sich stets passiv nur von einem der selbständigen vergeistigten Teile ihres allgemeinen Bestandes leiten lassen und sich dadurch beständig durch ihre auch gesetzmäßig entstehenden negativen Eigenschaften und dementsprechenden Äußerungen zeigen, geht ein ungleichmäßiges Ablaufen des Inhalts ihrer verschiedenen ‚Rollenkandelnost' vor, das heißt die in sie von der Natur gelegten Möglichkeiten werden immer nur durch die Wirkung eines oder zweier ihrer Gehirne erlebt, weshalb der Inhalt der einen oder anderen ihrer ‚Rollenkandelnost' frühzeitig erschöpft wird, worauf sie, genau wie es bei jenen abgelaufenen mechanischen Uhren der Fall ist, oder bei solchen, bei denen die Kraft ihres Regulators geschwächt ist, zu arbeiten aufhören.

„Später werde ich dir nicht nur ausführlich erklären, warum die Wesen, wenn sie nur nach dem Prinzip Itoklanoz existieren, unter der Leitung nur einer oder nur zweier ihrer vergeistigten Quellen existieren und nicht harmonisch, nämlich nicht mit allen drei zusammen und in Übereinstimmung, sondern auch, daß, wenn eines der Gehirne, in dem sich in der Periode seiner Existenz überflüssige Assoziationen ansammelten, frühzeitig in ihnen abgenutzt wird und folglich abstirbt, dann dadurch auch die anderen ‚Rollenkandelnost' abgenutzt werden, selbst ohne ihr eigenes Zutun.

„Du mußt auch noch wissen, daß man auf deinem Planeten gelegentlich noch einen deiner Lieblinge treffen kann, dessen planetische Existenz bis zu fünf ihrer Jahrhunderte dauert.

„Du wirst dann sehr gut verstehen, daß falls einige deiner Lieblinge selbst der letzten Zeit irgendwie herausfinden und in der rechten Weise ihrer Vernunft bestimmte Einzelheiten des Assoziationsgesetzes, die in den verschiedenen Gehirnen der Wesen vor sich gehen, sich aneignen und auch die Wirkung dieser selbständigen Assoziationen aufeinander begreifen und mehr oder weniger dementsprechend existieren, sie, wie ich soeben sagte, die in ihren einzelnen Seins-Gehirnen geformten ‚Rollenkandelnost' nicht abnutzen wie die anderen Wesen dort, weshalb ihr allgemeiner Bestand viel länger als bei allen übrigen dreihirnigen Wesen dort dauern kann.

„Bei meinem letzten Aufenthalt dort traf ich selbst verschiedene dieser irdischen gegenwärtigen dreihirnigen Wesen, die schon zwei und drei und sogar vier ihrer Jahrhunderte alt waren. Die meisten von ihnen traf ich dort unter einer kleinen ‚Bruderschaft' dreihirniger Wesen, die sich aus Anhängern verschiedenster ihrer sogenannten Religionen zusammensetzte und deren dauernder Existenzplatz in der Mitte des Kontinents Asien lag.

„Es scheint, daß die Wesen jener Bruderschaft zum Teil die besagten Assoziations-Gesetze in den Seins-Gehirnen selbst herausgefunden und zum Teil, daß dementsprechende Kunden sie aus den ältesten Zeiten durch echte Eingeweihte dort erreicht hatten.

„Was jene gegenwärtige Gemeinschaft England angeht, deren Wesen die Hauptopfer jener besonders verderblichen Erfindung der Wesen der besagten alten Zivilisation geworden sind, so wenden sie diese jetzt nicht allein im Prozeß ihrer eigenen Existenz an, sondern bemühen sich auch ‚sehr', die Wesen aller anderen Gemeinschaften mit diesem gleichen Übel anzustecken. Und diese Unglückseligen vermindern weiterhin durch diesen verderblichen ‚Sport' nicht allein die Dauer ihrer eigenen schon sowieso nichtigen Existenz, sondern sie erreichen damit meines Erachtens für ihre Gemeinschaft allmählich das, was sich kürzlich mit einer andern großen Gemeinschaft, nämlich ‚Rußland', zutrug.

„Ich dachte darüber vor meiner letzten Abreise von jenem Planeten nach.

„Und ich fing an, darüber nachzudenken, als ich erfuhr, daß die ‚machthabenden' Wesen auch jener nicht weniger großen gegenwärtigen Gemeinschaft jenes verderbliche Mittel ‚Sport' schon für ihre eigenen Hasnamussischen Ziele anwenden, genau wie die machthabenden Wesen der Gemeinschaft Rußland zu gleichen Zielen die sogenannte ‚russische Wodka-Frage' angewandt hatten.

„Genau wie die machthabenden Wesen der Gemeinschaft Rußland durch alle möglichen Kunstgriffe versuchten, in den schwachen Willen der gewöhnlichen Wesen die Überzeugung von der Notwendigkeit des intensiven Gebrauches des besagten ‚russischen Wodka' einzuflößen, so unternehmen die machthabenden Wesen jener Gemeinschaft England jetzt alles nur Erdenkliche, um den gewöhnlichen Wesen ihrer Gemeinschaft eben diesen ‚Sport' aufzudrängen, und tun dies mit allen Mitteln

„Es scheint, daß die Besorgnis, die damals in mir entstand, jetzt schon gerechtfertigt ist.

„Und ich entnehme dies einem Ätherogramm, das ich kürzlich vom Planeten Mars erhielt, in dem unter anderem gesagt war, daß obgleich es mehr als zweieinhalb Millionen sogenannte ‚arbeitslose Wesen' in jener Gemeinschaft England gibt, trotzdem die machthabenden Wesen dort keine Maßnahmen diesbezüglich ergreifen, sondern sich weiterhin bemühen, eben jenen berühmten ‚Sport' immer mehr in ihrer Gemeinschaft zu verbreiten.

„Genau wie in der großen Gemeinschaft Rußland der Inhalt aller sogenannten ‚Zeitungen' und ‚Zeitschriften' ganz der ‚russischen Wodka'-Frage gewidmet war, so ist jetzt in jenem Lande England mehr als die Hälfte des Textes ihrer ‚Übel-Säer' jenem berühmten ‚Sport' gewidmet."

XXX. Kapitel

KUNST

An dieser Stelle seiner Erzählung hielt Beelzebub an, wandte sich dann plötzlich an seinen alten Diener Ahun, der auch dasaß und ihm mit gleicher Aufmerksamkeit wie sein Enkel Hassin zuhörte, und sagte:

„Was, Alterchen, hörst du mir denn mit gleichem Interesse zu wie unser Hassin? Warst du doch überall mit mir zusammen auf jenem Planeten Erde und hast all das, wovon ich jetzt Hassin erzähle, mit eigenen Augen gesehen und selbst empfunden!

„Doch statt während meiner Erzählung nur dazusitzen und den Speichel im Munde zusammenlaufen zu lassen, erzähle auch du unserem Liebling etwas . . . dem kannst du schon nicht entgehen. Wir müssen ihm nun schon einmal soviel als möglich über jene sonderbaren dreihirnigen Wesen erzählen, die in ihm ein so großes Interesse hervorriefen.

„Es hat dich doch wohl die eine oder andere Seite dieser Sonderlinge interessiert, darüber erzähle uns nun."

Als Beelzebub zu sprechen aufgehört hatte, antwortete ihm Ahun nach kurzem Nachdenken:

„Wie könnte ich nach euren feinen psychologischen Erzählungen über diese ‚unberechenbaren Durcheinander' meine Erzählungen anbringen?"

Und darauf fuhr er ungewohnt ernsthaft fort, wobei er sich des Stils und sogar ganzer Ausdrücke Beelzebubs bediente:

„Es ist natürlich . . . was soll ich sagen; diese sonderbaren dreihirnigen Wesen haben auch mein Wesen mehrmals aus dem Gleichgewicht gebracht und durch ihre ‚tollen-Späße' mir oft den Anstoß zu dem Seins-Impuls der Verwunderung bald in diesem, bald in jenem meiner vergeistigten Teile gegeben."

Und indem er sich dann an Hassin wandte, sagte er.

„Also guter Hassin:

„Ich werde nicht wie Hochehrwürden dir irgendeine besondere psychische Sonderbarkeit jener dir lieben dreihirnigen Wesen unseres großen Weltalls eingehend schildern. Nein, ich will dero Hochehrwürden nur an eine Tatsache erinnern, die während unseres fünften Aufenthaltes auf der Oberfläche jenes Planeten entstand und die, als wir zum sechsten und letzten Male dort weilten, schon die Hauptursache geworden war, weshalb sich in jedem dieser deiner Lieblinge vom ersten Tag ihrer Entstehung an bis zu ihrer Formung in verantwortliche Wesen ihre Fähigkeit zu normalem ‚Seins-Denken' Schritt für Schritt entstellte und sich schließlich fast in ein ‚Kaltussara' verwandelte."

Darauf fuhr er, zu Beelzebub gewandt, mit einem schüchternen Blick und in zögerndem Ton zu sprechen fort:

„Tadelt mich nicht, Hochehrwürden, daß ich es wage, vor euch eine Meinung auszudrücken, die soeben in mir entstand und die das Resultat meines Nachdenkens über Gegebenheiten ist, die vielleicht schon zu sehr abgenutzt sind, als daß man Seins-Schlüsse aus ihnen ziehen könnte.

„Als Ihr unserem teuren Hassin alle die Gründe aufzähltet, die dazu führten, die Psyche der gegenwärtigen ihm lieben dreihirnigen Wesen des Planeten Erde, wie ihr es einmal auszudrücken geruhtet, in eine ‚Mühle-zum-Mahlen-von-Unsinn' zu verwandeln, habt Ihr kaum jenen Faktor erwähnt, der in den letzten Jahrhundategerten vielleicht mehr als alle übrigen Faktoren eben dieses Ergebnis verursacht hat.

KUNST

„Ich beabsichtige, über jenen für die gegenwärtigen Wesen bestimmt verderblichen Faktor zu sprechen, bei dessen Entstehung Ihr während unseres Verweilens damals in Babylon, wie ich mich sehr gut entsinne, zugegen wart; ich meine nämlich jenen Faktor, den sie selbst ‚Kunst' nennen.

„So Ihr geruhen solltet, auf diese Frage mit eurer Weisheit einzugehen, würde unser teurer Hassin meiner Meinung nach bestausgewähltes Material zum besseren Verständnis aller anomalen Seltsamkeiten der Psyche der dreihirnigen Wesen haben, die in der letzten Zeit auf jenem Planeten Erde, der ihn interessiert, entstehen."

Nachdem Ahun dies gesagt und die Schweißtropfen auf seiner Stirn mit dem Ende seines Schwanzes abgewischt hatte, schwieg er und nahm seine gewohnte abwartende Haltung ein.

Beelzebub sah ihn mit einem zärtlichen Blick an und sagte:

„Dank, Alterchen, daß du mich daran erinnerst.

„Tatsächlich habe ich diesen besonders verderblichen, von ihnen selbst geschaffenen Faktor auch kaum beiläufig erwähnt, obwohl gerade er es war, der die noch zufällig in ihnen erhaltengebliebenen Gegebenheiten zu echtem Seins-Denken vollends zum Schwinden gebracht hat.

„Übrigens, mein Alterchen, wenn ich auch kein einziges Mal davon sprach, so heißt das noch nicht, daß ich ihn gar nicht in Betracht zog; haben wir doch noch recht viel Zeit im Laufe unserer Reise vor uns, so daß ich aller Wahrscheinlichkeit nach im Laufe meiner weiteren Erzählungen für unseren gemeinsamen Liebling Hassin mich zur rechten Zeit an das erinnert hätte, woran du mich jetzt gemahntest.

„Vielleicht ist es gerade jetzt angebracht, über diese irdische gegenwärtige ‚Kunst' zu reden, da ich tatsächlich, wie du sagtest, während unseres fünften Aufenthaltes dort Augenzeuge jener Ereignisse war, die dieses gegenwärtige Übel verursachten, das eben durch jene gelehrten Wesen dort entstand, die sich in der Stadt Babylon von fast der ganzen Oberfläche dieses unglücklichen Planeten versammelt hatten."

Nachdem Beelzebub dies gesagt hatte, wandte er sich an Hassin und begann in folgender Weise:

„Eben dieser jetzt schon bestimmte Begriff, der dort unter der Bezeichnung ‚Kunst' existiert, bildet heutzutage für deine unglückseligen Lieblinge eine jener automatisch wirkenden Gegebenheiten, deren Gesamtheit sie, die doch in ihrem Bestande alle Möglichkeiten haben, Teilchen eines göttlichen Teiles zu werden, allmählich, zwar kaum merklich, aber sicher, in was man nennt ‚nur-lebendes-Fleisch' verwandeln.

„Zur allseitigen Beleuchtung der Frage über die berühmte gegenwärtige irdische ‚Kunst' und damit du klar verstehst, wie es zu all dem kam, mußt du vor allem von zwei Tatsachen wissen, die sich während unseres fünften Verweilens auf der Oberfläche deines Planeten in der gleichen Stadt Babylon zutrugen.

„Erstens mußt du wissen, weshalb und auf welche Weise ich damals Augenzeuge jener Ereignisse wurde, die die Existenz jenes jetzt schon verderblichen Begriffes, genannt ‚Kunst', unter den heutigen dreihirnigen Wesen des Planeten Erde verursachten und zweitens, welche vorausgehenden Ereignisse damals die Entstehung dieser Ursachen wiederum bedingten.

„Hinsichtlich des ersten muß gesagt werden, daß während unseres Aufenthaltes damals in der Stadt Babylon, nach den bereits von mir berichteten Ereignissen, die sich damals eben unter immer denselben gelehrten irdischen dreizentrischen Wesen zutrugen, die dort von fast dem ganzen Planeten versammelt waren, das heißt, nachdem sie sich in verschiedene selbständige Gruppen geteilt hatten und auch, wie ich dir schon gesagt habe, von der sogenannten ‚politischen Frage' ganz in Anspruch genommen waren, daß ich gerade in jener Zeit vorhatte, Babylon zu verlassen, um meine Beobachtungen unter den Wesen der damals sehr mächtigen Gemeinschaft namens ‚Hellas' fortzusetzen, weshalb ich beschloß, deren Sprache zu erlernen. Und von da an suchte ich solche Plätze in der Stadt Babylon auf und verkehrte mit solchen Wesen dort, die mir bei der Erlernung dieser Sprache nützlich sein konnten.

„Als ich einmal eine der Straßen Babylons entlang ging, nicht weit von unserem Hause, sah ich an einem großen Gebäude, an dem ich schon mehrmals vorübergegangen war, einen sogenannten ‚Ukas-smotr' oder, wie man jetzt auf Erden sagen würde, ein ‚Aushängeschild', das anzeigte, daß sich in diesem Gebäude der neu eröffnete Klub ausländischer Gelehrter befinde, der ‚Anhänger des Legomonismus'.

„An der Tür wies eine Bekanntmachung darauf hin, daß das Einschreiben der Klubmitglieder noch andauere und daß alle Berichte und wissenschaftlichen Diskussionen nur in der lokalen und in der hellenischen Sprache zugelassen würden.

„Dies interessierte mich sehr, und ich dachte sofort, daß dieser neu eröffnete Klub für meine Praxis in der hellenischen Sprache nützlich sein könnte.

„Und deshalb fragte ich sogleich einige Wesen, die in diesem Gebäude ein- und ausgingen, über Einzelheiten dieses Klubs aus, und als ich durch einen Gelehrten, den ich, wie es sich zufällig herausstellte, bereits kannte, erfuhr, worum es sich handelte, beschloß ich sofort, ein Mitglied dieses Klubs zu werden.

„Ohne langes Nachdenken betrat ich das Klubgebäude, gab mich dort für einen ausländischen Gelehrten aus und bat, mich als Anhänger des Legomonismus als Mitglied ihres Klubs einzutragen. Und dies gelang mir sehr leicht, eben dank des alten Bekannten, den ich zufällig getroffen hatte und der, wie alle übrigen, mich auch für einen ausländischen Gelehrten hielt.

„Und als ich nun, mein Junge, auf diese Weise ein sogenanntes ‚volles Mitglied' dieses Klubs geworden war, pflegte ich ihn regelmäßig zu besuchen und mich dort hauptsächlich mit solchen gelehrten Mitgliedern zu unterhalten, die mit der, mir nötigen hellenischen Sprache vertraut waren.

„Und was die zweite Tatsache anbelangt, so war diese aus folgenden babylonischen Ereignissen entstanden.

„Es muß hier bemerkt werden, daß unter den gelehrten Wesen des Planeten Erde, die damals dort nach Babylon zum Teil zwangsweise durch den erwähnten persischen König gekommen waren und zum Teil freiwillig wegen der schon erwähnten berühmten Frage nach der ‚Seele', daß es unter den zwangsweise dorthin Gebrachten einige gab, die nicht wie die meisten Gelehrten ‚Gelehrte-neuen-Formats' waren, sondern mit einer aus all ihren einzelnen vergeistigten Teilen stammenden Aufrichtigkeit nach großen Kenntnissen nur zum Zweck der Selbstvervollkommnung strebten.

„Einige dieser irdischen Gelehrten wurden ob ihres echten und aufrichtigen Strebens und ob der dementsprechenden Art ihrer Existenz und ihrer Seins-Taten, schon ehe sie nach Babylon kamen, als ‚Eingeweihte-ersten-Grades' von jenen irdischen dreihirnigen Wesen betrachtet, die würdig waren, sogenannte ‚alle-Rechte-besitzende-Eingeweihte' nach den ‚erneuerten-Regeln-des-Sehr-Heiligen-Aschiata-Schiämasch' zu werden.

„Und als ich nun, mein Junge, in den besagten Klub zu gehen begann, wurde mir durch meine Unterhaltung mit ihnen und auch aus anderen Gegebenheiten völlig klar, daß diese verschiedenen irdischen gelehrten Wesen, die aufrichtig danach strebten, ihre Vernunft zu vervollkommnen, sich in der Stadt Babylon gleich von Anfang an abgesondert hatten und sich in keine der Angelegenheiten einmischten, die die allgemeine Masse jener babylonischen Gelehrten dort unternahm.

„Diese paar Gelehrten sonderten sich nicht nur gleich von Anfang an ab, als alle übrigen Gelehrten, die damals in der Stadt Babylon waren, zuerst einen Hauptplatz für ihre Versammlungen im Herzen der Stadt eröffneten, und als sie zu ihrer besseren gegenseitigen sowohl materiellen als moralischen Unterstützung den Hauptklub für alle Gelehrten der ganzen Erde gründeten, sondern auch später, als sich die ganze Masse der Gelehrten in drei selbständige ‚Sektionen' geteilt hatte und jede dieser ‚Sektionen' in verschiedenen Teilen Babylons ihren selbständige Club hatte, nahmen sie an keiner der drei besagten Sektionen teil.

„Sie hielten sich in den Vororten der Stadt Babylon auf und verkehrten fast kaum mit den gelehrten Wesen der großen Masse, und nur einige Tage vor meiner Aufnahme als Mitglied ihres Klubs waren sie zum erstenmal zusammengekommen, um den Klub der ‚Anhänger des Legomonismus' zu organisieren.

„Diese Gelehrten, von denen ich hier spreche, waren alle ausnahmslos zwangsweise in die Stadt Babylon gelangt und gehörten meistenteils zu jenen Gelehrten, die der persische König aus Ägypten dorthin gebracht hatte.

„Wie ich später erfuhr, waren sie durch zwei Gelehrte zusammengekommen, die zu den besagten Eingeweihten ersten Grades gehörten.

„Der eine dieser zwei eingeweihten irdischen Gelehrten, der von den sogenannten Mauren abstammte, hieß Kanil-El-Norkel.

„Der andere gelehrte Eingeweihte war Pythagoras und stammte aus der Mitte der sogenannten Hellenen, eben jenen, die man später Griechen nannte.

„Diese zwei Gelehrten trafen sich, wie ich später herausfand, zufällig in der Stadt Babylon und bei ihrem sogenannten ‚Uissapagaurnischen-Meinungsaustausch‘, das heißt während solcher Gespräche, deren Thema sich stets auf die Frage bezog, welche Form von Seins-Existenz der jetzigen Wesen zum Wohl der künftigen Wesen dienen könnte, stellten sie eindeutig fest, daß im Laufe des Wechsels der Generationen der Menschen auf der Erde eine sehr beklagenswerte und traurige Erscheinung vorkommt, nämlich daß in den Prozessen des gegenseitigen Vernichtens, das heißt in ihren sogenannten ‚Kriegen‘ und ‚Volksaufständen‘ immer eine große Anzahl eingeweihter Wesen verschiedener Grade aus irgendeinem Grund vernichtet werde und daß mit ihnen zusammen auch sehr viele Legomonismen für immer vernichtet werden, durch die allein verschiedene Kunden über wirklich früher auf Erden vorgekommene Ereignisse von Geschlecht zu Geschlecht weitergingen und noch weitergehen.

„Als die zwei besagten aufrichtigen und ehrlichen irdischen Gelehrten diese, wie sie es nannten, ‚traurige Erscheinung‘ festgestellt hatten, dachten sie sehr lange darüber nach und das Resultat all ihrer Überlegungen war der Entschluß, Vorteil aus dem außerordentlichen Umstand zu ziehen, daß so viele Gelehrte in einer Stadt versammelt waren, um gemeinsam Mittel und Wege zu finden, diese traurige Erscheinung, deren Ursache die anomalen Bedingungen im Leben des Menschen waren, zu beseitigen.

„Und eben zu diesem Zwecke organisierten sie den besagten Klub und nannten ihn ‚Klub-der-Anhänger-des-Legomonismus‘.

„Auf ihre Aufforderung hin gesellten sich so viele Gleichgesinnte zu ihnen, daß zwei Tage nach meinem Beitritt zu ihrem Klub die Aufnahme neuer Mitglieder bereits aufhörte.

„Am Tag, wo die Annahme neuer Mitglieder aufhörte, bestand die Zahl der Beigetretenen aus hundertneununddreißig Gelehrten, und mit dieser Mitgliederzahl dauerte der Klub so lange, bis der persische König seiner früheren Laune, durch die diese irdischen Gelehrten zusammengekommen waren, überdrüssig wurde.

„Wie ich nach meinem Beitritt als Mitglied dieses Klubs erfuhr, hatten alle gelehrten Wesen eine sogenannte ‚allgemeine-Versammlung‘ einberufen, auf der einstimmig festgesetzt wurde, täglich allgemeine Versammlungen abzuhalten, in denen Berichte und Diskussionen nur über die zwei folgenden Fragen zugelassen werden sollten, nämlich darüber, welche Maßnahmen die Mitglieder des Klubs bei ihrer Rückkehr nach Hause ergreifen sollten, um alle in ihrer Heimat bestehenden Legomonismen zu sammeln und sie den gelehrten Mitgliedern dieses von ihnen gegründeten Klubs zur Verfügung zu stellen und zweitens, was getan werden könnte, damit Legomonismen auf fernere Geschlechter auch noch auf eine andere Art als nur durch Vermittlung von Eingeweihten überliefert werden könnten.

„Vor meinem Beitritt zu diesem Klub hatten auf jenen allgemeinen Versammlungen schon viele verschiedene Vorträge und Diskussionen über diese zwei Fragen stattgefunden.

„Am Tage meines Beitritts war viel darüber geredet worden, auf welche Weise eingeweihte Wesen zur Teilnahme an der Hauptaufgabe des Klubs herangezogen werden könnten, und zwar aus den Anhängern jener ‚Richtungen‘, die damals ‚Onandjiken‘, ‚Schamanisten‘, ‚Buddhisten‘ und so weiter hießen.

„Es war am dritten Tage nach meinem Beitritt zu diesem Klub, als jenes Wort zum erstenmal fiel, das zufällig bis auf die gegenwärtigen Wesen dort gelangte und ein mächtiger Faktor wurde, um alle noch erhaltengebliebenen Gegebenheiten für ein mehr oder weniger normales logisches Seins-Denken endgültig auszulöschen, nämlich das Wort ‚Kunst‘. Dieses Wort wurde damals jedoch in einem ganz anderen Sinne gebraucht und hatte eine ganz andere Bedeutung.

„Dieser Ausdruck war unter folgenden Umständen aufgekommen: An dem Tage, als jenes Wort ‚Kunst‘ zum erstenmal angewandt wurde und sein eigentlicher Sinn und seine genaue Bedeutung festgestellt wurden, trat aus der Zahl der Vortragenden ein zu jener Zeit sehr bekannter chaldäischer Gelehrter hervor, namens Akscharpanziar, der auch ein Mitglied des Klubs der Legomonisten war.

„Da der Vortrag jenes bereits sehr betagten chaldäischen Gelehrten, des großen Akscharpanziar, damals der Anstoß zu allen weiteren Ereignissen wurde, die mit der gegenwärtigen Kunst dort zusammenhängen, will ich mich bemühen, mich seiner Rede genau zu erinnern und sie dir möglichst Wort für Wort wiederzugeben.

„Er sagte damals folgendes:

„‚Die verflossenen Jahrhunderte und insbesondere die zwei letzten haben uns gezeigt, daß während der unvermeidlichen Psychosen der Massen, die Kriege zwischen verschiedenen Staaten und verschiedene Volksaufstände verursachen, der Volksbestialität unter anderem viele solcher Wesen unschuldig zum Opfer fallen, die durch ihre Frömmigkeit und durch ihr bewußtes Verzichten in der Vergangenheit würdig geworden waren, Eingeweihte zu werden und durch deren Vermittlung verschiedene Legomonismen mit Kunden über alle möglichen wirklich in vergangenen Zeiten stattgefundenen Begebenheiten bewußt auf Wesen der Zukunft gelangen könnten.

„‚Und es fallen meiner Meinung nach gerade solch fromme Menschen der Volksbestialität unschuldig zum Opfer, weil sie, da sie schon innerlich frei sind, sich nicht wie alle übrigen mit den gewöhnlichen Interessen ihrer Umgebung ganz identifizieren, was sie weder an den Verlockungen noch den Vergnügungen oder Sentimentalitäten oder an ähnlichen offenbar aufrichtigen Äußerungen ihrer Umgebung teilnehmen läßt. Da sie in gewöhnlichen Zeiten normal existieren und in ihren Beziehungen zu denen um sie herum sowohl in ihren äußeren wie inneren Manifestationen wohlwollend sind, gewinnen sie im normalen Alltagsleben die Achtung und Hochschätzung der Wesen ihrer Umgebung; wenn aber die gewöhnliche Menschenmasse in die besagte Psychose fällt und sich, wie es gewöhnlich geht, in zwei entgegengesetzte Lager teilt, fangen sie mit ihrer in diesem Kampf bestialisch gewordenen Vernunft an, höchst argwöhnisch gegen jene zu werden, die in normalen Zeiten immer ruhig und ernsthaft waren.

„‚Und wenn dann zufällig die Aufmerksamkeit der von dieser Psychose Besessenen für längere Zeit sich auf solche außerordentliche Menschen richtet, zweifeln sie gar nicht mehr länger daran, daß diese selben ernsten und äußerlich stets ruhigen Menschen auch in normalen Zeiten nichts als ‚Spione‘ ihrer jetzigen Feinde und Gegner gewesen sind.

„‚Mit ihrer erkrankten Vernunft folgern dann diese verrohten Menschen, daß der frühere Ernst und die frühere Ruhe dieser Menschen nichts anderes waren als nur sogenannte ‚Verschlossenheit‘ und ‚Heuchelei‘.

„‚Und ihre psychopathischen Schlüsse führen schließlich dazu, daß diese verrohten Menschen der einen oder anderen feindlichen Seite diese ernsten und ruhigen Menschen ohne die geringsten Gewissensbisse töten.

„‚Meiner Meinung nach dient das, was ich soeben sagte, sehr häufig als Ursache dafür, daß sehr viele Legomonismen über Ereignisse, die tatsächlich auf der Erde vorkamen, bei ihrer Überlieferung von Geschlecht zu Geschlecht vom Angesicht der Erde vollkommen verschwinden.

„‚Und wenn Sie, meine hochgeschätzten Kollegen, meine persönliche Meinung wissen wollen, so werde ich ihnen mit meinem ganzen Sein aufrichtig sagen, daß wir trotz all des Besagten einfach nichts tun können, was die Weitergabe echten Wissens mittels Legomonismen auf die Wesen entfernter Geschlechter durch entsprechende Eingeweihte betrifft.

„‚Mag dieses Mittel wie bisher angewandt werden, so wie es seit uralten Zeiten auf Erden geschehen ist und wie diese Form der Weitergabe von Kenntnissen durch Eingeweihte mittels ihres ‚Vermögens-zu-Sein' von dem Sehr Großen Propheten Aschiata Schiämasch erneuert worden war.

„‚Falls wir gegenwärtige Menschen jetzt etwas zum Wohl der Menschen künftiger Zeiten tun wollen, so müssen wir es tun, indem wir zu dem bereits existierenden Mittel für die Weitergabe noch ein anderes Mittel hinzufügen, das sowohl der viele Jahrhunderte langen Erfahrung früherer Generationen als auch den auf uns gelangten Kunden entspricht.

„‚Ich persönlich schlage vor, daß die Weitergabe an folgende Geschlechter auch noch durch die Vermittlung der sogenannten menschlichen ‚Afalkalna' geschehen möge; das heißt durch verschiedene Erzeugnisse aus Menschenhand, die in den Gebrauch des gewöhnlichen Alltagslebens kommen, und auch durch die menschlichen ‚Soldschinocha', das heißt durch verschiedene Formen und Zeremonien, die schon seit Jahrhunderten sich im öffentlichen und Familienleben eingebürgert haben und automatisch von Geschlecht zu Geschlecht übergehen.

„Diese menschlichen ‚Afalkalna', besonders jene, die aus dauerhaftem Material verfertigt sind, werden entweder selbst erhaltenbleiben und auf die Menschen ferner Generationen kommen, oder Kopien von ihnen werden von Geschlecht zu Geschlecht übergehen, ob jener im

Wesen der Menschen eingewurzelten Eigenschaft, das eine oder andere der auf sie gelangten Werke der Menschen längst vergangener Epochen durch eine kleine Veränderung als ihr eigenes Produkt auszugeben.

„‚Und was die menschlichen ‚Soldschinocha' betrifft, wie zum Beispiel verschiedene ‚Mysterien', ‚religiöse-Zeremonien', ‚Familien- und öffentliche Bräuche', ‚religiöse und volkstümliche Tänze', so unterliegen sie zwar im Laufe der Zeit in ihrer äußeren Form häufig Veränderungen, aber die durch sie im Menschen hervorgerufenen Impulse und die daraus stammenden Äußerungen des Menschen bleiben immer unverändert. Und wenn man dann in die inneren Faktoren, die diese Impulse und die verschiedenen nutzbringenden Äußerungen der Menschen hervorrufen, die verschiedenen nützlichen Kunden und das erworbene echte Wissen hineinlegt, kann man damit rechnen, daß, wenn sie auf unsere entfernten Nachkommen gelangen, einige von ihnen sie entziffern werden und daß alle übrigen sie zu ihrem Wohl ausnützen können.

„‚Jetzt fragt es sich nur, auf welche Weise eine solche Weitergabe der von mir vorgeschlagenen verschiedenen menschlichen ‚Afalkalna' und ‚Soldschinocha' verwirklicht werden kann.

„‚Ich persönlich schlage vor, dies durch jenes Weltgesetz auszuführen, das das ‚Gesetz der Siebenfältigkeit' heißt.

„‚Das Gesetz der Siebenfältigkeit' existiert und wird immer und in allem auf Erden existieren.

„‚Diesem Gesetz zufolge unterscheidet man zum Beispiel im weißen Strahle sieben vollständige Farbtöne, in jedem einzelnen Laut sieben selbständige Töne, in jedem Zustand des Menschen sieben verschiedene selbständige Empfindungen; ferner kann jede bestimmte Form aus nur sieben verschiedenen Dimensionen gemacht werden; und jedes Gewicht kann sich auf Erden nur durch siebenfachen ‚gegenseitigen Druck' halten und so weiter.

„‚Und deshalb muß man die heutzutage existierenden Kenntnisse, sowohl die, die wir selbst erwarben, als auch die, die aus vergangenen Zeiten auf uns kamen und zwar solche Kenntnisse, die nach unserer aller Übereinstimmung für unsere entfernten Nachkommen von Nutzen sein werden, auf irgendeine Weise so in den besagten menschlichen ‚Afalkalna' und ‚Soldschinocha' andeuten, daß sie durch das besagte große Weltgesetz von der reinen Vernunft künftiger Menschen aufgefaßt werden können.

„‚‚Das Gesetz der Siebenfältigkeit wird, ich wiederhole, sich solange auf der Erde erhalten, als das Weltall besteht, und es wird solange von den Menschen aller Zeiten gesehen und verstanden werden, als es Menschengedanken auf der Erde gibt, und deshalb kann man schlechtweg behaupten, daß es die auf die besagte Weise in den erwähnten Werken angedeuteten Kenntnisse ebenfalls für immer auf Erden geben wird.

„‚Was aber die Methode selbst betrifft, das heißt die Art und Weise der Weitergabe durch dieses Gesetz, so kann das meiner Meinung nach in folgender Weise geschehen:

„‚In allen Werken, die wir absichtlich auf Grund dieses Gesetzes zum Zwecke ihrer Weitergabe auf fernere Geschlechter schaffen werden, werden wir wissentlich auch gewisse gesetzmäßige Ungenauigkeiten einführen und werden in diesen gesetzmäßigen Ungenauigkeiten durch uns zur Verfügung stehende Mittel den Inhalt dieses oder jenes echten Wissens hineinlegen, das schon im Besitz der Menschen der Jetztzeit ist.

„‚Zur Enträtselung dieser Ungenauigkeiten dieses großen Gesetzes oder um sozusagen ihnen einen ‚Schlüssel' zu geben, werden wir in unseren Werken etwas in der Art eines Legomonismus anwenden und dadurch die Weitergabe von Generation zu Generation durch Eingeweihte einer besonderen Gattung sichern, die wir als ‚in-die-Kunst-Eingeweihte' bezeichnen werden.

„ ‚Und wir werden sie deshalb so nennen, weil der ganze Prozeß einer solchen Weitergabe von Kenntnissen auf fernere Geschlechter durch das Gesetz der Siebenfältigkeit nicht natürlich, sondern künstlich sein wird.

„ ‚Also, meine hochverdienten und unparteiischen Kollegen . . .

„ ‚Nun muß es Ihnen klar sein, daß, falls aus dem einen oder anderen Grunde die für unsere Nachkommen nützlichen Kunden über die von den Menschen bereits erreichten Kenntnisse und über die auf Erden vorgekommenen Ereignisse nicht durch echte Eingeweihte bis auf die Menschen künftiger Geschlechter gelangen, diese trotzdem durch die von mir vorgeschlagenen neuen Arten der Weitergabe imstande sein werden, zwar nicht alles, was heutzutage existiert, aufzufassen und sich klarzumachen, aber doch wenigstens einige jener auf der Erde bekannten Fragmente allgemeinen Wissens, die zufällig durch jene Erzeugnisse aus der Hand der gegenwärtigen Menschen auf sie gelangen und durch verschiedene jetzt dort schon existierende Zeremonien, in die wir jetzt mittels dieses großen Gesetzes der Siebenfältigkeit und durch unsere künstlichen Andeutungen das, was wir wollen, hineinlegen werden.'

„Mit diesen Worten schloß der große Akscharpanziar seinen Vortrag.

„Dieser Rede folgten große Aufregung und lärmende Diskussionen unter allen Mitgliedern des Klubs der Anhänger des Legomonismus, was schließlich dazu führte, daß sie alle einstimmig beschlossen, zu tun, wie der große Akscharpanziar vorgeschlagen hatte.

„Darauf folgte eine kurze Unterbrechung zum Essen; und dann versammelten sie sich wieder. Die zweite allgemeine Versammlung dauerte die ganze Nacht hindurch.

„Damals eben wurde einstimmig der Beschluß gefaßt, gleich vom folgenden Tage an sogenannte ‚Minia-Bilder' zu machen oder, wie deine gegenwärtigen Lieblinge sie dort nennen, ‚Modelle‘ zu verschiedenen Kunstwerken zu verfertigen und zu versuchen, eine möglichst praktische und passende Art zu finden, um die vom großen Akscharpanziar vorgeschlagenen Prinzipien anzudeuten und dann diese ‚Minia-Bilder‘ oder ‚Modelle‘ in ihren Klub mitzubringen, um sie den anderen Mitgliedern zu zeigen und zu erklären.

„Nach zwei Tagen begannen schon viele von ihnen solche von ihnen selbst verfertigten ‚Minia-Bilder‘ mitzubringen und sie mit den nötigen Erklärungen vorzuzeigen, und sie begannen auch, alle möglichen Handlungen vorzuführen, die die Wesen dieses Planeten im Prozesse ihrer gewöhnlichen Existenz gelegentlich ausführen.

„Unter den mitgebrachten Modellen und den verschiedenen vorgeführten Seins-Äußerungen waren verschiedene Farbkombinationen, verschiedene Konstruktions- und Bauformen, auch das Spielen verschiedener musikalischer Instrumente, das Singen aller möglichen Melodien und auch eine genaue Darstellung verschiedener ihnen selbst fremder Erlebnisse und so fort und so weiter.

„Der Bequemlichkeit halber teilten sich die Mitglieder des Klubs bald in mehrere Gruppen und widmeten von da an den siebenten Teil jener bestimmten Zeitperiode, die sie eine ‚Woche‘ nennen — von ihnen ‚Tag‘ genannt — der Vorführung und Darstellung ihrer Produktionen in je einem besonderen Wissenszweig.

„Es ist hier interessant zu bemerken, daß eben diese Periode des Zeitlaufes, nämlich eine ‚Woche‘, auf deinem Planeten immer in sieben Tage eingeteilt war, und daß diese Einteilung noch von den Wesen des Kontinents Atlantis gemacht worden war, die auf diese Weise das damals gutbekannte Gesetz der Siebenfältigkeit ausdrückten.

„Damals auf dem Kontinent Atlantis hatten die Wochentage folgende Namen:

    1. Adaschsikra.
    2. Evosikra.
    3. Seworksikra.
    4. Midosikra.
    5. Maikosikra.
    6. Lukosikra.
    7. Sonjasikra.

„Diese Namen änderten sich öfters und heutzutage nennen die Wesen dort die Wochentage folgendermaßen:

    1. Montag.
    2. Dienstag.
    3. Mittwoch.
    4. Donnerstag.
    5. Freitag.
    6. Sonnabend.
    7. Sonntag.

„Und sie widmeten, wie ich dir schon gesagt habe, jeden einzelnen Wochentag der Produktion der einen oder anderen Spezialität entweder ihrer Hände oder irgendeiner anderen Form bewußter absichtlicher Seins-Äußerungen.

„Und zwar widmeten sie den Montag der ersten Gruppe und nannten diesen Tag ‚den-Tag-der-religiösen-und-Volkszeremonien‘.

„Den Dienstag überließen sie der zweiten Gruppe und nannten ihn ‚Architektur-Tag‘.

„Der Mittwoch hieß ‚Tag der Malerei‘.

„Der Donnerstag ‚der Tag religiöser und Volkstänze‘.

„Der Freitag ‚der Tag der Skulptur‘.

„Der Sonnabend ‚der Tag der Mysterien‘ oder, wie er auch genannt wird, ‚der Tag des Theaters‘.

„Der Sonntag ‚der Tag der Musik und des Gesanges‘.

„An Montagen, nämlich den Tagen ‚religiöser und Volkszeremonien' führten die Gelehrten der ersten Gruppe verschiedene Zeremonien aus, in denen die zur Weitergabe bestimmten Wissensfragmente durch Ungenauigkeiten im Gesetz der Siebenfältigkeit, hauptsächlich durch Ungenauigkeiten in den gesetzmäßigen Bewegungen der Teilnehmer an den gegebenen Zeremonien angedeutet wurden.

„Nehmen wir zum Beispiel an, daß der Führer der gegebenen Zeremonie ein Priester oder, wie ihn die gegenwärtigen Wesen nennen, ein Geistlicher, die Hände zum Himmel zu erheben hatte.

„Diese Stellung erfordert unbedingt nach dem Gesetz der Siebenfältigkeit, daß normalerweise seine Füße eine bestimmte Stellung einnehmen, aber diese babylonischen Gelehrten stellten die Füße des besagten Hauptes der Zeremonie absichtlich nicht so, wie sie dem Gesetz nach stehen sollten, sondern anders.

„Und überhaupt deutete all dies ‚Anders' der Bewegungen der Teilnehmer an einer bestimmten religiösen Zeremonie an, daß die Gelehrten mit Hilfe eines konventionellen ‚ABC jene Begriffe weitergaben, die sie sich durch diese Zeremonien bis auf die fernen Geschlechter der Menschenwesen weiterzugeben vorgenommen hatten.

„Dienstags, nämlich am ‚Tag-der-Architektur', brachten die zu dieser zweiten Gruppe gehörenden Gelehrtenwesen verschiedene Modelle für solche beabsichtigten Bauten und Konstruktionen mit, die sich sehr lange halten könnten.

„Dabei machten sie die Aufführung dieser Gebäude nicht genau in der dem Gesetz der Siebenfältigkeit entsprechenden Stabilität oder mechanisch, wie die Wesen dort sie gewöhnlich aufführten, sondern anders.

„Zum Beispiel mußte die Kuppel irgendeines Baues allen Gegebenheiten nach auf vier Säulen von einer gewissen Dichte und Stärke ruhen.

„Sie dagegen stützten diese gleiche Kuppel nur auf drei Säulen und verlegten den ‚gegenseitigen Druck' oder, wie er auch genannt wird, den auf dem Gesetz der Siebenfältigkeit beruhenden ‚gegenseitigen Widerstand' zur Unterstützung der Schwere auf dem Planeten nicht auf die Säulen allein, sondern auch auf andere ungewöhnliche Kombinationen, die auf demselben Gesetz der Siebenfältigkeit beruhen, das die Masse der damaligen gewöhnlichen Wesen schon kannte, das heißt sie verlegten den erforderlichen Widerstandsgrad der Säulen hauptsächlich auf das Gewicht der Kuppel selbst.

„Oder noch ein anderes Beispiel:

„Irgendein Stein müßte nach allen dort eingebürgerten Gegebenheiten sowohl mechanisch durch jahrhundertelang geübte Praxis oder durch die vollends bewußten Berechnungen einiger vernünftiger Wesen dort eine bestimmte einer gewissen Widerstandskraft entsprechende Festigkeit haben; sie aber pflegten diesen Eckstein so zu machen und ihn so zu stellen, daß er den erwähnten Gegebenheiten durchaus nicht entsprach, sondern daß die Festigkeit und erforderliche Widerstandskraft zur Unterstützung der von oben her drückenden Schwere dem Gesetz der Siebenfältigkeit zufolge auf der Lage der unteren Steine beruhte, die ihrerseits wieder nicht so lagen, wie es eingebürgerte Sitte war, sondern wieder auf Berechnungen der Art der Aufführung der sich noch darunter befindlichen Steine und so weiter.

„Und in diesen ungewöhnlichen, vom Gesetz der Siebenfältigkeit abweichenden Kombinationen drückten sie dann auch wieder mit Hilfe des konventionellen ‚ABC' den Inhalt der einen oder anderen nützlichen Kunde aus.

„Diese Gruppe gelehrter Mitglieder des Klubs der ‚Anhänger des Legomonismus' stellten ferner das, was sie wollten, in ihren ‚Minia-Bildern' oder den ‚Modellen' geplanter Konstruktionen dar, wobei sie das Gesetz, genannt

,Deiwibritzkar' anwandten, das heißt das Gesetz von der Wirkung der in der Atmosphäre geschlossener Räume entstehenden Vibrationen.

„Dieses Gesetz, das gar nicht bis auf die heutigen dreihirnigen Wesen deines Planeten gelangte, war den Wesen damals sehr gut vertraut, und zwar wußten sie sehr genau, daß die Größe und Form geschlossener Räume wie auch das Volumen der in ihnen eingeschlossenen Luft einen bestimmten Einfluß auf die Wesen ausübt.

„Sie benutzten dieses Gesetz und stellten damit ihre verschiedenen Begriffe folgendermaßen dar:

„Nehmen wir an, daß dem Charakter und den Zwecken irgendeines Gebäudes entsprechend durch das Innere des gegebenen Gebäudes — im Einklang mit dem Gesetz der Siebenfältigkeit und der Praxis vieler Jahrhunderte — bestimmte Empfindungen in einer gewissen gesetzmäßigen Folgerichtigkeit hervorgerufen werden müssen.

„Wenn sie dann das Gesetz ,Deiwibritzkar' anwandten, planten sie das Innere dieser projektierten Gebäude in einer solchen Weise, auf daß in den Wesen, die sie betraten, die erforderlichen Empfindungen nicht in der erwarteten bekannten gesetzmäßigen Reihenfolge hervorgerufen wurden, sondern in einer anderen Ordnung.

„Und gerade in diese Abweichungen von der gesetzmäßigen Folge der Empfindungen legten sie auf eine bestimmte Weise das hinein, was sie ausdrücken wollten.

„Die Mittwoche, die ,Tage der Malerei', waren verschiedenen Farbkombinationen gewidmet.

„An diesen Tagen brachten die Gelehrten der entsprechenden Gruppe zu Demonstrationszwecken alle möglichen für den Hausgebrauch nötigen Gegenstände mit, die aus gefärbten Materialien verfertigt waren, die sehr lange halten konnten, und zwar brachten sie ,Teppiche', ,Gewebe' und ,Tschinkruari' mit, das heißt verschiedenfarbige Zeichnungen auf Leder, das auf eine bestimmte Weise zu diesem Zwecke gegerbt wurde und viele Jahrhunderte hindurch halten konnte, und Dinge ähnlicher Art.

„Auf diese Gegenstände waren mit bunten Farben oder Zwirn verschiedene Bilder aus der Natur ihres Planeten gezeichnet oder aufgenäht oder auch verschiedene Formen der dort vorkommenden Wesen.

„Bevor ich weiter darüber rede, auf welche Weise jene irdischen Gelehrtenwesen damals durch verschiedene Farbenkombinationen verschiedene Wissensfragmente andeuteten, muß ich zuvor eine Tatsache hervorheben, die sich auf das bezieht, wovon ich soeben sprach, eine für diese deine Lieblinge sicherlich traurige Tatsache, die sich in ihrem Bestande auch durch die gleiche anomale Form ihrer alltäglichen von ihnen selbst eingerichteten Existenz bildete.

„Ich will dir nämlich jene allmähliche Verschlechterung in der Bildung jener ‚Wahrnehmungsorgane' erklären, die sich im Bestande aller Wesen bilden und vor allem jenes Organs, das uns diesmal am meisten interessieren muß, das Organ zur Empfindung und Unterscheidung des sogenannten ‚Zusammenfließens-der-Schwerpunkts-Vibrationen', die aus dem Weltenraum auf ihren Planeten kommen.

„Ich spreche über die sogenannte ‚Gesamtheit-aller-Vibrationen-aller-Verwirklichungs-Quellen', nämlich gerade über das, was der große Gelehrte Akscharpanziar, von dem ich sprach, den ‚weißen-Strahl' nannte, und über die Wahrnehmungen von Eindrücken durch das Zusammenfließen verschiedener Schwerpunkts-Vibrationen, die von den Wesen als selbständige sogenannte ‚Farbtöne' unterschieden werden.

„Du mußt wissen, daß gleich am Anfang der Entstehung und Existenz der dreihirnigen Wesen des Planeten Erde, ehe noch das Organ Kundabuffer ihnen eingeimpft worden war, und später, als dieses Organ vollends aus ihrem Bestand beseitigt worden war, und sogar nach der zweiten Transapalnischen Katastrophe dort bis fast zu der Zeit unserer dritten Hinabkunft auf die Oberfläche jenes Planeten dieses besagte Organ in ihnen mit einer sogenannten ‚Empfindungsfeinheit' ausgestattet war, die der gleichkam, mit der der gesamte Bestand aller gewöhnlichen dreihirnigen Wesen unseres ganzen großen Weltalls ausgestattet ist.

„In den erwähnten Perioden war dieses Organ auch in allen auf diesem Planeten entstehenden dreihirnigen Wesen mit einer solchen Empfindungsfeinheit ausgestattet, die sie befähigte, das besagte Zusammenfließen der einzelnen ‚Schwerpunkts-Vibrationen-des-weißen-Strahles' wahrzunehmen und ein Drittel der Quantität aller ‚Farbtöne' aller Farbabstufungen überhaupt zu unterscheiden, die es sowohl im Bestande dieses Planeten als auch in allen anderen großen und kleinen kosmischen Verdichtungen gibt.

„Objektive Wissenschaft hat schon genau festgestellt, daß die Zahl der durch das Zusammenfließen verschiedener ‚Schwerpunkts-Vibrationen' aus der allgemeinen Gesamtheit aller Vibrationen entstehenden ‚Farbtöne' genau ein ‚Hultanpanas' darstellt, nämlich nach den Berechnungen der irdischen dreihirnigen Wesen fünf Millionen sieben Hundert vierundsechzig Tausend achthundert und eine Farbabstufung.

„Nur ein Drittel dieser Summe der Farbverschmelzungen oder Farbabstufungen — den einen Farbton abgerechnet, der nur der Wahrnehmung UNSERES-ALLES ERHALTENDEN-UNENDLICHEN zugänglich ist — und zwar eine Million neun Hundert einundzwanzig Tausend sechshundert Abstufungen, die von den Wesen als ‚Farbunterschiede' wahrgenommen werden, kann von jedem gewöhnlichen Wesen auf allen Planeten unseres großen Weltalls wahrgenommen werden.

KUNST

„Wenn aber die dreihirnigen Wesen die Vervollkommnung ihres höchsten Teiles vollenden, erwirbt ihr Organ zur Wahrnehmung des Sichtbaren die Feinheit des sogenannten ‚Oluestesnochnischen' Sehvermögens, wodurch sie bereits zwei Drittel der ganzen Zahl der im Weltall existierenden Farbabstufungen unterscheiden können, was irdischer Berechnung nach drei Millionen achthundertdreiundvierzig Tausend zweihundert verschiedene Farbabstufungen ergibt.

„Und nur jene dreihirnigen Wesen, die die Vervollkommnung ihres höchsten Seins-Teiles bis zum sogenannten ‚Ischmetschen' Zustand bringen, werden fähig, die ganze erwähnte Zahl der Farbmischungen und -abstufungen wahrzunehmen und zu unterscheiden, mit Ausnahme jener einen Abstufung, die, wie ich schon sagte, nur UNSEREM ALLERHALTENDEN SCHÖPFER zugänglich ist.

„Obschon ich beabsichtige, dir später eingehend zu erklären, wie und warum im Bestande der ‚Insapalnischen-kosmischen-Verdichtungen' alle möglichen bestimmten Bildungen durch evolutionierende und involutionierende Prozesse die Eigenschaft erlangen, verschiedene Wirkungen auf das besagte Organ der Wesen auszuüben, halte ich es trotzdem nicht für überflüssig, schon jetzt an diese Frage zu rühren.

„Vor allem mußt du wissen, daß die ‚allgemeine Gesamtvibration' — gleich allen bereits bestimmt geformten kosmischen Bildungen — gemäß dem endgültigen Resultat des kosmischen Grundgesetzes des heiligen Heptaparaparschinoch, jenem kosmischen Gesetz nämlich, das die dreihirnigen Wesen des Planeten Erde in der erwähnten babylonischen Periode ‚das Gesetz der Siebenfältigkeit' nannten, aus sieben sogenannten ‚Resultat-Komplexen' gebildet wird und entsteht oder, wie man auch sagt, aus ‚Sieben Vibrationsklassen' jener kosmischen Quellen, von denen jede einzelne aus sieben anderen entsteht und davon abhängt; diese wiederum entstehen aus sieben anderen und hängen von ihnen ab und so weiter bis hinauf zur ersten höchstheiligen ‚einzigartig-siebeneigenschaftigen-Vibration', die aus der Höchstheiligen Urquelle entspringt. Alle zusammen bilden die ‚allgemeine Gesamtvibration' aller Verwirklichungsquellen alles im ganzen Weltall Existierenden und bewirken später durch die Umwandlungen dieses letzteren im Bestande kosmischer ‚Insapalnischer-Verdichtungen' die besagte Anzahl der verschiedenen ‚Farbabstufungen'.

„Und was die Einzelheiten über die höchstheilige ‚einzigartig-siebeneigenschaftige-Vibration' betrifft, so wirst du sie erst dann begreifen, wenn ich dir, wie ich dir schon oft versprach, zur rechten Zeit eingehend die allergrößten Grundgesetze der Welterschaffung und Welterhaltung erklären werde.

„Einstweilen aber mußt du betreffs des gegebenen Falles wissen, daß, sobald diese ‚allgemeine Gesamtvibration' oder, wie die irdischen dreihirnigen Wesen sie nennen, der ‚weiße Strahl' mit dem ihm eigenen Bestand in den ‚Bereich der Möglichkeiten' gelangt, wo er sich im Bestand eines Insapalnischen Planeten umwandeln kann, erfolgt auch mit ihm, wie mit jeder bereits vollends gebildeten kosmischen Entstehung, die die Möglichkeit zur weiteren Verwirklichung hat, der kosmische Prozeß, genannt ‚Dschartklom', das heißt, er selbst bleibt als Bestand, aber sein Wesen zerfällt gleichsam und erzeugt durch die einzelnen ‚Schwerpunkts-Vibrationen', aus denen er entstanden war, Evolutions- und Involutions-Prozesse; und diese Prozesse verwirklichen sich in der Weise, daß eine ‚Schwerpunkts-Vibration' aus einer anderen entsteht und sich in eine dritte verwandelt und so weiter.

„Bei solchen Transformationen wirkt die besagte ‚allgemeine Gesamtvibration' mit ihren Schwerpunkts-Vibrationen, das heißt der weiße Strahl, auf die gewöhnlichen in ihrer Umgebung vor sich gehenden inplanetischen und aufplanetischen Entstehungs- und Zerfallsprozesse, und auf Grund der ‚Vibrationsaffinität' fließen ihre ‚Schwerpunkts-Vibrationen', die von den sie umgebenden Bedingungen abhängen und ihnen gemäß sind, zusammen und werden ein Teil des ganzen allgemeinen Bestandes dieser bestimmten inplanetischen und aufplanetischen Bildungen, in denen die besagten Prozesse vor sich gehen.

„Also, mein Junge, in den Perioden meiner Hinabkünfte auf den dir lieben Planeten Erde bemerkte ich anfangs ohne jede bewußte Absicht seitens meiner Vernunft und später ganz absichtlich und stellte schließlich die fortdauernde Verschlechterung dieses ‚Seins-Organs' in allen von ihnen fest.

„Die Empfindungsfeinheit eben dieses Organs, nämlich des Organs, durch das im Bestand dreihirniger Wesen vor allem die sogenannte ‚automatische Sättigung durch Äußeres' geschieht, wodurch natürliche Selbstvervollkommnung erst möglich ist, verschlechterte sich mit jedem Jahrhundert, bis sie schließlich in der Periode unseres fünften Aufenthaltes dort, in jener Periode nämlich, die von den dortigen Wesen jetzt als die Periode der ‚Größe Babylons' bezeichnet wird, dieses Organ das Zusammenfließen der Schwerpunkts-Vibrationen des ‚weißen-Strahles' höchstens bis zum dritten Grad seiner sogenannten ‚siebenfältigen Schichtungen' wahrnehmen und unterscheiden konnte, das heißt, nur bis zu dreihundertdreiundvierzig verschiedenen ‚Farbtönen'.

„Es ist hier interessant zu bemerken, daß eine ganze Anzahl dreihirniger Wesen jener babylonischen Epoche selbst schon die allmähliche Verschlechterung der Feinheit dieses Organs bemerkten und daß sogar einige von ihnen eine neue Gesellschaft in Babylon gründeten, die eine eigenartige ‚Richtung' unter den Malern jener Zeit hervorrief.

„Diese eigenartige ‚Richtung' der damaligen Maler hatte folgendes Programm:

„ ‚Die-Wahrheit-einzig-durch-die-zwischen-weiß-und-schwarz-existierenden-Abstufungen-zu-finden-und-zu-beleuchten.'

„Und sie stellten alle ihre Produkte her, indem sie ausschließlich die Abstufungen, die es zwischen der schwarzen und weißen Farbe gibt, verwandten.

„Als ich damals in Babylon von dieser besonderen ‚Richtung' in der Malerei erfuhr, verwandten ihre Anhänger für die Herstellung ihrer Produkte schon ungefähr fünfzehnhundert vollkommen verschiedene Abstufungen der sogenannten ‚grauen Farbe'.

„Diese neue ‚Richtung' in der Malerei rief unter den Wesen, die danach strebten, die Wahrheit wenigstens auf einem Gebiet zu erkennen, wie man dort sagt ‚großes Aufsehen' hervor und war sogar der Grund zur Entstehung einer anderen und noch sonderbareren ‚Richtung', diesmal unter den sogenannten babylonischen ‚Nuchimisten', nämlich jenen damaligen Wesen, die sogenannte neue ‚Kombinationen der Vibrationsverdichtungen' studierten und hervorbrachten, die auf eine bestimmte Weise auf den Geruchsinn der Wesen wirken und die bestimmte Wirkungen in ihrer allgemeinen Psyche verursachen wollten, das heißt, unter jenen Wesen dort, die sich das Ziel gesetzt hatten, die Wahrheit durch Gerüche zu finden.

„Einige Wesen nun, die gerade damals davon eingenommen waren, ahmten die Anhänger der besagten Richtung in der Malerei nach und gründeten auch eine ähnliche Gesellschaft, und das Motto dieser neuen Richtung war:

„Die Wahrheit-in-den-Nuancen-jener-Gerüche-zu-suchen, die-zwischen-dem-Moment-der-Wirkung-am-Gefrierpunkt-und-dem-Moment-der-Wirkung-beim-Hitzezerfall-gefunden-werden.'

KUNST

„Wie die Maler fanden auch sie damals zwischen diesen zwei bestimmten Gerüchen ungefähr siebenhundert sehr bestimmte Schattierungen und wandten sie in ihren aufklärenden Experimenten an.

„Ich weiß nicht, wohin diese zwei sonderbaren ‚Richtungen' damals in Babylon geführt und wo sie geendet hätten, wenn nicht ein neu ernanntes Stadt-Oberhaupt noch in der Zeit, als wir dort waren, angefangen hätte, die Anhänger jener zweiten neuen ‚Richtung' zu verfolgen, weil sie mit ihrem schon genügend scharfen Geruchsinn einige seiner sogenannten ‚finsteren Geschäfte' bemerkt hatten und bloßstellen wollten, weshalb er alle möglichen Mittel anwandte, um nicht allein alles, was mit dieser zweiten neuen ‚Richtung' zusammenhing, zu unterdrücken, sondern ebenso die erste.

„Was jenes Organ betrifft, von dem wir zu sprechen begannen, das Organ nämlich, zur Wahrnehmung der Sichtbarkeit der sich außerhalb von ihnen befindenden anderen kosmischen Entstehungen, so ging die Verschlechterung seiner Feinheit auch noch nach der babylonischen Epoche weiter und kam zu dem Punkt, daß während unseres letzten Aufenthaltes auf der Oberfläche jenes Planeten deine Lieblinge anstatt einer Million neunhunderteinundzwanzigtausendsechshundert Farbabstufungen, die sie wahrnehmen und unterscheiden sollten, nur noch das Resultat der vorletzten sogenannten ‚siebenfältigen Kristallisation des weißen Strahles' wahrnehmen und unterscheiden konnten, nämlich nur neunundvierzig Abstufungen und selbst diese Fähigkeit war nur einigen deiner Lieblinge eigen, dieweil die übrigen, vielleicht sogar die Mehrzahl, auch dieser Möglichkeit beraubt waren.

„Das Interessanteste aber der fortdauernden Verschlechterung jenes wichtigsten Teiles ihres allgemeinen Bestandes ist die traurige Komik, die darin besteht, daß jene heutigen dreihirnigen Wesen dort,

503

die noch fähig sind, den erwähnten dürftigen Teil der Gesamtzahl der Abstufungen, nämlich bloß neunundvierzig Abstufungen, zu unterscheiden, mit erhöhtem Eigendünkel und einer Beimischung des Impulses von Hochmut auf jene anderen Wesen herabschauen, die die Fähigkeit verloren haben, selbst nur diese dürftige Zahl zu unterscheiden, als auf Wesen mit anomaler Unzulänglichkeit dieses besagten Organs und daß sie sie als am sogenannten ‚Daltonismus‘ Erkrankte bezeichnen.

„Die letzten sieben Verschmelzungen der Schwerpunktsvibrationen des weißen Strahles trugen damals in Babylon genau wie auch jetzt noch unter den dortigen heutigen Wesen folgende Namen:

    1. Rot.
    2. Orange.
    3. Gelb.
    4. Grün.
    5. Hellblau.
    6. Dunkelblau.
    7. Violett.

„Höre nun, auf welche Weise die Gelehrten, die damals in Babylon zu der Malergruppe gehörten, verschiedene nützliche Kunden und Wissens-Bruchstücke, die auf sie gekommen waren, in den gesetzmäßigen Ungenauigkeiten des großen kosmischen Gesetzes, das damals ‚Gesetz der Siebenfältigkeit‘ hieß, durch Kombinationen der erwähnten sieben selbständigen Farben und der aus ihnen stammenden Abstufungen zweiten Grades erreichten.

„Im Einklang mit jener bestimmten Eigenschaft der ‚allgemeinen Gesamtvibration‘, das heißt, dem ‚weißen Strahl‘, fließen, wie ich schon gesagt habe, und wie es bereits damals den babylonischen gelehrten Malern bekannt war, während des Transformationsprozesses dieses Strahles die einen seiner ‚Schwerpunkts-Vibrationen‘

immer aus den anderen und verwandeln sich in dritte und so weiter; mit anderen Worten, jene besagten einzelnen Farben des ‚weißen Strahles' stammen immer eine aus der anderen und bilden eine dritte, wie zum Beispiel die orange Farbe aus der roten entsteht, selbst aber weiter wiederum in die gelbe Farbe übergeht und so fort und so weiter.

„Wenn nun die babylonischen gelehrten Maler dementsprechend webten oder mit farbigem Zwirn stickten oder ihre Erzeugnisse bemalten, führten sie die Unterschiede der Farbabstufungen sowohl in den Längslinien als in denen, die kreuz und quer gehen, nicht in der gesetzmäßigen Reihenfolge durch, in der dieser Prozeß tatsächlich im Einklang mit dem Gesetz der Siebenfältigkeit verläuft, sondern anders, und in diesem ebenfalls gesetzmäßigen ‚anders' stellten sie den Inhalt der einen oder anderen Kunde oder irgendwelches Wissen dar.

„An Donnerstagen, nämlich den Tagen, die den ‚heiligen und Volkstänzen' gewidmet waren, führten die zu diesen Gruppen gehörenden Gelehrten mit entsprechenden Erklärungen alle möglichen Formen religiöser und volkstümlicher Tänze auf, sowohl solche, die schon existiert hatten und die sie nur änderten, als auch von ihnen ganz neu geschaffene.

„Und damit du dir besser vorstellen und gut verstehen kannst, auf welche Weise sie in diesen Tänzen zum Ausdruck brachten, was sie zum Ausdruck bringen wollten, mußt du vor allem wissen, daß die damaligen Gelehrten schon lange zuvor erkannt hatten, daß jede Haltung und Bewegung jedes Wesens überhaupt im Einklang mit dem gleichen Gesetz der Siebenfältigkeit immer aus sieben sogenannten ‚einander-gegenseitig-balancierenden-Spannungen' bestehen, die in sieben selbständigen Teilen ihres Ganzen entstehen, und daß jeder dieser sieben Teile wiederum aus sieben verschiedenen sogenannten ‚Bewegungslinien' besteht, wobei jede Linie sieben sogenannte

‚Dynamische-Konzentrationspunkte' hat. Und all das, was ich soeben beschrieb, wiederholt sich immer in derselben Weise und in derselben Reihenfolge, nur immer in einer geringeren Skala und wirkt bis in die allerkleinsten Teile unseres ganzen Körpers, die da Atome heißen.

„Und so führten diese gelehrten Tänzer in ihren Bewegungen, die gesetzmäßig untereinander übereinstimmten, absichtlich gesetzmäßige Ungenauigkeiten ein und deuteten durch sie jene Kunden und Kenntnisse an, die sie weitergeben wollten.

„An Freitagen, den Tagen, die der ‚Skulptur' gewidmet waren, brachten die zu dieser Gruppe gehörenden Wesen sogenannte ‚Minia-Bilder' oder ‚Modelle' mit, die aus einem dort ‚Ton' genannten Material verfertigt waren.

„Diese ‚Minia-Bilder' oder ‚Modelle', die sie zur Ausstellung und Erklärung mitbrachten, stellten gewöhnlich einzelne Wesen in Gruppen dar oder verschiedene andere Wesen aller möglichen äußeren Form, die auf ihrem Planeten vorkommen.

„Unter diesen Werken waren auch verschiedene sogenannte ‚allegorische Wesen', die aus dem Kopf einer Form, dem Körper einer anderen und den Gliedern einer dritten und so weiter zusammengesetzt waren.

„Die zu dieser Gruppe gehörenden Gelehrten deuteten alles, was erforderlich war, in den gesetzmäßigen Ungenauigkeiten an, die sie sich bezüglich des Gesetzes, das damals ‚Dimension' hieß, gestatteten.

„Du mußt wissen, daß alle dreihirnigen Wesen der Erde und also natürlich auch die Bildhauer jener Zeit wußten, daß in Übereinstimmung mit immer demselben Gesetz der Siebenfältigkeit die Dimensionen jedes bestimmten Teiles eines jeden Wesens aus sieben Dimensionen seiner zweitrangigen Teile stammen, die ihrerseits wieder aus sieben Dimensionen drittrangiger Teile kommen und so fort und so weiter.

KUNST

„Demgemäß hat jeder große oder kleine Teil des gesamten planetischen Körpers eines Wesens den anderen Teilen entsprechende größere oder kleinere Dimensionen.

„Zu einem klaren Verständnis dessen, was ich soeben gesagt habe, kann als gutes Beispiel das Gesicht jedes beliebigen dreihirnigen Wesens dienen.

„Die Gesichtsdimensionen jedes dreizentrischen Wesens im allgemeinen und auch die Gesichtsdimensionen der dir lieben dreizentrischen Wesen des Planeten Erde sind das Resultat der Dimensionen sieben verschiedener Hauptteile seines ganzen Körpers und jeder einzelne Teil des Gesichts ist wieder das Resultat aus sieben verschiedenen Dimensionen des ganzen Gesichtes. So stammt zum Beispiel die Dimension der Nase eines Wesens aus den Dimensionen der anderen Teile des Gesichtes, und auf diese Nase wirken sich ihrerseits wieder sieben verschiedene sogenannte ‚Oberflächen‘ aus, und diese Flächen haben auch wieder sieben gesetzmäßige Dimensionen bis hinab selbst zu dem ‚Atom ihres Gesichts‘, das eine der sieben selbständigen Dimensionen ist, die die Dimensionen des ganzen planetischen Körpers ausmachen.

„Durch Abweichungen von diesen gesetzmäßigen Dimensionen deuteten die gelehrten Bildhauer, die zu den Mitgliedern der ‚Anhänger des Legomonismus‘ damals in der Stadt Babylon gehörten, alle möglichen Kunden und Fragmente des ihnen bekannten Wissens an, das sie an die Wesen späterer Geschlechter weitergeben wollten.

„Die an Samstagen, dem ‚Tag der Mysterien‘ oder dem ‚Tag des Theaters‘, von den gelehrten Mitgliedern dieser Gruppe vorgeführten Demonstrationen waren die interessantesten und, wie man sagt, ‚best-besuchten‘.

„Ich persönlich zog auch die Samstage allen anderen Tagen der Woche vor und versuchte, keinen zu versäumen. Und ich zog sie vor, weil die Demonstrationen, die an diesen Tagen von den gelehrten Wesen jener Gruppe vorgeführt wurden, häufig ein solch spontanes und aufrichtiges Lachen unter allen anwesenden irdischen dreizentrischen Wesen hervorrief, daß ich manchmal vergaß, unter welchen dreizentrischen Wesen ich mich befand und daß jener Seins-Impuls sich in mir äußerte, der nur den einnaturigen Wesen wie mir selbst eigen ist.

„Die zu dieser Gruppe zählenden Gelehrten führten anfangs vor den übrigen Mitgliedern des Klubs verschiedene Formen von Seins-Erlebnissen und Seins-Äußerungen aus. Später wählten sie dann aus all dem Vorgeführten aus, was den Einzelheiten des einen oder anderen schon existierenden oder neu von ihnen geschaffenen Mysterienspiels entsprach, und erst nach all dem erklärten sie, was sie mit diesen von ihnen vorgeführten Seins-Erlebnissen und Äußerungen andeuten wollten, und zwar durch ihre absichtlichen Abweichungen von den Prinzipien des Gesetzes der Siebenfältigkeit.

„Hier muß bemerkt werden, daß, obgleich in früheren Epochen Mysterien, die alle möglichen belehrenden Vorstellungen enthielten, automatisch auf einige spätere Geschlechter kamen und manchmal von Geschlecht zu Geschlecht auf Wesen ferner Generationen übergingen, es doch jene Mysterien in der letzten Zeit fast nicht mehr gibt, in deren Inhalt die gelehrten Mitglieder des Klubs der ‚Anhänger des Legomonismus' absichtlich verschiedenes Wissen hineingelegt hatten, wobei sie damit rechneten, daß sie bis auf die Wesen fernster Geschlechter übergehen würden.

„Und zwar begannen diese Mysterien, die dort von jeher mit dem Prozesse ihrer gewöhnlichen Existenz verwoben waren, schon bald nach der babylonischen Periode dort zu verschwinden. Anfangs wurden sie durch die sogenannte ‚Kesbaadschi' ersetzt, oder, wie sie dort auf dem Festland Europa genannt werden, durch ‚Marionettenspiele' (Petruschka), später aber wurden sie endgültig durch die bis heute noch existierenden ‚theatralischen Vorstellungen‘ oder ‚Schauspiele‘ verdrängt, die jetzt dort eine Form ihrer gegenwärtigen Kunst bilden, die besonders verderblich in dem Prozeß der fortschreitenden Verflachung ihrer Psyche ist.

„Diese Theatervorstellungen verdrängten die Mysterien, nachdem die Wesen am Anfang der modernen Zivilisation, auf die nur ein ‚Fünftel‘ oder ein ‚Zehntel‘ der Kunden von dem gelangt war, wie und was die besagten gelehrten babylonischen Mysterien-Spieler getan hatten, sie diese auch darin imitierten und gleichsam dasselbe tun wollten.

„Von da an nannten die übrigen dortigen Wesen diese Nachahmer der Mysterienspieler ‚Schauspieler‘, ‚Komödianten‘, und jetzt werden sie sogar schon ‚Künstler‘ genannt, und ihre Zahl nimmt, ich muß schon sagen, in der letzten Zeit recht zu.

„Die damaligen gelehrten Wesen, die zur Gruppe der Mysterienspieler gehörten, deuteten verschiedene nützliche Kunden und das von ihnen erreichte Wissen durch den sogenannten ‚Fluß der assoziativen Bewegungen‘ der Teilnehmer dieser Mysterien an.

„Obgleich die dreihirnigen Wesen deines Planeten damals die Gesetze des ‚Flusses der assoziativen Bewegungen‘ bereits sehr gut kannten, gelangte doch absolut keine Kunde von diesen Gesetzen bis auf die gegenwärtigen dreihirnigen Wesen.

„Da eben dieser ‚Fluß-der-assoziativen-Bewegungen‘ nicht im Bestande der dir lieben dreihirnigen Wesen vor sich geht, wie sonst im Bestande aller übrigen dreihirnigen Wesen, und da ganz andere nur ihnen eigene Gründe dies bedingten, muß ich dir vor allem darüber etwas eingehender sprechen.

„Der Prozeß ist derselbe, der auch in uns vor sich geht, nur geht er in uns vor, wenn wir absichtlich ruhen, und das ganze Funktionieren unseres ganzen Bestandes ohne Hinderung durch unseren Willen alle Seins-Energien, die für die folgende allseitige aktive Existenz erforderlich sind, sich frei transformieren lassen, wogegen in ihnen die besagten verschiedenen Seins-Energien nur — und selbst dann nur ‚halb und halb' — während ihrer vollkommenen Untätigkeit entstehen können, nämlich während dessen, was sie Schlaf nennen.

„Da sie wie alle übrigen dreihirnigen Wesen unseres ganzen großen Weltalls aus drei selbständigen unabhängigen vergeistigten Teilen bestehen, wobei jeder selbständig vergeistigte Teil als Zentralpunkt für die Konzentration seines ganzen Funktionierens eine ihm eigene Lokalisierung hat, die sie selbst ein ‚Gehirn' nennen, so werden in ihrem allgemeinen Bestand alle Eindrücke, ob sie von außen kommen oder in ihnen selbst entstehen, auch durch jedes dieser Gehirne — je der Natur dieser Eindrücke entsprechend — selbständig wahrgenommen; später machen diese Eindrücke samt den früheren, wie es im Bestand aller Wesen ohne Unterschied des Hirnsystems geschieht, das Gesamtmaterial aus und rufen bei gelegentlichen Schocks in jedem einzelnen Gehirn eine selbständige Assoziation hervor.

„Also, mein Junge, seit deine Lieblinge vollständig aufhörten, in ihrem allgemeinen Bestand ‚Seins-Partkdolgpflicht' zu verwirklichen, durch deren Resultat allein in den Wesen sowohl das sogenannte gesunde ‚vergleichende Denken' als auch die Möglichkeit zu bewußter aktiver Äußerung aus den verschiedenen Assoziationen entstehen können, und seit ferner ihre einzelnen Gehirne, die nun ganz unabhängig assoziieren, in demselben Bestand drei verschieden-quellige Seins-Impulse hervorrufen, erwarben sie dadurch allmählich in sich gleichsam drei Persönlichkeiten, die, was ihre Bedürfnisse und Interessen angeht, nichts miteinander gemein haben.

„Die größere Hälfte fast all jener Widersprüche, die

in der allgemeinen Psyche deiner Lieblinge, besonders in der letzten Zeit, entstehen, sind dadurch bedingt, daß, erstens in ihrem ganzen Bestand verschiedenartige selbständige Assoziationsreihen vor sich gehen, die in ihnen die Seins-Impulse dreier verschiedenartiger und verschiedeneigenschaftlicher Lokalisationen hervorrufen, und zweitens, daß zwischen diesen drei selbständigen Lokalisationen in ihnen eine Verbindung besteht, wie im Bestande aller dreihirnigen Wesen, die von der großen Natur für andere sogenannte ‚Funktionsvorgänge des allgemeinen Bestandes' vorgesehen sind, und drittens, daß aus allem, was von den drei besagten Lokalisierungen wahrgenommen und empfunden wird, nämlich, aus allen möglichen Schocks Assoziationen dreier verschiedenartiger Eindrücke vor sich gehen, wodurch drei völlig verschiedene Seins-Impulse in ein und demselben ganzen Bestand entstehen. Und all dem zufolge gehen in ihnen fast immer zu ein und derselben Zeit mehrere Erlebnisse vor sich, und jedes dieser Erlebnisse ruft in ihrem ganzen Wesen den Wunsch nach einer entsprechenden Äußerung hervor und drückt sich in einer entsprechenden Bewegung in Übereinstimmung mit den verschiedenen Teilen seines ganzen Bestandes aus.

„Und diese verschiedenartig bedingten assoziativen Erlebnisse gehen in ihrem allgemeinen Bestand vor sich und fließen eins aus dem anderen nach dem gleichen Gesetz der Siebenfältigkeit.

„Die gelehrten Mitglieder des Klubs der ‚Anhänger des Legomonismus', die damals in Babylon dieser Gruppe angehörten, brachten das von ihnen Gewünschte in den Bewegungen und Handlungen der Teilnehmer an den Mysterien folgendermaßen zum Ausdruck:

„Nehmen wir zum Beispiel an, daß die Erfüllung der Rolle eines Teilnehmers an den gegebenen Mysterien gesetzmäßigen Assoziationen zufolge in einem seiner

Gehirne irgendeinen neuen Eindruck hervorrief, auf den er durch diese oder jene Äußerung oder Bewegung reagieren mußte; er aber brachte diese Äußerungen und Bewegungen absichtlich nicht so hervor, wie sie dem Gesetz der Siebenfältigkeit nach hätten sein müssen, sondern anders und in dieses ‚anders' legten sie auf eine bestimmte Weise das hinein, was sie kommenden Geschlechtern vermitteln wollten.

„Damit du, mein Junge, eine klare Vorstellung dieser Samstags-Vorführungen gewinnst, denen ich immer mit Freuden beiwohnte, um mich von meiner angestrengten Tätigkeit auszuruhen, will ich dir ein anschauliches Beispiel geben, wie diese gelehrten Mysterienspieler vor den anderen gelehrten Mitgliedern des Klubs der ‚Anhänger des Legomonismus' alle möglichen Seins-Erlebnisse und Äußerungen vorführten, aus denen dann die für die künftigen Mysterien nötigen Fragmente ausgewählt wurden.

„Für diese Demonstrationen errichteten sie in einer der großen Hallen des Klubs einen eigens dafür erhöhten Platz, den sie damals den ‚Reflektor der Wirklichkeit' nannten; die Wesen der folgenden Epochen, auf die zufällig Kunden betreffs dieser babylonischen gelehrten Mysterienspieler kamen und die sie nachzuahmen begannen und gleichsam das gleiche taten, nannten und nennen ähnliche Konstruktionen noch jetzt ‚Bühne'.

„Auf diesen ‚Reflektor der Wirklichkeit' oder auf diese ‚Bühne' traten zuerst zwei der Teilnehmer, und der eine von ihnen begann gewöhnlich damit, daß er eine Zeitlang still stand und gleichsam seinem eigenen sogenannten ‚Darthelchlustnischen' Zustand lauschte oder, wie man manchmal sagt, dem Zustand seiner inneren ‚assoziativen-allgemeinen-psychischen-Erlebnisse'.

„Indem er so in sich hineinhörte, wurde seiner Vernunft klar, daß, sagen wir, die Gesamtsumme seiner assoziativen Erlebnisse die Form eines gebieterischen Dranges annahm,

einem anderen Wesen eine Ohrfeige zu geben, dessen
Anblick immer den Anfang einer Assoziation einer jetzt
in ihm vorherrschenden Serie von Eindrücken verursacht
hatte, die immer in seiner allgemeinen Psyche unangenehme und für sein Selbstbewußtsein beleidigende Erlebnisse hervorgerufen hatte.

„Nehmen wir an, daß diese unangenehmen Erlebnisse
in ihm stets dann vor sich gingen, wenn er jemand sah,
den man damals ‚Irodohahun‘ nannte, Leute des Berufs,
die von den gegenwärtigen Wesen dort ‚Polizisten‘ genannt werden.

„Nachdem er dann seiner Vernunft diesen ‚Darthelchlustnischen‘ psychischen Zustand und den bestimmten
Drang klar gemacht und zu gleicher Zeit erkannt hatte,
daß er unter den waltenden Bedingungen der äußeren
gesellschaftlichen Existenz seinen Wunsch nicht vollends
befriedigen kann, und da er anderseits durch Vernunft
schon vervollkommnet war und seiner Abhängigkeit
von dem automatischen Funktionieren der anderen Teile
seines allgemeinen Bestandes gewahr war, erkannte er
klar, daß von der Befriedigung dieses Triebes die Erfüllung irgendeiner bevorstehenden wichtigen Seins-Pflicht
abhängt, die auch für die Wesen seiner Umgebung große
Bedeutung hat. Und nachdem er all das in dieser Weise
bedacht hatte, beschloß er, diese seine dringende Neigung
so gut als möglich zu befriedigen, indem er jenem ‚Irodohahun‘ ‚moralischen Schmerz‘ zufügte, das heißt in ihm
Assoziationen erweckte, die in ihm kränkende Erlebnisse
hervorrufen würden.

„Mit dieser Absicht wendet er sich zu dem anderen Gelehrten, der mit ihm auf der Bühne erschienen war und
indem er ihn nun als ‚Irodohahun‘ oder Polizist‘ behandelt, redet er ihn an:

„ ‚He, du!! Du Schuft! Du kennst wohl deine Pflicht
nicht? Siehst du denn nicht dort. . .?‘ wobei er in diesem

Augenblick mit der Hand in der Richtung eines anderen kleinen Klubzimmers deutet, wo sich die übrigen Teilnehmer der Veranstaltungen jenes Tages befanden. ‚Dort schlagen sich auf der Straße zwei Bürger dieser Stadt, ein ‚Soldat' und ein ‚Schuster', und stören die allgemeine Ruhe, und du gehst hier gelassen hin und her und bildest dir ein, weiß Gott wer zu sein, und schaust den vorbeigehenden Frauen rechtschaffener und ehrlicher Bürger nach ... Warte nur, du Herumlungerer! Ich werde dich schon durch meinen Chef, den Stadthauptarzt, bei deinem Chef ob deiner Gleichgültigkeit und der Vernachlässigung deiner Pflichten verklagen lassen.'

„Von diesem Augenblick an spielte das gelehrte Wesen, das bisher gesprochen hatte, die Rolle eines Arztes, weil er zufällig seinen Chef den Stadthauptarzt genannt hatte, während der zweite Gelehrte, den der erste zuerst einen Polizisten genannt hatte, nun die Rolle eines ‚Polizisten' übernahm. Und von den zwei anderen teilnehmenden Gelehrten, die dann sofort aus dem anderen Zimmer durch den, der die Rolle des Polizisten spielte, gerufen wurden, übernahm der eine die Rolle eines ‚Schusters', der andere die eines ‚Soldaten'.

„Und diese zwei letzteren Gelehrten nahmen diese Rollen auf sich und mußten genau dementsprechend auftreten, nämlich der eine in der Rolle eines ‚Soldaten' und der andere in der Rolle eines ‚Schusters', und dies nur deshalb, weil sie beide von dem ersten Gelehrten so genannt worden waren, der in seinem ‚Darthelchlustnischen' Zustand die Rolle eines Arztes auf sich genommen hatte und sie je ‚Soldat' und ‚Schuster' genannt hatte.

„Nun, und diese drei Gelehrten, denen durch diesen vierten Gelehrten die Ausführung der verschiedenen gesetzmäßig verfließenden Wahrnehmungen und Äußerungen von ihnen vollkommen fremden Typen übertragen oder, wie deine Lieblinge sagen, ‚fremde Rollen' gegeben worden waren, nämlich die eines ‚Schusters‘, ‚Soldaten‘ und ‚Polizisten‘, stellten ihre weiteren Erlebnisse und ihre daraus folgenden Reflexäußerungen durch die ihnen eigene Seins-Eigenschaft dar, genannt ‚Ikriltaskakra‘, die den Gelehrten des Planeten Erde jener Periode auch bekannt war, und denen es damals gelungen war, ihren Bestand so weit zu vervollkommnen, daß sie diese Eigenschaft verwirklichen konnten.

„Dreizentrische Wesen können diese besagte Seins-Eigenschaft, genannt ‚Ikriltaskakra‘, nur dann erwerben wenn in ihrem Bestande schon ein sogenannter ‚Essoaieriturassnischer Wille‘ erworben worden ist, der wiederum nur durch dieselbe Seins-Partkdolgpflicht erworben werden kann, das heißt, durch bewußte Arbeiten und absichtliche Leiden.

„Auf diese Weise also wurden damals in Babylon die gelehrten Mitglieder der Mysteriengruppe zu Spielern ‚fremder Rollen‘ und führten vor den übrigen gelehrten Mitgliedern des Klubs die Erlebnisse und die daraus folgenden Handlungen vor, die von ihnen unter der Leitung ihrer gut unterrichteten Vernunft dargestellt wurden.

„Und darauf wählten sie, wie ich schon sagte, zusammen mit den übrigen anwesenden gelehrten Mitgliedern des Klubs der Anhänger des Legomonismus aus der Zahl der auf diese Weise vorgeführten Seins-Impulse die ihren Zwecken entsprechenden aus, die dem Gesetz des Laufes der aus verschiedenen Quellen stammenden Assoziationen zufolge in den bestimmten Handlungen der Wesen erlebt und geäußert werden mußten, und erst dann reihten sie diese Auswahl in ein Mysterienspiel ein.

„Es ist sehr wichtig, hier zu betonen, daß die gelehrten dreihirnigen Wesen, die damals in Babylon zu der Gruppe der Mysterienspieler gehörten, tatsächlich in ihren Handlungen erstaunlich gut und genau die subjektiven Eigentümlichkeiten der Wahrnehmungen und Äußerungen verschiedener ihnen fremder Typen darstellten.

„Sie stellten sie nicht nur deshalb gut und genau dar, weil sie, wie ich schon erklärte, die Seins-Eigenschaft ‚Ikriltaskakra' hatten, sondern auch, weil die Gelehrten des Planeten Erde jener Zeit sehr gut über das sogenannte ‚Typengesetz' Bescheid wußten und darüber, daß die dreihirnigen Wesen ihres Planeten sich endgültig in siebenundzwanzig bestimmte Typen scheiden und auch was in welchen Fällen beobachtet werden und wie dies geschehen mußte und wie sie sich zu äußern hatten.

„Was die besagte Seins-Eigenschaft, die ich soeben ‚Ikriltaskakra' nannte, angeht, so muß ich noch hinzufügen, daß eben diese Eigenschaft allein den Wesen die Möglichkeit verleiht, sich in den Grenzen all jener Impulse und Vorschläge zu halten, die in jedem gegebenen Augenblick in ihrem allgemeinen Bestande durch die Assoziationen entstehen, die in jenem Gehirn vor sich gehen, in dem sie selbst bewußt den Anfang zum Verlauf von Assoziationen der einen oder anderen Serie der in ihnen schon vorhandenen Eindrücke gaben; und nur durch eben jene Eigenschaft können die Wesen alle möglichen psychischen Einzelheiten eines zuvor schon gut studierten Typs erlernen und sich dementsprechend äußern, sozusagen ihn völlig personifizieren.

„Meiner Meinung nach liegt es am Fehlen eben jener Eigenschaft, daß die meisten all jener Unstimmigkeiten entstehen, die die sonderbare Psyche der dir lieben dreihirnigen Wesen des Planeten Erde ausmachen.

„Du mußt wissen, daß in dem Bestand der dortigen dreihirnigen Wesen auch der Jetztzeit so wie im Bestande aller dreihirnigen Wesen überhaupt alle neuen Eindrücke in allen drei ihrer einzelnen Gehirne in der Reihenfolge ihrer sogenannten Affinität sich anhäufen und später mit den schon früher eingetragenen Eindrücken Teil an den

Assoziationen nehmen, die in Übereinstimmung mit und in Abhängigkeit von den im gegebenen Moment in ihrem ganzen Bestande vorhandenen sogenannten ‚Schwerpunkts-Impulsen' in allen drei selbständigen Gehirnen durch jede neue Wahrnehmung entstehen.

„Also, mein Junge, da auch im Bestande deiner gegenwärtigen Lieblinge drei Arten von selbständigen Assoziationen dahinfließen, die vollkommen verschiedene Seins-Impulse hervorrufen, und sie es gleichzeitig unterlassen, in ihrem Bestand die bewußte Verwirklichung all jener kosmischen Resultate durchzuführen, durch die allein die besagte Seins-Eigenschaft in dreihirnigen Wesen hervorgerufen werden kann, kam es dahin, daß der allgemeine Bestand eines jeden und aller deiner gegenwärtigen Lieblinge während ihrer Existenz, wie ich schon sagte, gleichsam aus drei vollkommen selbständigen Persönlichkeiten besteht, die weder was die Natur ihres Entstehens noch ihre Äußerungen angeht, etwas miteinander gemein haben und auch nicht haben können.

„Und daher kommt jene Eigentümlichkeit ihres allgemeinen Bestandes, daß sie nämlich mit einem Teil stets ein Ding wünschen und zur gleichen Zeit mit einem anderen Teile etwas anderes bestimmt wünschen und ob des dritten Teiles etwas ganz anderes tun.

„Kurzum, was in ihrer Psyche vorgeht, ist gerade das, was unser teurer Lehrer Mulla-Nassr-Eddin mit dem Wort ‚Durcheinander' bezeichnet.

„Was die Vorführungen der damaligen babylonischen Gelehrten angeht, die der Gruppe der Mysterienspieler angehörten, so muß ich noch hinzufügen, daß die Zahl der Teilnehmer im Laufe der Handlung allmählich durch das Hinzukommen anderer Kollegen anwuchs, was wiederum von verschiedenen freiwilligen assoziativen Geschehnissen abhing.

„Ferner mußte jeder Teilnehmer bei der Darstellung

der Wahrnehmungen und genauen automatischen Äußerungen, die ihm durch seine Rolle zufielen und der Persönlichkeit eines ihm ganz fremden Typs entsprachen, neben der Ausführung dieser Rolle noch Zeit finden, unter irgendeinem Vorwand sich zu entfernen, um sich seiner Rolle entsprechend umzukleiden.

„Und sie kleideten sich um, um die von ihnen übernommene Rolle deutlicher und anschaulicher darstellen zu können und damit die übrigen anwesenden gelehrten Mitglieder des Klubs der Anhänger des Legomonismus, die Fragmente für die künftigen Mysterien aussuchten, leichter und besser allem folgen und aus allem, was sie sahen, die beste Wahl treffen konnten.

„An Sonntagen endlich, nämlich an den der Musik und dem Gesang gewidmeten Tagen, brachten die zu dieser Gruppe gehörenden Gelehrten zuerst entweder auf verschiedenen Musikinstrumenten oder mit ihren eigenen Stimmen allerlei sogenannte ‚Melodien' hervor und erklärten darauf allen übrigen Wesen, wie sie in diese Werke das von ihnen Gewünschte hineingelegt hatten.

„Sie beabsichtigten auch, diese Werke den Gebräuchen verschiedener Völker einzupflanzen, wobei sie damit rechneten, daß auch diese von ihnen geschaffenen Melodien von Geschlecht zu Geschlecht bis auf die Menschen entfernter Geschlechter gelangen würden, die sie entziffern und auf diese Weise die in sie hineingelegten Kenntnisse, die damals schon auf der Erde erworben waren, erfahren würden, um sie dann zum Wohle ihrer gewöhnlichen Existenz zu benutzen.

„Damit du aber verstehen kannst, wie die dortigen Gelehrten dieser Gruppe ihre Anweisungen in diese ‚instrumentalen' und ‚vokalen' Werke hineinlegten, muß ich dir zuerst die besonderen Eigentümlichkeiten im Wahrnehmungsorgan des Hörens im allgemeinen Bestand aller Wesen erklären.

„Zu diesen besonderen Eigentümlichkeiten gehört die Eigenschaft, genannt ‚Vibroechonitanko‘.

„Du mußt wissen, daß jene Teile des Gehirns der Wesen, die die objektive Wissenschaft ‚Chlodistomatikulen‘ nennt, und von denen einige von den sogenannten irdischen ‚gelehrten Ärzten‘ auf deinem Planeten ‚Gehirn-Nervenknoten‘ genannt werden, aus sogenannten ‚niriunossischen kristallisierten Vibrationen‘ gebildet werden, die im allgemeinen bei der endgültigen Bildung eines jeden Wesens als Resultat des Prozesses aller Arten von Wahrnehmungen ihres Hörorgans entstehen; später bringen diese ‚Chlodistomatikulen‘, die unter der Wirkung gleicher, doch noch nicht kristallisierter Vibrationen funktionieren, in dem dem gegebenen Gehirn unterstellten Gebiet die besagte ‚Vibroechonitanko‘ oder, wie man dort manchmal sagt, den sogenannten ‚Gewissensbiß‘ hervor.

„Diese besagten ‚Chlodistomatikulen‘ dienen in Übereinstimmung mit der Voraussicht der großen Natur in dem Bestande der Wesen als wirkliche Faktoren, um der Entstehung der Assoziations-Prozesse in jenen Augenblicken beizustehen, in denen entweder die inneren Antriebe fehlen oder die von außen kommenden Schocks nicht bis zu ihren Gehirnen vordringen.

„Die noch nicht kristallisierten ‚Niriunossischen-Vibrationen‘ entstehen und gelangen später in den allgemeinen Bestand der Wesen entweder durch Vermittlung der sogenannten Stimmbänder aller möglichen Wesen oder durch einige von den Wesen künstlich erfundene ‚lauterzeugende-Instrumente‘.

„Und wenn diese durch die besagten Quellen entstandenen Vibrationen in den Bestand der Wesen gelangen und die ‚Chlodistomatikulen‘ des einen oder anderen Gehirns berühren, bringen sie je nach dem allgemeinen Funktionieren des ganzen Wesens den besagten Prozeß ‚Vibroechonitanko‘ hervor.

„Die zweite Eigentümlichkeit des Funktionierens des Hörorgans ist, daß im allgemeinen durch die Wirkung der Vibrationen, die aus der Reihenfolge der Klänge jeder Melodie erzielt werden, gewöhnlich eine Assoziation in einem der drei Gehirne im Bestand der Wesen hervorgerufen wird, und zwar in eben jenem Gehirn, in dem im gegebenen Augenblick das sogenannte ‚Trägheitsmoment des vorausgehenden Erlebens' intensiver ist, wobei die Reihenfolge der zum Erleben hervorgerufenen Impulse gewöhnlich in automatischer Ordnung vor sich geht.

„Die gelehrten Musikanten und Sänger damals in der Stadt Babylon kombinierten ihre Melodien so, damit die Reihenfolge der Laut-Vibrationen in den Wesen eine Assoziationsfolge hervorbringen sollte und deshalb auch Impulse zu Erlebnissen nicht in der gewöhnlichen automatischen Weise, nämlich so, daß die Folge der Vibrationen, die in den allgemeinen Bestand der Wesen gelangten, die ‚Vibroechonitanko' in den ‚Chlodistomatikulen' nicht nur eines Gehirns hervorrufen sollte, wie es gewöhnlich geschieht, nämlich in dem Gehirn, das im gegebenen Augenblick die Assoziationen beherrscht, sondern bald in diesem, bald in jenem und bald im dritten Hirn, wobei sie auch die Qualität oder, wie sie selbst sagen würden, die Vibrationszahl jener Laute kannten, die auf das eine oder auf das andere Gehirn wirken.

„Die letzte Frage, nämlich von welchen Vibrationen und in welchen Gehirnen der Wesen welche Gegebenheiten gebildet werden und zu welchen neuen Wahrnehmungen diese Gegebenheiten als sogenannte ‚Bestimmer-neuer-Resultate' dienen können, war ihnen auch sehr wohlbekannt.

„Durch die von ihnen zusammengestellte Lautfolge entstanden in dem Bestand der Wesen gleichzeitig verschiedene Arten von Impulsen, die verschiedene ganz entgegengesetzte Empfindungen hervorriefen, und diese Empfindungen wiederum erweckten ungewöhnliche Erlebnisse in ihnen und ihnen nicht eigene Reflexbewegungen.

„Und, mein Junge, die von ihnen zusammengestellte Folge von Lauten wirkte tatsächlich auf alle Wesen, in deren Bestand sie gelangten, höchst sonderbar.

„Selbst in mir, einem, wie sie sagen würden, Wesen aus ganz anderem Teige, wurden verschiedene Impulse wach und folgten einander in ungewöhnlicher Reihenfolge.

„Dies geschah, weil die von ihnen in bestimmter Reihenfolge zusammengestellten Klänge ihrer Melodien beim Eindringen in meinen allgemeinen Bestand dem ‚Dschartklom' unterlagen oder, wie sie es anders ausdrücken würden, sortiert wurden und gleicherweise auf alle meine drei verschieden verursachten ‚Chlodistomatikulen' wirkten, was zur Folge hatte, daß die Assoziationen, die in meinen drei selbständigen Gehirnen vor sich gingen, zwar in einer gleichzeitigen und gleichen Intensität — aber in verschiedengearteten Reihen von Eindrücken in meinem Bestand drei ganz verschiedenartige Impulse hervorriefen.

„Nehmen wir zum Beispiel an, daß die Lokalisation meines Denkens, oder, wie deine Lieblinge sagen würden, mein ‚Denkzentrum' in meinem allgemeinen Bestande den Impuls der Freude hervorrief, und in der zweiten Lokalisation in mir oder in meinem Gefühlszentrum den Impuls der Trauer hervorbrachte und die Lokalisation des Körpers selbst, oder, wie deine Lieblinge wieder sagen würden, mein ‚Bewegungs-Zentrum' den Impuls der ‚Religiosität' aufwies.

„Und eben durch diese ungewöhnlichen Impulse, die in den Wesen durch Instrumental- und Vokal-Melodien hervorgerufen wurden, brachten sie zum Ausdruck, was sie zum Ausdruck bringen wollten.

„Also, mein Junge, all das, was ich dir schon über die gegenwärtige irdische viel gepriesene ‚Kunst' erzählt habe, wird genügen, scheint mir, um dich verstehen zu lassen, warum und wie ich während der Periode meines fünften persönlichen Verweilens auf deinem Planeten zufällig Augenzeuge jener Begebenheiten wurde, die ihre Entstehung verursachten und in welchem Zusammenhang und in welcher Bedeutung dieses Wort zum erstenmal in jener Periode angewandt wurde, die deine gegenwärtigen Lieblinge die ‚Babylonische Zivilisation' nennen.

„Jetzt will ich von jenen Tatsachen dort sprechen, die, wenn du sie kennengelernt hast, dir klar zeigen und ungefähr begreiflich machen können, wie sehr sich das ‚logische Denken' in all diesen dir lieben dreihirnigen Wesen in einer verhältnismäßig sehr kurzen Zeitperiode verschlechterte, so daß sie, ohne jede sogenannte ‚Beständigkeit von Selbst-Individualität' es zuließen, ‚Sklaven' von ein paar sogenannten ‚nichtsnutzigen Wesen' unter ihnen zu werden, die, da der göttliche Impuls ‚Gewissen' in ihnen völlig verschwunden ist, für ihre egoistischen Ziele aus jenem ‚leeren Wort' Kunst, das zufällig auf sie gelangt war, einen ‚unfehlbar-wirkenden-Faktor' schaffen konnten, um in ihnen die noch erhalten gebliebenen Gegebenheiten zu ‚bewußtem-Sein' völlig lahmzulegen.

„Als ich zur Zeit meines sechsten und letzten persönlichen Verweilens dort überall von dieser gegenwärtigen ‚Kunst' hörte und immer wieder auf ihre Resultate stieß, und als ich mir klarmachte, um was es sich eigentlich handelte, erinnerte ich mich meiner Babylonischen Freunde jener Zeit und ihrer guten Absichten für ihre entfernten Nachkommen, und als sich die Gelegenheit bot, machte ich mir eingehend klar, welche Resultate sich von all dem erhalten hatten, was ich damals zufällig mit meinen eigenen Augen gesehen und wovon ich dir soeben erzählt habe.

„Indem ich dich jetzt in jene Eindrücke einweihe, die Fremden verhüllt sind, sich aber meinem allgemeinen Bestand fest einprägten, und das Resultat meiner bewußten Wahrnehmungen betreffs ihrer gegenwärtigen Kunst während meines letzten persönlichen Aufenthaltes dort auf dem Planeten Erde sind, muß mein ‚Ich' mit einem in mir entstandenen und tiefen Seins-Impuls von Bedauern nachdrücklich sagen, daß von all den Wissens-Bruchstücken, die die Wesen der ‚Babylonischen Zivilisation' erreicht hatten, Bruchstücken, die tatsächlich sehr viel enthielten, auf die Wesen der gegenwärtigen Zivilisation außer einigen ‚leeren Worten' ohne inneren Gehalt tatsächlich nichts zum Wohl ihrer gewöhnlichen Seins-Existenz gekommen ist.

„Und es kam tatsächlich nicht allein nichts von all den verschiedenen damals auf der Erde bereits bekannten Kenntnissen auf sie, die die gelehrten Wesen, die Anhänger des Legomonismus, in den gesetzmäßigen Abweichungen von dem heiligen Heptaparaparschinoch-Gesetz oder, wie sie es nannten, dem ‚Gesetz-der-Siebenfältigkeit' andeuteten, sondern es verschlechterte sich in der Zeit zwischen diesen beiden Zivilisationen auch ihre Seins-Auffassungskraft dermaßen, daß sie die Existenz eines solchen all-universellen Gesetzes auf ihrem Planeten weder kennen noch auch nur vermuten.

„Was aber das Wort ‚Kunst' selbst betrifft, um das herum sich in dieser Zeit durch die Sonderbarkeit ihrer Vernunft, wie sie selbst sagen würden, ‚der-Teufel-weiß-was' anhäufte, so muß ich dir sagen, daß meine besonderen Untersuchungen betreffs dieses Wortes mir klarmachten, daß neben anderen Worten und einzelnen Ausdrücken, die von den damaligen Gelehrten gebraucht wurden, auch dieses Wort automatisch von Geschlecht zu Geschlecht weiterging. Und dieses Wort kam zufällig in den Wortschatz jener dreihirnigen Wesen dort, in deren Bestand durch verschiedene Umstände die Kristallisierung der Folgen der Eigenschaften des Organs Kundabuffer mit der Folgerichtigkeit und ‚gegenseitigen Wirkung' vor sich ging, die die Entstehung für die Gegebenheiten zum Sein von ‚Hasnamuss-Individuen' in ihrem Bestand vorbereitete. Und da dieses Wort aus irgendeinem Grund zufällig dieser Art von dreihirnigen Wesen gefiel, gebrauchten sie es für ihre eigenen egoistischen Zwecke und machten aus ihm allmählich eben jenes ‚Etwas', das, obgleich es aus einer sogenannten ‚vollständigen Leere' besteht, sich doch allmählich mit einem märchenhaften Äußern überzog, das jetzt jeden deiner Lieblinge ‚blendet', wenn er nur ein wenig mehr als gewöhnlich seine Aufmerksamkeit darauf richtet.

„Außer diesem Wort ‚Kunst' gingen aus der Zahl anderer bestimmter Worte, die die gelehrten Wesen unter den Anhängern des Legomonismus damals in Babylon bei ihren Diskussionen gebrauchten, auch noch viele andere Worte automatisch von Geschlecht zu Geschlecht über und auch verschiedene sogenannte ‚verschwommene Vorstellungen' über einige bestimmte Begriffe der damaligen Zeit.

„Dazu gehören sowohl dem Namen als auch den ‚Karikatur-Nachahmungen' nach die jetzt dort existierenden modernen Theater.

„Mit dem Worte ‚Theater' wurden in Babylon sowohl die Halle als auch die Vorführungen der gelehrten Wesen, die zur Gruppe der Mysterienspieler gehörten, bezeichnet.

„Wenn ich dir jetzt ein wenig ausführlicher über ihre modernen Theater spreche, wirst du jedenfalls genug Material dadurch gewinnen, um dir erstens klarzumachen, was aus all den guten Absichten und Anstrengungen der gelehrten Wesen der Babylonischen Periode geworden ist, und um dir zweitens zu zeigen, wieviel von dem wirklichen Wissen aus den Zeiten der Babylonischen Kultur bis auf die Wesen der modernen europäischen Zivilisation kam, in der die besagte ‚Kunst' mit einem märchenhaften Äußern behangen wurde, und drittens, damit du gewisse Seiten der Schädlichkeit eben jener berühmten modernen Kunst verstehen wirst.

„Gewisse Berichte über die Tätigkeit der Mysterienspieler des Klubs der Anhänger des Legomonismus kamen, wie ich dir schon gesagt habe, bis auf die Wesen der gegenwärtigen Epoche, und diese letzteren wollten jene auch darin nachahmen und bauten zu diesem Zwecke besondere Hallen und nannten sie auch ‚Theater'.

„Die dreihirnigen Wesen der modernen Zivilisation versammeln sich recht häufig und in beträchtlicher Zahl in ihren Theatern, um auch die verschiedenen einstudierten Äußerungen ihrer ‚Schauspieler', wie sie diese Künstler in der letzten Zeit nennen, zu beobachten und angeblich zu studieren, genau so wie die gelehrten Wesen des Klubs der Anhänger des Legomonismus damals in Babylon die Vorführungen der gelehrten Wesen der Gruppe der Mysterienspieler studierten.

„Diese ‚Theater' gewannen sogar im gewöhnlichen Existenz-Prozeß deiner Lieblinge eine Bedeutung von allergrößter Wichtigkeit, weshalb sie besonders große Gebäude zu diesem Zweck errichteten, die in fast allen gegenwärtigen Städten die bedeutendsten Bauten sind.

„Es wird nicht schaden, scheint mir, hier vor allem das Mißverständnis aufzudecken, das mit dem Wort ‚Künstler' verbunden ist.

„Und ich muß dies hervorheben, weil dieses Wort auch von der Babylonischen Epoche auf deine Lieblinge überging, aber nicht so wie viele andere Worte, nämlich als leeres Wort ohne Sinn, sondern eben als ein kleiner Klangteil eines damals gebräuchlichen Wortes.

„Du mußt wissen, daß die Mitglieder des Klubs der Anhänger des Legomonismus von den anderen gelehrten Wesen jener Zeit, die ihnen freundlich gesinnt waren, und auch untereinander mit dem Namen bezeichnet wurden, den deine modernen Lieblinge als ‚Orpheist' schreiben würden.

„Dieses Wort besteht aus zwei bestimmten damals gebrauchten Wortwurzeln, die in der Jetztzeit ‚richtig‘ und ‚Wesen‘ bedeuten. Wenn man jemand so nannte, so bedeutete das, daß er ‚das-Wesen-richtig-empfindet‘.

„Nach der Babylonischen Periode ging auch dieser Ausdruck in fast derselben Bedeutung automatisch von Geschlecht zu Geschlecht über, aber vor ungefähr zwei Jahrhunderten, als die Wesen jener Zeit mit den besagten Gegebenheiten, besonders, was jenes leere Wort ‚Kunst‘ betrifft, zu klügeln begannen und als verschiedene sogenannte ‚Kunstschulen‘ entstanden und jeder sich als Anhänger der einen oder anderen dieser Schulen betrachtete, damals eben beschlossen sie — da sie niemals den wirklichen Sinn dieses Wortes verstanden hatten und vor allem, weil unter den besagten Kunstschulen auch eine war, die die gegenwärtigen Wesen nach einer von den alten Griechen erfundenen Figur ‚Orpheus‘ nannten — beschlossen sie, ein neues Wort zu erfinden, um ihre ‚Berufung‘ genauer zu definieren.

„Damals eben erfanden sie an Stelle des besagten Ausdruckes ‚Orpheist‘ das Wort ‚Künstler‘, was bedeuten sollte ‚einer, der-sich-mit-Kunst-beschäftigt‘.

„Um dir all die Ursachen besser darzustellen, die später zu diesem Mißverständnis führten, mußt du vor allem wissen, daß vor der zweiten irdischen ‚Transapalnischen Katastrophe‘, als deine Lieblinge sich noch normal vorbereiteten, verantwortliche Wesen zu werden, sie für ihre sogenannte Sprache zum Zwecke des gegenseitigen Verkehrs absichtlich entsprechende Laute schufen, so wie alle dreihirnigen Wesen des großen Weltalls, und über dreihunderteinundvierzig bestimmte, wie sie sie nennen, Buchstaben verfügten.

„Später aber, als durch immer dieselben von ihnen geschaffenen Verhältnisse der gewöhnlichen Seins-Existenz sich allmählich auch alle Eigenschaften, die dem Bestande der dreihirnigen Wesen eigen sein sollten, verschlechterten, verschlechterte sich auch diese ‚Seins-Fähigkeit' in ihnen in einem solchen Tempo, daß die Wesen der Babylonischen Periode für ihren Sprachverkehr untereinander nur siebenundsiebzig bestimmte Laute gebrauchen konnten. Nach der Babylonischen Periode ging diese Verschlechterung in einem solchen Tempo weiter, daß schon fünf Jahrhunderte später die meisten von ihnen nur noch sechsunddreißig bestimmte ‚Buchstaben' kannten und die Wesen einiger Gemeinschaften sogar nicht einmal mehr diese Zahl einzelner artikulierter Laute hervorbringen konnten.

„Und, mein Junge, da jene Kunden betreffs der Babylonischen Periode auf die nachfolgenden Generationen von Geschlecht zu Geschlecht nicht nur durch sogenannte ‚mündliche Weitergabe' gelangten, sondern auch durch Zeichen auf dauerhaftem Material, das heißt, wie man dort sagen würde, durch ‚Inschriften', die aus konventionellen Zeichen bestanden, die die damals bestimmten ‚Seins-artikulierten-Laute' oder ‚Buchstaben' ausdrückten, begannen einige Wesen am Anfang der gegenwärtigen Zivilisation sie ‚von-einem-Stückchen-hier-und-einem-Stückchen-da' zu entziffern und sahen ein, daß sie schon nicht mehr viele dieser bestimmten ‚Buchstaben' lautbar machen und aussprechen konnten und erfanden deshalb dafür einen sogenannten schriftlichen Kompromiß.

„Und dieser ‚schriftliche Kompromiß' bestand darin, daß sie an Stelle jedes Zeichens oder ‚Buchstabens', den sie nicht hervorbringen konnten, dessen Aussprache sie dem Sinn nach aber begriffen — einen ungefähr ähnlichen Buchstaben aus dem Alphabet der entsprechenden Zeit schrieben, und damit jeder begreifen könne, daß nicht dieser, sondern ein ganz anderer Buchstabe gemeint war, schrieben sie immer neben diesen Buchstaben einen bereits nichtssagenden, aber noch existierenden Buchstaben der alten Römer, der in Deutsch ‚h' heißt und im modernen Französisch ‚asch'.

„Von da an taten all deine übrigen Lieblinge dasselbe; sie hängten nämlich jedem dieser verdächtigen Buchstaben dieses römische ‚Erbe' an.

„Als dieser ‚schriftliche Kompromiß' erfunden war, gab es ungefähr fünfundzwanzig solcher verdächtiger Buchstaben; da sich aber im Laufe der Zeit ihre Fähigkeit, sie hervorzubringen, mit dem Anwachsen ihres ‚Klügelns' verschlechterte, so verminderte sich die Zahl der Buchstaben für diese von ihnen erfundene ‚Seins-Fähigkeit', und in der Periode, in der das Wort ‚Künstler' erfunden wurde, hatten sie nur noch acht solcher Buchstaben; und vor dieses berühmte ‚asch' schrieben sie teils alt-griechische, teils alt-römische Buchstaben, die sie in der folgenden Weise darstellten:

„ ‚th' ‚ph' ‚gh' ‚ch' ‚sch' ‚kh' ‚dh' und ‚oh'

„Der Grund zur Entstehung eines solchen Mißverständnisses lag in dem Kompromißzeichen ‚ph'.

„Und es diente deshalb als Grund, weil es sowohl in dem Worte, mit dem die gelehrten Mysterienspieler bezeichnet wurden, als auch in dem Worte, das die von den alten Griechen erfundene Persönlichkeit, mit deren Namen, wie ich schon sagte, eine der damals existierenden Kunstschulen verbunden war, vorkam, und deshalb dachten die besagten Vertreter der irdischen Kunst der damaligen Zeit mit ihrer schon kurz geschorenen Vernunft, daß dies nichts anderes zu bedeuten habe, als daß dieses Wort den Begriff ‚die Anhänger-der-geschichtlichen-Persönlichkeit Orpheus' darstelle, und da sich viele von ihnen nicht als seine Anhänger betrachteten, erfanden sie eben statt des besagten Wortes das Wort ‚Künstler'.

„Wie du jetzt siehst, war nicht jede Erbschaft von den alten Römern verderblich für die Wesen der folgenden Geschlechter, sondern im gegebenen Falle regte dieser ihr kleiner Buchstabe ‚h‘ sogar die Entstehung jener ‚Seins-Fähigkeit‘ im Bestande auch solcher Wesen der nachfolgenden Geschlechter an, die es sich schon angewöhnt hatten, überhaupt keine eigene Initiative oder ‚Fähigkeit‘ mehr zu haben, weshalb sie wünschten und es ihnen auch gelang, den schon seit langem existierenden bestimmten Ausdruck ‚Orpheist‘ mit dem neuen Wort ‚Künstler‘ zu ersetzen.

„Es ist sehr wichtig, daß ich dich von dieser dortigen großen Seltsamkeit unterrichte, nämlich davon, daß im Bestande aller dreihirnigen Wesen dieses Planeten auch diese ‚Seins-Fähigkeit‘ allmählich verschwunden ist, nämlich die Fähigkeit, die zum verbalen Verkehr erforderlichen Laute hervorzubringen.

„Du mußt wissen, daß das Tempo der Verschlechterung dieser Seins-Fähigkeit im allgemeinen Bestand der Wesen nicht immer im psychischen und organischen Funktionieren ihres planetischen Körpers im gleichen Maße in jedem einzelnen jeder Generation vor sich geht; sondern es ändert sich uneinheitlich in verschiedenen Zeiten und auf verschiedenen Teilen der Oberfläche dieses Planeten, indem es einmal mehr die psychische und ein anderes Mal mehr die organische Seite des Funktionierens des planetischen Körpers berührt.

„Als sehr gutes aufklärendes Beispiel für das, was ich soeben sagte, kann die ‚Geschmacks-Empfindung‘ dienen und die Fähigkeit, jene zwei bestimmten Laute oder Buchstaben auszusprechen, die zu ihnen aus längst vergangenen Zeiten durch Vermittlung der alten Griechen gelangten und jetzt schon beinahe bei allen gegenwärtigen Wesen auf allen Teilen der Oberfläche deines Planeten vorkommen.

„Diese zwei Buchstaben hießen bei den alten Griechen ‚Theta‘ und ‚Delta‘.

„Es ist interessant, hier anzumerken, daß deine Lieb-

linge in sehr alten Zeiten eben diese zwei Buchstaben
gebrauchten, um bestimmte Namen für zwei ganz entgegengesetzte Bedeutungen zu bezeichnen.

„Und zwar wurde der Buchstabe ‚Theta‘ in den Worten
angewandt, die Ideen ausdrückten, die sich auf den Begriff des ‚Guten‘ bezogen, wogegen der zweite Buchstabe
‚Delta‘ in Worten gebraucht wurde, die sich auf den Begriff des ‚Bösen‘ bezogen, wie zum Beispiel ‚Theos‘, das
heißt Gott, und ‚Daimonos‘, das heißt ‚Dämon‘.

„Mit dem Begriff und ‚Geschmack‘ am Klang dieser
beiden Buchstaben ging auch der Sinn ihres Lautes auf
alle Wesen der gegenwärtigen Zivilisation über und doch
werden diese beiden verschiedenen Buchstaben vollkommen verschiedenen Wesens aus irgendeinem Grund
durch ein und dasselbe Zeichen ausgedrückt, nämlich
durch das Zeichen ‚th‘.

„So können zum Beispiel die Wesen der gegenwärtigen
Gemeinschaft namens Rußland mit dem besten Willen und
trotz allen Bemühens diese zwei Buchstaben überhaupt
nicht aussprechen. Nichtsdestoweniger aber fühlen sie
den Unterschied deutlich und wenn immer sie diese Buchstaben in Worten mit bestimmten Begriffen anzuwenden haben, fühlen sie, obgleich die Buchstaben, die sie
hervorbringen, dem keineswegs entsprechen, doch genau
ihren Unterschied und gebrauchen nie den einen Buchstaben an Stelle des anderen.

„Die Wesen der gegenwärtigen Gemeinschaft namens
England dagegen sprechen jeden einzelnen dieser Buchstaben noch fast so wie einst die alten Griechen aus, dabei
fühlen sie aber gar keinen Unterschied zwischen ihnen
und wenden, ohne die geringste Verlegenheit, in Worten
mit ganz verschiedener Bedeutung ein und dasselbe
konventionelle Zeichen in Form ihres vielgepriesenen
‚th‘ an.

„Wenn die Wesen jenes gegenwärtigen England zum

Beispiel ihren oft gebrauchten Lieblingsausdruck ‚thank you' hervorbringen, kann man sehr deutlich den alten Buchstaben ‚Theta' vernehmen; wenn sie aber ein ebenso häufig gebrauchtes und nicht weniger beliebtes ‚there' aussprechen, hört man klar und bestimmt den alten Buchstaben ‚Delta'. Und dennoch bedienen sie sich ohne den geringsten sogenannten ‚Gewissensbiß' zur Darstellung dieser beiden Buchstaben ein und desselben ‚Allparadoxon' ‚th'.

„Doch habe ich wohl, wie mir scheint, genug über irdische Philologie geredet.

„Fahren wir daher lieber fort, uns die Gründe klarzumachen, warum es für deine gegenwärtigen Lieblinge zur Gewohnheit wurde, überall ein Theater zu haben und was ihre gegenwärtigen Künstler in diesen Theatern tun und wie sie sich dort äußern.

„Was also die Frage betrifft, warum es ihnen zur Gewohnheit wurde, sich oft dort in ihren Theatern in beträchtlicher Anzahl zu versammeln, so kam das meiner Meinung nach daher, daß diese ihre gegenwärtigen Theater mit allem, was dort vor sich geht, zufällig genau dem anomal geformten allgemeinen Bestand der meisten gegenwärtigen dreihirnigen Wesen entsprechen, den Wesen nämlich, in deren Bestand das Bedürfnis, in allem ihrer eigenen Initiative zu folgen, so wie es sich für dreihirnige Wesen geziemt, völlig verschwunden ist, und die ausschließlich nur entsprechend der zufällig von außen kommenden Schocks oder nach den Gelüsten der in ihnen kristallisierten Folgen der einen oder anderen Eigenschaft des Organs Kundabuffer existieren.

„Vom ersten Beginn der Entstehung ihrer modernen Theater an versammelten sie sich dort und versammeln sich noch immer, um angeblich die Aufführungen ihrer gegenwärtigen ‚Schauspieler' zu beobachten und zu studieren; . . . in Wirklichkeit versammeln sie sich jedoch nur zur Befriedigung einer der Folgen der Eigenschaften des Organs Kundabuffer, die sich im allgemeinen Bestand der meisten vorn ihnen schon fertig kristallisierte und die zuerst ‚Urnel' hieß und die die gegenwärtigen Wesen ‚Groß-tun' nennen.

„Du mußt wissen, daß ob der erwähnten Folge der Eigenschaften des Organs Kundabuffer die meisten gegenwärtigen Wesen ein sehr sonderbares Bedürfnis in ihrem Bestand erworben haben, nämlich in anderen den Seins-Impuls, genannt ‚Verwunderung', betreffs ihrer selbst hervorzurufen oder ihn wenigstens einfach auf den Gesichtern ihrer Umgebung zu sehen.

„Die Seltsamkeit dieses ihres Bedürfnisses liegt darin, daß es befriedigt wird durch die von anderen geäußerte Verwunderung, auch wenn diese sich ausschließlich auf ihre äußere Erscheinung bezieht, die genau den Anforderungen ihrer sogenannten ‚Moden' entspricht, das heißt, eben auch jener verderblichen Sitte, die dort schon in den Zeiten der Tikliamischen Zivilisation entstand und einer jener Seins-Faktoren geworden ist, der sie jetzt schon automatisch weder die Zeit noch die Möglichkeit haben läßt, die Wirklichkeit zu sehen oder zu empfinden.

Diese für sie verderbliche Sitte besteht darin, daß sie periodisch die äußere Form der sogenannten ‚Bedeckung ihrer Nichtigkeit' ändern.

„Es ist hier interessant, zu bemerken, daß es im allgemeinen Prozeß der gewöhnlichen Existenz der dir lieben dreihirnigen Wesen allmählich dahin kam, daß die Änderung der besagten Bedeckung von solchen Wesen beiderlei Geschlechts bestimmt wird, die schon ‚würdig-wurden', Kandidaten zu ‚Hasnamuss-Individuen' zu werden.

„In dieser Hinsicht kommen die gegenwärtigen Theater deinen Lieblingen entgegen, da es ihnen dort sehr leicht und bequem ist, vor anderen, wie sie sich auszudrücken belieben, ihre ‚schicken' Frisuren zu zeigen, die alle aufmerken lassen oder einen auf besondere Weise gebundenen Krawattenknoten oder den geschickt entblößten sogenannten ‚Kupaitarnischen-Teil-ihres-Körpers‘ und so fort und so weiter, wobei sie gleichzeitig die neuesten Äußerungen dieser ‚Moden‘ den letzten Vorführungen derselben Kandidaten für ‚Hasnamuss-Individuen‘ entsprechend begaffen können.

„Und um ein klares Bild davon zu bekommen, was diese gegenwärtigen Künstler während ihres ‚Groß-tuns‘ in den Theatern machen, mußt du noch von einer anderen außerordentlich seltsamen ‚Krankheit‘ hören, die dort unter dem Namen ‚Dramen-Erklügeln‘ existiert; die Anlage zu dieser Krankheit entsteht im Bestande einiger von ihnen nur durch die Unvorsichtigkeit ihrer sogenannten ‚Hebamme‘.

„Diese frevelhafte Unvorsichtigkeit begeht ihre ‚Hebamme‘ in den meisten Fällen damit, daß sie, bevor sie an ihrer Pflicht geht, unterwegs die Häuser anderer ihrer Klienten aufsucht, wo sie mehr als ein gewöhnliches Maß von dem ihr angebotenen ‚Wein‘ trinkt, was verursacht, daß sie später, wenn sie ihrem Geschäft nachgeht, unbewußt jene Worte äußert, die sich schon im Prozeß der gewöhnlichen Existenz deiner Lieblinge als sogenannte ‚Exorzismen‘ ihrer sogenannten ‚Zauberer‘ eingebürgert haben, und so kommt es, daß das neue Unglückswesen gleich vom ersten Augenblick seiner sogenannten ‚Erscheinung-in-Gottes-Welt‘ die Worte dieser verderblichen ‚Exorzismen‘ in sich aufnimmt.

„Diese ‚Exorzismen‘ bestehen aus folgenden Worten: ‚Da sieh her, was du wieder angerichtet hast!‘

„Also, mein Junge, eben durch jene frevelhafte Unvorsichtigkeit seitens seiner Hebamme erwirbt das neugeborene Unglückswesen in seinem Bestand die Anlage zu der besagten seltsamen Krankheit.

„Wenn dann ein solches dreihirniges Wesen, das gleich

bei seinem ersten Erscheinen die besagte Anlage zu der Krankheit des ‚Dramenerklügelns‘ erwirbt, zu der Zeit, wenn es verantwortliches Alter erreicht, etwas zu schreiben wünscht, befällt ihn plötzlich jene seltsame Krankheit und er fängt an, auf dem Papier zu klügeln oder, wie sie sagen, verschiedene sogenannte Theaterstücke zu ‚verfassen‘.

„Zum Inhalt ihrer Werke nehmen sie gewöhnlich verschiedene Begebenheiten, die entweder in der Vergangenheit vorgekommen sein sollen oder die sich in der Zukunft ereignen können oder schließlich Ereignisse ihrer eigenen gegenwärtigen ‚Unwirklichkeit‘.

„Außerdem zeigen sich unter den Symptomen dieser besonderen Krankheit im allgemeinen Bestand eines so erkrankten Wesens sieben andere, sehr spezifische Eigentümlichkeiten.

„Die erste besteht darin, daß, wenn diese seltsame Krankheit entsteht und in dem Bestande des betreffenden Wesens schon funktioniert, sich stets besondere Vibrationen um dieses herum verbreiten, die nach der Aussage seiner Umgebung genau so wirken, wie der ‚Geruch-einer-alten-Ziege‘.

„Die zweite besteht darin, daß durch die Veränderung des inneren Funktionierens in einem solchen Wesen auch die äußere Form seines planetischen Körpers von selbst folgende Änderungen aufweist:

„Die Nase zieht sich in die Höhe, die Hände stemmt er, wie man sagt, in die Seiten, seine Rede wird durch einen besonderen Husten unterbrochen und so weiter.

„Die dritte ist, daß ein solches Wesen immer vor einigen ganz harmlosen, natürlichen oder künstlichen Bildungen Furcht hat, wie zum Beispiel vor sogenannten ‚Mäusen‘, vor in ‚Fäuste-geballten-Händen‘, vor der ‚Frau-des-Haupt-Regisseurs-am-Theater‘, vor dem ‚Pöckchen-auf-einer-Nase‘, vor dem ‚linken-Pantoffel-seiner-eigenen-Frau‘ und vor noch vielen anderen sich außerhalb von ihm befindenden Bildungen.

„Die vierte Eigentümlichkeit führt ihn dazu, daß er völlig jene Fähigkeit verliert, die Psyche der Wesen seinesgleichen um ihn herum zu begreifen.

„Die fünfte besteht darin, daß er sowohl innerlich als auch in seinen Äußerungen alle und alles, was sich nicht auf ihn bezieht, kritisiert.

„Die sechste, daß in ihm mehr als in allen übrigen irdischen dreihirnigen Wesen die Gegebenheiten, etwas Objektives wahrzunehmen, atrophiert sind.

„Und die siebente und letzte Eigentümlichkeit endlich besteht darin, daß in ihm sogenannte ‚Hämorrhoiden' entstehen, die, nebenbei gesagt, das einzige sind, was er mit Bescheidenheit trägt.

„Und es geht dann gewöhnlich so, daß, wenn ein solch erkranktes Wesen einen Onkel hat, der Mitglied irgendeines ihrer ‚Parlamente' ist oder mit der Witwe eines ‚gewesenen-Geschäftsmannes' bekannt ist, oder wenn die Periode seiner Vorbereitung zu einem verantwortlichen Wesen irgendwie in einer solchen Umgebung oder unter solchen Bedingungen verlief, daß er automatisch die Eigenschaft erwarb, die da genannt wird ‚mühelos hineinrutschen', dann der sogenannte Theaterdirektor oder, wie er auch genannt wird, der ‚Schafbesitzer', sein Werk annimmt und den besagten gegenwärtigen ‚Schauspielern' befiehlt, es genau so aufzuführen, wie es von diesem Wesen erklügelt worden ist, das von dieser seltsamen Krankheit des ‚Dramaklügelns' befallen war.

„Und diese modernen Schauspieler dort führen dieses Werk zuerst allein ohne Zuschauer auf und tun dies so lange, bis es genau so aufgeführt wird, wie das erkrankte Wesen selbst angab und der Theaterdirektor befahl; und wenn diese gegenwärtigen Schauspieler das Werk schließlich dann ohne Teilnahme ihres eigenen Bewußtseins und Gefühls wiedergeben können und sich dabei in sogenannte ‚lebende Automaten' verwandeln, führen sie mit Hilfe und unter der Leitung derer von ihnen, die noch nicht vollkommen ‚lebende Automaten' geworden sind und deshalb ‚Regisseure' genannt werden, dann in Gegenwart vieler gewöhnlicher Wesen, die sich in ihren Theatern versammeln, dieses Stück auf.

„Aus all dem, was ich jetzt sagte, kannst du leicht den Schluß ziehen, daß diese Theater außer vielen sicherlich verderblichen Folgen, auf die ich sogleich noch näher eingehen werde, natürlich nichts für jenes hohe Ziel geben können, das die babylonischen Gelehrten im Auge hatten, als sie zum erstenmal eine solche Form bewußter Vorführung von Wahrnehmungen und assoziativem Reagieren der anderen Wesen ihresgleichen schufen.

„Trotzdem muß man zugeben, daß sie durch ihre Theater und diese modernen Schauspieler für den Prozeß ihrer gewöhnlichen Seins-Existenz, natürlich zufällig, ein ‚gar-nicht-so-übles-Resultat' erzielen.

„Damit du verstehst, worin dieses ‚gar-nicht-so-üble-Resultat' besteht, muß ich dir vor allem eine andere Eigentümlichkeit erklären, die sich im allgemeinen Bestand der Wesen eingebürgert hat, die nach dem Prinzip ‚Itoklanoz' entstehen.

„In Übereinstimmung mit diesem Prinzip hängt die Bildung der für ihre sogenannte ‚Wachexistenz' erforderlichen Energie im Bestande solcher Wesen von der Qualität der Assoziationen ab, die in ihrem allgemeinen Bestand während ihrer ‚völligen-Passivität' oder, wie deine Lieblinge sagen, ‚während-des-Schlafes' vor sich gehen; und umgekehrt, jene für die Produktivität eben dieses besagten ‚Schlafes' erforderliche Energie wird ihrerseits von dem assoziativen Prozeß erarbeitet, der in ihnen während des Zustandes vor sich geht, den sie als ‚Wach-Zustand' bezeichnen, und der wiederum von der Qualität oder Intensität ihrer Aktivität abhängt.

„Und dies ließ sich auch auf die irdischen dreihirnigen Wesen jener Zeit anwenden, als, wie ich dir schon einmal sagte, die Große Natur gezwungen war, das ihrem Bestande zuvor eigene ‚Fulasnitamnische Prinzip' durch das Prinzip ‚Itoklanoz' zu ersetzen. Damals stellte sich in ihrem Existenzprozeß eine solche Eigentümlichkeit ein und ist auch jetzt vorhanden, daß, wenn sie, wie sie sagen, ‚gut schlafen', sie auch ‚gut wach sind'; und umgekehrt, wenn sie schlecht ‚wach' sind, schlafen sie auch schlecht.

„Und da sie, mein Junge, in der letzten Zeit schon sehr anomal existierten, hatte dies zur Folge, daß sich sogar jenes schon eingebürgerte automatische Tempo, das bis dahin mehr oder weniger die erforderlichen Assoziationen in ihnen gefördert hatte, sich änderte, weshalb sie in der letzten Zeit schlecht schlafen und noch schlechter wach sind als zuvor.

„Ihre modernen Theater und Schauspieler dienen der Verbesserung der Qualität ihres Schlafes aus folgenden Gründen:

„Nachdem das Bedürfnis, Seins-Partkdolgpflicht in sich auszuüben, vollkommen aus dem Bestand der meisten von ihnen verschwunden war, gingen im Prozesse ihres ‚Wach-Zustandes' alle Assoziationen von unvermeidlich wahrgenommenen Schocks lediglich aus einigen schon automatisierten sogenannten ‚Serien-früherer-Eindrücke' vor sich, die aus sehr oft wiederholten sogenannten ‚längst-erlebten-Eindrücken' bestehen; darauf verschwand und verschwindet noch immer mehr in ihnen sogar das instinktive Bedürfnis, alle neuen, für dreihirnige Wesen vitalen Schocks wahrzunehmen, die entweder aus ihren inneren einzelnen vergeistigten Teilen oder aus entsprechenden von außen für bewußte Assoziationen kommenden Wahrnehmungen stammen, nämlich für eben jene Seins-Assoziationen, von denen die Intensität der Transformation aller möglichen Arten von Seins-Energien abhängt.

„In den letzten drei Jahrhunderten gestaltete sich ihr Existenzprozeß derart, daß im Bestande der meisten von ihnen in ihrer täglichen Existenz fast nicht mehr länger jene ‚Seins-vergleichenden-Assoziationen' entstehen, die gewöhnlich in dreihirnigen Wesen dank aller neuen Wahrnehmungen vor sich gehen und aus denen allein sich im allgemeinen Bestande der dreihirnigen Wesen Gegebenheiten für ihre eigene Individualität kristallisieren können.

„Und wenn nun deine in dieser Weise so in ihrem ‚wachen' täglichen Leben existierenden Lieblinge in ihre heutigen Theater gehen und die sinnlosen Manipulationen der Schauspieler dort beobachten und einen ‚Schock' nach dem anderen durch alle möglichen Erinnerungen früher schon wahrgenommener, nicht weniger sinnloser und absurder Vorstellungen erhalten, gewinnen sie in diesem ihrem Wachzustand — ob sie wollen oder nicht — mehr oder weniger zufriedenstellende Seins-Assoziationen, und wenn sie dann nach Hause kommen und sich schlafen legen, schlafen sie viel besser als gewöhnlich.

„Obschon diese gegenwärtigen Theater mit allem, was dort vor sich geht, tatsächlich im allgemeinen — allerdings nur für ‚heute' — ein sehr gutes Mittel sind, um den Schlaf deiner Lieblinge zu verbessern, so sind doch die im objektiven Sinne verderblichen Folgen dieser Theater für die dreihirnigen Wesen im allgemeinen und besonders für die heranwachsenden Generationen unermeßlich.

„Diese Theater sind für sie ein weiterer Faktor, der endgültig in ihnen alle Möglichkeiten vernichtet, das allen dreihirnigen Wesen zukommende Bedürfnis, genannt ‚Bedürfnis-nach-wirklichen-Wahrnehmungen' irgendwann zu erwerben.

„Und sie wurden ein solch verderblicher Faktor hauptsächlich aus folgenden Umständen:

KUNST

„Wenn diese Wesen in ihren Theatern ruhig dasitzen und allen möglichen verschiedenen und vielseitigen, wenn auch sinnlosen ‚Manipulationen' und Äußerungen ihrer modernen Schauspieler zusehen, gehen, obgleich sie in ihrem gewöhnlichen Wachzustand sind, alle Denk-und-Gefühls-Assoziationen in ihrem Bestand genau so vor sich, wie während ihrer völligen Passivität, das heißt während ihres Schlafes.

„Wenn sie nämlich zufällig viele solcher Schocks empfangen, die die schon fixierten früher empfangenen und in Serien von Eindrücken automatisierten Schocks wecken, und sie diese dann mit dem Funktionieren ihrer sogenannten ‚Verdauungs- und Geschlechtsorgane' wiederkäuen, entstehen dadurch in ihrem Bestand Hindernisse für den Prozeß sogar jener kläglichen bewußten Seins-Assoziationen, die schon automatisch während ihrer passiven Existenz ein mehr oder weniger richtiges Tempo zur Transformation der für ihre aktive Existenz erforderlichen Stoffe ergeben.

„In andern Worten, wenn sie sich in ihren Theatern befinden, sind sie nicht ganz in jenem passiven Zustand, in dem die Transformation der für ihren gewöhnlichen Wachzustand erforderlichen Stoffe vor sich geht, aber noch weiter weg von jenem Wachzustand, in dem sich das ‚Bedürfnis nach wirklichen Wahrnehmungen' je einstellen könnte.

„Unter den vielen anderen verderblichen Seiten dieser modernen ‚Kunst' wird eine meistens übersehen, die aber für alle dreihirnigen Wesen dort, was die Möglichkeit, ein bewußtes, sogenanntes ‚individuelles-Sein' zu erwerben, angeht, höchst schädlich ist, nämlich die Ausstrahlungen der Vertreter der modernen Kunst selber.

„Obgleich diese verderblichen Ausstrahlungen dort allmählich zum Los oder spezifischen Attribut der Vertreter aller Zweige ihrer ‚Kunst' geworden sind, so zeigten mir doch meine eingehenden ‚physisch-chemischen-Untersuchungen' deutlich, daß sie sich am schlimmsten in jenen besagten modernen ‚Schauspielern' entwickeln, die in den heutigen Theatern dort auftreten.

„Wie sehr die Ausstrahlungen der Schauspieler für alle deine übrigen Lieblinge schädlich sind, zeigte sich besonders in der letzten Zeit ihrer jetzigen Zivilisation.

„Obgleich einige der gewöhnlichen Wesen dort schon lange zuvor solche Berufe auszuüben pflegten, kristallisierten sich doch in früheren Zeiten nicht im Bestande eines jeden, der zu diesem Berufe gehörte, alle Gegebenheiten für Hasnamussische Eigenschaften, und deine übrigen Lieblinge fühlten noch den verderblichen Einfluß, der von Leuten dieses Berufes ausging, weshalb sie vorsichtig waren und sich ihnen gegenüber in einer entsprechenden Weise und zurückhaltend benahmen.

„In früheren Jahrhunderten wurden nämlich solche Künstler oder Schauspieler von den übrigen Wesen der niedrigsten Kaste zugezählt und verächtlich angesehen. Und auch noch heutzutage gilt es in vielen Gemeinschaften, zum Beispiel auf dem Kontinent Asien, für ungeziemend, ihnen die Hand zu reichen, wie man sonst dort fast immer tut, wenn man Wesen seinesgleichen trifft.

„In diesen besagten Gemeinschaften gilt es auch heute noch für entehrend, mit Schauspielern an einem Tisch zu sitzen oder mit ihnen zu essen.

„Aber die gegenwärtigen Wesen jenes Kontinents, der in der Jetztzeit der Hauptsitz ihrer sogenannten ‚Kultur' ist, stellen diese Schauspieler nicht nur innerlich auf eine Stufe mit sich selbst, sondern ahmen sie sogar in ihrer Erscheinung nach und imitieren sie schon recht gründlich.

„Als gutes Beispiel zur Bekräftigung des soeben von mir Gesagten kann der bei deinen Lieblingen jetzt modische Brauch dienen, Bart und Schnurrbart zu rasieren.

„Ich muß dir sagen, daß diese irdischen Berufs-Schauspieler in früheren Epochen immer im Prozesse ihrer gewöhnlichen Existenz ihren Bart und Schnurrbart rasieren mußten.

„Sie mußten diese ‚Kennzeichen‘ ihrer Männlichkeit und Aktivität abrasieren, erstens weil sie immer Rollen anderer Wesen zu spielen hatten und deshalb oft ihr Äußeres ändern mußten, wobei sie nicht nur auf ihre Gesichter entsprechende sogenannte ‚Schminke‘ auflegen, sondern auch Perücken und falschen Bart und Schnurrbart tragen mußten, was unmöglich war, wenn sie eigene Bärte und Schnurrbärte hatten, und zweitens, weil die gewöhnlichen Wesen aller früheren Gemeinschaften dort, die diese Schauspieler als schmutzigen und schädlichen Einfluß betrachteten und fürchteten, sie bei zufälligem Treffen unter gewöhnlichen Existenzbedingungen erkennen wollten, weshalb sie eben damals das strenge Gesetz aufstellten, daß die Wesen vom Beruf der Künstler oder Schauspieler immer Schnurrbart und Bart rasieren mußten, um von den übrigen Wesen leicht erkannt zu werden.

„Während ich dir jetzt gerade erkläre, wieso die Sitte, daß Schauspieler Bart und Schnurrbart rasieren, dort entstand, fällt mir eine sehr vernünftige, sogenannte ‚gesetzliche Maßnahme‘ der dreihirnigen Wesen aus der Epoche der Tikliamischen Zivilisation ein, die auch mit dem Rasieren der Haare, in diesem Falle aber der Kopfhaare der dortigen Wesen zusammenhängt.

„Es wurde nämlich in jener Periode ein Gesetz herausgebracht und mit aller Strenge durchgeführt, wonach Verbrecher, denen nach dem Spruch und Urteil von sieben betagten Wesen des gegebenen Bezirks eine der vier von diesen Richtern aufgestellten Kategorien von Unmoralität und ‚Verbrechen‘ zugeschrieben wurde — Verbrecher, mit denen auch jetzt noch all ihre sogenannten ‚Gefängnisse‘ gewöhnlich angefüllt sind — immer und überall bis zu einem bestimmten Termin mit einer der vier entsprechenden Seiten ihres Kopfes rasiert gehen sollten, wobei solche Verurteilte verpflichtet waren, den Kopf stets unbedeckt zu halten, wenn sie mit anderen zusammentrafen oder sprachen.

„Es ist interessant zu bemerken, daß es damals auch ein Gesetz ähnlicher Art für unmoralische Handlungen der Frauen gab. Und diese Verordnung wurde von sieben betagten Frauen des betreffenden Bezirkes, die durch ihr vergangenes Betragen Achtung verdient hatten, sehr streng durchgeführt.

„Die Strafmaßnahmen für Frauen entsprachen den vier Äußerungen, die damals als größte Lockerheit und Sittenlosigkeit galten.

„Wurde von der Umgebung bemerkt und von den betagten sieben älteren Frauen bestätigt, daß eine bestimmte Frau ihre Familienpflichten ohne die erforderliche Achtung und nachlässig erfüllte, so mußte sie nach diesem Gesetz bis zu einem gewissen Termin überall mit gefärbten Lippen erscheinen.

„Und wenn verschiedene Frauen bemerkten, daß eine Mutter ihren Kindern gegenüber an mütterlichen Impulsen nachließ, verurteilten sie sie gemäß der gleichen Vorschriften dazu, für eine bestimmte Zeit die linke Hälfte ihres Gesichts mit weißer und roter Schminke anzumalen.

„Wurde weiter einer Frau auf die gleiche Weise nachgewiesen, daß sie die der Fortpflanzung des Geschlechtes dienende Empfängnis eines neuen Wesens in sich vermeiden wollte, so wurde sie dazu verurteilt, die rechte Seite ihres Gesichtes mit weißer und roter Schminke anzumalen.

„Frauen aber, die ihre sogenannte hauptsächlichste ‚Ehefrau-Pflicht' umgehen wollten, die nämlich ihren gesetzmäßigen Mann betrogen oder ihn auch nur betrügen oder das sich in ihnen bildende Wesen vernichten wollten, wurden auf dem gleichen Wege gezwungen, wiederum bis zu einem bestimmten Termin immer und überall ihr ganzes

Gesicht mit weißer und roter Schminke anzumalen."

An dieser Stelle seiner Erzählung wurde Beelzebub von Ahun mit folgenden Worten unterbrochen:

„Hochehrwürden, all Eure Erklärungen betreffs der irdischen Kunst und jener dreihirnigen Wesen dort, die sich jetzt mit ihr abgeben und sozusagen ihre Vertreter sind und besonders Eure Erörterungen über die gegenwärtigen ‚Komödianten' oder ‚Schauspieler' brachten mich auf den Gedanken, alle Eindrücke, die sich in meinem allgemeinen Bestand während meines letzten Aufenthaltes auf der Oberfläche des Planeten Erde, der unserem teuren Hassin gefällt, fixiert haben, zu gebrauchen, um unserm Liebling einen recht nützlichen und praktischen Rat zu geben . . ."

Nachdem Ahun dies gesagt hatte, sah er mit seinem gewohnten Blick, das heißt, ohne lange zu verweilen, abwartend auf Beelzebubs Gesicht. Sobald er dessen gewohntes, wenn schon immer trauriges, so doch freundliches und nachsichtiges Lächeln gewahrte, wandte er sich sofort, ohne die erbetene Erlaubnis abzuwarten, gleichsam verwirrt an Hassin und sagte folgendes:

„Wer weiß, vielleicht mußt du, unser teurer Hassin, einmal auf jenem Planeten Erde sein und dich unter jenen sonderbaren, dir lieben dreihirnigen Wesen aufhalten . . ."

Und indem er sich diesmal wieder an den Stil Beelzebubs selbst hielt, fuhr er fort:

„Deshalb will ich dich eben hier in die Resultate verschiedener Eindrücke einweihen, die ich unfreiwillig erhielt, Eindrücke sowohl betreffs der verschiedenen Typen als auch der Eigentümlichkeiten ihrer Äußerungen durch eben jene besagten gegenwärtigen Vertreter der Kunst dort.

„Du mußt wissen, daß diese gegenwärtige in eine falsche Aureole gehüllte Kunst und ebenso auch jene Wesen, die vorgeben, ihre Adepten zu sein, von allen übrigen dortigen dreihirnigen Wesen der modernen Zivilisation, besonders während der letzten Jahrzehnte nicht allein auf dieselbe

Stufe mit ihnen gestellt und von ihnen in ihren äußeren Manifestationen nachgeahmt werden, sondern noch dazu immer und überall unverdient von ihnen gefördert und gepriesen werden. Und in den gegenwärtigen Vertretern der Kunst selbst, die tatsächlich, was ihr echtes Wesen angeht, fast nichtig sind, bildet sich von selbst, ohne das Zutun ihres Seins-Bewußtseins die falsche Überzeugung, daß sie nicht so sind wie alle übrigen, sondern, wie sie sich selbst nennen, Wesen ‚höheren Ranges‘, weshalb im Bestande dieser Typen die Kristallisation der Folgen der Eigenschaften des Organs Kundabuffer intensiver vor sich geht als im Bestande aller anderen dortigen dreihirnigen Wesen.

„Gerade was diese unglückseligen dreihirnigen Wesen betrifft, so sind die sie umgebenden anomalen Verhältnisse der gewöhnlichen Seins-Existenz so eingerichtet, daß sich in ihrem allgemeinen Bestand jene Folgen der Eigenschaften des Organs Kundabuffer kristallisieren und ein unzertrennlicher Teil ihrer ganzen Psyche werden müssen, die sie selbst ‚Großtun‘, ‚Hochmut‘, ‚Eigenliebe‘, ‚Eitelkeit‘, ‚Eigendünkel‘, ‚Narzißmus‘, ‚Neid‘, ‚Haß‘, ‚Empfindlichkeit‘ und so fort und so weiter nennen.

„Diese aufgezählten Folgen sind deshalb in jenen gegenwärtigen Vertretern der Kunst, die die ‚Manipulatoren‘ der gegenwärtigen Theater dort sind, besonders stark ausgeprägt und kristallisiert, weil sie stets Rollen anderer Wesen ihresgleichen spielen, deren Sein und Bedeutung im Prozesse ihrer Existenz meistens ihre eigene weit übertrifft, und da sie, wie ich schon sagte, tatsächlich fast nichtige Wesen sind, erwerben sie mit ihrer schon völlig automatisierten Vernunft allmählich eine falsche Vorstellung von sich selbst.

„Mit ihrem schon ganz automatisierten ‚Bewußtsein‘ und ihren schon ganz ‚unsinnigen-Gefühlen‘ fühlen sie sich nämlich unermeßlich viel höher als sie in Wirklichkeit sind.

KUNST

„Ich muß dir hier gestehen, teurer Hassin, daß ich bei meinen früheren Besuchen auf der Oberfläche deines Planeten und auch am Anfang dieses letzten Aufenthaltes dort überall mit den dir lieben dreihirnigen Wesen zusammenkam und verkehrte, dabei aber fast nie in meinem ganzen Bestand einen echten Impuls von Seins-Mitleid empfand für das unendlich unglückselige Schicksal dieser deiner Lieblinge, das von Umständen abhängt, die keineswegs von ihnen selbst bestimmt werden.

„Als aber am Ende unseres sechsten Aufenthaltes dort viele von ihnen einen inneren Bestand erwarben, der jetzt allen Vertretern aller verschiedenen Kunstzweige eigen ist und als diese neu entstandenen ‚Typen' unter den anderen dreihirnigen Wesen am Prozeß ihrer gewöhnlichen Seins-Existenz auf der Basis gleicher Rechte teilnahmen, gelangten sie mit den übrigen in mein Blickfeld und fielen mir durch ihre übertriebene höchst anomale sogenannte ‚Seins-Selbst-Einschätzung' auf und waren der Anlaß zu einem Schock, der den Impuls des Mitleids nicht nur für sie, sondern überhaupt für alle deine unglückseligen Lieblinge in mir entstehen ließ.

„Richte aber jetzt deine Aufmerksamkeit nicht auf alle dreihirnigen Wesen dort im allgemeinen, auch nicht auf alle Vertreter ihrer gegenwärtigen Kunst, sondern nur auf die, die ‚Schauspieler' werden oder heißen.

„Trotzdem alle von ihnen, was echtes Wesen anbelangt, fast sogenannte ‚volle Nullen' sind, das heißt, ‚etwas-höchst-Leeres', aber von einem gewissen Schein umhüllt sind, erwerben sie doch allmählich eine solche Meinung von sich selbst, dank der immer und überall gebrauchten Lieblingsausdrücke wie ‚Genie', ‚Talent', ‚Begabung' und noch einigen anderen Worten, leer wie sie selbst, so daß es scheint, als ob unter den ihnen ähnlichen Wesen nur sie allein ‚göttlichen-Ursprungs', ja, daß nur sie allein fast ‚Gott' selber sind.

„Und nun höre auf meinen tatsächlich sehr praktischen Rat, und suche ihn dir anzueignen, um ihn zur rechten Zeit anwenden zu können.

„Mein praktischer Rat besteht darin, daß für den Fall, daß du aus irgendeinem Grunde besonders in der nächsten Zeit unter den dreihirnigen Wesen jenes Planeten Erde, der dir gefällt, existieren solltest — ich sage, in der nächsten Zeit, weil der Bestand jener dir lieben dreihirnigen Wesen und alle schon fixierten äußeren Verhältnisse ihrer gewöhnlichen Seins-Existenz häufigen Umwandlungen unterliegen — und falls du dort irgendeine Arbeit hast, wie sie jedem bewußten dreihirnigen Wesen zukommt, eine Arbeit, die im Grunde danach strebt, etwas zum Wohle aller dich umgebenden Wesen zu erreichen und deren Erfüllung teilweise von ihnen selbst abhängt, ganz gleich, in welcher Gemeinschaft ihrer gegenwärtigen Zivilisation dies auch sein mag, wo immer du jene gegenwärtigen irdischen Wesen im Interesse deiner Arbeit in ihren sogenannten ‚Kreisen‘ triffst — sei auf jeden Fall sehr, sehr vorsichtig und triff alle möglichen Vorsichtsmaßnahmen, um mit ihnen auf sehr gutem Fuß zu stehen.

„Warum du ihnen gegenüber so vorsichtig sein mußt und damit du alle irdischen gegenwärtig entstehenden Typen in jeder Hinsicht besser begreifen und allseitig verstehen kannst, muß ich dir unbedingt zwei weitere Tatsachen erklären, die dort ganz offensichtlich wurden.

„Die erste besteht darin, daß diese Vertreter der Kunst infolge immer derselben Bedingungen der anomal eingerichteten Seins-Existenz und ob der dort entstandenen und weitverbreiteten ‚schändlich-übertriebenen‘ verderblichen Idee betreffs ihrer berühmten Kunst allmählich in den vorgefaßten Vorstellungen und Begriffen der übrigen dreihirnigen Wesen dort in eine falsche Aureole eingehüllt werden und dadurch automatisch unverdiente Autorität erwerben, derzufolge alle übrigen deiner Lieblinge immer und in allem behaupten, daß jede von jenen geäußerte Meinung gleichsam völlig unanfechtbar sei.

„Und die zweite besteht darin, daß, wenn sich diese gegenwärtigen neu entstandenen Typen dort formen, sie einen inneren Bestand erwerben, der sie entweder ganz zum Sklaven eines anderen oder durch dieselben zufällig gebildeten äußeren Bedingungen zu entschiedenen Feinden dieses anderen werden läßt.

„Deswegen eben rate ich dir nun, mit ihnen sehr vorsichtig umzugehen, um dir nicht Feinde unter ihnen zu machen und dir nicht durch sie ernste Hindernisse für die Ausführung deiner Vorsätze zu schaffen.

„Und, unser teurer Hassin, der eigentliche ‚Zimmes‘ meines Rates ist der, daß, wenn du wirklich unter den Wesen jenes Planeten Erde existieren und mit diesen Vertretern der gegenwärtigen Kunst zu tun haben solltest, du vor allem wissen mußt, daß du ihnen niemals die Wahrheit ins Gesicht sagen darfst.

„Daß dich dein Geschick davor bewahre!

„Jede Spur von Wahrheit beleidigt sie sehr und ihre Entrüstung darüber führt fast immer zur Feindseligkeit anderen gegenüber.

„Solchen irdischen Typen darfst du nur solche Dinge ins Gesicht sagen, die die in ihnen unfehlbar kristallisierten Folgen der Eigenschaften des Organs Kundabuffer ‚kitzeln‘, als da sind ‚Neid‘, ‚Hochmut‘, ‚Eigenliebe‘, ‚Eitelkeit‘, ‚Falschheit‘ und so weiter.

„Wie ich während meines Verweilens dort bemerkte, wirkten folgende Mittel unfehlbar wie Kitzeln auf die Psyche deiner unglückseligen Lieblinge:

„Nehmen wir an, daß das Gesicht eines dieser Vertreter der Kunst dem Antlitz eines Krokodils ähnelt, dann sage ihm unbedingt, daß er das Abbild eines Paradiesvogels sei.

„Wenn einer von ihnen so dumm wie ein Stück Holz

ist, sage ihm, daß er einen Geist wie Pythagoras habe.

„Wenn sein Benehmen in irgendeinem Geschäft ihn geradezu als ‚Oberidioten' kennzeichnet, sage ihm, daß sogar der erzlistige Luzifer es nicht besser hätte machen können.

„Wenn du an seinem Aussehen erkennst, daß er mehrere solcher Krankheiten hat, an denen er täglich mehr und mehr verfault, frage ihn mit dem Ausdruck der Verwunderung auf deinem Gesicht:

„ ‚Sagen Sie mir doch nur, welchem Geheimnis zufolge sie immer wie ein Jüngling aussehen, wie ‚Milch und Honig' und so weiter.'

„Nur vergiß eines nicht... sage nie die Wahrheit!

„Obgleich man im allgemeinen allen Wesen dieses Planeten so begegnen muß, so ist es doch doppelt und dreifach den Vertretern aller Zweige der gegenwärtigen ‚Kunst' gegenüber geboten."

Nachdem Ahun dies gesagt hatte, brachte er, affektiert wie ein Heiratsvermittler in einer Vorstadt Moskaus bei der Heirat seiner Klienten, oder wie die Besitzerin eines Pariser Modesalons in einem sogenannten ‚High-Life-Café' die Locken seines Schwanzes in Ordnung.

Hassin aber, der ihn mit seinem gewohnten wahrhaft dankbaren Lächeln ansah, sagte:

„Tausend Dank, lieber Ahun, sowohl für deinen Rat als überhaupt für die Beleuchtung einiger Einzelheiten der Seltsamkeit der Psyche der dreihirnigen Wesen jenes in jeder Hinsicht schlecht behandelten Planeten unseres großen Weltalls."

Und darauf wandte er sich mit folgenden Worten an Beelzebub selbst:

„Bitte, sage mir, gutes Großväterchen: ist es wirklich möglich, daß nichts aus den Absichten und Bemühungen jener babylonischen Gelehrten wurde und tatsächlich gar nichts von den damals schon auf der Erde bekannten Bruchstücken von Wissen auf die gegenwärtigen dreihirnigen Wesen jenes seltsamen Planeten gelangt ist?"

Auf diese Frage seines Enkels hin sagte Beelzebub folgendes:

„Zum großen Kummer alles im Weltall Existierenden ist, mein Junge, fast nichts von den Resultaten ihrer Bemühungen erhalten geblieben und auf deine gegenwärtigen Lieblinge gelangt.

„Die von ihnen in der besagten Weise angedeuteten Kunden gingen nur während einiger folgender Jahrhunderte von Geschlecht zu Geschlecht weiter.

„Bald aber nach der Periode der ‚Herrlichkeit Babylons' verschwanden durch ihre stets gleiche Haupteigenschaft, nämlich durch den ‚periodischen-Prozeß-gegenseitigen-Vernichtens' unter den gewöhnlichen Wesen dort nicht allein fast völlig die Legomonismen betreffs der Schlüssel zu den gesetzmäßigen Ungenauigkeiten in dem Gesetz der Siebenfältigkeit, wie sie in den Zweigen der ‚Seins-Afalkalna' und ‚Soldschinocha' enthalten waren, sondern es verschwand auch allmählich, wie ich dir schon gesagt habe, sogar die eigentliche Vorstellung von dem all-kosmischen Gesetz des heiligen ‚Heptaparaparschinoch' das man damals in Babylon das ‚Gesetz der Siebenfältigkeit' nannte.

„Alle bewußten Werke der Wesen der babylonischen Periode wurden allmählich vernichtet, zum Teil zerfielen sie mit der Zeit, und zum Teil wurden sie in den Prozessen des ‚gegenseitigen Vernichtens' zerstört, nämlich durch jenen Grad von Psychose der dreihirnigen Wesen, der da genannt wird: ‚Die-Vernichtung-von-allem-was-in-ihren-Gesichtskreis-fällt'.

„Hauptsächlich ob dieser zwei Ursachen verschwanden dort nach und nach von der Oberfläche jenes unglückseligen Planeten fast alle bewußt verwirklichten Resultate der gelehrten Wesen der babylonischen Epoche, und zwar in einem solchen Tempo, daß schon nach drei ihrer Jahrhunderte kaum mehr etwas davon übrig war.

„Ferner muß noch bemerkt werden, daß durch jene zweite der besagten Ursachen dort auch die Anwendung jener neuen Form von Weitergabe der Kunden und der verschiedenen Wissensfragmente, die damals in Babylon begonnen hatte und durch Wesen geschah, die ‚Eingeweihte der Kunst' hießen, allmählich nachließ und schließlich vollends aufhörte.

„Über das Verschwinden eben jener Sitte, daß einige Wesen ‚Eingeweihte der Kunst' werden, weiß ich gut Bescheid, weil gerade vor meiner endgültigen Abreise von jenem Planeten ich dies zur Erreichung eines anderen meiner Ziele sehr genau zu erforschen hatte.

„Um dies klarzumachen, bereitete ich eine sehr gute ‚Tiklunia' aus den Wesen des weiblichen Geschlechts dort vor und machte meine Feststellungen durch sie.

„Tiklunien wurden früher dort ‚Pythien' genannt, aber die gegenwärtigen Wesen nennen sie jetzt ‚Medien'.

„Und so stellte ich fest, daß von der sogenannten ‚direkten erblichen Linie' in der letzten Zeit nur vier solcher Eingeweihter der Kunst noch übriggeblieben sind, die die Schlüssel zum Verständnis der alten Kunst noch heute weitergeben und daß diese erbliche Weitergabe dort unter sehr komplizierten und geheimen Bedingungen geschieht.

„Eines dieser vier gegenwärtigen eingeweihten Wesen stammt von denen ab, die ‚Rothäute' genannt werden und auf dem Kontinent Amerika wohnen, ein anderer von den Wesen, die auf den sogenannten ‚Philippinischen Inseln' wohnen, der dritte von den Wesen des Kontinents Asien, aus dem Lande, das ‚die Quelle des Flusses Piandsche' genannt wird, und der vierte und letzte von denen, die ‚Eskimo' heißen.

„Höre nun, weshalb ich das Wort ‚fast' gebrauchte, als ich sagte, daß am Ende dreier ihrer Jahrhunderte nach der babylonischen Periode fast alle bewußten und automatischen Reproduktionen der Seins-Afalkalna und Soldschinocha fast gänzlich zu existieren aufhörten.

„Du mußt wissen, daß zwei Zweige der bewußten Hand-Arbeiten der Wesen der babylonischen Epoche zufällig günstige Bedingungen hatten und teils bewußt, teils automatisch seitens derer, die sie weitergaben, von Geschlecht zu Geschlecht übergingen.

„Einer der zwei besagten Zweige hörte kürzlich zu existieren auf, der andere aber gelangte fast unverändert sogar bis auf einige Wesen der Gegenwart.

„Dieser Zweig, der die Wesen der gegenwärtigen Zeit erreicht hat, umfaßt was dort ‚heilige Tänze' genannt wird.

„Und nur dank dieses Zweiges allein, der von der Periode der babylonischen Gelehrten übrigblieb, hat eine sehr kleine Anzahl dreihirniger Wesen dort jetzt die Möglichkeit, durch gewisse bewußte Arbeiten ihrerseits die darin enthaltenen Kunden zu entziffern und zu erkennen, was darin Nützliches für ihr eigenes Sein enthalten ist.

„Der erwähnte zweite Zweig aber, der vor kurzem zu existieren aufhörte, war jener Wissenszweig der babylonischen Gelehrten, den sie ‚Kombination-verschiedener-Farbtöne' nannten und den die jetzigen Wesen ‚Malerei' nennen.

„Die Weitergabe dieses Zweiges ging fast überall von Geschlecht zu Geschlecht vor sich und verschwand allmählich im Laufe der Zeit auch überall wieder; in noch ganz regelmäßigem Tempo ging sie allein in der letzten Zeit sowohl bewußt als auch automatisch unter den Wesen jener Gemeinschaft vor sich, die ‚Persien' heißt.

„Und erst kurz vor meiner letzten Abreise von deinem Planeten, als sich auch dort in Persien der Einfluß von Wesen eines ähnlichen Berufes aus der gegenwärtigen ‚Europäischen Kultur' bemerkbar machte und die Wesen jenes Berufes auch in der Gemeinschaft Persien zu klügeln begannen, endete auch dort die Weitergabe vollends.

„Es muß noch bemerkt werden, daß trotz alledem eine nicht geringe Anzahl der übriggebliebenen Werke aus den babylonischen Zeiten bis auf die Wesen der gegenwärtigen Zivilisation gelangte, und zwar hauptsächlich auf die Wesen die auf dem Kontinent Europa vorkommen. Aber diese Werke, die auf die Wesen der gegenwärtigen Zivilisation gelangten, sind nicht mehr Originale, sondern meistens halbzerfallene Kopien von den Werken der babylonischen Epoche, gemacht von solchen Vorfahren, die noch nicht völlig sogenannte ‚Plagiatoren' geworden waren; und diese Werke stopfen sie einfach, ohne zu vermuten, daß in ihnen ein ‚Weisheitsschatz' steckt und ohne dementsprechende Maßnahmen zu treffen, in ihre sogenannten ‚Museen', wo diese Werke entweder langsam zerfallen oder durch häufiges Kopieren ruiniert werden, da dieses Kopieren mit verschiedenen zerfressenden und oxydierenden Mischungen geschieht, wie zum Beispiel ‚Alabaster', ‚Leim' und so weiter, nur damit die Kopisten vor ihren Freunden großtun oder ihre Lehrer betrügen können oder zu anderen hasnamussischen Zwecken.

„Doch muß um der Gerechtigkeit willen gesagt werden, daß einige Wesen der gegenwärtigen Zivilisation hin und wieder vermutet haben, daß etwas in den Werken verborgen sei, die zufällig auf sie kamen, entweder in den Originalen, die eigens damals in Babylon von den Mitgliedern des Klubs der Anhänger des Legomonismus geschaffen worden waren, oder in Kopien, die während ihrer Weitergabe von Geschlecht zu Geschlecht von verschiedenen gewissenhaften Fachleuten angefertigt worden waren, von solchen Fachleuten nämlich, denen es, wie ich schon gesagt habe, noch nicht vollends eigen war, zu ‚plagiarisieren' und die sich deshalb nicht damit abgaben, fremde Werke in Einzelheiten nachzumachen, um sie dann als ihre eigenen auszugeben; und wenn dann einige dieser forschenden

Wesen jener europäischen Zivilisation sehr ernstlich dieses ‚Etwas' suchen, finden sie sogar ein gewisses, bestimmtes ‚Irgendetwas' in den besagten Werken.

„So brachte es zum Beispiel am Anfang der gegenwärtigen europäischen Zivilisation eines jener Wesen, nämlich ein Mönch, mit Namen Ignatius, der früher ein Architekt gewesen war, dahin, daß er die verborgenen Kenntnisse und nützlichen Kunden in den Werken fast aller von der babylonischen Epoche bis auf uns gelangten Zweige dieser schon ‚alten Kunst' entziffern konnte.

„Als aber dieser Mönch Ignatius seine besagte ‚Entdeckung' anderen dortigen Wesen seinesgleichen mitteilen wollte, und zwar seinen sogenannten Kollegen, nämlich zwei Mönchen, mit denen zusammen er als Spezialist von seinem Oberhaupt beauftragt war, den Grundstein zum sogenannten ‚Fundament' eines später berühmt gewordenen Tempels zu legen, wurde er aus irgendeinem nichtigen Vorwand, der aus den in ihnen kristallisierten Folgen einer der Eigenschaften des Organs Kundabuffer entsprang und ‚Neid' genannt wird, im Schlaf ermordet und sein planetischer Körper in den Wasserraum geworfen, der jene kleine Insel umgab, auf der der erwähnte Tempel errichtet werden sollte.

„Der besagte Mönch Ignatius war auf dem Festland Europa herangewachsen und zu einem verantwortlichen Wesen entstanden; als er aber das Alter eines verantwortlichen Wesens erreicht hatte, ging er nach dem Festlande Afrika, um dort Kenntnisse für den Beruf eines Architekten, den er zum Ziel seiner Existenz gemacht hatte, zu sammeln. Später trat er als ‚Mönch' in die ‚Bruderschaft' ein, die auf jenem Kontinent Afrika unter dem Namen der ‚Wahrheitssucher' existierte, und als diese Bruderschaft später nach dem Kontinent Europa auswanderte und sich dort vergrößerte und ihre Brüder ‚Benediktiner' genannt wurden, war er schon ein ‚alle-Rechte-besitzender-

Bruder' dieser besagten Bruderschaft.

„Der Tempel, von dem ich sprach, existiert dort bis jetzt und heißt, wie es scheint, ‚Mont-Saint-Michel'.

„Auch noch einige andere forschende Wesen in Europa bemerkten die gesetzmäßigen Ungenauigkeiten in den Werken verschiedener Kunstzweige, die von alten Zeiten auf sie gekommen waren; aber sobald sie den Schlüssel zum Verständnis jener Ungenauigkeiten fanden, kam ihre Existenz zu Ende.

„Auch noch ein anderes Wesen jenes Kontinents Europa bemerkte sie und da sich sein Interesse steigerte und er anhaltend arbeitete, begann er die Werke fast aller Kunstzweige ganz zu entziffern. Dieses weise irdische Wesen hieß Leonardo da Vinci.

„Und jetzt am Schluß meiner Erzählung über die irdische moderne Kunst will ich noch eine andere der vielen spezifischen Eigentümlichkeiten eben jener Wesen der gegenwärtigen Zivilisation erwähnen, die mit dieser gepriesenen Kunst beschäftigt sind.

„Diese besondere Eigentümlichkeit besteht darin, daß, wenn das eine oder andere der erwähnten Wesen, nämlich jener Wesen, die in den verschiedenen Werken, die aus alten Zeiten auf sie gekommen sind, einige sehr ‚gesetzmäßige Widersprüche' gewahrten und den gegebenen Zweig in einer ganz neuen Weise hervorzubringen sich bemühten, um sich die besagten gesetzmäßigen Widersprüche praktisch klarzumachen, dann viele andere Wesen um es herum, die den gleichen Berufszweig haben, sofort seine Nachahmer werden und angeblich dasselbe tun, aber natürlich ohne Ziel und Sinn.

„Und es ist eben der besagten ‚spezifischen Psyche' jener Wesen dort, die Vertreter der gegenwärtigen Kunst sind, zu verdanken, daß einerseits dauernd sogenannte neue Kunst-Richtungen unter deinen Lieblingen entstehen und daß andererseits jene, die sich dank der vorhergehenden Generationen, wenn auch nur halbwegs am richtigen Platz befinden, stetig abnehmen.

„Obgleich dies unter den Vertretern aller gegenwärtigen Kunstzweige vorkommt, sind doch irgendwie die Wesen, die sich mit dem Zweig, der ‚Malerei' genannt wird, beschäftigen, dem am meisten ausgesetzt.

„Und so kommt es, daß es zur Jetztzeit unter denen, die zu diesem gegenwärtigen Beruf gehören, sehr viele neue ‚Richtungen' gibt, die eben auf diese Weise entstanden sind und nichts miteinander gemeinsam haben. Diese neuen Richtungen in der Malerei der allerletzten Zeit sind unter den folgenden Namen bekannt:

„‚Kubismus', ‚Futurismus', ‚Synthetismus', ‚Imaginismus', ‚Impressionismus', ‚Kolorismus', ‚Formalismus', ‚Surrealismus' und vielen anderen ähnlichen Richtungen, deren Namen auf ‚ismus' enden."

An dieser Stelle von Beelzebubs Erzählungen war es als ob plötzlich die Hufe aller Passagiere des Zwischen-Schiffes Karnak von selbst ein „phosphoreszierendes Etwas" ausstrahlten.

Das bedeutete, daß das Schiff Karnak sich seinem Bestimmungsplatz näherte, nämlich dem Planeten ‚Rewoswradendr'. Und so begann unter den Passagieren eine geschäftige Bewegung, nämlich Vorbereitungen, um das Schiff zu verlassen.

Beelzebub, Hassin und Ahun endeten ihre Unterhaltungen und begannen eilig, sich auch bereitzumachen.

Das phosphoreszierende Leuchten der Hufe kam daher, daß aus dem Maschinenraum in besonderer Proportion konzentrierte heilige Teile des heiligen Allgegenwärtigen Okidanoch nach jenem Teil des Schiffes gerichtet waren.

XXXI. Kapitel

SECHSTES UND LETZTES VERWEILEN
BEELZEBUBS AUF DEM PLANETEN ERDE

Als das kosmische Zwischen-System-Schiff Karnak nach zwei „Ornakren"*) die Sphären der Atmosphäre des Planeten „Rewoswradendr" verlassen hatte und in der Richtung des Sonnensystems „Pandeznoch" auf den Planeten Karatas zurückzufallen begann, wandte sich Hassin, der seinen gewohnten Platz eingenommen hatte, mit folgenden Worten an Beelzebub:

„Mein teurer und geliebter Großvater, sei so gut wie immer und erzähle mir noch mehr über die dreizentrischen Wesen, die auf jenem Planeten namens Erde vorkommen."

Darauf erzählte Beelzebub von seinem sechsten und letzten Besuch auf dem Planeten Erde.

Er begann so: „Ich war zum sechstenmal auf jenem Planeten, gerade ehe mir volle Verzeihung und die Erlaubnis zuteil wurden, jenes weit entlegene Sonnensystem, das sogar fast ganz außerhalb des Reiches der direkten Emanationen der Allerheiligsten Sonne Absolut liegt, für immer zu verlassen, nämlich gerade vor meiner Rückkehr nach hier, in das Zentrum des Weltalls, in meinen Entstehungsort, in den direkten Schoß UNSERES GEMEINSAMEN UNENDLICH EINS-SEIENDEN.

„Unerwartet gestalteten sich diesmal die Umstände so, daß ich ziemlich lange unter diesen sonderbaren Wesen verweilen mußte, nämlich etwas weniger als ein Jahr nach

---

*) Ein Ornakr gleicht ungefähr der Periode des Zeitlaufs, die man auf Erden als Monat bezeichnen würde.

unserer oder mehr als dreihundert Jahre der dortigen Zeitrechnung nach.

„Der Hauptgrund zu diesem meinem letzten Besuch der Oberfläche jenes Planeten, der dir gefällt, lag in folgenden Umständen:

„Du mußt wissen, daß nach meinem fünften Besuch der Oberfläche dieses deines Planeten ich nach wie vor von Zeit zu Zeit die Existenz jener dir lieben dreihirnigen Wesen beobachtete.

„Besonders aufmerksam beobachtete ich sie in den Perioden, in denen ihre Haupteigentümlichkeit vor sich ging, nämlich der Prozeß ihres ‚gegenseitigen Vernichtens‘.

„Und ich beobachtete sie in diesen Perioden deshalb so aufmerksam, weil ich mir die Gründe für die periodischen Äußerungen eines so ausnehmend schrecklichen Bedürfnisses ihrer phänomenal seltsamen Psyche vollkommen klarmachen wollte.

„Wenn ich etwas freier war, verfolgte ich manchmal fast einen ganzen Marstag oder eine Marsnacht hindurch alle Arten ihrer Äußerungen während dieser Prozesse.

„Nun, und durch diese meine besonderen Beobachtungen sowohl vom Planeten Mars aus als auch während meiner früheren persönlichen Aufenthalte unter ihnen hatte ich mir schon eine mehr oder weniger bestimmte Vorstellung von allen Mitteln und Wegen gebildet, deren sie sich zu einer wirkungsvolleren Vernichtung ihrer gegenseitigen Existenz bedienen.

„Und, mein Junge, als ich einmal wie gewöhnlich vom Planeten Mars aus durch mein großes ‚Teskuano‘ diesen Prozeß beobachtete, bemerkte ich plötzlich das, was dann als erste Ursache zu meinem Entschluß diente, eine sechste Hinabkunft zu unternehmen; damals nämlich sah ich, daß sie, ohne sich vom Fleck zu rühren, etwas mit einem ‚Etwas‘ taten, wodurch ein ganz kleiner Rauch entstand, und worauf sofort auf der anderen Seite ein Wesen umfiel, entweder vollständig vernichtet oder ein Teil seines planetischen Körpers verletzt oder auf immer vernichtet.

„Eine solche Art gegenseitiger Vernichtung hatte ich noch nie zuvor gesehen, und in meinem Bestande waren noch keine Gegebenheiten kristallisiert für eine vergleichende logische Erklärung, daß sie überhaupt die Möglichkeit haben, ein solches Mittel zur Vernichtung der Existenz anderer Wesen ihresgleichen anzuwenden.

„Ich hatte schon zuvor über alle ihre Mittel, die dem Zweck ihrer gegenseitigen Existenz-Vernichtung dienen, bestimmte logische Gegenüberstellungen gemacht, durch die es mir klar geworden war, welche zufällig entstehenden Faktoren ihrer Umgebung in ihnen jene Impulse und den Drang hervorbringen, wodurch schließlich ihr Wesen allmählich zu einer solch phänomenalen Seins-Fähigkeit gelangt, um ganz grundlos die Existenz anderer Wesen ihresgleichen zu vernichten.

„Aber auf diese neue Art der gegenseitigen Existenz-Vernichtung, die ich damals zum erstenmal sah, konnten meine früheren logischen und psychologischen Erklärungen in keiner Weise angewandt werden.

„Früher hatte ich mir die Sache so erklärt, daß eine solch ausschließlich anomale Eigenschaft ihrer Psyche nicht von den Wesen einer gegebenen Epoche selbst erworben wird, sondern daß dieses schreckliche periodische Seins-Bedürfnis allmählich im Laufe vieler ihrer Jahrhunderte von ihnen erworben und allmählich assimiliert worden war, natürlich auch ob der von den Wesen der vorhergehenden Generationen eingeführten anomalen Existenz-Verhältnisse, und daß dieses Seins-Bedürfnis in den gegenwärtigen dreihirnigen Wesen in ihren Bestand übergegangen war infolge von äußeren Umständen, die nicht von ihnen abhingen, und schließlich es für sie gang und gäbe geworden war, es zu befriedigen.

„Und tatsächlich, mein Junge, scheuen sie während dieser Prozesse gewöhnlich am Anfang noch instinktiv vor einer solch naturwidrigen Äußerung zurück; später aber, wenn jeder von ihnen im Verlauf des Prozesses selbst — ob er will oder nicht — sieht und sich überzeugt, daß die Vernichtung der Existenz seinesgleichen so einfach vor sich geht und daß die Zahl der Vernichteten immer größer wird — dann eben beginnt ein jeder unfreiwillig seine eigene Existenz instinktiv zu fühlen und automatisch zu schätzen. Und wenn er sich dann mit eigenen Augen überzeugt, daß die Möglichkeit, seine eigene Existenz zu verlieren, im gegebenen Augenblick ausschließlich nur von der Zahl der nicht vernichteten Wesen auf der ‚feindlichen' Seite abhängt, funktioniert in seiner Einbildung der Impuls, der sich ‚Feigheit' nennt, verstärkt, und da es ihm in solchen Augenblicken unmöglich ist, mit seinem schon ohnedies geschwächten Seins-Denken vernünftig zu urteilen — fängt er aus einem natürlichen Selbsterhaltungstrieb an, mit seinem ganzen Sein danach zu streben, eine möglichst große Anzahl von Existenzen der Wesen auf der feindlichen Seite zu vernichten, um somit mehr Aussicht zu haben, seine eigene Existenz zu retten. Und da ihr Selbsterhaltungstrieb allmählich zunimmt, geraten sie eben in einen Zustand, wie sie selbst sagen würden, von ‚Bestialität'.

„Was aber jenes Verfahren der gegenseitigen Vernichtung von Wesen ihresgleichen anbelangt, das ich damals sah, so war es unmöglich, die soeben von mir angeführte logische Gegenüberstellung darauf anzuwenden, weil ich klar erkannte, daß die feindlichen Seiten ziemlich weit auseinander waren und daß alle Krieger nur unter Wesen ihrer eigenen Gruppe waren, und daß unter solchen halbgünstigen Umständen sie ruhig und ganz kaltblütig, gleichsam aus Langeweile, etwas mit Hilfe eines ‚Etwas' taten und eben dadurch die Existenz anderer Wesen ihresgleichen vernichteten.

„Nun, und gerade dieses neue Verfahren in der gegenseitigen Existenz-Vernichtung verstärkte in mir das Bedürfnis, die wirklichen Ursachen einer solch phänomenal seltsamen Psyche, die dem Bestande nur dieser sonderbaren dreihirnigen Wesen eigen geworden war, vollends aufzuklären und zu verstehen.

„Da ich in dieser Periode auf dem Planeten Mars keine besondere Arbeit vorhatte, entschloß ich mich, meine laufenden Geschäfte ohne Aufschub zu erledigen und persönlich auf deinen Planeten zu fliegen und — koste es, was es wolle — dort an Ort und Stelle diese Frage, die mich immer schon beunruhigt hatte, aufzuklären, um künftig nach ihrer Lösung nicht mehr länger über diese Phänomene unseres Großen Weltalls nachdenken zu müssen.

„Einige Mars-Tage später flog ich dorthin, wie immer auf demselben Schiff ‚Okkasion‘.

„Diesmal entschlossen wir uns, uns auf das Festland Asien niederzulassen, unweit der Gegend ‚Afghanistan‘, weil wir, bevor wir abgeflogen waren, mit Hilfe unseres ‚Teskuano‘ festgestellt hatten, daß der ‚die-Reihe-umgehende-Prozeß-gegenseitigen-Vernichtens‘ damals gerade in der genannten Gegend stattfand.

„Nachdem wir in einer Gegend nicht weit von diesem Afghanistan angekommen waren, beschlossen wir, unser Schiff ‚Okkasion‘ irgendwo möglichst weit weg von den Gegenden, wo deine Lieblinge in letzter Zeit vorzukommen pflegen, zu verankern.

„Du mußt wissen, daß es in der letzten Zeit nichts weniger als leicht war, einen entsprechenden Ankerplatz für unser Schiff ‚Okkasion‘ auf der Oberfläche deines Planeten zu finden, weil deine Lieblinge sich mit allen möglichen Arten von ‚Fortbewegungsmitteln‘ für sogenannte ‚Seefahrten‘ — von ihnen ‚Schiffe‘ genannt — ausgestattet haben, und weil diese Schiffe fortwährend in allen Richtungen, hauptsächlich um die Festländer herum, hin- und herflitzen.

„Wir besaßen zwar die Möglichkeit, unser Schiff ‚Okkasion' unsichtbar für ihre Wahrnehmungs-Organe zu machen, jedoch konnten wir seinen Bestand nicht wegzaubern, und so konnten wir unsere ‚Okkasion' nicht einfach auf dem Wasser stehen lassen, ob der andauernden Gefahr, daß ihre Schiffe an sie stoßen könnten.

„Und aus diesem Grunde beschlossen wir, diesmal als Ankerplatz für unser Schiff den sogenannten ‚Nordpol' zu wählen, wohin ihre Schiffe bis jetzt noch nicht vordringen können.

„Während unseres Fluges nach der Oberfläche dieses deines Planeten hörte der Prozeß des gegenseitigen Vernichtens, der in Afghanistan stattgefunden hatte, auf. Trotzdem aber blieb ich dort, um mich in der Nähe von diesem Afghanistan aufzuhalten, da gerade in diesem Teile des Festlandes Asien zu dieser Zeit-Periode am häufigsten solche Prozesse stattfanden.

„Da ich durch diesen meinen letzten persönlichen Flug nach der Oberfläche deines Planeten unbedingt ein ‚vollständiges-Erkennen' der Ursachen der Fragen erwerben wollte, die mein Wesen fortwährend beunruhigten, nämlich mir alle Seiten der Ursachen aufklären wollte, weswegen die Psyche der dir lieben dreihirnigen Wesen so ‚widerspruchsvoll' geworden ist, so kehrte ich, wie ich dir schon gesagt habe, nicht sogleich wieder nach Hause, auf den Planeten Mars zurück, wie ich es früher getan hatte, sondern verblieb für ungefähr dreihundert ihrer Jahre unter deinen Lieblingen.

„Indem ich nun mit der Erzählung beginne, die die aus allen Ursachen erhaltenen Resultate beleuchtet, die im Bestand der dreihirnigen Wesen des dir lieben Planeten Erde erworben wurden, drängen mich mein ‚Ich' und alle einzelnen vergeistigten Teile meines ganzen Bestandes, als erstes hervorzuheben, daß ich während dieses meines letzten persönlichen Aufenthaltes auf der Oberfläche deines Planeten sehr ernsthaft die Einzelheiten der Psyche nicht nur einzelner Individuen deiner Lieblinge als solche, sondern auch die Wahrnehmungen und Äußerungen der Psyche dieser einzelnen Individuen, wenn sie in Massen auftreten, untersuchen und sogar auf experimentellem Wege aufklären mußte — je nach den verschiedenen sie umgebenden Verhältnissen und den dadurch hervorgebrachten Resultaten, sowie auch durch ihre gegenseitige Wirkung aufeinander.

„Für diese aufklärenden Untersuchungen war es diesmal nötig, mich der Hilfe allgemeiner Wissenszweige zu bedienen, die wir ‚Samonolturiko‘, ‚Gasometronolturiko‘ und ‚Sakukinolturiko‘ nennen, das heißt jener Zweige, von denen es ähnliche auch unter deinen Lieblingen gibt, die diese Spezialgebiete ‚Medizin‘, ‚Physiologie‘ und ‚Hypnotismus‘ nennen.

„Ganz bald am Anfang dieses meines sechsten persönlichen Verweilens dort stellte ich durch meine experimentellen Forschungen eindeutig fest, daß die meisten Ursachen der Sonderbarkeiten ihrer Psyche nicht in ihrem gewöhnlichen Bewußtsein zu suchen sind, in dem allein ihren sogenannten ‚Wachzustand‘ zu verbringen sie sich schon durchaus automatisiert haben, sondern in jenem Bewußtsein, das ob ihrer anomalen gewöhnlichen Seins-Existenz allmählich weiter nach innen getrieben worden ist, und das, obgleich es ihr wirkliches Bewußtsein sein sollte, in ihnen aber in seinem Urzustand bleibt und als ‚Unterbewußtsein‘ bezeichnet wird.

„Dieses ‚Unterbewußtsein‘ ist eben jener Teil ihrer allgemeinen Psyche, von dem — erinnerst du dich? — ich dir schon sagte, daß es zum erstenmal von dem Sehr Heiligen Aschiata Schiämasch bemerkt worden war, der feststellte, daß in diesem Teil ihrer Psyche die Gegebenheiten für den vierten heiligen Impuls, genannt ‚objektives-Gewissen', noch nicht atrophiert sind.

„Nachdem ich zu meinem Haupt-Existenz-Platz die Gegend im Zentrum des Festlandes Asien, genannt ‚Turkestan', gewählt hatte, begab ich mich nicht nur von dort nach Plätzen, wo jene Prozesse, die mich interessierten, stattfanden, sondern reiste auch außerdem in den Ruhepausen zwischen diesen Prozessen viel herum und besuchte fast alle Kontinente und kam dabei mit Wesen aller, wie sie sagen, ‚Völker' zusammen.

„Auf diesen meinen Reisen blieb ich nirgends lange, mit Ausnahme einiger selbständiger Länder auf dem Festlande Asien ‚China', ‚Indien', ‚Persien', ‚Tibet', genannt und, natürlich auch jener halb asiatisch, halb europäischen Gemeinschaft, die ‚Rußland' heißt und die in der letzten Zeit die größte ist.

„Anfangs widmete ich die ganze Zeit, die mir neben meinen Beobachtungen und Forschungen betreffs des Hauptzieles, das ich mir diesmal gesetzt hatte, übrigblieb, dem Erlernen der dortigen ‚Sprachen', um dadurch mehr Möglichkeiten zu haben, überall entsprechende Beziehungen zu den Wesen aller ‚Typen' aller möglichen Völker dort zu gewinnen.

„Du weißt vielleicht noch nichts, mein Junge, über jene auch nur auf diesem unglückseligen Planeten existierende außerordentliche Sonderbarkeit, die darin besteht, daß es dort zum Zweck des gegenseitigen ‚Sprach-Verkehrs' — natürlich wiederum ob der anomalen äußeren Verhältnisse ihrer gewöhnlichen Existenz — ebenso viele verschiedene ‚Sprachen' oder ‚Mundarten' gibt, die nichts miteinander gemein haben, wie es verschiedene besondere selbständige Gruppen gibt, in die sie sich allmählich gespalten haben, während es auf allen anderen Planeten unseres großen Weltalls, auf denen dreihirnige Wesen vorkommen, überall einen einzigen gemeinsamen, sogenannten ‚in-Lauten-sich-äußernden-gegenseitigen Verkehr' gibt.

„Ja ... und diese ‚Vielsprachigkeit' ist auch eine der charakteristischen und ausschließlichen Besonderheiten dieser dir lieben seltsamen dreihirnigen Wesen.

„Für jeden Fetzen festen Landes oder sogar für jede kleine unbedeutende selbständige Gruppierung, die sich von solch einem Fetzen zufällig getrennt hat, haben diese sonderbaren Wesen für ihren ‚Sprachverkehr' überall eine ganz besondere Sprache gebildet und tun so auch weiterhin.

„Infolgedessen kommt es dort auf dem Planeten Erde in der gegenwärtigen Zeit vor, daß, falls jemand von den Bewohnern irgendeiner Gegend dieses Planeten zufällig an irgendeinen anderen Ort desselben Planeten gelangt, er keine Möglichkeit hat, mit den dortigen Wesen seinesgleichen zu verkehren, ohne daß er ihre ‚Sprache' erlernt.

„Sogar ich, der ich damals achtzehn ihrer verschiedenen Sprachen perfekt sprach, kam auf meinen Reisen manchmal in eine Lage, wo ich nicht einmal die Möglichkeit hatte, auch nur Futter für mein Pferd zu beschaffen, trotzdem meine Taschen voll von ihrem sogenannten ‚Geld' waren, für das man dir dort im allgemeinen mit größtem Vergnügen alles, was du willst, gibt.

„Es kann dort vorkommen, daß, wenn irgendeines dieser unglückseligen Wesen, das in dieser oder jener Stadt existiert, und alle in dieser Stadt gebräuchlichen ‚Sprachen' kennt, aus irgendeinem Grund einmal einen nur vielleicht fünfzig ‚Kilometer' entfernten Ort, eine Entfernung, die einer unserer ‚Kintrana' ungefähr entspricht — aufsuchen muß, wobei dann dieses unglückselige dreihirnige Wesen, das sich somit in einer solch unbedeutenden Entfernung von dem Orte seiner schon irgendwie festgesetzten Existenz befindet — infolge der erwähnten dortigen Anomalitäten und natürlich auch deswegen, weil im allgemeinen Bestande dieser unglückseligen Wesen die Gegebenheiten für instinktive Wahrnehmungen überhaupt schon seit langem verschwunden sind — ganz hilflos ist und weder das erlangen kann, was er wirklich braucht, noch etwas von dem verstehen kann, was man ihm sagt.

„Diese mannigfachen ‚Sprachen' haben nicht nur nichts miteinander gemein, sondern es kommt auch vor, daß eine so zusammengestellt ist, daß sie in keiner Weise den Möglichkeiten jener Organe des allgemeinen Bestandes des Wesens entsprechen, die von der Natur eigens für diesen Zweck bestimmt sind und die man ‚Stimmbänder' nennt; und sogar ich, der ich in dieser Hinsicht eine viel größere Möglichkeit besitze, konnte sogar manche Worte überhaupt nicht hervorbringen.

„Sogar die Wesen des Planeten Erde selbst haben diese ‚Absurdität' endlich eingesehen und kürzlich, als ich noch dort war, sind viele ‚Vertreter' ihrer verschiedenen ‚gediegenen' Gemeinschaften an einem Platz zusammengekommen, um gemeinsam ein Mittel zur Überwindung dieser Schwierigkeit zu finden.

„Das Hauptziel dieser versammelten ‚Vertreter' der gegenwärtigen ‚bedeutenden' Gemeinschaften bestand darin — eine von den schon existierenden ‚Sprachen' auszuwählen und diese überall auf dem ganzen Planeten einzuführen.

„Aber wie gewöhnlich wurde nichts aus dieser ihrer wirklich vernünftigen Absicht und das natürlich wieder ob der immer bei ihnen waltenden ‚Meinungs-Verschiedenheiten', um deretwillen dort all ihre besten Unternehmungen stets scheitern.

„Meines Erachtens wird es dir sehr nützlich sein, wenn ich dir ausführlicher erzähle, warum gerade in diesem Fall eben diese ‚Meinungs-Verschiedenheiten' unter ihnen entstanden, da dies ein sehr charakteristisches Beispiel ist für überhaupt alle ‚Meinungs-Verschiedenheiten', die unter ihnen entstehen.

„Die erwähnten ‚Vertreter' der gegenwärtigen ‚gediegenen' Gemeinschaften richteten von Anfang an bei ihrer Wahl einer all-planetischen ‚Sprache', ich weiß nicht warum, ihr Augenmerk auf die drei folgenden heute existierenden Sprachen; genannt: ‚Altgriechisch', ‚Latein' und ... das von den gegenwärtigen Wesen neu zusammengestellte ‚Esperanto'.

„Die erste der drei erwähnten ‚Sprachen' war die, welche sich bei den Wesen jener alten Gemeinschaft herausgebildet hatte und ihnen zum ‚Sprachverkehr' diente — die, wie ich es dir schon gesagt habe, aus einer kleinen Gruppe asiatischer Fischer entstanden und später eine gediegene Gemeinschaft geworden waren, und deren Wesen eine lange Periode hindurch dort Spezialisten in der ‚Erfindung von Wissenschaften' waren.

„Von den Wesen dieser Gemeinschaft, das heißt, von diesen alten Griechen sind auf die gegenwärtigen Wesen nicht nur viele verschiedene Wissenschaften gelangt, sondern auch ihre ‚Sprache'.

„Und die zweite Sprache, die sie zur all-planetischen Sprache vorschlugen, nämlich Latein, war die Sprache, die die Wesen jener alten gediegenen Gemeinschaft sprachen, die sich, wie ich dir auch schon gesagt habe, aus einer kleinen Gruppe asiatischer Hirten gebildet hatte, nämlich aus jenen Hirten, deren Nachkommen später verursachten, daß im Bestande aller dortigen Wesen der folgenden Generationen jene perverse Funktion sich allmählich bildete und sich schließlich in den gegenwärtigen Wesen endgültig fixierte und ihnen schon selbstverständlich inhärent ist, weshalb alle in ihnen entstehenden Impulse, die auf ein Streben nach Evolution gerichtet sind, schon im Keimen automatisch gelähmt werden, jene Funktion, die sie selbst ‚Sexualität' nennen.

„Nun — und als diese ‚Vertreter' verschiedener gegenwärtiger mächtiger Gemeinschaften zusammenkamen, um gemeinsam eine der drei erwähnten ‚Sprachen' zu wählen, konnten sie sich für keine dieser zwei genannten Sprachen entscheiden — und zwar aus folgenden Gründen:

„Latein fanden sie zu arm, was die Anzahl der Worte betrifft.

„Und tatsächlich, mein Junge, konnten diese Hirten mit ihren beschränkten Bedürfnissen keine viel-wortige ‚Sprache' schaffen, und obgleich Latein später die Sprache einer großen Gemeinschaft wurde, haben diese Hirten doch außer speziellen Worten, die zu den Orgien nötig waren, nichts in diese Sprache gelegt, was den gegenwärtigen Wesen deines Planeten dienlich sein könnte.

„Und was die griechische Sprache betrifft, die, was den Reichtum an Worten anbelangt, tatsächlich als Universal-Sprache auf dem ganzen Planeten dienen könnte, weil diese früheren Fischer mit allen möglichen phantastischen ‚Wissenschaften' gleichzeitig auch sehr viele entsprechende Worte erfunden hatten, die bis heute in jener Sprache verblieben —; so konnten diese Vertreter der gegenwärtigen mächtigen Gemeinschaften ihre Wahl trotzdem nicht auf diese Sprache fallen lassen, und zwar ob einer bestimmten Eigentümlichkeit, die wiederum aus ihrer sonderbaren Psyche kommt.

„Die Sache ist nämlich die, daß alle Wesen, die zur Wahl einer allplanetischen Sprache zusammengekommen waren, ‚Vertreter' solcher Gemeinschaften darstellten, die in der Periode ihrer gegenwärtigen Zivilisation mächtig oder, wie sie auch sagen, ‚groß' geworden waren.

„Diese alt-griechische Sprache wird in der Jetztzeit nur noch von den Wesen der gegenwärtigen kleinen Gemeinschaft namens ‚Griechenland' gesprochen, die zwar die Nachkommen der früheren ‚großen Griechen' sind, aber nicht so viele was man ‚Kanonen' und ‚Schiffe' nennt besitzen, wie jene ‚bedeutenden Gemeinschaften', deren Vertreter eben damals zusammengekommen waren, um gemeinsam eine einheitliche Sprache für den ganzen Planeten zu wählen.

„Und deswegen rechnete wohl jeder dieser Vertreter ungefähr so:

„‚Himmel noch mal! Kann denn jemand eine Sprache sprechen, die von den Wesen einer solch unbedeutenden Gemeinschaft gebraucht wird, die noch nicht einmal soviel Kanonen besitzt, als daß ihre Vertreter als gleichberechtigte Teilnehmer auf unseren ‚internationalen Five-o'clocks‘ erscheinen können?‘

„Und in der Tat wissen solche gegenwärtigen Wesen dort, die Repräsentanten ‚bedeutender Gemeinschaften‘ sind, natürlich nichts über die wahren Gründe, weshalb nämlich auf ihrem Planeten Wesen ihresgleichen, die auf dem einen oder andern Teil der Oberfläche ihres Planeten wohnen und die eine oder andere Gemeinschaft bilden, manchmal für eine gewisse Zeit ‚bedeutend‘ oder ‚groß‘ werden.

„Sie haben sogar nicht einmal die leiseste Ahnung, daß dies nicht irgendwelchen besonderen Eigenschaften der Wesen der betreffenden Gemeinschaften zu verdanken ist, sondern ausschließlich davon abhängt, von welchem Teil der Oberfläche ihres Planeten in der betreffenden Periode im Zusammenhang mit der harmonischen Bewegung ihres ganzen Sonnensystems mehr jener Schwingungen zu den Zwecken des erhabensten ALL UNIVERSELLEN TROGOAUTOEGOKRATISCHEN Prozesses nötig sind, die entweder durch ihre Ausstrahlungen oder durch den sich mit ihnen vollziehenden Prozeß des heiligen Raskuarno entstehen.

„Und was die dritte Sprache betrifft, die diese versammelten Vertreter als all-planetische Sprache vorschlugen, jene Sprache nämlich, die sie ‚Esperanto‘ nennen, so entstand betreffs dieser Sprache nicht einmal Streit unter ihnen, was sie selbst mit den Worten ‚mit Schaum am Munde‘ bezeichnen, und sie erkannten sogar mit ihrem kurzgeschorenen Verstand sofort, daß diese Sprache keineswegs jetzt für ihre Zwecke nützlich sein kann.

„Die Erfinder dieser neuen ‚Sprache' bildeten sich ein, daß eine Sprache wie eine ihrer gegenwärtigen ‚Wissenschaften' sei, die man zu Hause in seinem Studierzimmer brauen kann, und es kam ihnen nicht einmal in den Sinn, daß jede mehr oder weniger ‚praktische' Sprache sich nur im Laufe vieler Jahrhunderte bilden kann und auch dann nur im Prozeß einer mehr oder weniger normalen Seins-Existenz.

„Diese neue Erfindung, nämlich diese Esperanto-Sprache, könnte allenfalls unserem hochgeschätzten Mulla-Nassr-Eddin dazu dienen, um darin seinen Hühnern spaßige Anekdoten zu erzählen.

„Kurzum, auch dieses Unternehmen betreffs der Wahl einer all-planetischen Sprache, das anfangs viel versprach, änderte nichts an diesem ‚Gipfel von Absurdität' und alles blieb bis auf heute, wie es gewesen ist, das heißt, dieser verhältnismäßig kleine Planet mit seinen kleinen ‚halbtoten Festländern' ist weiterhin, wie wieder unser teurer Mulla-Nassr-Eddin es ausdrückt, ‚eine tausendzüngige Hydra'.

„Also, mein Junge... Am Anfang meiner Forschungen betreffs meines Hauptzieles — das ich mir diesmal gesetzt hatte, um durchaus alle Ursachen zu erkennen, die eine solch sonderbare Psyche in dem Bestand der dreihirnigen Wesen jenes dir lieben Planeten bewirken — als es für mich nötig wurde, einige sogenannte ‚verborgene Einzelheiten' in dem allgemeinen Bestand ihrer Psyche aufzudecken, entstand für mich unerwartet schon am Anfang dieses meines letzten persönlichen Aufenthaltes unter ihnen eine sehr ernste Schwierigkeit, die darin bestand, daß die Aufdeckung dieser in ihnen verborgenen Eigenschaften, nämlich der Eigenschaften, die sich in ihrem Unterbewußtsein befinden, ausschließlich nur mit der absichtlichen

Hilfe ihrerseits möglich ist, das heißt, mit Hilfe jenes Bewußtseins, das sie sich im Laufe der Zeit während ihres Wachzustandes angeeignet haben. Außerdem stellte ich noch fest, daß es nötig war, daß diese besagte absichtliche Hilfe seitens der dreihirnigen Wesen dort von allen Typen, die im allgemeinen in der letzten Zeit dort entstanden sind, geleistet werde.

„Inzwischen aber waren, wie es sich herausstellte, zu dieser Zeit fast alle Gegebenheiten in ihnen verschwunden, die in ihrem Bestande den Seins-Impuls, der ‚Aufrichtigkeit‘ genannt wird, entstehen lassen, und zwar in einem Maße verschwunden, daß sie sogar bei bestem Willen nicht mehr die Möglichkeit hatten, aufrichtig zu sein, nicht allein mit anderen Wesen ihresgleichen, sondern auch mit sich selbst, das heißt, sie konnten schon nicht mehr mit einem ihrer vergeistigten Teile einen anderen unparteiisch kritisieren und beurteilen.

„Du mußt hier auch wissen, daß meine folgenden besonderen Nachforschungen mir zeigten, daß der Schwund jener Gegebenheiten, die auch sie besitzen sollten, um mit sich selbst aufrichtig sein zu können, aus einer Art von Ursachen entstanden ist, während der Schwund der Gegebenheiten, um mit anderen aufrichtig sein zu können, auf andere Ursachen zurückgeht.

„Die Ursachen, die den Verlust der ersten Gegebenheiten hervorbrachten, stammen aus der Tatsache, daß es keine Übereinstimmung mehr zwischen den verschiedenen Teilen ihrer allgemeinen Psyche gibt.

„Die Sache ist die, daß damals, am Anfang dieser meiner sechsten Existenz in ihrer Mitte, einerseits jene Gegebenheiten sich weiterhin in ihrem allgemeinen Bestande kristallisierten, durch die in ihnen — wie überhaupt in allen dreihirnigen Wesen — der Seins-Impuls, der ‚Selbstbiß‘ heißt, und den sie selbst ‚Gewissensbiß‘ nennen, entsteht, und anderseits alle möglichen inneren und äußeren Erscheinungen im gewöhnlichen Prozeß ihrer Seins-Existenz für dreihirnige Wesen immer ungeziemender wurden.

„Und so entstanden in ihrem Bestande immer häufiger Gründe für die Entstehung des besagten Seins-Impulses ‚Gewissensbiß'. Da aber die dabei entstehenden Empfindungen, die denen ähnlich sind, die durch die ‚Seins-Partkdolgpflicht' entstehen, unbedingt zur Unterdrückung und Unterjochung des dem Bestand der dreihirnigen Wesen eigenen ‚negativen-Prinzips', genannt ‚Selbstberuhigung' führen, so wurde in ihnen bei allen möglichen inneren und äußeren Manifestationen ihres allgemeinen Bestandes, die aus den natürlichen Reizen der einen oder anderen einzelnen selbständigen vergeistigten Lokalisierung — wie sie in dreihirnigen Wesen vorzukommen pflegen — stammen, jedesmal, wenn in ihnen die für sie unangenehme Empfindung ‚Selbstbiß' entstand, anfangs absichtlich aus ihren überlegenen Teilen und später schon gewohnheitsmäßig — die ‚Selbstkritik' unterdrückt und hörte allmählich ganz auf. Also ob dieser in ihrer Organisierung entstehenden und auch immer größer werdenden ‚Impotenz', die durch dauernde Wiederholung zu einer allgemeinen Disharmonie des ganzen Funktionierens ihrer Psyche führte, verschwanden allmählich aus ihrem Bestande auch jene allen dreihirnigen Wesen unseres Weltalls eigenen Gegebenheiten zur Äußerung von Aufrichtigkeit sogar sich selbst gegenüber fast vollends.

„Und die Ursache dafür, daß aus ihrem allgemeinen Bestande die Gegebenheiten, aufrichtig mit anderen Wesen ihresgleichen ‚sein zu können' schwanden, lag eben in jener seit langem dort eingebürgerten anomalen Form ihrer gegenseitigen Beziehungen, die, wie ich dir schon gesagt habe, auf ihrer Einteilung in sogenannte ‚Kasten' oder ‚Klassen' beruhte.

„Als sie anfingen, einander in diese verschiedenen verderblichen Kasten einzuteilen und als dies bald bei ihnen zur Gewohnheit wurde, kristallisierten sich allmählich im allgemeinen Bestande eines jeden von ihnen zwei besondere ganz entgegengesetzte sogenannte ‚organische Eigenschaften‘, deren Äußerungen allmählich sogar nicht mehr länger, weder von ihrem gewöhnlichen Bewußtsein noch von ihrem Unterbewußtsein, abhängig waren.

„Diese zwei Eigenschaften bestehen darin, daß sie sich zueinander immer entweder sozusagen ‚hochmütig‘ oder ‚demütig‘ verhalten.

„Wenn sie diese beiden Eigenschaften äußern, sind alle sogenannten ‚beiderseitigen Beziehungen‘ zu jedem, wie man sagt, ihresgleichen gelähmt, weshalb nicht nur die inneren aufrichtigen, sondern sogar auch die äußeren gewöhnlichen täglichen Beziehungen zwischen ihnen sich in einer Weise gestaltet haben, daß es besonders in der letzten Zeit schon ganz üblich wurde, daß, wenn jemand zu einer Kaste gehört, die für mehr gilt als die, der ein anderer angehört, in ihm, was die Beziehung zu diesem anderen anbelangt, Impulse entstehen, die dort ‚Hochmut‘ oder ‚Verachtung‘, ‚Patronieren‘ oder ‚Herablassung‘ und so weiter genannt werden. Und wenn jemand seine eigene Kaste für niedriger hält als die eines anderen, entstehen in ihm unfehlbar solche Impulse, die sie ‚Selbsterniedrigung‘, ‚Falsche-Demut‘, ‚Fuchsschwänzerei‘, ‚Speichellecken‘, ‚Kriecherei‘ nennen und viele andere solcher spezifischer Impulse, die insgesamt fortwährend aus ihrem Bestande die Eigenschaft verdrängen, die auch sie besitzen sollten, und die man nennt ‚sich-seiner-eigenen-Individualität-bewußt-sein‘.

„Diese erwähnte Eigenschaft, die jetzt schon zu ihrem allgemeinen Bestande gehört, führte allmählich dahin, daß sie sich entwöhnten und automatisch aufhörten, mit anderen Wesen ihresgleichen aufrichtig sein zu können, nicht einmal mit jenen, die zu ihrer eigenen Kaste gehören.

„Und aus diesem Grund, mein Junge, entschloß ich

mich, als ich diesmal unter deinen Lieblingen existierte, aus den dort vorhandenen Berufen einen solchen auszuwählen, der zeitweise automatisch die Möglichkeit bietet, solche Beziehungen zu ihnen herzustellen, in denen sie bis zu einem gewissen Grad aufrichtig sein können, damit ich auf diese Weise die Möglichkeit hätte, die mir nötigen Untersuchungen anzustellen, um dadurch Material für meine Erläuterungen zu erhalten.

„Das eben war der Grund, weshalb ich einer jener dortigen Fachleute wurde, die heutzutage dort Ärzte genannt werden.

„Dieser dortige Beruf entspricht ungefähr dem Beruf, den die bei uns ausüben, die wir unsere ‚Zerlikner‘ nennen.

„Außer diesem erwähnten Beruf gibt es dort übrigens noch einen anderen Beruf, mit dessen Vertretern einige deiner Lieblinge automatisch vielleicht noch aufrichtiger sind als mit den Vertretern des ersten Berufes, besonders hinsichtlich ihrer, wie sie sie selbst nennen, inneren Erlebnisse, die mir für meine Forschungen am nötigsten waren.

„Obwohl dieser Beruf, dem sich am häufigsten die widmen, die man ‚Beichtväter‘ nennt, ein reicheres Material für meine Forschungen hätte liefern können, wollte ich ihn jedoch nicht wählen, und zwar aus dem einzigen Grund, weil dieser Beruf einen immer dazu zwingt, äußerlich eine Rolle zu spielen und einem nie seine inneren echten Impulse in Betracht ziehen läßt.

„Bevor ich dir weiter erzähle, muß ich dir auch ein wenig erklären, was die dortigen heutigen Ärzte darstellen, die unseren ‚Zerliknern‘ entsprechen sollten.

„Du weißt wahrscheinlich schon, daß die Zerlikner bei uns auf dem Planeten Karatas wie überall die ihnen entsprechenden Wesen auf anderen Planeten unseres Großen Weltalls, auf denen schon geformte dreihirnige Wesen vorkommen und aus denen einige, die auf verschiedenen Planeten verschieden genannt werden, jene wesentlichen Verpflichtungen in bezug auf die Wesen ihresgleichen ihrer Umgebung auf sich nehmen — also daß diese Zerlikner verantwortliche Individuen sind, die freiwillig ihre ganze Existenz der Aufgabe widmen, jedem Wesen ihres Bezirkes zu helfen, seine Seins-Verpflichtungen zu erfüllen, falls eines aus irgendeinem Grunde oder einfach durch zeitweises unregelmäßiges Funktionieren seines planetischen Körpers aufhört, seine innere oder äußere Seins-Pflicht selbst erfüllen zu können.

„Hier muß unbedingt gesagt werden, daß in früheren Zeiten auch auf deinem Planeten solche Fachleute, die jetzt dort Ärzte genannt werden, fast dasselbe waren und fast dasselbe taten wie bei uns unsere Zerlikner; aber allmählich degenerierten im Laufe der Zeit die verantwortlichen Wesen dort, die sich diesem Beruf widmeten, nämlich der Erfüllung einer so hohen freiwillig übernommenen Seins-Pflicht — degenerierten wie alles auf jenem seltsamen Planeten, und wurden auch vollends sonderbar.

„Und wenn in der Jetztzeit bei einem deiner Lieblinge das Funktionieren seines planetischen Körpers in dieser oder jener Hinsicht in Unordnung gerät und wenn dieses Wesen nicht länger seinen Seins-Pflichten nachkommen kann, rufen auch sie ihre heutigen Ärzte zu Hilfe und diese Ärzte kommen auch zweifellos zu ihnen, aber wie sie helfen und wie sie mit ihrem inneren Sein die Verpflichtungen, die sie auf sich genommen haben, erfüllen, eben darin liegt, wie unser hochgeschätzter Mulla-Nassr-Eddin sagt, das krepierte Kamel des Kaufmanns Wermassan Serunan Allaram begraben'.

„Du mußt vor allem wissen, daß heutzutage solche dreihirnige Wesen dort Fachleute dieser Art werden, die meistens in der Periode ihrer Vorbereitung zu verantwortlichen Wesen, wie man sich ausdrückt, eine Menge verschiedener Kenntnisse über die Mittel, durch die man alle möglichen Arten sogenannter Krankheiten loswerden kann, ‚einochsen‘, die in allen früheren Zeiten auf ihrem Planeten von alten kindischen Frauen gebraucht oder den dreihirnigen Wesen dort angeraten worden waren.

„Zu den Mitteln, die man dort anwendet, um die besagten Krankheiten los zu werden, gehören hauptsächlich verschiedene Heilmittel, die es dort unter dem Namen von ‚Arzneien‘ gibt.

„Nun, und wenn eines der gegenwärtigen Wesen solch ein verantwortlicher Fachmann wird und wenn andere Wesen, die seine Hilfe brauchen, sich an ihn wenden, so verschreibt er eben jene besagten ‚Arzeneien‘.

„Es wird hier beiläufig für die Entwicklung deiner Vernunft sehr dienlich sein, wenn deinem allgemeinen Bestand eine ‚Logiknestarnische Einpflanzung‘ betreffs der Kenntnisse einer eigentümlichen höchst sonderbaren Eigenschaft der Psyche dieser gegenwärtigen Fachleute des Planeten Erde hinzugefügt wird.

„Diese eigentümliche psychische Eigenschaft wird von jenen irdischen Fachleuten erworben, sobald sie den Titel eines ‚zugelassenen Arztes‘ erlangen, und sie funktioniert dauernd in ihnen, während sie Wesen, die ihrer Hilfe bedürfen, ‚behandeln‘.

„Die Sache ist die, daß in ihrem Bestande die Intensität ihres Wunsches zu helfen ebenso wie die Qualität ihrer Hilfe selbst ausschließlich von dem ‚Geruch‘ abhängt, der in dem Hause herrscht, in das sie gerufen werden.

„Wenn es nämlich in dem Haus, in das ein solcher heutiger Fachmann zur Hilfeleistung gerufen wird, nach englischen Pfund riecht, wird in ihm durch diesen Geruch nicht nur sein innerer ‚Seins-Wunsch‘, dem leidenden Wesen zu helfen, bis zu einem sogenannten ‚Non-plus-ultra‘-Punkt gesteigert, sondern nehmen sogar die äußeren Manifestationen seines planetischen Körpers die Form eines ‚Dzedschatzschun‘ an, das heißt eines ‚geprügelten Hundes‘.

„Bei den meisten gegenwärtigen Ärzten erscheint sogar auf ihrem Gesicht durch diesen Geruch ein sogenannter ‚speichelleckender' Ausdruck und ihr geschorener Schwanz preßt sich ganz eng, fast wie angeklebt, zwischen ihre Beine.

„Falls es aber in dem Hause, in das ein solcher irdischer Zerlikner gerufen wird, um einem Wesen, das ihn braucht, zu helfen, nach sogenannten ‚annullierten deutschen Mark' riecht, wächst in ihm zwar auch sein innerer Seins-Wunsch zu helfen, aber nur in der Richtung, daß er sobald als möglich ein von den Deutschen erfundenes sogenanntes ‚Rezept' verschreibt und so rasch wie möglich das Haus verläßt.

„Es mag hier noch gesagt werden, daß, wenn in diesem zweiten Fall die heutigen irdischen Wesen, die den Arzt-Beruf ausüben, das Haus des Wesens verlassen, das ihrer Hilfe bedurfte, und die Straße dann entlanggehen, ihr ganzes Äußeres, sogar ihre Gesichtsmuskeln, unfehlbar immer ungefähr folgendes ausdrücken:

„ ‚O ihr Seuchen! Nehmt euch in acht, sonst zertrete ich euch wie Schwaben! Seht ihr denn nicht, daß hier nicht irgendein Beliebiger daherkommt, sondern ein echter Vertreter der Wissenschaft, der alle Kenntnisse in voller Fülle eingesogen hat, die im höchsten Tempel der Wissenschaft heute dargeboten werden!!'

„Hier ist die beste Gelegenheit, dir auch einiges über die erwähnten Arzneimittel zu sagen, die es dort in großer Menge unter allen möglichen Namen gibt und nach den Vorschriften dieser heutigen Ärzte von den gewöhnlichen Wesen eingenommen werden, offenbar zur Hilfe gegen die verschiedenen Krankheiten.

„Und du mußt unbedingt darüber aufgeklärt werden, denn... wer weiß... vielleicht mußt auch du einmal ganz plötzlich auf diesem sonderbaren Planeten unter diesen merkwürdigen Leuten existierten und dann wüßtest du nicht einmal, was du mit diesen zahlreichen Arzneimitteln anfangen und welchen Wert du ihnen beimessen solltest.

„In erster Linie mußt du wissen und dir merken, daß die jungen dreihirnigen Wesen dort, die sich darauf vorbereiten, um im Alter ihrer verantwortlichen Existenz den Beruf eines Arztes auszuüben, sich mit nichts anderem beschäftigen, besonders in der letzten Zeit, als nur möglichst viele Namen von Tausenden heute dort bekannten Arzneimitteln einzuochsen.

„Und wenn sie später verantwortliche Wesen mit einem solchen Berufe werden und den offiziellen Titel eines Arztes erhalten und dann gerufen werden, um den Wesen, die sie brauchen, zu helfen, besteht ihre ganze Hilfe darin, daß sie eine Seins-Anstrengung von einer mehr oder weniger großen Intensität machen, um sich der Namen mehrerer Arzneimittel zu erinnern und sie auf einem Fetzen Papier, das sie ‚Rezept‘ nennen, aufzuschreiben, worauf sie eben jene Mischung angeben, die in den planetischen Körper des, wie sie ihn nennen, ‚Kranken‘ eingeführt werden muß. Der Grad aber der Intensität ihrer Anstrengung hängt erstens von der ‚gesellschaftlichen Stellung‘ des Wesens ab, das ihrer Hilfe bedarf, und zweitens wieviel Augen die um den Kranken herumstehenden Wesen auf sie richten.

„Nun, und dann tragen die Angehörigen des Wesens, das der Hilfe eines heutigen Zerlikners dort bedarf, dies von ihm geschriebene Rezept in eine ihrer sogenannten Apotheken, wo ihre ‚Apotheker‘ die gewünschte ‚Mischung‘ herstellen.

„Wie aber in diesen Apotheken solche ‚Mischungen‘ hergestellt werden und woraus sie zusammengesetzt sind, wirst du sehr gut verstehen, wenn ich dir eine der vielen Kunden weitergebe, die ich von einem Wesen dort erfuhr, das von Beruf eben ein Apotheker war.

„Diese meine folgende Erzählung gehört jener Periode an, in der ich öfters jene große Gemeinschaft namens Rußland besuchte.

„In einem der zwei Haupt-Existenzpunkte dieser besagten großen Gemeinschaft, und zwar in jener, die Moskau hieß, hatte ich zufällig freundliche Beziehungen zu einem solchen Fachmann, nämlich einem Apotheker.

„Nach den dortigen Ansichten war dieser Apotheker schon ein altes Wesen und hatte einen guten, ja sogar zuvorkommenden Charakter.

„Er gehörte dem, was man dort ‚Judentum' nennt, an.

„Es ist nötig, daß ich dir hier sage, daß auf fast allen Kontinenten dort — ich weiß nicht warum — heutzutage die meisten Apotheker fast immer Wesen sind, die dem Judentum angehören.

„Also ... als ich in diesen zweiten Hauptpunkt Rußlands, wo mein Bekannter, der Apotheker, existierte, öfters kam, besuchte ich ihn häufig und unterhielt mich mit ihm in dem hinteren Zimmer seiner Apotheke, das sie in der Regel ein ‚Laboratorium' nennen, über alle möglichen Dinge.

„Als ich einmal wie gewöhnlich zu ihm in sein Laboratorium kam, sah ich, daß er etwas mit einem Mörser zerstieß und wie gewöhnlich in solchen Fällen fragte ich ihn, was er da mache.

„Darauf erwiderte er mir folgendermaßen:

„ ‚Ich zerstoße gebrannten Zucker für dieses ‚Rezept' — und damit reichte er mir ein Stück Papier, auf dem ein gewöhnliches Rezept einer dort weitverbreiteten Arznei geschrieben stand, das unter dem Namen ‚Dover-Pulver' dort bekannt ist.

„ ‚Dieses Mittel heißt dort Dover, weil es von einem Engländer erfunden worden ist, der Dover hieß; es wird hauptsächlich gegen Husten gebraucht.'

„Ich las das Rezept, das er mir gegeben hatte, und sah,

daß es überhaupt nichts mit Zucker zu tun hatte, noch weniger mit gebranntem Zucker, und drückte ihm daraufhin mein Erstaunen aus.

„Darauf antwortete er mit einem gutmütigen Lächeln:

„ ‚Selbstverständlich enthält dieses Rezept keinen Zukker, dafür aber ein gewisses Prozent von Opium.'

„Und dann erklärte er weiter:

„ ‚Dieses ‚Dover-Pulver' gehört bei uns in Rußland — man weiß nicht warum — zu den bekanntesten Arzneimitteln und wird von fast allen Leuten unseres großen Reiches gebraucht.

„ ‚Von diesen Pulvern werden in unserm Lande täglich viele Hunderte und Tausende gebraucht; das Opium aber, das es enthalten soll, ist, wie Sie wissen, keine billige Sache; wenn wirklich das Opium in das Pulver getan würde, käme uns das Opium allein auf sechs bis acht Kopeken und wir müßten dieses Pulver für drei bis fünf Kopeken verkaufen. Außerdem, selbst wenn alles Opium vom ganzen Erdball gesammelt würde, wäre es noch immer dasselbe, es wäre nicht einmal für Rußland allein genug.

„ ‚Deshalb haben wir Apotheker anstatt des Rezeptes des Doktors Dover ein anderes erfunden, das aus Stoffen besteht, die sowohl leicht zu haben als auch allen leicht erreichbar und für alle vorteilhaft sind.

„ ‚Wir Apotheker machen nämlich dieses Pulver aus Soda, gebranntem Zucker und einem kleinen Quantum von Chinin; alles billige Stoffe, nur das Chinin ist etwas teurer, aber, sehen Sie, man braucht nicht viel davon. Auf volle hundert Prozent des Gesamtgewichtes dieser Mischung kommen nicht mehr als ungefähr zwei Prozent Chinin.'

„Hier konnte ich es nicht unterlassen, ihn zu unterbrechen:

„ ‚Was Sie nicht sagen! Wie ist es denn möglich, daß

noch niemand entdeckt hat, daß Sie ihm statt Dover-Pulver dieses sonderbare Gemisch verabreichen?'

„ ‚Sehr einfach', gab mein guter Bekannter lachend zur Antwort. Diese Dinge kann man nur dem Aussehen und Geschmack nach feststellen und das Dover-Pulver, das wir machen, ist — wie man es auch drehen und unter welches Mikroskop man es auch legen mag — was seine Farbe anbetrifft, genau wie nach dem echten Rezept von Doktor Dover zubereitet. Und was den Geschmack angeht, so ist es hauptsächlich durch das Chinin, das wir hineintun, ganz unmöglich, ihn von dem echten Pulver, das wirkliches Opium enthält, zu unterscheiden.'

„ ‚Und die Analyse?' fragte ich ihn.

„‚Was für eine Analyse?' erwiderte er sarkastisch, wenn auch mit einem freundlichen Lächeln. Eine gründliche Analyse eines einzigen Pulvers würde so viel kosten, daß man mit diesem Geld nicht allein einen halben Zentner dieses Pulvers kaufen könnte, sondern womöglich sogar eine ganze Apotheke eröffnen kann, und so ist es verständlich, daß niemand wegen drei oder fünf Kopeken eine solche Dummheit begeht.

„ ‚Offen gesagt, ist diese Analyse, an die Sie denken, noch niemals gemacht worden.

„ ‚Es gibt zwar selbstverständlich in jeder Stadt ‚analytische-Chemiker' und jede Stadtverwaltung hat sogar solche ‚Spezialisten' in ihrem Dienst.

„ ‚Was aber können und wissen diese Spezialisten, diese ‚analytischen-Chemiker'?

„ ‚Vielleicht wissen Sie nicht einmal, wie diese Spezialisten, die solche verantwortliche Stellungen einnehmen, studieren und was sie verstehen?... Nein?...

„ ‚Dann will ich Ihnen auch das noch sagen.

„ ‚Da ist zum Beispiel irgendein ‚Muttersöhnchen', ein junger Mann, mit einem Gesicht voller Pickel, und diese Pickel hat er deshalb, weil sich seine Mama für eine intelligente Frau hielt und es nicht schicklich fand, über gewisse Dinge mit ihrem Sohn zu reden, weshalb ihr Sohn, da er noch kein geformtes Bewußtsein hatte, tat, was sich in ihm ‚tat', und das Resultat dieses ‚Tuns' erschien eben wie bei all solchen jungen Leuten auf seinem Gesicht in Form dieser Pickel, über die sogar die heutige Medizin recht gut Bescheid weiß.

„‚Also, mein verehrter Doktor...', fuhr der Apotheker fort.

„Bevor ich dir, mein Junge, weitergebe, was mir dieser gute Apotheker damals erzählte, muß ich dir hier sagen, daß deine Lieblinge mich auch überall, als ich ein fachmännischer Arzt dort geworden war, Doktor nannten.

„Später werde ich dir ausführlich über diesen dortigen Titel sprechen, weil wegen dieses Wortes Doktor unserem teuren Ahun einmal eine sehr unangenehme und traurige Geschichte passiert ist.

„Jetzt aber höre weiter zu, was dieser dortige gute Apotheker mir ferner erzählte.

„Er sagte:

„‚Dieser junge Mann, dieses Muttersöhnchen, mit Pickeln im Gesicht, studiert an irgendeiner Universität, um ein Spezialist, ein ‚analytischer-Chemiker' zu werden; und er studiert dort an der Universität jene speziellen Bücher, die gewöhnlich von Gelehrten in Deutschland verfaßt sind.

„Und tatsächlich hat, mein Junge, unter diesen heutigen Deutschen besonders in den letzten Zeiten die Sitte, ‚wissenschaftliche Bücher' zu verfassen, auch zugenommen.

„‚Da Analysen ebenfalls ein Zweig ihrer Wissenschaft sind, hat sich unter diesen deutschen Gelehrten eine ganze Masse von Büchern angesammelt, und fast alle Nationen sowohl Europas als auch anderer Länder gebrauchen diese wissenschaftlichen Bücher.

„‚Also', fuhr dieser gute Apotheker fort. Dieser junge Mann, der seine Studien an der Universität vollendet, nämlich seine Kenntnisse über den sogenannten ‚Komplex von Stoffen' aus Büchern geschöpft hat, die von deutschen ‚Gelehrten' verfaßt worden sind, muß eben die Analyse unseres Dover-Pulvers machen.

„‚In diesen deutschen Büchern, aus denen er sein Wissen über den ‚Komplex von Stoffen' geschöpft hat, wird natürlich auch gesagt, aus welchen Elementen dieser oder jener Stoff besteht und werden auch zweifellos die Formeln dieser Elemente angegeben.

„‚In diesen Büchern wird auch erklärt, wie die Stoffe aussehen, in denen alle Elemente, die sie enthalten sollten, vorhanden sind, und wie sie sich dem Aussehen nach verändern, wenn diese erforderlichen Stoffe nicht alle vorhanden sind. In den erwähnten deutschen Büchern werden auch einige einfache Mittel angegeben, die man zur Erkennung der Stoffe anwenden kann, zum Beispiel ihr Aussehen, Geschmack, Verbrennen, und andere bestimmte Mittel, die die Großmütter in alten Zeiten vom Hörensagen kannten und so fort und so weiter.

„‚Bei Beendigung seiner Studien erwirbt dieser junge Mann den ‚Titel' eines ‚analytischen-Chemikers'. Manchmal kommt es vor, daß, ehe dieser junge Mann eine verantwortliche Stelle bekommt, er zuerst ‚praktiziert', was darin besteht, daß er einige Zeit in einem ‚Schlachthaus' angestellt wird, wo er dem dortigen Chemiker — der ebenfalls ein früheres ‚Muttersöhnchen' wie er selbst ist — hilft, mikroskopisch in einer Weise, die nur ihnen allein bekannt ist, festzustellen, ob das Schweinefleisch Trichinen enthält; und erst später, wenn irgendwo eine Stelle frei wird, bekommt er den offiziellen Posten eines ‚analytischen-Chemikers'.

„‚Also... teurer Doktor, unser ‚Dover-Pulver' gelangt zur Prüfung zu solch einem offiziellen ‚analytischen-Chemiker'. Wenn der es erhält, erkennt er es dem Aussehen oder Geschmack nach, genau wie es gewöhnliche ‚Sterb-

liche' tun, als ‚Dover-Pulver' — oder auch daran, daß
der Sender ihm schrieb, daß es eben ‚Dover-Pulver' sei.

„‚Für seine Analyse nimmt er vor allem von seinem
Tisch einen sogenannten ‚pharmazeutischen Führer', der
auch von den Deutschen verfaßt ist und den jeder offizielle analytische Chemiker unbedingt besitzen muß, und
schlägt in diesem Führer die Seiten auf, wo die Formeln
von allerlei Pulvern angegeben sind.

„‚Da Dover-Pulver überall bekannt ist, steht es sicherlich auch in diesem Buche vermerkt.

„‚Daraufhin nimmt unser hochgeschätzter analyti-
scher Chemiker von seinem Tisch ein Formular, das seinen offiziellen Titel trägt, und schreibt:

„‚„Das mir zur Prüfung zugeschickte Pulver hat sich
gemäß seiner Eigenschaften als ‚Dover-Pulver' erwiesen.
Die Analyse hat gezeigt, daß es aus . . . besteht", und er
schreibt von seinem deutschen pharmazeutischen-Führer
die Formel ab, wobei er absichtlich die Zahlen entweder
vergrößert oder verkleinert, jedoch natürlich nur sehr
wenig vergrößert oder verkleinert, damit es nicht in die
Augen fällt.

„‚Und dies tut er vor allem deshalb, damit jeder sehen
kann, daß er die Resultate seiner eigenen ‚Analyse', die
er wirklich selbst gemacht hat, niedergeschrieben hat;
und zweitens, weil er, wie dem auch sei, als ‚Stadt-Apo-
theker' eine offizielle Person ist und sich, wie mir scheint,
in der Stadt, wo er wohnt, keine Feinde machen will.

„‚Das so ausgefüllte Formular wird dem gesandt, der
dieses Dover-Pulver eingeschickt hat, und der berühmte
‚analytische Chemiker' ist ganz ruhig, weil keiner imstande ist zu entdecken, daß er gar keine Analyse gemacht hat. Und niemand kann ihn kontrollieren, erstens,
weil er in dieser Stadt der einzige amtliche analytische-
Chemiker ist, und zweitens, weil selbst, wenn dieses
Pulver in eine andere Stadt zu einem anderen phänome-

nalen Chemiker geschickt würde — auch das nicht schaden könnte: denn gibt es nicht eine Menge Dover-Pulver in der Welt? Das Paket des Pulvers, das er analysierte, existiert schon nicht mehr, weil er es eben in seiner Analyse vernichtete.

„ ‚Übrigens wird sich auch niemand finden, der wegen ‚Dover-Pulver‘, das drei Kopeken kostet, solchen Staub aufwirbelt.

„ ‚Auf jeden Fall, verehrter Doktor, stelle ich dieses Pulver nach ‚unserem‘ Rezept schon seit dreißig Jahren her und verkaufe es natürlich auch, aber bis auf den heutigen Tag habe ich noch kein einziges Mißverständnis wegen dieses ‚unseres Dover-Pulvers‘ gehabt. Und es kann auch kein Mißverständnis vorkommen, weil das ‚Dover-Pulver‘ allen schon gut bekannt ist und alle überzeugt sind, daß es sehr gut gegen Husten hilft.

„ ‚Und alles, was man von einer Medizin verlangt, ist daß sie als vorzüglich bekannt ist.

„ ‚Wie eine Arznei hergestellt wird und was sie enthält — ist das denn nicht ganz egal? . . .

„ ‚Was mich persönlich betrifft, so habe ich mir in den langen Jahren, in denen ich mich mit diesen Arzeneien beschäftigt habe, eine ganz bestimmte Meinung darüber gebildet, daß keines von den der heutigen Medizin bekannten Mitteln an und für sich imstande ist zu helfen, wenn der Betreffende nicht an sie glaubt.

„ ‚Und das Vertrauen eines Menschen zu der Wirksamkeit einer Arzenei entsteht erst dann, wenn eine gewisse Arzenei bekannt ist und wenn viele sagen, daß dieses Mittel sehr gut gegen diese oder jene Krankheit hilft.

„ ‚So ist es auch mit unserem Pulver; es genügt schon, daß es Dover-Pulver heißt, weil alle es schon kennen und viele Leute oft von ihm sagen, daß es sehr gut gegen Husten hilft.

„ ‚Und außerdem, im Vertrauen gesagt, ist unsere neue

Zusammensetzung von ‚Dover-Pulver' viel besser als die eigentliche nach dem Rezept des Doktors Dover selbst, schon allein deswegen, weil sie keine für den Organismus schädlichen Stoffe enthält.

„ ‚Zum Beispiel muß nach dem Rezept des Doktors Dover selbst ‚Opium' in seinem Pulver enthalten sein.

„ ‚Und Sie kennen die Eigenschaft des ‚Opiums'? . . . Wenn ein Mensch es öfters einnimmt, wenn auch nur in kleinen Dosen, gewöhnt sich sein Organismus bald so daran, daß, wenn er später aufhört, diese Dosen einzunehmen, er sehr intensiv leidet.

„ ‚Aber durch das Pulver, das nach unserem Rezept hergestellt wird, kann so was niemals vorkommen, da es weder dieses ‚Opium', noch irgendeinen anderen für den Organismus schädlichen Stoff enthält.

„ ‚Kurzum, mein verehrter Doktor; eigentlich müßten alle Leute, wenn sie die Straßen entlanggehen, aus tiefstem Herzensgrunde rufen:

„ ‚ „Lange lebe das neue Rezept von ‚Dover-Pulver'!"

„‚Er wollte noch mehr sagen, aber in diesem Augenblick brachte ihm ein Junge eine ganze Menge verschiedener Rezepte aus der Apotheke, und als er sie sah, sagte er mir, indem er sich erhob:

„ ‚Entschuldigen Sie mich bitte, Herr Doktor, aber ich muß unser freundschaftliches Gespräch abbrechen und mich mit der Herstellung dieser zahlreichen Bestellungen beschäftigen.

„ ‚Unglücklicherweise sind heute meine beiden Gehilfen abwesend, der eine, weil seine verehrte andere Hälfte heute einen ‚Mund-mehr-zum-stopfen' auf ‚Gottes-Erde' bringt, der andere, weil er vor Gericht erscheinen muß, wo ein Chauffeur angeklagt ist, eine seiner Töchter gewaltsam entführt zu haben.'

„Nun also, genug davon . . .

„Wenn du dich tatsächlich einmal unter diesen deinen

Lieblingen aufhalten mußt, so wirst du durch meine letzte Erzählung wissen, daß, obgleich die dortigen Ärzte Dutzende von erklügelten Namen auf ihre Rezepte schreiben, diese aber doch in jenen offiziellen Anstalten, die ‚Apotheken' heißen, fast immer in derselben Weise hergestellt werden wie dieses ‚Dover-Pulver'.

„Manchmal kommt es sogar dort vor, daß diese guten Apotheker schon gleich am Morgen ein ganzes Faß von irgendeiner Flüssigkeit und einen ganzen Kasten von irgendeinem Pulver herstellen und daß sie dann den ganzen Tag hindurch alle, die ihnen Rezepte bringen, befriedigen, indem sie entweder etwas aus diesem einen Faß gießen oder Pulver aus jenem gemeinsamen Kasten nehmen.

„Damit diese im voraus bereiteten Gemische sich voneinander unterscheiden, fügen diese guten Fachleute etwas hinzu, um sie verschieden zu färben und um ihren Geschmack und Geruch zu verändern.

„Aber trotz alldem, was ich dir sagte, rate ich dir dringend, mit einer Sorte der dortigen Arzneien immer sehr vorsichtig zu sein, weil es manchmal vorkommt, daß diese guten Apotheker — natürlich nur aus Versehen — in diese Mischungen etwas tun, was für den planetischen Körper Gift ist.

„Übrigens wurde dort unter den Wesen mit normalem Verständnis, wenn auch nur zufällig, eine Sitte eingeführt, nämlich auf den Mischungen dieser Art einen sogenannten ‚Schädel und gekreuzte Knochen' darzustellen, damit man immer diese giftigen Arzeneien von den gewöhnlichen unterscheiden kann.

„Auf jeden Fall aber mußt du dir merken, daß von den vielen Tausenden von bekannten Arzeneimitteln, die von den dortigen heutigen Ärzten verschrieben werden nur noch drei — und auch die nur manchmal — wirkliche Resultate im planetischen Körper deiner heutigen gewöhnlichen dreihirnigen Wesen hervorbringen.

„Eins von diesen drei Arzneimittel, das manchmal eine nützliche Wirkung erzeugt, ist jener Stoff, oder vielmehr die in ihm enthaltenen aktiven Elemente, welche die Wesen von Maralplässie aus der Pflanze Mohn zu gewinnen wußten, und die sie als erste ‚Opium' nannten.

„Der zweite Stoff ist was dort ‚Rizinusöl' genannt wird; diesen Stoff gebrauchten die Wesen von Ägypten, um ihre Mumien einzubalsamieren, und sie bemerkten auch, daß dieser Stoff unter anderem auch jene Wirkung ausübt, für die er heute gebraucht wird.

„Und die Ägyptischen Wesen hatten ihre Kenntnisse über dieses ‚Rizinusöl' wiederum von den Wesen des Festlandes ‚Atlantis' übernommen, die der Wissenschaftlichen Gesellschaft ‚Achaldan' angehörten.

„Und der dritte Stoff ist der, den die dortigen Wesen auch seit uralten Zeiten aus dem sogenannten China-Baum gewinnen.

„Und nun höre weiter zu, mein Junge, was ich dir über den neuerfundenen Namen ‚Doktor', der für die heutigen Ärzte dort eigens erfunden wurde, mitteilen werde.

„Er dürfte auch eine Erfindung der Wesen der gegenwärtigen dortigen ‚wichtigen' Gemeinschaft ‚Deutschland' sein, und sein ‚Klang' wurde mit der Absicht erfunden, um damit irgendwelche Verdienste einiger aus ihrer Mitte zu bezeichnen; aber nachdem sich auch diese ihre Erfindung über den ganzen Planeten verbreitet hatte, wurde sie aus irgendwelchem Grunde ein gewöhnlicher Sammelname für alle heutigen Ärzte dort.

„Es muß sogar besonders betont werden, daß durch diese ihre Erfindung auch noch ein weiterer zu den Faktoren hinzugefügt wurde, die insgesamt sie immer in die Verirrung führen, und durch die ihr schon ohnedies geschwächtes Seins-Denken mit jedem Jahre immer mehr und mehr ‚machokitschig' wird.

„Wegen dieses neuen Wortes hat sogar unser Ahun — obgleich er einen viel normaleren Bestand und einen Seins-Verstand von viel höherer Qualität als sie alle hat — während unseres Verweilens dort ein sehr unangenehmes, sogar fast idiotisches Versehen gehabt.

„Ich denke übrigens, daß es viel besser ist, wenn er dir selber darüber erzählen wird."

Nachdem er das gesagt hatte, wandte sich Beelzebub selbst zu Ahun mit folgenden Worten:

„Erzähle doch, Alter, wie es damals geschah und was dich dazu gebracht hat, während mehrerer Tage immerfort zu ‚zkulniachtieren‘ und zu ‚zirikuchzieren‘ oder, wie die dreihirnigen Wesen der Erde sagen würden, zu ‚brummen‘ und ‚gereizt‘ zu sein, ganz wie deine Freundin ‚Donna Djilda‘."

Darauf begann Ahun — wobei er wiederum die Redensart Beelzebubs selbst imitierte und diesmal sogar seine Intonation nachahmte — folgendes zu erzählen:

„Dieses Mißverständnis passierte folgendermaßen. Gegen das Ende unseres sechsten Besuches des Planeten Erde traf es sich unter anderem, daß wir uns eine Zeitlang auch in der Hauptstadt eben jener deutschen Wesen aufhielten, die, wie Dero Hochehrwürden sich auszudrücken geruhten, eben dieses für mich ‚verfluchte‘ Wort ‚Doktor‘ erfunden hatten.

„In demselben Hotel, das der Ort unserer Existenz war, im Zimmer oder, wie man sich dort ausdrückt, in der ‚Nummer‘ neben der meinen existierte ein sehr sympathisches Paar-Wesen, das erst vor kurzem — um dem erhabenen All-Universellen-Trogoautoegokratischen Prozeß durch die Fortpflanzung ihres Geschlechtes zu dienen — das Sakrament der Vereinigung des Aktiven mit dem Passiven vollbracht hatten oder, wie sie selbst sagen würden, sich ‚verheiratet‘ hatten und noch für ‚Neuvermählte‘ galten.

„Diese jungen Leute hatte ich im Hause eines meiner Freunde kennengelernt und da hatte mich dieses Paar oft zu sich auf ihr Zimmer eingeladen — wie man sich dort ausdrückt, zu ‚einer Tasse Tee'; manchmal kam ich auch ohne eine Einladung zu ihnen, um mir die langweiligen ‚Deutschen-Abende' zu verkürzen.

„Sie war damals, wie man dort sagt ‚in gesegneten Umständen' und erwartete, wie sie sich ausdrückten, ihren ‚Erstling'.

„Sie waren ebenso wie ich selbst in der Hauptstadt dieser großen Gemeinschaft geschäftshalber auf eine unbestimmte Zeit, abhängig von dem Beruf der aktiven Hälfte dieses jungen Paares, und existierten deshalb in demselben Hotel, in dem auch wir waren.

„Eines Tages drang ein sehr ‚nervöses' Klopfen aus ihrem Zimmer an meine Wand.

„Ich lief sofort zu ihnen und es stellte sich heraus, daß er selbst nicht zu Hause war, da er an diesem Tage irgendwohin gefahren war, sie aber sich zu dieser Zeit schlecht gefühlt hatte und, fast bewußtlos, instinktiv an meine Wand geklopft hatte.

„Als ich eintrat, fühlte sie sich schon etwas besser, bat mich aber dringend, so rasch wie möglich einen ‚Doktor' zu holen.

„Selbstverständlich lief ich sofort auf die Straße. Erst da kam mir der Gedanke: aber wohin soll ich denn gehen?

„Da fiel mir plötzlich ein, daß nicht weit von unserem Hotel ein Wesen wohnte, das von allen ‚Doktor' genannt wurde; es stand sogar an der Tür seines Hauses auf einer Metallplatte vor seinem Namen geschrieben, daß er ein ‚Doktor' war; und zu diesem Doktor lief ich hin.

„Es stellte sich aber heraus, daß er zu dieser Zeit bei seinem Mittagessen saß und darum bat mich sein Dienstmädchen, mich ein wenig im Wartezimmer zu gedulden, indem sie mir erklärte, daß der ‚Doktor' gleich mit seinen

Gästen sein Mittagessen beendigen würde und bald herauskommen müsse.

„Natürlich nahm ich im Wartezimmer Platz, um den Doktor zu erwarten, jedoch kann ich nicht sagen, daß ich sehr ruhig dort saß.

„Ich saß dort nämlich, wie die dortigen Wesen sagen, ‚wie auf glühenden Kohlen‘, weil ich über den Zustand meiner Nachbarin sehr beunruhigt war.

„Der ‚verehrte-Doktor‘ aber kam noch immer nicht heraus; es vergingen beinahe zwanzig Minuten. Dann hielt ich es nicht mehr länger aus und klingelte.

„Als das Dienstmädchen hereintrat, bat ich sie, den Doktor an mich zu erinnern und ihm zu sagen, daß ich sehr eilig sei und nicht mehr länger auf ihn warten könne.

„Sie ging fort.

„Noch weitere fünf Minuten vergingen.

„Endlich erschien der Doktor selbst.

„In großer Eile erklärte ich ihm kurz, was ich von ihm wollte; jedoch, zu meinem Erstaunen antwortete er auf meine Bitte mit schallendem Gelächter.

„Ich dachte: gewiß hat dieser ‚Doktor‘ während seiner Mahlzeit mit seinen Freunden mehr als ein Gläschen zuviel von ‚Deutschem Bier‘ getrunken.

„Erst als er sich von seinem hysterischen Lachen ein wenig beruhigt hatte, war er imstande, mir zu sagen, daß er leider kein ‚Doktor-der-Medizin‘, sondern nur ein ‚Doktor-der-Philosophie‘ sei.

„In diesem Augenblicke erlebte ich einen Zustand, als hätte ich zum zweiten Male das Urteil unseres UNENDLICHEN über die Verbannung Seiner Hochehrwürden und seiner Angehörigen und folglich auch meiner selbst gehört.

„Also, unser teurer Hassin!

„Ich verließ das Wartezimmer dieses ‚Doktors‘ und war wieder auf der Straße in derselben Lage wie zuvor.

„Da fuhr zufällig ein ‚Taxi' vorbei.

„Ich setzte mich hinein und überlegte mir wiederum: wohin jetzt?

„Diesmal fiel mir ein, daß in das Café, das ich manchmal besuchte, oft ein Wesen kam, das auch ‚Doktor' genannt wurde.

„Ich befahl dem Chauffeur, mich rasch zu diesem Café zu fahren.

„Dort sagte mir ein Kellner, den ich kannte, daß dieser Doktor tatsächlich dagewesen, soeben aber mit irgendwelchen Bekannten weggegangen sei und daß er, nämlich der Kellner, zufällig ihr Gespräch aufgefangen hatte, daß sie in so und so ein Restaurant gehen würden, wobei er mir den Namen dieses Restaurants nannte.

„Obgleich dieses Restaurant sehr weit war, befahl ich dem Chauffeur, dorthin zu fahren, weil ich keinen anderen Doktor kannte.

„Endlich, nach einer halben Stunde, kamen wir zu diesem Restaurant und dort fand ich auch sehr bald diesen ‚Doktor'.

„Diesmal stellte es sich heraus, daß er wieder kein Arzt war, sondern . . . ein ‚Doktor-Juris'.

„Da saß ich endgültig, wie man dort sagt, in der ‚Patsche'.

„Endlich kam mir in den Sinn, mich an den Oberkellner des Restaurants zu wenden und ihm eingehend zu erklären, was ich brauchte.

„Dieser Oberkellner erwies sich als ein sehr freundliches Wesen. Er erklärte mir nicht nur, was ich zu tun hatte, sondern fuhr persönlich mit mir zu einem Arzt, der sich diesmal ‚Doktor-Geburtshelfer' nannte.

„Zufällig trafen wir ihn zu Hause und er war sogar bereit, sofort mit mir mitzukommen. Als wir ankamen, hatte meine arme Nachbarin schon einen Sohn, ihren Erstgeborenen, entbunden und, nachdem sie ohne irgendwelche Hilfe das Kind eingewickelt hatte, lag sie schon in tiefem Schlafe nach den schrecklichen Leiden, die sie ganz allein ertragen hatte.

„Von dem Tage an haßte ich mit meinem ganzen Sein den Klang des Wortes ‚Doktor' und ich würde jedem Wesen des Planeten Erde raten, dieses Wort nur dann zu benutzen, wenn er sehr böse ist.

„Damit du besser die Bedeutung der heutigen Ärzte deines Planeten verstehst, muß ich dir noch den Spruch unseres verehrten Mulla-Nassr-Eddin betreffs dieser heutigen Ärzte sagen:

„Er sagt nämlich von ihnen:

„‚Um unserer Sünden willen hat Gott uns zwei Arten von Ärzten geschenkt: — die einen, die uns helfen zu sterben, und die anderen, die uns hindern zu leben.' "

XXXII. Kapitel

HYPNOTISMUS

„Also", fuhr Beelzebub fort, „während dieses meines sechsten und letzten persönlichen Verweilens auf der Oberfläche dieses deines Planeten Erde beschloß ich, mich diesmal für einen längeren Aufenthalt dort niederzulassen und ein berufsmäßiger Arzt zu werden. Ich wurde tatsächlich Arzt, jedoch nicht ein solcher, wie die meisten Ärzte dort, sondern ich wählte den Beruf eines, wie man dort sagt, ‚Arzt-Hypnotiseurs'.

„Ich wählte diesen Beruf dort erstens deswegen, weil nur solche Spezialärzte in den letzten Jahrhunderten dort Zutritt zu all ihren ‚Klassen' und ‚Kasten' haben, und weil sie, da sie sich eines größeren Vertrauens und einer größeren Autorität erfreuen, die gewöhnlichen Wesen zu einer Aufrichtigkeit ihnen gegenüber veranlassen, die es ihnen erlaubt, in deren, wie man sich dort ausdrückt, ‚innere Welt' einzudringen.

„Zweitens entschloß ich mich, solch ein Spezialist auch noch aus dem Grunde zu werden, um neben der Erreichung meiner eigenen Ziele nebenbei gleichzeitig die Möglichkeit zu haben, einigen dieser Unglückseligen eine wirkliche ärztliche Hilfe zu geben.

„In der letzten Zeit gibt es tatsächlich, mein Junge, auf allen Festländern und unter allen Wesen dort, welcher Klasse sie auch angehören mögen, ein großes Bedürfnis nach eben solchen Ärzten.

„Ich kann hinzufügen, daß ich schon große Erfahrung in dieser Spezialität hatte, da ich bei meinen früheren

Forschungen über einige Feinheiten der Psyche deiner einzelnen Lieblinge schon mehrmals die Methoden, die von solchen Ärzten dort gebraucht werden, angewandt hatte.

„Ich muß dir sagen, daß früher deine Lieblinge ebenso wie alle übrigen dreihirnigen Wesen des ganzen Weltalls jene besondere psychische Eigenschaft nicht besaßen, durch die es möglich ist, sie in einen sogenannten ‚hypnotischen Zustand' zu versetzen. In jenen Zustand zu geraten, wurde deinen Lieblingen erst ob einer gewissen in ihrer Psyche erworbenen Kombination eigen, die von der Disharmonie des Funktionierens ihres allgemeinen Bestandes herrührt.

„Diese merkwürdige psychische Eigenschaft begann bald nach dem Untergang der Atlantis zu entstehen und sich in dem Bestande eines jeden von ihnen von der Zeit an endgültig zu fixieren, als ihr ‚Sustat', das heißt das Funktionieren ihres ‚Seins-Bewußtseins' sich in zwei Teile zu teilen begann und sich in ihnen zwei ganz verschiedene Arten von Bewußtsein allmählich bildeten, die nichts miteinander gemein hatten, nämlich jene zwei Arten von Bewußtsein, von denen sie das eine einfach als ‚Bewußtsein' bezeichneten, und das zweite — als sie es endlich in sich bemerkten — ‚Unterbewußtsein' nannten und es bis jetzt noch so nennen.

„Wenn du dich bemühst, dir recht gut alles, was ich dir erklären will, vorzustellen und es in die entsprechenden Teile deines allgemeinen Bestandes umzuwandeln, wirst du wahrscheinlich schon sehr gut beinahe die Hälfte all der Gründe verstehen, weshalb die Psyche dieser dir lieben dreihirnigen Wesen, die auf dem Planeten Erde vorkommen, schließlich so einzigartig sonderbar geworden ist.

„Diese psychische Eigenschaft, nämlich in einen hypnotischen Zustand zu fallen, ist, wie ich dir schon gesagt habe, eine ausschließlich den dreihirnigen Wesen dieses deines Planeten inhärente Eigenschaft, und deswegen kann man sagen, daß, wenn sie nicht existierten, in unserem ganzen großen Weltall überhaupt nicht einmal eine Seins-Vorstellung von Hypnotismus vorhanden wäre.

„Ehe ich dir all dies weiter erkläre, ist es hier wohl am Platze zu betonen, daß — obgleich während der letzten zwanzig Jahrhunderte bei den meisten der dir lieben dreihirnigen Wesen, besonders aber bei den heutigen, beinahe der ganze Prozeß ihrer gewöhnlichen Wachexistenz unter dem Einfluß dieser ihnen inhärenten Eigenschaft verfließt — sie selbst aber als ‚hypnotischen-Zustand' nur einen solchen Zustand bezeichnen, bei dem der Prozeß dieser besonderen Eigenschaft sich in ihnen in beschleunigter Weise vollzieht und wobei sich dessen Resultate in konzentrierter Form ergeben. Und sie bemerken sogar nicht einmal, oder wie sie sagen würden, es fallen ihnen nicht einmal die unförmigen Resultate dieser ihnen inhärenten Eigenschaft auf, die sich in dem gewöhnlichen Prozeß ihrer Existenz eingestellt haben, einerseits weil sie, da es ihnen an normaler Vervollkommnung gebricht, keinen sogenannten ‚weiten Gesichtskreis' haben, und anderseits weil es bei ihnen als Wesen, die nach dem Prinzip ‚Itoklanoz' entstehen und existieren, schon ganz üblich ist, alles, was sie wahrnehmen, ‚rasch-zu-vergessen'. Wenn aber die erwähnten Resultate dieser ihrer inhärenten Eigenschaften ‚beschleunigt-konzentriert' erscheinen, treten alle möglichen unförmigen Äußerungen, sowohl ihre eigenen als auch die anderer, so hervor, daß sie sogar für ihre ‚stutzschwänzige-Vernunft' ganz offensichtlich und deshalb unbedingt wahrnehmbar werden.

„Aber selbst wenn einige von ihnen in ihren eigenen Äußerungen oder in denen der anderen zufällig etwas Unlogisches bemerken, schreiben sie es, da ihnen die Gesetze der ‚Typologie' nicht bekannt sind, im besten Falle den Eigentümlichkeiten des Charakters der betreffenden Wesen zu.

„Diese anomale besondere Eigenschaft ihrer Psyche wurde zuerst von den Gelehrten der Stadt Gob im Lande Maralplässie festgestellt, und sie machten sogar einen ernsten und eingehenden Wissenschaftszweig daraus, der sich über den ganzen Planeten unter dem Namen ‚nicht-verantwortliche-Äußerungen-der-Persönlichkeit‘ verbreitete.

„Später aber, als dort ihr sogenannter ‚regelmäßiger-Prozeß-des-gegenseitigen-Vernichtens‘ wieder begann, wurde auch dieser eingehende Zweig ihrer damals noch verhältnismäßig normalen Wissenschaft — wie es mit all ihren guten Errungenschaften der Fall ist — langsam vergessen und verschwand allmählich vollständig.

„Und erst viele Jahrhunderte später fing dieser Zweig ihrer Wissenschaft wieder aufzuleben an. Aber da in dieser Periode die meisten gelehrten Wesen unter ihnen schon Gelehrte ‚neuen-Formates‘ geworden waren, betrieben sie diese Wiederbelebung so gewaltsam, daß dieser ‚arme‘ Wissenszweig, noch ehe er sich entwickelt hatte, sofort auf ihren sogenannten ‚Misthaufen‘ geriet.

„Und zwar geschah dies folgendermaßen: Eines der dortigen Wesen, das seinen Zeitgenossen nicht ähnlich war, ein bescheidener Gelehrter, namens Meßmer, der aus ‚Österreich-Ungarn‘ stammte, bemerkte einmal zufällig bei irgendwelchen Experimenten sehr deutlich die wirkliche Doppelheit des Bewußtseins in Wesen seinesgleichen.

„Er war sehr davon beeindruckt und gab sich vollständig dieser ihn sehr interessierenden Frage hin.

„Bei seinen weiteren Beobachtungen und Forschungen begriff er fast, worin die Sache lag. Aber als er später praktische Experimente zu machen begann, um einige Einzelheiten dieser Frage aufzuklären, begann sich eben in bezug auf ihn eine Besonderheit zu äußern, die den gelehrten Wesen ‚neuen Formates‘ dort eigen ist.

„Diese Besonderheit der Gelehrten der Erde ‚neuen Formates‘ nennt man ‚Totpicken‘.

„Da dieses ehrliche gelehrte Wesen seine aufklärenden Experimente nicht in derselben Weise auszuführen begann, in der es alle Gelehrten der Erde ‚neuen Formates' im allgemeinen schon ganz mechanisch zu tun gewohnt waren, wurde er, wie es sich dort gehört, ‚aller ehrenwert' ‚zutotgepickt'.

„Und der Prozeß des ‚Totpickens' dieses armen Meßmer war damals so wirksam, daß er durch sein eigenes Trägheitsmoment unter den Gelehrten der Erde von einer Generation zur anderen weitergeht.

„Zum Beispiel fangen alle dort jetzt existierenden Bücher über diesen ‚Hypnotimus' — und es gibt dort Tausende solcher Bücher — stets damit an, daß über diesen Meßmer gesagt wird, daß er nichts anderes als ein Schwindler mit einer juckenden Hand und ein Scharlatan bester Güte gewesen sei, und daß unsere ‚ehrlichen' und ‚großen' Gelehrten ihn natürlich bald durchschaut und verhindert haben, daß er großen Schaden anrichtete.

„Je mehr die späteren Gelehrten dieses sonderbaren Planeten ihrer ‚Idiotie' nach ‚quadratisch' wurden, desto schärfer kritisieren sie Meßmer und sagen oder schreiben von ihm alle möglichen ‚Verrücktheiten', um ihn zu verkleinern.

„Auf diese Weise also kritisieren sie eben jenen bescheidenen und ehrlichen Gelehrten ihres Planeten, der — wenn er nicht ‚totgepickt' worden wäre — die einzige Wissenschaft, die sie sehr nötig haben und mit deren Hilfe allein sie vielleicht von den Folgen der Eigenschaften des Organs Kundabuffer befreit werden könnten — wiederbelebt hätte.

„Hier mag nebenbei bemerkt werden, daß gerade zu der Zeit, wo ich diesen Planeten für immer verließ, sich dort dasselbe wiederholte, was diesem Meßmer geschehen war. Diesmal hatte ein ehrliches und bescheidenes Wesen unter den Wesen der Gemeinschaft Frankreich nach beharrlichen und gewissenhaften Bemühungen eine Möglichkeit gefunden, jene schreckliche Krankheit zu heilen, deren Verbreitung in der letzten Zeit einen all-planetischen Charakter angenommen hat.

„Diese schreckliche Krankheit wird dort ‚Krebs' genannt:

„Als aber dieser Franzose, um Einzelheiten seiner Erfindung aufzuklären, auch praktische Experimente, jedoch nicht in der dort üblichen Weise, zu machen begann, äußerten die anderen heutigen Gelehrten dort auch betreffs dieses Franzosen ihre gleiche Eigentümlichkeit — nämlich das ‚Totpicken'.

„Vielleicht fangen jetzt auch in deinem Bestande die Gegebenheiten für die Hervorbringung des in entsprechenden Fällen immer vorhandenen Seins-Impulses der ‚zweifellosen Überzeugung' sich zu kristallisieren an, betreffs jener Tatsache, daß im Bestande der dreihirnigen Wesen dieses deines unglückseligen Planeten Erde, einzig dank der erwähnten Eigentümlichkeit der gelehrten Wesen neuen Formats, nämlich jeden ihrer Kollegen ‚totzupicken', wenn er nicht das tut, was sich dort in den anomalen Umständen der gewöhnlichen schon eingebürgerten Seins-Existenz festgesetzt hat, so daß das sogenannte heilige ‚Antkuano', auf das außer anderem auch der Sehr Heilige Aschiata Schiämasch rechnete, sich niemals vollziehen wird.

„Von dieser seiner das ‚Wesen-liebenden-Hoffnung' erfuhr ich zufällig bei meinen Forschungen über seine Sehr Heilige Tätigkeit dort.

„Wahrscheinlich weißt du aber noch gar nicht, mein Junge, worin der kosmische Prozeß des heiligen ‚Antkuano' besteht?

„Heiliger Antkuano' ist die Bezeichnung für jenen Prozeß der Vervollkommnung der Objektiven Vernunft der dreihirnigen Wesen, der von selbst einfach im ‚Laufe der Zeit' vor sich geht.

„In der Regel kann sich auf allen Planeten unseres großen Weltalls, auf denen dreihirnige Wesen vorkommen, der Prozeß der Vervollkommnung ihrer Objektiven Vernunft nur durch ihre persönlichen bewußten Bemühungen und absichtlichen Leiden vollziehen.

„Der heilige ‚Antkuano' kann sich überhaupt nur auf solchen Planeten vollziehen, auf denen alle Wesen alle kosmischen Wahrheiten kennen.

„Alle kosmischen Wahrheiten aber werden auf jenen Planeten allen Wesen gewöhnlich nur dadurch bekannt, daß die Wesen eines gegebenen Planeten, die durch ihre bewußten Bemühungen die eine oder andere Wahrheit kennenlernen, ihre Kenntnisse den anderen Wesen ihres Planeten mitteilen; und auf diese Weise werden alle kosmischen Wahrheiten allmählich allen Wesen des gegebenen Planeten ohne Unterschied bekannt.

„Durch diesen heiligen Prozeß, der absichtlich von UNSEREM ALLVORAUSSEHENDEN GEMEINSAMEN UNENDLICHEN VATER verwirklicht wird, ist es so vorausgesehen, daß sich in den dreihirnigen Wesen des betreffenden Planeten beim Vollzug des Prozesses des kosmischen Grundgesetzes Triamasikamno in ihrem Bestand, das dabei entstehende Übermaß seiner dritten heiligen Kraft, nämlich der ‚heiligen-Versöhnung', in ihnen von selbst die Gegebenheiten für die Erzeugung jenes ‚Etwas' kristallisiere, was eben der sogenannte ‚Seins-Egoaiturasnische-Wille' ist.

„Also... Die obenerwähnte besondere Eigenschaft, die sich im allgemeinen Bestande deiner Lieblinge kürzlich neu festgesetzt hat, besteht darin, daß das Funktionieren ihres erwähnten ‚Sustat' oder, wie sie selber sagen würden, ihres ‚geistigen Teiles', in jenes Funktionieren ihres allgemeinen Ganzen übergeht, das sich gewöhnlich während ihres vollends passiven Zustandes, das heißt während ihres Schlafes, vollzieht, und folglich bleibt in ihrem Schlafe das ganze Funktionieren ihres planetischen Körpers weiterhin so, wie sie es sich in ihrem Wachzustand angeeignet haben.

„Damit du dir eine bessere Vorstellung über die Resultate, die aus solch einer erstaunlichen ‚psychischen-Eigenschaft' stammen, bilden und sie besser verstehen mögest, mußt du vor allem zwei Tatsachen kennenlernen, die sich im allgemeinen Bestande dieser deiner Lieblinge ausgewirkt haben.

„Die eine dieser Tatsachen entsteht in ihrem allgemeinen Bestande dank dem existierenden kosmischen Gesetz der ‚Selbst-Anpassung-der-Natur', und die andere Tatsache stammt aus den anomalen Umständen ihrer gewöhnlichen Seins-Existenz, die sie selbst so eingerichtet haben und von denen ich schon wiederholt sprach.

„Die erste Tatsache besteht darin, daß von der Zeit an, wo ob ihrer anomalen Existenz sich in ihnen ein sogenannter ‚zweisystemischer-Sustat' zu bilden anfing, das heißt zwei selbständige Bewußtseine, die Große Natur sich allmählich dem anzupassen begann und sich endlich so anpaßte, daß sich in ihnen nach einem gewissen Alter zwei ‚Inklazanikschanas' von verschiedenem ‚Tempo' oder, wie sie sich ausdrücken würden, zwei verschiedenartige ‚Blutkreisläufe' vor sich gehen.

„Von diesem besagten Alter an begann eben jeder dieser ‚Inklazanikschanas' von verschiedenem Tempo oder ‚Blutkreisläufe' in ihnen das Funktionieren eines der zwei erwähnten Bewußtseine hervorzurufen; und umgekehrt begann das intensive Funktionieren des einen oder anderen Bewußtseins in ihnen die entsprechende Art von ‚Blutkreislauf' hervorzurufen.

„Die Verschiedenheit aber dieser zwei selbständigen ‚Blutkreisläufe' begann sich in ihrem allgemeinen Bestande durch die sogenannte ‚tempodawlakschernische-Zirkulation' oder wie die dortige moderne, wie sie sie nennen, ‚Medizin' es ausdrückt, durch die ‚Verschiedenheit-der-

Anfüllung-der-Blutgefäße', auszuwirken, das heißt in ihrem ‚Wachzustande' entsteht der ‚Schwerpunkt des Blutdruckes' in ihrem allgemeinen Bestande in einem Teil des Systems ihrer ‚Blutgefäße' und in ihrem passiven Zustand in einem anderen Teil derselben.

Und die zweite Tatsache, die Tatsache nämlich, die aus den anomalen Umständen der Seins-Existenz deiner Lieblinge stammt, besteht darin, daß, da sie gleich vom ersten Anfang der Entstehung ihrer Nachkommen an sich mit allen Mitteln absichtlich anstrengen, damit diese den anomalen Umständen um sie herum entsprechen, sie dazu beitragen, daß sich möglichst viele solcher Eindrücke in ihren logiknesternischen Lokalisierungen fixieren, die ausschließlich aus solchen künstlichen Wahrnehmungen entstehen, die wiederum Resultate ihrer anomalen Existenz sind — ein für ihre Nachkommen nachteiliges Verfahren, das sie ‚Erziehung' nennen — weshalb sich die Gesamtheit dieser künstlichen Wahrnehmungen in ihrem allgemeinen Bestande absondert und ein selbständiges Funktionieren erwirbt, was mit dem Funktionieren ihres planetischen Körpers nur soweit zusammenhängt, als eben für ihre automatischen Äußerungen nötig ist. Die Gesamtheit dieser künstlichen Wahrnehmungen halten sie nun in ihrer Naivität für ihr wirkliches ‚Bewußtsein'. Und die in sie von der Großen Natur gelegten heiligen Gegebenheiten für ein echtes Seins-Bewußtsein — das auch sie gleich vom Anfang ihrer Vorbereitung auf eine verantwortliche Existenz an besitzen müßten, zusammen mit allen ihnen eigenen Eigenschaften, die in ihnen die echten heiligen Impulse, die sich ‚Glaube', ‚Liebe', ‚Hoffnung', ‚Gewissen' nennen, hervorbringen sollten — werden ebenfalls allmählich isoliert und, sich selbst überlassen, entwickeln sie sich selbständig, unabhängig von den Absichten der verantwortlichen Wesen ihrer Umgebung und natürlich auch unabhängig von den Trägern selbst, und werden von ihnen als sogenanntes ‚Unterbewußtsein' betrachtet.

„Ausschließlich dank eines solchen im objektiven Sinne Unheils, aber ihrem naiv-subjektiven Verständnis nach Wohlwollens für ihre Nachkommen, kam es dahin, daß alle heiligen Gegebenheiten, die von der Großen Natur selbst in sie gelegt sind, damit sich in ihnen ein echtes Seins-Bewußtsein bildet, in allen Perioden ihrer Existenz isoliert und in ihrem fast ursprünglichen Zustande bleiben, und alle möglichen Eindrücke, die sie mit ihren sechs ‚Seins-Skernalitz-Jonniken' oder nach ihrer Terminologie ‚Sinnes-Organen' (deren sie übrigens nur fünf zählen), unvermeidlich wahrnehmen, sich lokalisieren, und indem sie abgesondert funktionieren, allmählich in ihrem allgemeinen Bestand die Oberhand gewinnen.

„Obgleich es solch eine ‚Lokalisierung' zufällig wahrgenommener Eindrücke in ihnen gibt, und obgleich sie ihre Wirkung gewahren, nimmt sie doch weder an dem ihrem planetischen Körper inhärenten Funktionieren teil, noch an dem, was die Erwerbung ‚Objektiver Vernunft' in ihrem allgemeinen Bestande anbelangt.

„Alle diese absichtlich oder zufällig von ihnen wahrgenommenen Eindrücke, aus denen sich die erwähnten Lokalisierungen bilden, sollten auch in ihnen nur als Material zu vergleichender Logik für jenes echte Seins-Bewußtsein dienen, das in ihnen auch vorhanden sein sollte und dessen aus zufällig wahrgenommenen Eindrücken entstandene Resultate sie in ihrer Naivität jetzt mit voller Überzeugung als einfache Reflexe ihres, wie sie meinen, ganz bedeutungslosen sogenannten ‚Tierischen-Instinktes' betrachten.

„Dank ausschließlich der einen Tatsache, daß deine Lieblinge, besonders die gegenwärtigen, nichts von der Notwendigkeit wissen und sogar keine Ahnung davon haben, daß ihre ‚gepriesene' Erziehung ausschließlich auf das erwähnte Unterbewußtsein ihrer Nachkommen eingestellt werden müßte, statt dessen aber in allen Fällen absichtlich dazu beitragen, daß ein jeder aus der heranwachsenden Generation neue Eindrücke ausschließlich aus dem anomal Künstlichen aufnimmt, wodurch in einem jeden von ihnen, wenn er das Alter eines verantwortlichen Wesens erreicht, alle seine Seins-Urteile und all seine Schlüsse stets ganz ‚eigen-artig-subjektiv' sind und sie in gar keiner Verbindung, weder zu den echten Seins-Impulsen, die auch in ihnen auftreten, noch zu jenen kosmischen gesetzmäßigen Erscheinungen, die mit ihrer Vernunft zu empfinden allen dreihirnigen Wesen zukommt und worin gerade der Zusammenhang zwischen allen dreihirnigen Wesen unseres Großen Weltalls für die gemeinsame Erfüllung des allgemeinen Weltall-Funktionierens besteht, zu welchem Zwecke alles im Weltall Existierende eben existiert.

„Damit du diesen für deine Lieblinge verderblichen ‚psychischen-Zustand' besser verstehst, ist es nötig, dir auch nach zu sagen, daß sie bis heute noch mit allen Gegebenheiten zur Erwerbung echter Seins-Vernunft entstehen, und daß es bei ihrer Entstehung in ihrem Bestande noch keinen ‚logiknestarnischen-Wuchs' gibt, aus dem sich späterhin ihr erwähntes ‚falsches-Bewußtsein' bildet und sein isoliertes Funktionieren annimmt. Erst später während ihrer Entwicklung und Vorbereitung zu verantwortlichem Alter beginnen sie entweder aus sich selbst oder durch die absichtliche Direktive seitens ihrer sogenannten ‚Eltern' oder ‚Lehrer' — das heißt jener verantwortlichen Wesen, die die Verantwortung für die Vorbereitung des gegebenen Wesens zu einer verantwortlichen Existenz auf sich genommen haben — wie ich schon gesagt habe, absichtlich die Wahrnehmungen und Fixierungen nur solcher Eindrücke zu fördern, die später als Gegebenheiten für die Impulse dienen müssen, die den sie umgebenden anomal eingebürgerten Verhältnissen entsprechen, und erst dann bildet sich allmählich in ihnen und beginnt in ihrem allgemeinen Bestande dieses ihr künstlich geformtes ‚Bewußtsein' vorzuherrschen.

„Und die in ihrem Bestand vorhandene vergeistigte Gesamtheit der Lokalisierung der Gegebenheiten für ein echtes Seins-Bewußtsein, die sie ‚Unterbewußtsein' nennen, und keinen ‚logiknestarnischen-Wuchs' für Vergleich und Kritik in sich hat noch erwirbt, sondern von Anfang an nur die Möglichkeiten, die heiligen Impulse, die ‚Glaube', ‚Liebe', ‚Hoffnung' und ‚Gewissen' heißen, in sich hervorzurufen, glaubt, liebt und hofft immer an und auf alles, was neu wahrgenommen wird.

„Wenn aber durch die Änderung des Tempos ihres Blutkreislaufes die Wirkung der Lokalisierung des falschen Bewußtseins, das schon ‚autokratischer-Herrscher' ihres ganzen Bestandes geworden ist, zeitweilig beseitigt wird, erhalten die heiligen Gegebenheiten ihres echten Bewußtseins eine freie Verbindung mit dem ganzen Funktionieren des planetischen Körpers im Wachzustand der Wesen und können auf den disharmonierten Teil des planetischen Körpers gelenkt werden.

„Als in der Periode der Tikliamischen Zivilisation die Gelehrten der Gegend Maralplässie zum erstenmal eine solche besondere Veränderungsmöglichkeit in ihrer allgemeinen Psyche festgestellt hatten und anfingen, Mittel zu suchen, um einander absichtlich in diesen Zustand zu bringen, verstanden sie bald, daß dies mit Hilfe des sogenannten ‚Seins-Ganbledzoin' möglich ist, nämlich durch den kosmischen Stoff, den die dortigen dreihirnigen Wesen der gegenwärtigen Zivilisation auch beinahe verstanden und den sie ‚Tier-Magnetismus' nennen.

„Da du zum Verständnis des Gesagten und auch für meine weiteren Erklärungen mehr Einzelheiten über das Seins-Ganbledzoin wissen mußt, halte ich es für nötig ehe ich weitererzähle, dich gleich jetzt über diesen kosmischen Stoff zu unterrichten.

„‚Ganbledzoin' ist nichts anderes als das ‚Blut' des Kesdschan-Körpers eines Wesens, und so wie die kosmischen Stoffe, die insgesamt Blut heißen, für die Ernährung und Erneuerung des planetischen Körpers des Wesens dienen, dient das Ganbledzoin in der gleichen Weise der Ernährung und Vervollkommnung des Körpers Kesdschan.

„Du mußt wissen, daß die Qualität der Beschaffenheit des Blutes in den dreihirnigen Wesen, wie auch im ganzen Bestande deiner Lieblinge, von der Anzahl der schon ‚endgültig-geformten-Seins-Körper' abhängt.

„Das Blut im Bestand dreihirniger Wesen kann aus Stoffen bestehen, die durch die Transformation von drei besonderen selbständigen sogenannten ‚all-kosmischen-Verwirklichungsquellen' entstehen.

„Die Stoffe jenes Teiles des Seins-Blutes, das von der Natur bestimmt ist, dem planetischen Körper eines Wesens zu dienen, entstehen durch die Transformation der Stoffe jenes Planeten, auf dem sich das betreffende Wesen bildet und existiert.

„Die Stoffe aber, die bestimmt sind, dem Kesdschan-Körper eines Wesens zu dienen und die insgesamt Ganbledzoin heißen, werden durch die Transformation der Elemente anderer Planeten und selbst der Sonne jenes Systems erhalten, das für das betreffende dreihirnige Wesen der Ort seiner Entstehung ist.

„Jener Teil des Seins-Blutes endlich, der überall das heilige-Seins-Ganbledzoin und nur auf einigen Planeten das ‚Heilige-Aiäsachaldan' genannt wird und der dem höchsten Teil des Wesens, der ‚Seele' heißt, dient, bildet sich aus den unmittelbaren Emanationen unserer Höchstheiligen Sonne Absolut.

„Die Stoffe, die für das Blut des planetischen Körpers der Wesen nötig sind, kommen durch ihre ‚erste-Seins-

Nahrung' oder wie deine Lieblinge sagen, ‚durch Speisen' in sie hinein.

„Und die Stoffe, die sowohl für das Bekleiden als auch für die Vervollkommnung des ‚höheren-Seins-Körpers-Kesdschan' nötig sind, gelangen durch das was sie ‚Atmen' nennen und durch gewisse ‚Poren' ihrer Haut in ihren allgemeinen Bestand.

„Und die heiligen kosmischen Stoffe, die für das Bekleiden des höchsten Seins-Körpers nötig sind, für jenen heiligen Teil ihres Wesens, den sie, wie ich schon sagte, ‚Seele' nennen, können bei ihnen ebenfalls wie bei uns ausschließlich durch den sogenannten Prozeß der ‚Aiäsiriturasnischen Betrachtung', der sich in ihrem allgemeinen Bestande durch eine bewußte Absicht seitens all ihrer vergeistigten selbständigen Teile auswirkt, empfangen und entsprechend transformiert und bekleidet werden.

„Obgleich du all jene kosmischen Stoffe, aus denen sich die drei selbständigen Seins-Körper in dem Bestand deiner Lieblinge bekleiden und vervollkommnen, nur dann vollständig verstehen wirst, wenn ich dir, wie ich es dir versprochen habe, die hauptsächlichen kosmischen Grund-Gesetze der Weltschöpfung und Welt-Existenz überhaupt dargestellt haben werde, ist es nichtsdestoweniger für eine bessere Beleuchtung unseres gegebenen Themas nötig, schon jetzt dir ein wenig klarzumachen, wie sich die Form der automatischen Aufnahme der ‚zweiten Seins-Nahrung' in dem Bestand deiner Lieblinge verändert hat.

„Am Anfang, nachdem das Organ Kundabuffer vernichtet worden war und als sie gleich allen anderen dreihirnigen Wesen unseres Großen Weltalls eine ‚fulasnitamnische Existenz' zu haben begannen, transformierte sich auch diese zweite ‚Seins-Nahrung' in normaler Weise in ihnen und all die ihr eigenen Hauptelemente, sowohl jene, die aus den Transformationen ihres eigenen Planeten entstehen als auch jene, die in ihre Atmosphäre von den

Transformationen, die sich auf anderen Verdichtungen ihres Sonnensystems vollziehen, kommen, wurden von ihrem allgemeinen Bestand gemäß bestimmter in ihnen vorhandener Gegebenheiten absorbiert, und der Überfluß einiger Bestandteile ihrer Elemente, die von den einzelnen Wesen nicht absorbiert wurden, gingen ebenso wie bei uns automatisch in den Besitz der sie umgebenden verdienstvollen Wesen ihresgleichen über.

„Später aber, als die meisten von ihnen, wie ich dir schon gesagt habe, in einer Weise zu existieren begannen, die sich für dreihirnige Wesen nicht ziemt, und als die Große Natur genötigt war, ihre fulasnitamnische Existenz in die nach dem Itoklanoz-Prinzip zu verwandeln, und als allmählich im Bestand der meisten von ihnen jene bestimmten von der Natur selbst vorausgesehenen Kristallisierungen, die als wichtigster Teil in die Beschaffenheit der zweiten Seins-Nahrung hineinkommen und die von den Wesen absorbiert werden, um in Stoffe zur Bekleidung und weiteren Vervollkommnung ihres höheren Seins-Körpers Kesdschan transformiert zu werden, wegen der anomalen Seins-Existenz dieser dreihirnigen Wesen nicht mehr länger für den erwähnten Zweck weder bewußt noch automatisch assimiliert wurden, kam es infolgedessen und auch weil der Zufluß der Stoffe, die sich in anderen kosmischen Verdichtungen transformieren und in die Atmosphären der Planeten gelangen, die ganze Zeit weiter in die Atmosphäre deines Planeten flossen, dazu, daß auf diesem unglückseligen Planeten noch eine andere bestimmte ‚Krankheit' unter deinen Lieblingen entstand, deren verderbliche Wirkung auf sie sich in den letzten Jahrhunderten deutlich gezeigt hat.

„Die Sache ist die, daß die erwähnten kosmischen Kristallisierungen, die nicht für den für sie vorausbestimmten Zweck gebraucht werden, bei gewissen Umlagerungen ihrer Atmosphären sich in gewissen Schichten derselben konzentrieren und von Zeit zu Zeit — in Abhängigkeit sowohl von verschiedenen äußeren Umgebungen als auch von dem inneren Zustande des allgemeinen Bestandes deiner Lieblinge, der, nebenbei gesagt, in ihnen hauptsächlich aus der Form ihrer gegenseitigen Beziehungen entsteht — in sie gelangen, gerade in sie, als von der Natur bestimmte Werkzeuge zur Transformation kosmischer Stoffe, die nötig sind, um dem Zwecke des Höchsten All-kosmischen ‚Trogoautoegokraten‘ zu dienen und die, wenn sie keine entsprechende ‚Unterschicht‘, die den Forderungen des gesetzmäßigen Prozesses des ‚Dschartkloms‘ entsprechen, treffen, bei ihren folgenden sich frei verwirklichenden Evolutionen und Involutionen, um in andere gerade diesem Planeten eigene Kristallisierungen überzugehen, bis sie ihre Transformationen vollenden, auf planetische Körper jene Wirkung ausüben, die für die erwähnte dort neu entstandene spezifische Krankheit charakteristisch ist.

„An dieser Stelle muß erwähnt werden, daß deine Lieblinge diese dortige Krankheit, die eine so spezifische Ursache hat, dort zu verschiedenen Zeiten auf verschiedenen Teilen der Oberfläche ihres Planeten verschieden nannten und daß die heutigen Wesen sie auch verschieden bezeichnen und zur Erklärung ihrer Ursachen auch verschiedene Klügeleien ausdenken.

„Heute sind dort aus der großen Menge von Bezeichnungen für diese Krankheit die folgenden am weitesten verbreitet: ‚Grippe‘, ‚Influenza‘, ‚Spanische Krankheit‘, ‚Denga‘ und so weiter.

„Was aber den bis heute noch unter diesen Wesen fortdauernden Prozeß betrifft, nämlich die Aufnahme der zweiten Seins-Nahrung, so dienen, seit die Wesen die Möglichkeit nach dem fulasnitamnischen Prinzip zu existieren verloren haben, die Stoffe der zweiten Seins-Nahrung mit einigen ihrer Ingredienzien ausschließlich dazu,

HYPNOTISMUS

die Umwandlung der ersten Seins-Nahrung zu fördern und gewisse vom planetischen Körper schon aufgebrauchte Elemente zu entfernen.

„Laß uns nun weiter über die besondere psychische Eigenschaft deiner Lieblinge reden, und über meine persönliche Tätigkeit unter ihnen als ‚Spezialarzt', der durch diese ihre besondere psychische Eigenschaft auf sie gewirkt hat.

„Obgleich dieser ‚Hypnotismus', oder wie sie sich auszudrücken belieben, dieser Zweig ihrer Wissenschaft, erst unlängst entstand und offiziell wurde, ist er doch schon ein sehr ernster Faktor geworden, der eine noch größere ‚Verwirrung' der in den meisten von ihnen schon ohnedies sehr verwirrten Psyche verursacht und das Funktionieren ihres planetischen Körpers noch mehr in Unordnung bringt.

„Nachdem ich solch ein irdischer Fachmann, nämlich ein ‚Arzt-Hypnotiseur' geworden war, fing ich an, mich auch ein wenig für diese ihre ‚offizielle Wissenschaft' zu interessieren und infolgedessen machte ich, als ich später meine üblichen Forschungen anstellte, die sich auf verschiedene ernste Fragen bezogen, wie zum Beispiel Forschungen betreffs der Resultate der Tätigkeit des Sehr-Heiligen Aschiata Schiämasch, und wenn ich dabei zufällig auf etwas stieß, was mit den Fragen dieses ihres ‚Wissenschaftszweiges' zusammenhängt, machte ich meiner Vernunft auch diese dortige ‚mißverständliche Frage' klar.

„Da als rein automatischer Ansporn für die Wiederbelebung auch dieses Zweiges ihrer heutigen Wissenschaft höchst eigentümliche und, sogar wie sie sich ausdrücken würden, ‚pikante Tatsachen' gedient haben, wird es meines Erachtens recht interessant sein, daß ich dir etwas ausführlicher auch von dieser ‚Renaissance' erzähle.

„Obgleich die heutigen ‚Gelehrten' dort behaupten,

daß der Anfang dieses Zweiges ihrer Wissenschaft von einem gewissen sogenannten englischen Professor Brade stammt und vom französischen Professor Charcot entwickelt worden ist, so war dies doch in Wirklichkeit ganz anders.

„Bei meinen ausführlichen Forschungen eben dieser Frage stellte es sich heraus, daß der erste von ihnen, nämlich Brade, offenbare Merkmale der Eigenschaften eines Hasnamuss und der zweite die typischen Eigenschaften eines ‚Muttersöhnchens' aufwies.

„Irdische Typen dieser Art aber, besonders die gegenwärtigen, sind niemals imstande, etwas ganz Neues zu entdecken.

„Und tatsächlich stellte es sich heraus, daß die Sache in folgender Weise geschehen war.

„Ein gewisser italienischer Abt, Pedrini mit Namen, war in seiner Stadt in einem Frauenkloster was man ‚Beichtvater' nennt.

„Zu diesem Abt-Beichtvater kam oft eine Nonne zur Beichte, Euphrosinia mit Namen.

„Über sie waren Gerüchte im Umlauf, daß sie sehr oft in einen gewissen sonderbaren Zustand verfiel und in diesem Zustand Äußerungen von sich gab, die ihrer Umgebung ganz merkwürdig erschienen.

„In ihren Beichten aber beschwerte sie sich bei dem Abt Pedrini, daß sie offenbar zuweilen ‚vom Teufel besessen' sei.

„Alles was die Nonne selbst erzählte, wie auch die Gerüchte, die über sie im Umlauf waren, interessierten den Abt Pedrini und er wollte sich unbedingt persönlich davon überzeugen.

„Einmal in der Beichte versuchte er auf alle mögliche Weise die Nonne zur Aufrichtigkeit zu bringen, und es gelang ihm, unter anderem zu erfahren, daß diese ‚Klosterfrau' einen ‚Geliebten' gehabt hatte, der ihr einmal sein

Bild geschenkt hatte, das in einem sehr schönen Rahmen stand und daß sie sich in den Perioden der ‚Erholung' von ihren Gebeten erlaubte, dieses Bild ihres Geliebten zu betrachten, und daß das, was sie ‚vom Teufel besessen' nannte, gerade in diesen Perioden ihrer ‚Erholung' geschah.

„All das, was die Nonne in voller Aufrichtigkeit erzählte, erweckte in Abt Pedrini ein noch größeres Interesse, und er beschloß um jeden Preis, die Ursachen von all dem herauszufinden und zu diesem Zweck bat er vor allem die Nonne Euphrosinia, das nächste Mal zur Beichte auf jeden Fall das Bild ihres Geliebten samt dem Rahmen zu bringen.

„Bei der nächsten Beichte brachte die Nonne dieses Bild mit.

„Es stellte an sich nichts Besonderes vor, nur der Rahmen war wirklich außerordentlich: er war ganz mit ‚Perlmutter' belegt und mit lauter farbigen Steinen geschmückt.

„Als nun der Abt und die Nonne das Bild im Rahmen zusammen betrachteten, bemerkte er plötzlich, daß mit der Nonne etwas ganz Besonderes vorging.

„Zuerst wurde sie blaß und für einige Zeit gleichsam wie versteinert, dann aber trug sich mit ihr genau das in allen Einzelheiten zu, was sich mit Neuvermählten in der sogenannten ‚Ersten Nacht' ereignet.

„Nachdem der Abt Pedrini all das gesehen hatte, wuchs in ihm noch das Verlangen, sich alle Ursachen dieser ungewöhnlichen Äußerungen klar zu machen.

„Was aber die Nonne betrifft, so wachte sie zwei Stunden nach dem Anfang dieses ihres besonderen Zustandes auf, als ob nichts vorgekommen sei, und es stellte sich heraus, daß sie nichts wußte und sich auch an nichts von dem erinnerte, was mit ihr geschehen war.

„Da der Abt Pedrini allein diese Erscheinung nicht deuten konnte, wandte er sich um Hilfe an seinen Bekannten, einen gewissen ‚Doktor Bambini'.

„Nun und nachdem der Abt Pedrini von all dem dem Doktor Bambini ausführlich erzählt hatte, erwachte auch im Doktor Bambini ein großes Interesse, und von dieser Zeit an begannen sie zusammen sich mit der Aufklärung von all dem zu beschäftigen.

„Vor allem fingen sie an, verschiedene aufklärende Experimente mit der Nonne Euphrosinia selbst vorzunehmen und schon nach einigen, wie man dort sagt, ‚Seancen‘ bemerkten sie, daß diese Nonne immer nur dann in solch einen eigenartigen Zustand verfiel, wenn ihr Blick für längere Zeit auf einem der glitzernden farbigen Steine, und zwar auf dem sogenannten ‚Persischen-Türkis‘ verweilte, der unter den Verzierungen dieses Bilderrahmens war.

„Später aber, als sie fortfuhren, ihre aufklärenden Experimente mit diesem selben persischen Türkis an anderen Personen vorzunehmen, überzeugten sie sich bald ganz kategorisch erstens davon, daß beinahe jedes dreihirnige Wesen ohne Unterschied des Geschlechts, das seinen Blick für längere Zeit auf gewisse glänzende und glitzernde Gegenstände richtet, in einen ähnlichen Zustand verfällt, in den das erste Objekt ihrer Experimente geraten war und zweitens bemerkten sie noch, daß die Form der Äußerungen des Objektes während dieses Zustandes verschieden ist und davon abhängt, welche früheren Seins-Erlebnisse in ihm meistens vorherrschten und zu welchen glänzenden Gegenständen sich zufällig während dieser Erlebnisse eine Beziehung gebildet hatte.

„Also, mein Junge ... Als sich die Kunde von diesen Beobachtungen, Schlüssen und Experimenten dieser zwei Wesen, die zur Gemeinschaft Italien gehörten, unter den gegenwärtigen Gelehrten ‚neuen Formates‘ verbreitete, und viele von diesen Letzteren auch darüber zu klügeln begannen — und als sie nun endlich zufällig, wie es bei ihnen gewöhnlich vorkommt, erfuhren, daß es möglich ist, in Wesen ihresgleichen, die in diesem Zustande sind, in einer beschleunigten Weise die von früher fixierten Eindrücke in neue umzuwandeln, fingen einige von ihnen an, diese besondere ihnen eigene psychische Eigenschaft für ärztliche Zwecke anzuwenden.

„Und von dieser Zeit an nannten sie eine solche ärztliche Behandlung ‚hypnotische-Behandlung' und Wesen, die sich mit dieser Art ärztlicher Behandlung beschäftigen — ‚Arzt-Hypnotiseur'.

„Die Frage jedoch, was solch ein Zustand eigentlich ist und warum er in ihnen entsteht, bleibt bis heute noch für sie offen, und sie sind nicht imstande, sie zu beantworten.

„Von jener Zeit an begannen dort Hunderte von allen möglichen ‚Theorien' zu erscheinen und bestehen bis heute und auch tausende von dicken Büchern, die dieser Frage gewidmet sind, durch die der Verstand der gewöhnlichen dreihirnigen Wesen dieses unglückseligen Planeten, der schon ohnedies verwirrt war, noch verwirrter wurde.

„Dieser Zweig ihrer Wissenschaft wurde für sie vielleicht noch verderblicher als die phantastischen Einfälle der alten griechischen Fischer und der heutigen Wesen der Gemeinschaft Deutschland.

„Dank nur dieses Zweiges ihrer Wissenschaft' stellten sich in der Psyche der gewöhnlichen Wesen dieses unglückseligen Planeten noch einige neue Formen der sogenannten Seins-‚Kalkali' ein, das heißt ‚wesentliche Bestrebungen', die dort in Form bestimmter ‚Lehren' gebracht werden, die unter den Namen ‚Anoklinismus', ‚Darwinismus', ‚Anthroposophismus', ‚Theosophismus' bekannt sind, und noch viele andere mit Namen, die auch auf ‚ismus' endigen, durch die in ihnen auch die zwei Gegebenheiten in ihrem Bestand, die ihnen noch halfen wenigstens einigermaßen so zu sein, wie es sich für dreihirnige Wesen zu sein geziemt, endgültig verschwanden.

„Und diese wesentlichen Gegebenheiten, die noch vor

kurzem in ihnen waren, riefen in ihnen jene Seins-Impulse hervor, die sie ‚Patriarchalität' und ‚Religiosität' nennen.

„Dieser Zweig ihrer heutigen ‚Wissenschaft' diente nicht allein dazu, um in ihrem allgemeinen Bestande noch einige neue verderbliche ‚Kilkali' hervorzubringen, sondern er wurde für viele von ihnen auch die Ursache davon, daß das in ihnen schon ohnedies anomale Funktionieren ihrer Psyche, welche zu ihrem großen Unglück schon lange vorher bis zum Zustande der sogenannten ‚Alnokurnischen-Kakophonie' disharmoniert war, ganz zerrüttet wurde.

„Du wirst dies sehr gut verstehen, wenn ich dir sage, daß während meiner ärztlichen Praxis dort, als ich wieder ein Arzt-Hypnotiseur dort geworden war und die meiste Zeit auf dem Festlande, das Europa heißt, und auf einigen anderen Ländern in der Nähe existierte, fast die Hälfte meiner Patienten aus solchen bestand, die nur deswegen krank waren, weil sich dort diese besagte verderbliche Wissenschaft verbreitet hatte.

„Diese Krankheit aber entstand deswegen, weil, sobald diese ‚Gelehrten-neuen-Formats' über diese Frage verschiedene Bücher mit allen möglichen phantastischen Theorien zu schreiben begannen, die gewöhnlichen Wesen dort, diese Bücher zu lesen und sich an ihren Phantasien zu begeistern anfingen und selbst versuchten, einander in diesen hypnotischen Zustand zu versetzen und es dadurch endlich dahin brachten, daß sie meine Patienten wurden.

„Unter meinen Patienten waren Frauen von Männern, die, nachdem sie zufällig diese Werke gelesen hatten, ihren Frauen ihre egoistischen Wünsche suggerieren wollten; aus ähnlichen Gründen wurden Kinder unvernünftiger Eltern meine Patienten, verschiedene Männer, die unter der Herrschaft, oder wie man dort sagt, unter dem ‚Pantoffel' ihrer Maitressen standen, und so weiter und so fort.

„Und all das nur deswegen, weil diese Jammer-Gelehrten ‚neuen Formats' ihre hasnamussischen Theorien auch über diesen ihren traurigen Zustand brauten.

„Nicht eine der heute dort existierenden Theorien über diese Frage des Hypnotismus entspricht im geringsten der Wirklichkeit.

„Übrigens fing dort in der allerletzten Zeit, als ich mich auf diesem unglückseligen Planeten befand, noch ein anderes verderbliches Mittel zu blühen an, um der Psyche der dortigen Wesen eben dasselbe anzutun, wie dieser Zweig ihrer Wissenschaft ‚Hypnotismus‘ es getan hat und noch tut.

„Und dieses neue verderbliche Mittel nannten sie ‚Psychoanalyse‘.

„Du mußt unbedingt auch noch wissen, daß als Wesen der Tikliamischen Zivilisation zuerst diese ihre besondere psychische Eigenschaft festgestellt hatten, und es ihnen auch bald klar wurde, daß sie dadurch in einander einige Eigentümlichkeiten — die zu besitzen es sich nicht für sie ziemt — vernichten konnten, begannen sie diesen Prozeß, eben jemand in diesen Zustand zu bringen, als heilig zu betrachten und führten ihn nur in ihrer Tempeln vor der versammelten Gemeinde aus.

„In dem Bestande deiner heutigen Lieblinge aber entsteht nicht nur kein Seins-Impuls der ‚Zerknirschung‘ ob dieser ihrer wesentlichen Eigenschaft und sie halten seine konzentrierte Äußerung, die von ihnen absichtlich hervorgerufen wird, nicht für heilig, sondern sie wandten sogar den Prozeß selbst und die zufällig erzielten Resultate dazu an, um ein weiteres Mittel zu haben, einige der Folgen des Organs Kundabuffer, die sich in ihnen endgültig festgesetzt haben, zu kitzeln.

„Selbst wenn sie zum Beispiel zu irgendeinem festgesetzten ‚patriarchalischen-Ritus‘ zusammenkommen, wie einer ‚Hochzeit‘, ‚Taufe‘, ‚Namenstag‘ und so weiter, dient der Versuch, einander in den erwähnten Zustand zu bringen, als eines der hauptsächlichen Mittel ihrer Unterhaltung.

„Glücklicherweise sind ihnen noch nicht andere Verfahren bekannt — und werden ihnen hoffentlich auch niemals bekannt werden — außer dem, welches zum ersten Male die Wesen der Gemeinschaft Italien, der Abt Pedrini und der Doktor Bambini, entdeckten, nämlich Betrachten eines glänzenden oder glitzernden Gegenstandes, wodurch, wie ich dir schon gesagt habe, einige von diesen Wesen tatsächlich in diesen besagten ‚konzentrierten-Zustand' gebracht werden können."

XXXIII. Kapitel

BEELZEBUB ALS
BERUFSMÄSSIGER HYPNOTISEUR

Beelzebub fuhr folgendermaßen in seiner Erzählung fort:
„Von der Zeit an, wo ich unter deinen Lieblingen als berufsmäßiger Hypnotiseur zu existieren begann, führte ich meine erläuternden Experimente über ihre Psyche hauptsächlich mittels dieses ihres besonderen Zustandes aus, den die heutigen Wesen dort als ‚Hypnose‘ bezeichnen.

„Um sie in diesen Zustand zu bringen, griff ich anfangs gerade zu jenem Mittel, durch welches die Wesen der Tikliamischen Zivilisation einander in diesen Zustand brachten, nämlich ich wirkte auf sie durch mein eigenes ‚Ganbledzoin‘.

„Als aber später in meinem Bestande der Seins-Impuls, der ‚Liebe-zu-Seinesgleichen‘ heißt, oft zu entstehen begann und ich genötigt war, außer für meine persönlichen Zwecke diesen Zustand in sehr vielen dreihirnigen Wesen dort einfach zu ihrem persönlichen Nutzen zu erzeugen, erwies sich dieses Verfahren als sehr nachteilig für meine eigene Seins-Existenz und ich erfand ein anderes Mittel, durch das ich dasselbe erreichte, ohne dabei mein eigenes Ganbledzoin zu verausgaben.

„Damals eben erfand ich und wurde bald darin sehr geübt, den erwähnten ‚Wechsel-in-der-Blutauffüllung-der-Gefäße‘ sehr rasch zu bewirken, indem ich den freien Lauf des Blutes in einigen Blutgefäßen hinderte.

„Dadurch erreichte ich, daß, obgleich in den Wesen das

schon mechanisch gewordene Tempo ihres Blutkreislaufes in ihrem Wachzustande fortdauerte, gleichzeitig auch ihr echtes Bewußtsein, das heißt jenes, das sie selbst Unterbewußtsein nennen, zu funktionieren begann.

„Dieses mein neues Verfahren erwies sich natürlich als viel besser als das, welches die Wesen deines Planeten bis heute noch anwenden, nämlich das Subjekt, das sie hypnotisieren, einen glitzernden oder glänzenden Gegenstand betrachten zu lassen.

„Selbstverständlich ist es möglich, wie ich dir schon gesagt habe, sie in einen solchen psychischen Zustand zu versetzen, indem man ihren Blick auf einen glänzenden oder glitzernden Gegenstand bannt, jedoch längst nicht alle dortigen Wesen und zwar, weil, obgleich durch das Fixieren ihres Blickes auf einen glänzenden Gegenstand eine Veränderung der ‚Anfüllung-der-Gefäße‘ in ihrem allgemeinen Blutkreislauf erfolgen kann, trotzdem als Haupt-Faktor eine von ihrer Seite absichtliche oder automatische Gedanken- und Gefühls-Konzentration von ihrer Seite dienen muß.

„Diese Letztere aber kann in ihnen entweder durch eine gespannte Erwartung oder durch jenen sich in ihnen vollziehenden Prozeß, den sie mit dem Wort ‚Glaube‘ bezeichnen, erzielt werden, oder durch die Aufregung, die aus dem Gefühl der Furcht vor etwas, das geschehen könnte, entsteht, oder endlich, durch das Funktionieren der dem Bestande der gegebenen Wesen schon eigenen sogenannten ‚Leidenschaften‘ wie zum Beispiel: ‚Haß‘, ‚Liebe‘, ‚Wolllust‘, ‚Neugier‘ und so weiter entstehen.

„Das eben ist der Grund, weshalb bei Wesen, die dort als ‚hysterisch‘ bezeichnet werden, in denen zeitweilig oder für immer die Möglichkeit vernichtet ist, ihre ‚Gedanken‘ und ‚Gefühle‘ zu konzentrieren, es nicht möglich ist, durch Fixieren auf einen glänzenden Gegenstand in ihnen eine Änderung des ‚Wechsels-in-der-Blutanfüllungder-Gefäße' in ihrem Blutkreislauf zu erreichen, weshalb es auch unmöglich ist, sie in diesen hypnotischen Zustand zu versetzen.

„Durch das von mir erfundene Verfahren dagegen, das darin bestand, daß ich unmittelbar auf die ‚Blutgefäße' wirkte, wurde es möglich, nicht nur jedes beliebige der dir lieben dreihirnigen Wesen in diesen Zustand zu bringen, sondern sogar viele der dort vorhandenen einhirnigen und zweihirnigen Wesen, wie zum Beispiel verschiedene, wie sie sie nennen, ‚Vierfüßler', ‚Fische', ‚Vögel' und so weiter und so weiter.

„Was nun den erwähnten Impuls ‚Liebe-zu-Seinesgleichen' betrifft, der mich dazu brachte, ein neues Mittel zu finden, um deine Lieblinge in einen solchen Zustand zu bringen, so entstand er in mir und wurde allmählich meine vorherrschende wesentliche Eigenschaft hauptsächlich deswegen, weil bei meiner therapeutischen Tätigkeit die gewöhnlichen Wesen dort — ganz gleich welcher Kaste sie auch angehörten — bald überall mich zu lieben und zu schätzen anfingen, und mich als einen von Oben zu ihnen Gesandten ansahen, um ihnen bei der Befreiung von ihren verderblichen Gewohnheiten zu helfen; kurzum sie fingen an, mir gegenüber einen aufrichtigen, beinahe echten Seins-Impuls zu äußern, der ‚Oskolniku' oder, wie sie selbst sagen, ‚Dankbarkeit' und ‚Erkenntlichkeit' ausdrückt.

„So eine Seins-Oskolniku oder Dankbarkeit äußerten nicht nur die, die ich gerettet hatte, und die ihnen nahe waren, sondern fast alle, die in der einen oder anderen Weise mit mir in Berührung kamen und von mir hörten, mit der einzigen Ausnahme der Fachleute unter ihnen, nämlich der heutigen Ärzte.

„Diese Letzteren dagegen haßten mich bis zum Äußersten und taten was sie nur tun konnten, um irgendwie die guten Gefühle, die in den gewöhnlichen Wesen mir gegenüber entstanden, ins Wanken zu bringen, und sie haßten mich einfach deshalb, weil ich sehr bald ernstlich ihr Konkurrent geworden war.

„Eigentlich hatten sie auch wirklich Grund, mich zu hassen, weil, woimmer ich meine Tätigkeit begann, mich schon nach einigen Tagen täglich hunderte von Patienten in meiner Sprechstunde aufsuchten und Hunderte von anderen versuchten, meine Patienten zu werden, während meine armen Rivalen genötigt waren, stundenlang in ihren berühmten ‚Untersuchungszimmern‘ zu sitzen und mit Ungeduld auf das Erscheinen irgendeines Patienten zu warten, der wie ein ‚verirrtes Schaf‘ zufällig zu ihnen gelaufen kam.

„Sie warteten auf solche ‚verirrten Schafe‘ deswegen mit großer Ungeduld, weil einige von diesen sogenannte ‚Milch-Kühe‘ waren, von denen die Ärzte, wie es dort schon üblich geworden war, eben herausmelken, was sie mit dem Namen ‚Pinke-Pinke‘ bezeichnen.

„Um der Gerechtigkeit willen muß man zu ihrer Verteidigung sagen, daß es in der letzten Zeit dort tatsächlich schon ganz unmöglich geworden ist, ohne diese ‚Pinke-Pinke‘ zu existieren und besonders für solche dreihirnige Wesen wie die heutigen ‚berühmten-Ärzte‘ dort sind.

„Also, mein Junge, ich begann meine Tätigkeit als Arzt-Hypnotiseur dort, wie ich schon sagte, im Zentrum des Festlandes Asien in verschiedenen Städten Turkestans.

„Anfangs besuchte ich die Städte jenes Teiles Turkestans, der später ‚Chinesisch-Turkestan‘ genannt wurde, um ihn von dem Teil zu unterscheiden, der, seit er von den Wesen, die zur großen Gemeinschaft ‚Rußland‘ gehörten, erobert worden war, ‚Russisch-Turkestan‘ heißt.

„In den Städten von Chinesisch-Turkestan war ein großes Bedürfnis nach solchen Ärzten, wie ich damals einer war, weil in dieser Periode unter den dreihirnigen Wesen die auf diesem Teile der Oberfläche deines Planeten vorkamen, zwei Arten sehr verderblicher sogenannter ‚organischer-Gewohnheiten' weit verbreitet waren, die sich die Wesen dieses unglückseligen Planeten schon angeeignet hatten.

„Eine von diesen verderblichen organischen Gewohnheiten bestand im, wie man es dort nennt, ‚Opium-Rauchen', und die andere in dem ‚Kauen-von-Anaschi' oder, wie man auch sagt, von ‚Haschisch'.

„Wie du schon weißt, gewinnen sie das ‚Opium' aus der Pflanze ‚Mohn' und ‚Haschisch' aus einer aufplanetischen Bildung, welche dort ‚Tschakla' oder ‚Hanf' genannt wird.

„Wie ich soeben gesagt habe, verlief meine Existenz in der Periode dieser meiner Tätigkeit anfangs hauptsächlich in verschiedenen Städten von Chinesisch-Turkestan, später aber gestalteten sich die Verhältnisse so, daß ich meistens die Städte von Russisch-Turkestan besuchte.

„Dort unter den Wesen der Städte von Russisch-Turkestan gab es eine dieser erwähnten ‚verderblichen-Gewohnheiten' oder, wie sie sie selbst bezeichnen, ‚Laster', nämlich das ‚Opium-Rauchen' fast gar nicht, und das ‚Anaschikauen' war auch nur wenig verbreitet, aber um so mehr blühte dort der Gebrauch des sogenannten ‚Russischen-Wodka'.

„Dieses verderbliche Mittel wird dort hauptsächlich aus der aufplanetischen Bildung, genannt ‚Kartoffel', gewonnen.

„Von dem Gebrauche des erwähnten ‚Wodka' wird nicht nur die Psyche der dortigen unglückseligen dreihirnigen Wesen ebenfalls wie von ‚Opium' und ‚Anaschi' ganz ‚bebelisch', sondern auch einige sehr wichtige Teile ihres planetischen Körpers degenerieren allmählich vollständig.

„Hier kann ich, mein Junge, einschalten, daß ich gerade damals am Anfang meiner Tätigkeit unter deinen Lieblingen eben jene Statistik einführte, um meine Forschungen über ihre Psyche besser durchzuführen, die später das Interesse einiger Sehr Heiliger Kosmischer Individuen von höherm Rang von Vernunft erweckten.

„Also, als ich als Arzt unter den Wesen, die in den Städten von Turkestan vorkommen, verweilte, hatte ich, besonders in der letzten Zeit, so intensiv zu arbeiten, daß einige Funktionen meines planetischen Körpers in Unordnung gerieten. Deshalb fing ich an, nachzudenken, wie ich es einrichten könnte, um die Möglichkeit zu haben, wenigstens für eine Zeitlang nichts zu tun als mich nur zu erholen.

„Natürlich konnte ich zu diesem Zweck in mein Haus auf dem Planeten Mars zurückkehren, aber hier erhob sich vor mir mein persönlich-individuelles Seins-‚Dimtzoniro‘, das heißt meine Seins-Pflicht gegenüber dem sogenannten ‚Wesens-Versprechen‘, das ich mir gegeben hatte.

„Und dieses ‚Wesens-Versprechen‘, das ich mir ganz am Anfang meiner sechsten Hinabkunft gegeben hatte, war, daß ich dort unter deinen Lieblingen so lange verweilen wollte, bis ich mir alle jene Tatsachen, welche die Ursachen davon waren, daß sich die erwähnte besonders seltsame Seins-Psyche ihres allgemeinen Bestandes allmählich gebildet hatte, klargemacht hatte.

„Und da ich damals dieses ‚Wesens-Versprechen‘, das ich mir selbst gegeben, noch nicht erfüllt hatte, das heißt, daß es mir noch nicht gelungen war, alle Einzelheiten, die für die vollständige Aufklärung dieser Sache nötig waren, kennenzulernen, hielt ich das Zurückkehren auf den Planeten Mars für verfrüht.

„In diesem Turkestan aber zu verweilen und dort irgendwo meine Existenz so einzurichten, um die volle Möglichkeit zu haben, meinem planetischen Körper die nötige Erholung zu geben, war aus dem Grunde ganz unmöglich, weil fast in allen Wesen dieses Teiles der

Oberfläche deines Planeten, denen sowohl in Chinesisch- als in Russisch-Turkestan, Gegebenheiten schon kristallisiert waren, meine Erscheinung zu erkennen, entweder durch persönliche Wahrnehmungen oder den Beschreibungen der anderen nach, und weil gleichzeitig ein jedes der gewöhnlichen Wesen dieses Landes schon ein Bedürfnis hatte, mit mir entweder über sich selbst oder über einen aus seiner Umgebung betreffs eines der dortigen verderblichen Laster zu sprechen, da ich dort zufällig ein noch nie dagewesener Fachmann für die Befreiung der dreihirnigen Wesen von diesen Lastern geworden war.

„Und eben das, was ich damals ausgedacht und getan hatte, um einen Ausweg aus dieser Situation zu finden, war die Ursache, daß Turkestan, über das noch bis heute und für immer Gegebenheiten für eine angenehme Erinnerung in meinem Bestande verblieben sind — nicht länger mehr der Ort meines ständigen Verweilens auf deinem Planeten in der Periode dieses meines letzten Verweilens blieb und daß von der Zeit an die Städte des ‚gepriesenen' Europas und ihre Cafés mit einer ‚schwarzen Flüssigkeit', die aus, man weiß nicht was, bereitet ist, die Städte Turkestans mit ihren ‚Tschaikanas' und ihren vorzüglichen aromatischen Tees ersetzt haben.

„Ich entschloß mich, mich in die Gegend zu begeben, welche ein Teil des Festlandes Afrika ist und dort ‚Ägypten' heißt.

„Diese Gegend wählte ich deswegen, weil in dieser Periode Ägypten wirklich der beste Erholungsplatz war und viele dreihirnige Wesen dort, die sogenannte ‚materielle-Mittel' besaßen, von allen anderen Festländern zu diesem Zweck dorthin kamen.

„Als ich dort angekommen war, ließ ich mich in einer Stadt, die ‚Kairo' heißt, nieder und richtete die äußere Form meiner gewöhnlichen Existenz sehr bald so ein, daß ich Ruhe hatte, was für meinen planetischen Körper nach den erwähnten intensiven und anstrengenden Arbeiten nötig war.

„Du erinnerst dich, daß ich dir schon sagte, daß ich persönlich in Ägypten zum erstenmal während meines vierten Erscheinens auf der Oberfläche dieses deines Planeten gewesen bin, und daß ich mit der Absicht dorthin kam, um mit Hilfe einiger Wesen unseres Stammes, die dort existierten, eine gewisse Anzahl ‚aus Versehen' entstandener Wesen, die dort ‚Affen' hießen, zu sammeln, und damals erzählte ich dir auch noch, daß ich in dieser Gegend viele interessante Bauten besuchte, darunter auch das besondere Observatorium zur Beobachtung kosmischer Verdichtungen, das damals mein Interesse erweckte.

„Bei meiner sechsten Hinabkunft existierte schon fast nichts mehr von den zahlreichen interessanten Gebäuden früherer Zeiten.

„Sie waren alle entweder von den dortigen Wesen in ihren sogenannten ‚Kriegen' und ‚Revolutionen' vernichtet oder aber von Sand verschüttet worden.

„Dieser Sand war zum Teil durch die von mir schon erwähnten großen Winde entstanden und zum Teil durch das Planetenbeben, das die Wesen dieses Ägypten später ‚Alnepusinisches-Erdbeben' nannten.

„Durch dieses Planetenbeben sank eine Insel, die damals ‚Siapora' hieß und die auf der Nordseite der heute existierenden Insel namens ‚Cypern' lag, allmählich während fünf dortiger Jahre auf eine ganz sonderbare Weise in den Planeten ein, und solange dieser Prozeß sich vollzog, gingen in dem sie umgebenden großen ‚Saljakuriapnischen'-Raume ungeheure sogenannte ‚Ebben' und ‚Fluten' vor sich, weshalb eine Menge von Sand aus dem ‚Saljakuriap' auf dieses feste Land geriet und sich mit dem Sande, der auf die andere erwähnte Art entstanden war, vermischte.

„Weißt du aber, mein Junge, an was ich mich, während

ich dir jetzt über all das, was mit Ägypten zusammenhängt, erzählte, langsam erinnerte und was mein ganzes Sein jetzt erkennt, nämlich daß ich einen unverzeihlichen Fehler in meinen Erzählungen über die dreihirnigen Wesen, die auf dem Planeten Erde vorkommen, machte.

„Du erinnerst dich wohl, daß ich dir einmal gesagt habe, daß nichts, was die Wesen früherer Generationen erreicht haben, auf die Wesen der nachfolgenden Generationen gelangt ist?

„Und nun erkenne ich, daß ich gerade diesbezüglich einen Fehler gemacht habe.

„Bei meinen vorausgehenden Erzählungen betreffs dieser dir lieben Wesen habe ich in meinen Seins-Assoziationen kein einziges Mal die Erinnerung an ein Ereignis erwähnt, das dort gerade einen Tag vor meiner endgültigen Abreise von der Oberfläche dieses Planeten stattfand und das als Beweis dafür dienen kann, daß schließlich einiges von dem, was die Wesen einer fernen Vergangenheit erreicht haben, sogar bis auf deine heutigen Lieblinge gelangen kann.

„Die Emanationen der Freude, die damals in mir entstanden, als unser ALLGERECHTER SCHÖPFER, DER UNENDLICHE ALLERHALTER mir Verzeihung gewährte und Seine gnädige Genehmigung, daß ich in den Schoß meiner Entstehung zurückkehren dürfe, müssen mich offenbar davon abgehalten haben, jene Eindrücke intensiv genug aufzunehmen, durch die sich in den entsprechenden Teilen meines allgemeinen Ganzen solche Gegebenheiten ‚vollkommen-kristallisiert' hätten, die in den Wesen während Seins-Assoziationen, die aus dem Resultat einquelliger Äußerungen entstehen, die Wiederholung des schon einmal Empfundenen erzeugen.

„Jetzt aber, wo ich über dieses gegenwärtige Ägypten zu sprechen begann und wo vor meinem ‚Seins-Blick' die Vorstellungen von einigen Gegenden der festen Oberfläche deines Planeten, die mir einst gefallen hatten, wieder entstanden, fingen die schwachen Eindrücke von damals von eben diesem Ereignis dort allmählich von selbst mir in meinem Bewußtsein zu erscheinen an und entstanden deutlich in meiner Erinnerung.

„Ehe ich dir mehr über dieses dortige Ereignis sage, was man nicht anders als traurig-tragisch bezeichnen kann, muß ich, damit du eine mehr oder weniger klare Vorstellung darüber bekommst, wiederum etwas über die dreihirnigen Wesen des Festlandes Atlantis erzählen, die damals die wissenschaftliche Gesellschaft unter dem Namen Achaldan bildeten.

„Einige Mitglieder dieser Gesellschaft, die schon eine Vorstellung von dem heiligen Allgegenwärtigen Okidanoch hatten, erreichten durch ihre beharrlichen Bemühungen, daß sie sowohl aus ihrer Atmosphäre als aus einigen aufplanetischen Bildungen einen jeden seiner heiligen Teile einzeln gewannen, und indem sie diese kosmischen ‚Krafttragenden' Stoffe in einem konzentrierten Zustande aufbewahrten, mit ihrer Hilfe ihre bestimmten wissenschaftlichen aufklärenden Experimente ausführten.

„Die gelehrten Mitglieder der besagten großen wissenschaftlichen Gesellschaft erreichten damals unter anderem auch noch, daß sie durch den abgesondert lokalisierten dritten Teil des Allgegenwärtigen Okidanoch, nämlich durch seine heilige ‚neutralisierende-Kraft' oder die ‚Kraftder-Versöhnung' alle möglichen planetischen sogenannten ‚organischen' Bildungen in einen solchen Zustand bringen konnten, worin diese auf immer mit all jenen aktiven Elementen verbleiben, die in ihnen im gegebenen Augenblick enthalten sind, das heißt, damit konnten sie den ‚Verfall' aufhalten und sein weiteres unausbleibliches Fortschreiten sogar vollständig unterbinden.

„Die Kenntnis von der Macht einer solchen Verwirklichung ging erblich auf einige Wesen dieses Ägypten über, nämlich auf die eingeweihten Wesen, die unmittelbare Nachkommen der gelehrten Mitglieder der Achaldan Gesellschaft waren.

„Und viele Jahrhunderte nach dem Untergang von Atlantis verstanden Wesen dieses Ägypten auf Grund der Kenntnisse, die auf sie gekommen waren, durch die heilige ‚neutralisierende-Kraft' des heiligen Okidanoch die planetischen Körper einiger unter ihnen, denen das heilige ‚Raskuarno', oder wie sie selbst sagen, ‚der Tod' widerfahren war, für immer in einem nicht verwesenden und nicht zerfallenden Zustand zu erhalten.

„Tatsächlich existierten sonst zur Zeit meines sechsten Besuches dieses Planeten weder die Wesen noch etwas von dem, was es während meiner früheren Besuche in diesem Ägypten gegeben hatte, und es war sogar keine Vorstellung davon erhalten geblieben.

„Aber jene planetischen Körper, an die sie dieses erwähnte Mittel angewandt hatten, waren erhalten geblieben und existieren dort noch bis heute.

„Und diese erhalten gebliebenen planetischen Körper werden von den heutigen Wesen ‚Mumien' genannt.

„Die Transformation planetischer Körper in ‚Mumien' wurde von den. Wesen Ägyptens ganz einfach vollzogen; sie ließen nämlich den dazu bestimmten planetischen Körper für ungefähr einen halben Monat in sogenanntem ‚Rizinusöl' und führten danach die auf eine entsprechende Weise aufgelöste heilige ‚Stoffgewalt' in ihn ein.

„Also, mein Junge, durch die Nachforschungen und Untersuchungen eines Landsmannes von uns, der sogar bis heute noch dort existiert, was ich, nachdem ich die Oberfläche deines Planeten schon endgültig verlassen hatte, durch ein Ätherogramm erfuhr, stellte es sich heraus, daß als einmal zwischen der Gemeinschaft, die aus jenen Wesen besteht, die in diesem Ägypten vorkommen, und der einer der benachbarten Gemeinschaften der Prozeß des ‚gegenseitigen-Vernichtens' begann und als zu dieser selben Zeit einer von ihren sogenannten ‚Pharaonen' das Ende seiner Existenz erreichte, die Wesen, die sich damit beschäftigten, die Körper der verdienstvollen Wesen in einen Zustand zu bringen, in dem sie sich auf immer erhalten können, wegen des Heranrückens der ihnen feindlichen Wesen den planetischen Körper dieses Pharaos nicht solange wie es nötig war, das heißt während eines halben Monats, in Rizinusöl aufbewahren konnten, sie ihn in einen hermetisch geschlossenen Raum stellten, und nachdem sie die erwähnte heilige ‚Stoff-Gewalt' aufgelöst hatten, sie sie in diesen Raum einführten, um das erwünschte Resultat zu erzielen.

„Dieses heilige ‚Etwas' hätte sich in reinem Zustand noch unzählige Jahrhunderte inmitten dieser dreihirnigen Wesen, die schon seit langem alle ‚Ehrfurcht' in ihrem Wesen verloren hatten, erhalten; aber nur weil im Bestande dieser heutigen, wie man sie nennen kann, ‚unbewußten-Gotteslästerer', eine verbrecherische Leidenschaft entstanden war, die in ihnen das Bedürfnis hervorruft, sogar die Heiligtümer der Wesen vergangener Generationen zu plündern,, sind sie bis in diesen Raum, der für sie ein hochverehrtes Heiligtum hätte sein sollen, vorgedrungen und verübten jene blasphemische Tat, deren Resultate im gegebenen Augenblick der Grund sind, daß ich mit meinem ganzen Sein meinen Fehler erkannte, jenen Fehler nämlich, den ich machte, als ich dir mit voller Überzeugung sagte, daß von den Wesen längst vergangener Epochen absolut gar nichts auf die Wesen der gegenwärtigen Zivilisation kam, wogegen eben dieses zeitgenössische ägyptische Ereignis gerade die Folge eines Resultates ist, das auf sie von den Errungenschaften ihrer auf dem Kontinent Atlantis existierenden alten Vorfahren gekommen war.

„Dieses Resultat dessen, was Wesen längst vergangener Epochen erreicht hatten, gelangte bis zu den gegenwärtigen Wesen und ging in ihren Besitz aus folgendem Grunde über.

„Du weißt vielleicht schon, mein teurer Hassin, wie alle verantwortlichen Wesen unseres großen Weltalls und sogar die, die noch im Alter der zweiten Hälfte ihrer Vorbereitungen zu solchen stehen, ganz unabhängig vom Grad ihrer Seinsfassungs-Kraft, daß der Bestand des planetischen Körpers sowohl jedes dreihirnigen Wesens als auch jeder anderen ‚verhältnismäßig-selbständigen‘ großen oder kleinen kosmischen Einheit aus allen drei lokalisierten heiligen ‚Stoff-Kräften‘ des heiligen Triamasikamno bestehen muß, nämlich den ‚Stoff-Kräften‘ der heiligen Bejahung, der heiligen Verneinung, der heiligen Versöhnung, und daß er von ihnen die ganze Zeit in einem entsprechenden und im Gleichgewicht gehaltenen Zustande erhalten werden muß, und daß, wenn in irgendeinem Bestand ein Überfluß der Vibrationen einer dieser drei heiligen Kräfte entsteht, unvermeidlich und unausbleiblich das heilige Raskuarno, das heißt die vollständige Vernichtung seiner Existenz als solcher, entstehen muß.

„Also, mein Junge, weil im Bestande deiner gegenwärtigen Lieblinge, wie ich dir schon gesagt habe, noch ein weiteres verbrecherisches Bedürfnis entstanden war, nämlich die Heiligtümer ihrer Vorfahren zu plündern, wobei einige von ihnen zur Befriedigung dieses lasterhaften Bedürfnisses in die in der erwähnten Weise hermetisch verschlossenen Räume einbrachen, trat die heilige ‚Stoff-Kraft‘ der heiligen Versöhnung, die sich darin vereinzelt befand und lokalisiert war und noch nicht Zeit gehabt hatte, mit dem Raume zu verschmelzen, in ihren Bestand ein und wirkte eben die ihm eigene gesetzmäßige Eigenschaft aus.

„Ich werde jetzt nichts darüber sagen, wie sich die Psyche der dreihirnigen Wesen, die auf diesem Festlandsteil deines Planeten vorkommen, änderte und welche Form sie annahm.

„Dies werde ich dir vielleicht auch einmal zur rechten Zeit erklären; inzwischen laß uns zu dem unterbrochenen Thema zurückkehren.

„Das Programm meiner äußeren Existenz in diesem besagten Ägypten enthielt damals unter anderem den Brauch, jeden Morgen einen Spaziergang in der Richtung nach den sogenannten ‚Pyramiden‘ und ‚Sphinxen‘ zu unternehmen.

„Diese ‚Pyramiden‘ und ‚Sphinxe‘ stellten die einzigen zufällig erhaltenen Reste jener großartigen künstlichen Bauten dar, die von den Generationen der sehr großen Achaldane und den großen Vorfahren der Wesen eben dieses selben Ägyptens errichtet worden waren und die ich bei meinem vierten Aufenthalt auf diesem deinem Planeten persönlich gesehen habe.

„Es gelang mir jedoch damals in diesem Ägypten nicht, mich vollends zu erholen, weil ich genötigt war, bald von dort wegzufahren; und die Angelegenheiten, die meine vorzeitige Abfahrt aus Ägypten verursachten, waren eigentlich der Grund, weshalb ich die Städte des lieben Turkestan mit ihren angenehmen ‚Tschaikanas‘, wie ich dir schon sagte, mit den Städten des gepriesenen kultivierten Festlandes Europa mit ihren nicht weniger gepriesenen ‚Café-Restaurants‘ vertauschte, in denen man, wie ich dir auch schon gesagt habe, anstatt duftigen Tees eine, man weiß nicht woraus bereitete ‚schwarze Flüssigkeit‘ angeboten bekommt.

XXXIV. Kapitel

BEELZEBUB IN RUSSLAND

Alle weiteren Ereignisse während dieses meines letzten Verweilens auf der Oberfläche des Planeten Erde, die mit der anomalen Form der gewöhnlichen Seins-Existenz der dir lieben dreihirnigen Wesen zusammenhängen, und gleichzeitig eine Menge verschiedener Zwischenfälle, die die charakteristischen Einzelheiten ihrer eigentümlichen Psyche beleuchten, entstanden folgendermaßen:

„Als ich einmal eines Morgens an den vorher erwähnten Pyramiden entlang ging, kam mir ein älteres mir unbekanntes Wesen entgegen, das seiner äußeren Erscheinung nach nicht zu den Einheimischen gehörte; es grüßte mich in der dort üblichen Weise und wandte sich mit den folgenden Worten an mich:

„‚Herr Doktor, würden Sie mir vielleicht die Liebenswürdigkeit erweisen, mir zu gestatten, Sie auf Ihren morgendlichen Spaziergängen zu begleiten...? Es fiel mir auf, daß Sie immer in diesen Gegenden allein spazierengehen. Da ich auch sehr gerne am Morgen spazierengehe und ganz einsam hier in Ägypten bin, erlaube ich mir, Ihnen vorzuschlagen, Sie auf diesen Spaziergängen begleiten zu dürfen.'

„Und da die Vibrationen seiner Ausstrahlungen in ihrer Wirkung auf die meinen nicht stark ‚otkaluparnisch' zu sein schienen oder, wie deine Lieblinge sagen würden, da er mir ‚sympathisch' war, und auch weil ich selbst schon gelegentlich daran gedacht hatte, mit jemandem auch hier in eine freundschaftliche Beziehung zu treten, um mich gelegentlicher Unterhaltung, das heißt mich dem Laufe freifließender Assoziationen zu überlassen und mich von ‚aktivem Denken' zu erholen, ging ich sogleich auf seinen Vorschlag ein und begann von diesem selben Tage an, die Zeit meiner morgendlichen Spaziergänge mit ihm zu verbringen.

„Im Laufe unserer weiteren Bekanntschaft stellte es sich heraus, daß dieser Ausländer ein Bürger jener großen Gemeinschaft war, die Rußland heißt, und daß er unter seinen Landsleuten ein wichtiges ‚machthabendes' Wesen war.

„Auf diesen unseren gemeinsamen Spaziergängen ergab es sich irgendwie, daß wir hauptsächlich über den schwachen Willen und jene für dreihirnige Wesen unwürdigen Schwächen sprachen, die diese Wesen selbst ‚Laster' nennen, und an die sie sich, besonders die gegenwärtigen, schon gewöhnt hatten und die schließlich zur Grundlage sowohl für das Ziel ihrer Existenz, als auch für die Qualität ihrer Seins-Äußerungen geworden sind.

„Im Laufe einer unserer Unterhaltungen wandte er sich einmal plötzlich zu mir und sagte:

„ ‚In der letzten Zeit, geehrter Herr Doktor, entwickelt und verbreitet sich die ‚Alkohol-Sucht' stark unter Leuten aller Schichten in meinem Vaterlande, und wie Sie selbst zweifellos wissen, führt diese Leidenschaft im allgemeinen früher oder später immer zu solchen Formen von gegenseitigen Beziehungen, die gewöhnlich zur Vernichtung der schon jahrhundertelang existierenden Grundlagen und Pfeiler der Gesellschaft führen.

„ ‚Aus diesem Grunde haben sich unlängst einige meiner weitsichtigen Landsleute — die endlich den ganzen Ernst der Lage ihres Volkes begriffen — zusammengetan, um gemeinsam irgendein Mittel zur Verhütung katastrophaler Folgen zu finden. Zur Ausführung dieser Aufgabe entschlossen sie sich, sofort eine Gesellschaft unter dem

Namen ‚Fürsorge für Volksenthaltsamkeit' zu gründen und zum Haupt dieses Unternehmens wählten sie mich.

„ ‚Gegenwärtig ist die Tätigkeit dieser Fürsorge, was die Organisierung von Maßnahmen zur Bekämpfung des erwähnten Staatsübels betrifft, in vollem Schwunge.

„ ‚Wir haben bereits schon viel geleistet und haben noch viel zu leisten.'

„Nachdem er dies gesagt hatte, dachte er ein wenig nach und fuhr dann fort:

„ ‚Wenn Sie mich nun, mein lieber Doktor, um meine persönliche Meinung hinsichtlich der Resultate fragen, die ich von dieser unserer Fürsorge erwarte, so fällt es mir, obwohl ich an ihrer Spitze stehe, offen gesagt, recht schwer, etwas Günstiges über sie zu sagen.

„ ‚Was die allgemeine Lage der Angelegenheiten dieser unserer ‚Fürsorge' angeht, so setze ich meine Hoffnung einstweilen nur auf einen ‚blinden Zufall'.

„ ‚Meiner Meinung nach besteht das ganze Übel darin, daß diese Fürsorge unter der Protektion mehrerer Gruppen steht, von denen die Erfüllung ihrer Aufgabe abhängt; da aber diese Gruppen in bezug auf jede einzelne Frage ihren eigenen Zielen und Wünschen folgen, so herrscht bei der Entscheidung jeder einzelnen Frage betreffs des Hauptziels der Fürsorge immer Uneinigkeit, und statt daß sich die Verhältnisse für die rasche Verwirklichung des Zieles, das die Grundlage einer für mein liebes Vaterland höchst notwendigen Angelegenheit ist, mit jedem Tag verbessern, vermehren sich verschiedene Mißverständnisse, Vorurteile, Geschwätz, Intrigen, Verleumdungen und so weiter zwischen den einzelnen Mitgliedern der Fürsorge.

„ ‚Was mich persönlich betrifft, so habe ich in der letzten Zeit soviel gedacht und nachgedacht und mich mit verschiedenen Leuten, die mehr oder weniger ‚lebenserfahren' sind, beraten, um einen Ausweg aus dieser traurigen Lage zu finden, daß ich in einen Zustand geriet, wo ich fast krank wurde und auf das Drängen meiner Angehörigen hin diese Reise hierher nach Ägypten unternehmen mußte, zu dem einzigen Zwecke, um mich zu erholen. Aber ach, auch hier in Ägypten gelingt es mir keineswegs, weil mich diese schwarzen Gedanken nicht in Ruhe lassen.

„ ‚Da Sie nun schon, mein verehrter Doktor, ungefähr den Kern der Angelegenheit kennen, die der Grund war, weshalb ich mein seelisches Gleichgewicht verlor, so will ich Ihnen meine inneren Gedanken und Erwartungen, die durch unsere Bekanntschaft in mir hervorgerufen worden sind, offen gestehen.

„ ‚Die Sache ist die‘, fuhr er fort, daß bei unseren häufigen und langen Unterredungen über die schlimmen Laster der Leute und über Maßnahmen, die sie möglicherweise davon befreien könnten, ich zu der vollen Überzeugung kam, daß Sie sowohl in Fragen des feinen Verständnisses der menschlichen Psyche als auch in der Schaffung von Verhältnissen zur Bekämpfung ihrer Schwächen höchst kompetent sind. Deshalb halte ich Sie für den einzigen Menschen, der die Quelle aller möglichen Initiative sowohl für die Organisation als auch für die Durchführung der Tätigkeit dieser Fürsorge im Leben sein könnte, der Fürsorge, die dort bei uns zur Bekämpfung des Alkoholismus gegründet worden ist.

„ ‚Gestern morgen kam mir ein Gedanke in den Kopf, über den ich den ganzen Tag und den ganzen Abend nachdachte, und schließlich entschloß ich mich, mit Ihnen darüber zu sprechen.

„‚Würden Sie vielleicht einwilligen, in mein Land, nach Rußland zu gehen und, nachdem Sie alles, was dort vor sich geht, selbst gesehen haben, uns helfen, diese unsere ‚Fürsorge‘ so zu organisieren, daß sie wirklich zu dem Nutzen für mein Land wird, zu dem sie gegründet wurde.‘

„Und er fügte hinzu: ‚Ihre gerechte Menschenliebe gibt mir den Mut, mich mit dieser Bitte an Sie zu wenden, und ebenso meine Überzeugung, daß Sie sich gewiß nicht weigern werden, an dem Rettungswerk für viele Millionen Menschen teilzunehmen.'

„Als dieser sympathische ältere Russe mit seiner Rede zu Ende war, antwortete ich ihm nach kurzem Nachdenken, daß ich jedenfalls auf seinen Vorschlag eingehen würde, da sein Land auch für mein Hauptziel sehr passend sein dürfte.

„Ferner sagte ich zu ihm: ‚Zur jetzigen Zeit habe ich nur ein Ziel, nämlich mir selbst gründlich alle Einzelheiten der Äußerungen der menschlichen Psyche sowohl in einzelnen Individuen als auch in Gruppen klarzumachen. Und gerade um Zustand und Äußerungen der Psyche großer Gruppen aufzuklären, dürfte vielleicht Rußland sehr geeignet sein, da, wie ich aus unseren Gesprächen entnahm, die Krankheit der Alkoholsucht in Ihrem Lande fast unter der ganzen Bevölkerung verbreitet ist, weshalb ich oft Gelegenheit haben werde, Experimente mit verschiedenen Typen sowohl einzelner Individuen als auch mit Massen vorzunehmen.'

„Nach diesem Gespräch mit jenem russischen Wesen bereitete ich mich auf die Reise vor und nach ein paar Tagen verließ ich Ägypten mit ihm. Zwei Wochen später waren wir bereits im Hauptexistenzpunkt der zuvor erwähnten Gemeinschaft, in der Stadt, die zu jener Zeit noch St. Petersburg hieß.

„Nach unserer Ankunft dort ging mein neuer Bekannter sogleich seinen eigenen Geschäften nach, die sich während seiner Abwesenheit sehr angesammelt hatten.

„Unter anderem war unterdessen die Errichtung jenes großen Hauses, das von der Fürsorge für das Ziel, der Bekämpfung des Alkoholismus bestimmt war, beendet worden, und mein Bekannter fing sofort an, sich mit der Organisierung und Vorbereitung von all dem zu beschäftigen, was mit der, wie man dort sagt, ‚Einweihung' dieses Hauses und der Eröffnung seiner Tätigkeit verbunden war.

„Ich selbst aber begann, meiner Gewohnheit gemäß, überall hinzugehen und mit Wesen aus — wie sie dort sagen — verschiedenen ‚Schichten' zu verkehren, um auf diese Weise die charakteristischen Eigentümlichkeiten ihrer Sitten und Gebräuche kennenzulernen.

„Gerade damals stellte ich unter anderem fest, daß sich im Bestande der Wesen eben dieser gegenwärtigen Gemeinschaft ihre sogenannte ‚Ego-Individualität' in den letzten Jahrhunderten besonders deutlich zu formen begann.

„Als ich dies festgestellt hatte und das betreffende Problem besonders zu untersuchen begann, fand ich schließlich heraus, daß diese Doppel-Individualität hauptsächlich deshalb in ihrem allgemeinen Bestande entstand, weil das sogenannte ‚Tempo-ihres-Entstehungs-und-Existenzortes' nicht mit der ‚Form-ihres-Seins-Denkens' übereinstimmte.

„Ich glaube, mein Junge, daß du die besonders starke Doppel-Individualität der Wesen dieser großen Gemeinschaft begreifen wirst, wenn ich dir die Ansicht unseres geschätzten Mulla-Nassr-Eddin über sie wörtlich wiederhole, die er mir persönlich mitgeteilt hat.

„Ich muß dir sagen, daß es sich in der zweiten Hälfte meines letzten Aufenthaltes unter deinen Lieblingen mehr als einmal traf, daß ich diesem irdischen einzigartig-weisen Mulla-Nassr-Eddin begegnete und mit ihm persönlich Meinungsaustausch' über verschiedene ‚Lebensfragen' hatte.

„Dieses persönliche Zusammentreffen mit ihm, in dessen Verlaufe er den wirklichen Kern der Wesen jener dortigen großen Gemeinschaft mit seinem weisen Spruch formulierte, fand auf dem Teile der Oberfläche dieses Planeten statt, der Persien heißt, in dem Ort namens ‚Ispahan', wohin ich wegen meiner Forschungen über die

Höchstheilige Tätigkeit Aschiata Schiämaschs gekommen war, und auch, um mir an Ort und Stelle die nötige Erklärung zu verschaffen, auf welche Weise zum erstenmal die jetzt überall dort existierende und für sie auch verderbliche Form ihrer sogenannten ‚Höflichkeit' aufgetreten war.

„Noch vor meiner Ankunft in Ispahan erfuhr ich bereits, daß der geschätzte Mulla-Nassr-Eddin nach der Stadt Talajaltnikum verreist war, um den Stiefsohn der ältesten Tochter seines Paten zu besuchen.

„Nach meiner Ankunft in dieser Stadt suchte ich ihn sofort auf und besuchte ihn dann oft während meines Aufenthaltes dort, und als wir zusammen auf dem Dache saßen, wie es Sitte in diesem Lande war, unterhielten wir uns über alle möglichen, wie man dort sagt, ‚feinen-philosophischen-Fragen'.

„Als ich einmal, es war wohl am zweiten oder dritten Tage nach meiner Ankunft, morgens zu ihm ging, fiel mir eine ungewöhnliche Bewegung in den Straßen auf: überall wurden sogenannte ‚Teppiche', ‚Schals', ‚Fahnen' und so weiter gereinigt, gefegt und aufgehängt.

„‚Sicherlich', dachte ich mir, fängt einer der zwei berühmten jährlichen Festtage der Wesen dieser Gemeinschaft an.'

„Nachdem ich zum Dach hinaufgestiegen war und den üblichen Gruß mit unserem lieben weisesten aller Weisen Mulla-Nassr-Eddin gewechselt hatte, fragte ich ihn — auf die Straße deutend — was all das bedeute.

„Nachdem er seine gewohnte wohlwollende, wie immer bezaubernde und zugleich mit leiser Verachtung gemischte Grimasse aufgesetzt hatte, wollte er etwas sagen, aber in diesem Augenblick ertönte unten auf der Straße das Geschrei von öffentlichen Ausrufern und Getrampel vieler Pferde.

„Ohne ein Wort zu sagen, erhob sich unser weiser

Mulla schwerfällig, nahm mich beim Ärmel und führte mich zum Rande des Daches, und indem er mir mit seinem linken Auge listig zuzwinkerte, lenkte er meine Aufmerksamkeit auf eine große ‚Kavalkade‘, die eilig vorbeigaloppierte, eine Kavalkade, die, wie ich später herausfand, hauptsächlich aus sogenannten ‚Kosaken‘ bestand, die zu der besagten großen Gemeinschaft Rußland gehörten.

„In der Mitte dieser großen Kavalkade rollte ein sogenannter russischer Phaäton dahin, mit vier Pferden bespannt und von einem außergewöhnlich dicken, ‚imposant‘ aussehenden Kutscher gelenkt. Dieses imposante Aussehen, das auch ganz russisch war, verdankte er Kissen, die er unter seine Kleider gestopft hatte. In dem Phaäton saßen zwei Wesen, einer dem Typ nach aus diesem Lande ‚Persien‘, der andere ein typischer sogenannter ‚russischer General‘.

„Als die besagte Kavalkade schon wieder weit weg war, sagte Mulla seinen üblichen Lieblingsspruch vor sich hin: ‚So und so, so muß es sein, mische dich in nichts hinein‘, und, nachdem er seinen Lieblingston, etwas wie ‚Srrrt‘, von sich gegeben hatte, kehrte er dann auf seinen Platz zurück und lud mich ein, ein gleiches zu tun; nachdem er dann auf seinem ‚Kalian‘ die noch glimmenden Holzkohlen zurechtgeschoben hatte, seufzte er tief und erzählte die folgende Tirade, die wie immer nicht sofort verständlich war:

„ ‚Soeben fuhr in Begleitung einer großen Zahl vollblütiger ‚Truthähne‘ eine der ‚Haupt-Krähen‘ dieses Landes vorbei, von hohem Rang zwar, aber nichtsdestoweniger schon sehr gezupft und gerupft.

„ ‚Die erstrangigen ‚Krähen‘ dieses Landes machen — ich weiß nicht warum — in der letzten Zeit überhaupt schon keinen Schritt mehr ohne diese vollblütigen Truthähne, und sie tun dies offenbar in der Hoffnung, daß vielleicht

— möglicherweise dadurch, daß sie sich immer in den Sphären der starken Ausstrahlungen dieser Truthähne aufhalten — die armen Reste ihrer bemitleidenswerten Federn sich kräftigen und nicht länger mehr ausfallen werden.'

„Obgleich ich von all dem, was er sagte, absolut nichts verstand, aber seine Gewohnheit, sich zuerst symbolisch auszudrücken, recht wohl kannte, war ich gar nicht erstaunt und fragte ihn auch nicht aus, sondern wartete geduldig auf seine weiteren Erklärungen.

„Und tatsächlich, nachdem er mit der Tirade zu Ende war und auch mit dem Gluck-gluck-glucksen des Wassers in seinem Kalian, erklärte er mir — indem er zugleich in seiner folgenden Rede mit feiner Giftigkeit, wie es seine Gewohnheit war, die Definition des ganzen Bestandes und des eigentlichen Kerns der Wesen der gegenwärtigen Gemeinschaft Persien gab — daß er die Wesen dieser Gemeinschaft Persien den Krähen verglich und die Wesen der großen Gemeinschaft Rußland, die den eilig durch die Straßen galoppierenden Zug gebildet hatten, den Truthähnen.

„Diesen Gedanken entwickelte er ausführlich folgendermaßen: wenn man unparteiisch die Summe der Begriffe und Vorstellungen durch und durch analysiert und sie statistisch zusammenfaßt, wie sie sich unter den Leuten der gegenwärtigen Zivilisation über die Völker, die Europa bewohnen, im Gegensatz zu anderen Kontinenten, gebildet haben, und wenn man eine Analogie zwischen diesen Völkern und Vögeln macht, muß man durchaus die Leute, die den ‚Zimmes‘ der europäischen Zivilisation darstellen, die nämlich, die auf dem Kontinent Europa entstehen und wohnen, zweifellos den ‚Pfauen‘ vergleichen, das heißt, den Vögeln, die das schönste und prächtigste Äußere haben, und die, auf anderen Kontinenten wohnen, müssen Krähen genannt werden, das heißt nichtsnutzigste und schmutzigste Vögel.

„Für jene heutigen Menschen, die die Grundlage und notwendigen Bedingungen für ihr Entstehen auf dem Kontinent Europa erhalten und sich auf ihm bilden, deren weiteres Leben aber, und folglich ihre ‚Füllung' aus irgendwelchen Gründen sich auf anderen Kontinenten vollzieht — und ebenso für jene Menschen, die umgekehrt auf anderen Kontinenten auf ‚Gottes Erde' entstehen und ihre weitere ‚Füllung' unter den Verhältnissen, die auf dem Kontinent Europa entstehen und herrschen, erhalten, gibt es keinen besseren Vergleich als den mit dem Vogel ‚Truthahn'.

„ ‚Dieser Vogel versinnbildlicht besser als jeder andere Vogel jenes ‚etwas', das ‚weder Fisch noch Fleisch' ist, das aber, wie man sagt, ‚ein Halbes mit einem Viertel plus Dreiviertel' vorstellt.

„ ‚Die besten Repräsentanten dieser Truthähne sind die heutigen Menschen jenes Rußland und eben mit solchen Truthähnen war die eine Hauptkrähe dieses Landes umgeben, die kurz zuvor vorbeiflitzte.

„ ‚Die Russen entsprechen ideal diesem eigentümlichen Vogel Truthahn, wie meine folgenden Überlegungen zeigen werden.

„ ‚Da sie auf dem Festland Asien entstehen und sich bilden und vor allem weil sie sowohl organisch als auch psychisch ein reines Erbe mitbekommen haben, das im Laufe vieler Jahrhunderte unter den Existenzverhältnissen auf dem erwähnten Kontinent geschmiedet worden ist, nehmen sie in jeder Hinsicht die Natur asiatischer Menschen an und sollten folglich heutzutage auch Krähen sein. Aber da sie alle in der letzten Zeit sehr danach streben, Europäer zu werden und sich absichtlich eiligst dementsprechend vollpfropfen, hören sie allmählich auf, Krähen zu sein; da sie jedoch auf Grund einiger durchaus gesetzmäßiger ‚Gegebenheiten' sich nicht in echte Pfauen verwandeln können, so haben sie bereits die Krähen hinter sich gelassen und sind noch nicht beim Pfauen angelangt und gleichen deshalb, wie ich schon gesagt habe, vollkommen den Truthähnen.

„‚Der Truthahn ist zwar für den Haushalt ein nützlicher Vogel, weil sein Fleisch — vorausgesetzt natürlich, daß man ihm den Hals in einer besonderen Weise abschneidet, wie es die Leute alter Nationen in jahrhundertelanger Praxis gelernt haben — besser und schmackhafter ist als das aller anderen Vögel, aber in lebendigem Zustand ist er ein sehr seltsamer Vogel und hat eine ganz eigentümliche Psyche, die auch nur annähernd zu verstehen, vor allem für unsere Leute mit ihrem halb passiven Verstand ganz unmöglich ist.

„‚Zu den vielen besonderen Zügen der Psyche dieses seltsamen Vogels gehört auch der, daß der Truthahn, man weiß nicht warum, es immer für nötig hält, groß zu tun und sich grundlos aufzublähen.

„‚Er macht sich sogar wichtig und bläht sich selbst dann auf, wenn ihn niemand sieht und tut es in solchen Fällen dann einzig aus seiner eigenen Einbildung und seinen dummen Träumereien heraus.'

„Nachdem Mulla-Nassr-Eddin dies gesagt hatte, erhob er sich langsam und schwerfällig, indem er wieder seinen Lieblingsspruch vor sich hinsagte: ‚So und so, so muß es sein', diesmal mit dem Ende: ‚bleib nicht lang, wo du nicht paßt hinein', nahm mich dann beim Arm und wir stiegen zusammen vom Dach herab.

„Dieweil wir, mein Junge, den Feinheiten der psychologischen Analyse unseres weisesten Mulla-Nassr-Eddin unseren Beifall zollen, erfordert es die Gerechtigkeit zu sagen, daß daran, daß diese Russen solche ‚Muster-Truthähne' geworden sind, wieder einmal ausschließlich die Wesen der Gemeinschaft Deutschland schuld sind.

„Schuld sind die Wesen Deutschlands in diesem Fall

deshalb, weil sie, als sie ihre gepriesenen Anilin-Farben erfanden, eine spezifische Eigentümlichkeit dieser letzteren nicht in Betracht zogen.

„Die Sache ist die, daß es durch diese Anilin-Farben möglich ist, alle natürlichen Farben mit Ausnahme einer einzigen, nämlich der von Natur aus schwarzen Farbe, in jede beliebige andere umzufärben.

„Und durch diese Kurzsichtigkeit der deutschen Wesen entstand eben jenes skandalöse Unglück für die armen Russen, nämlich, daß es sich ganz ‚unverhofft und unerwartet' herausstellte, daß die Federn der ‚Krähen' von Natur gerade mit einer echten schwarzen Farbe gefärbt sind, die keineswegs in irgendeine andere, sogar nicht einmal durch die von jenen erfundenen ‚Anilin-Farben' — ob eben der erwähnten ‚niederträchtigen' Eigenschaft derselben — umgefärbt werden kann, weshalb diese unglücklichen russischen ‚Krähen' auf keinen Fall Pfauen werden können. Und das Schlimmste dabei ist, daß, da sie schon keine ‚Krähen' mehr sind und keine Pfauen werden können, sich — ob sie es wollen oder nicht — in den Vogel Truthahn verwandeln müssen, der ideal das zum Ausdruck bringt, was unser teurer Lehrer mit den Worten formulierte: ‚ein Halb und ein Viertel plus Dreiviertel'.

„Eben dank dieser weisen Definition des verehrten Mulla-Nassr-Eddin, die er mir persönlich gab, habe ich zum erstenmal klar verstanden, warum alle Wesen der dortigen Gemeinschaft, sobald sie verantwortliches Alter erreichen, eine solch deutliche Doppel-Individualität aufweisen.

„Doch genug davon! Vernimm jetzt die folgenden Ereignisse, an denen ich nach meiner Ankunft in der Hauptstadt, dem Hauptexistenzpunkt der Gemeinschaft Rußland, die damals noch St. Petersburg hieß, teilnahm.

„Wie ich schon gesagt habe, schlenderte ich, solange

mein erwähnter bedeutender russischer Bekannter damit beschäftigt war, seine während seiner Abwesenheit in Unordnung geratenen Geschäfte wieder in Ordnung zu bringen, überall herum und verkehrte mit den dortigen Wesen verschiedener, wie man dort sagt, ‚Klassen' und ‚Stellungen', um die charakteristischen Eigentümlichkeiten ihrer Sitten und Gebräuche zu studieren und um mir die Ursachen ihres sogenannten ‚organischen Bedürfnisses' nach Alkohol sowie auch die sichtbaren Folgen der Resultate seiner Wirkung auf ihren allgemeinen Bestand klarzumachen.

„Es ist interessant zu bemerken, daß ich bei meinen Zusammenkünften mit verschiedenen dreihirnigen Wesen, die verschiedenen ‚Kasten' und ‚Stellungen' angehörten, schon damals mehrmals feststellte, was dann bei näherer Beobachtung schon ganz offensichtlich für mich wurde, daß die meisten von ihnen den Keim zu jenem ‚besonderen Funktionieren ihres allgemeinen Bestandes' in sich trugen, das schon seit langem in deinen Lieblingen gewöhnlich durch eine Kombination zweier von außen kommender selbständiger Ursachen entstand.

„Die erste dieser Ursachen liegt in dem all-kosmischen Gesetz, das den Namen ‚Soliunensius' trägt, und die zweite in der deutlichen Verschlechterung der Verhältnisse der gewöhnlichen Seins-Existenz der Wesen auf jedem beliebigen Teil der Oberfläche deines Planeten.

„Ich spreche von jenem Keim des ‚besonderen Funktionierens ihres ganzen Bestandes', das im Laufe einiger ihrer Jahre in allen Wesen dieser Gemeinschaft schon eine solche Form angenommen hat, die in einigen bestimmten Perioden als ‚treibender-Faktor' für ihre spezifischen Äußerungen dient, die ebenfalls nur unter den dreihirnigen Wesen des Planeten Erde zu finden sind und die insgesamt unter den Wesen dieser großen Gemeinschaft diesmal ‚Bolschewismus' genannt werden.

„Dieses ‚besondere Funktionieren ihres allgemeinen Bestandes' werde ich dir später erklären.

„Ich berührte diese Frage an dieser Stelle nur, um dir eine Vorstellung von den schon besonders anomalen Umständen der Seins-Existenz zu geben, unter denen während meines Aufenthaltes meine Tätigkeit unter den Wesen dieser großen Gemeinschaft in ihrem ersten Hauptexistenzpunkt, St. Petersburg genannt, verfloß.

„Noch vor meiner Ankunft in dieser Stadt hatte ich im Sinn, eine meiner Absichten dort zu verwirklichen, zu deren Ausführung ich schon alles Nötige vorbereitet hatte.

„Die Sache ist die, daß ich schon lange vorher die Absicht hatte, auf einem ihrer großen bevölkerten Punkte etwas in der Art eines, wie sie es dort nennen, ‚chemischen Laboratoriums' einzurichten, wo ich in einer im voraus festgesetzten Weise besondere Experimente über einige tief verborgene Seiten eben wieder dieser ihrer seltsamen Psyche durchführen wollte.

„Und als ich nun, mein Junge, nach meiner Ankunft in dieser Stadt herausfand, daß ich fast die Hälfte meiner Zeit dort frei war, beschloß ich meine zufällige zeitweilige ‚Halb-Beschäftigung' auszunutzen und an die Verwirklichung meiner Absicht zu gehen.

„Durch Erkundigungen, die ich einzog, erfuhr ich, daß es zu der Einrichtung eines solchen Laboratoriums dort in erster Linie nötig ist, die Genehmigung der lokalen ‚machthabenden' Wesen zu erhalten: darum bemühte ich mich sofort um diese Genehmigung.

„Die ersten Schritte, die ich unternahm, zeigten mir, daß nach den Gesetzen, die sich schon seit langem im Prozeß der Existenz dieser Gemeinschaft eingebürgert hatten, das Recht, ein eigenes Laboratorium zu haben, von einer gewissen sogenannten ‚Abteilung' eines ihrer sogenannten ‚Ministerien' erteilt werden mußte.

„Deshalb begab ich mich an die betreffende Stelle. Dort stellte es sich aber heraus, daß, obgleich die Angestellten dieser Abteilung zugaben, daß die Ausstellung solcher Genehmigungen zwar zu ihren Aufgaben gehöre, sie jedoch nicht wußten, wie es getan werden müsse.

„Und sie wußten dies einfach deshalb nicht, weil, wie ich später herausfand, niemand sich jemals wegen einer solchen Genehmigung an sie gewandt hatte, weshalb diese unglückseligen Wesen die übliche sogenannte ‚automatische Geübtheit' in der Äußerung einer ‚Seins-Pflicht' selbst dieser Art nicht erworben hatten.

„Hier muß überhaupt bemerkt werden, daß dort in den letzten Jahrhunderten fast alle ‚Seins-Äußerungen' zur Erfüllung ihrer ‚Seins-Pflichten' im Bestande jener Wesen, die ‚machthabend' werden, sich ausschließlich durch das Funktionieren der Gegebenheiten verwirklichen, die sich in ihnen durch mehrfache rein automatische Wiederholung ein und desselben Dinges bilden.

„Und was die ‚machthabenden' Wesen gerade dieser Gemeinschaft betrifft, so vollzog sich die Kristallisierung dieser sonderbaren automatischen ‚Seins-Gegebenheiten' in dieser Zeitperiode viel intensiver als sonst irgendwo, und äußerte sich so schroff, daß es manchmal sogar schien, als ob in ihnen überhaupt alle Gegebenheiten zur Erweckung von Seins-Impulsen, wie sie dreihirnigen Wesen im allgemeinen eigen sind, vollständig fehlten.

„Dieses Kristallisieren vollzog sich in ihnen, wie ich später herausfand, unter dem Einflusse des kosmischen Gesetzes ‚Soliunensius', jenem kosmischen Gesetz, das ich dir schon beiläufig erwähnte.

„Was aber das betrifft, was ich sagte, nämlich daß sich niemand wegen einer derartigen Genehmigung an die Angestellten der erwähnten Abteilung wandte, so hatte das seinen Grund nicht darin, daß keiner von den Einwohnern dieses Hauptexistenzortes ein ‚chemisches Laboratorium' brauchte ... nein, ganz im Gegenteil, nie zuvor hatte es in dieser Stadt eine solche Menge chemischer Laboratorien gegeben wie gerade in dieser Zeitperiode, und ohne Zweifel besaßen all ihre Besitzer die nötigen Genehmigungen, die sie irgendwo und auf irgendeine Weise erhalten hatten.

„Sie konnten nicht umhin, eine solche zu besitzen. Dafür existierte doch in diesem ihrem Hauptexistenzort, wie in Friedenszeiten in allen großen und kleinen Gemeinschaften überhaupt, eine besondere ‚Staats-Behörde', die die ‚Haupt-Hoffnung-auf-eine-vollständige-Wohlfahrt-für-Machthaber' bildet, die sie selbst ‚Gendarmerie' und ‚Polizei' nennen und deren Hauptpflichten darin bestehen, darauf zu achten, daß ein jeder für jede seiner Unternehmungen eine entsprechende Genehmigung besitze, und deshalb kann man tatsächlich nicht annehmen, daß die sogenannten ‚Lux-Augen' der Wesen, die die erwähnte ‚Haupt-Hoffnung-auf-eine-vollständige-Wohlfahrt-der-Machthaber' darstellten, diese ‚übersehen' und irgendwo ein Laboratorium ohne eine entsprechende Genehmigung von den ‚Machthabern' gestattet haben sollten.

„Die Haupt-Ursache zu diesem scheinbaren Widerspruch lag in etwas ganz anderem.

„Es muß erwähnt werden, daß schon damals in dieser Gemeinschaft das Verhalten allen Regeln und Gesetzen gegenüber, die sich in früheren Zeiten unter den Wesen dieser Gemeinschaft zur Herstellung ihres Erachtens nach ‚normaler' gegenseitiger Beziehungen und überhaupt für die gewöhnliche Existenz eingebürgert hatten, derart war, daß nur die unter den gewöhnlichen Wesen das, worauf sie ein objektives Recht hatten, erreichen und ausnutzen konnten, die nach dem Gegenteil, das heißt entgegen den dort existierenden Gesetzen und Regeln zu handeln verstanden.

„Solche private Laboratorien, wie ich eines einrichten

wollte, konnte man damals nicht nur vereinzelt, sondern zu Tausenden haben; man hatte nur vor allem herauszufinden, welche anomalen ‚Ein- und Ausgänge' benutzt werden mußten, um eine Genehmigung für die Einrichtung dieser Laboratorien zu erhalten, und dann diesen Anomalitäten entsprechend zu handeln.

„Da ich jedoch erst seit ganz kurzer Zeit unter ihnen war, hatte ich noch nicht alle Feinheiten der gewöhnlichen Seins-Existenz, die sich in dieser Gemeinschaft schon besonders anomal zu gestalten begonnen hatten, kennengelernt.

„Und deshalb begannen für mich, als ich mich bemühte, mir die nötige Genehmigung zu verschaffen, jene endlosen Strapazen oder, wie sie selbst in solchen Fällen sagen, das ‚sinnlose Hin-und-Her', das sich auch nicht lange zuvor im Prozesse ihrer Seins-Existenz eingebürgert hatte, und außerdem stellte sich später all dies als ganz zwecklos und unnötig heraus.

„Es begann damit, daß, als ich in die erwähnte Abteilung kam und mich an die dortigen Beamten wandte, sie einander hilflos anschauten und einander zuflüsterten, und einige von ihnen in dicken Schmökern zu suchen begannen, augenscheinlich in der Hoffnung, dort eine geschriebene Regel über die Ausstellung solcher Genehmigungen zu finden. Endlich kam der Oberste von ihnen auf mich zu und verlangte von mir mit Wichtigkeit, daß ich ihm vor allem gewisse Auskünfte von einer anderen Abteilung über meine Person und, wie er sich ausdrückte, über meine ‚politische Zuverlässigkeit' bringe.

„Damit begannen meine weiteren endlosen Besuche einer Abteilung nach der anderen, einer ‚Direktion' nach der anderen, von einem offiziellen Fachmann zu einem anderen und so weiter, ohne Ende.

„So ging die Sache weiter, und ich hatte von einem sogenannten ‚Polizei-Revier-Vorsteher' zu einem sogenannten ‚Gemeinde-Pfarrer' zu gehen und so weiter und fast bis zu der ‚offiziellen städtischen Hebamme'.

„Außerdem verlangte eine dieser Abteilungen — ich weiß nicht aus welchem Grunde — daß die Bescheinigung, die mir von einer Abteilung ausgestellt worden war, ‚den Stempel' einer dritten Abteilung erhielte.

„In der einen Abteilung mußte ich gewisse Papiere unterschreiben, in einer anderen Fragen beantworten, die nichts mit Chemie zu tun hatten, in einer dritten wurde mir erklärt und wurden mir Ratschläge gegeben, wie ich mit dem Material des Laboratoriums umzugehen hätte, um mich nicht zu vergiften, und so weiter.

„Wie ich später erfuhr, stellte es sich heraus, daß ich, ohne eine Ahnung davon zu haben, damals jemand offiziell besucht hatte, dessen Pflicht es war, Leute, die ein chemisches Laboratorium einrichten wollten, von dieser verrufenen Absicht abzubringen.

„Am spaßigsten war dabei, daß, um solch eine offizielle Genehmigung zu erhalten, man sich der Reihe nach an solch offizielle Amtspersonen wenden mußte, die sogar nicht einmal die geringste Ahnung davon hatten, was überhaupt ein Laboratorium ist.

„Ich weiß nicht, wie all das geendet hätte, wenn ich nicht selbst, nachdem ich fast zwei Monate daran verschwendet hatte, die unsinnigen Strapazen aufgegeben hätte.

„Ich gab sie aber aus einem Grunde auf, dem es nicht an Humor mangelt.

„Nach den Regeln all dieser Verzögerungen hatte ich mir unter anderem auch von einem Arzt ein offizielles ‚Papier' zu verschaffen, das bestätigen mußte, daß meiner Gesundheit keine Gefahr durch die Beschäftigung im Laboratorium drohe.

„Und ich ging auch zu diesem offiziellen Doktor. Als er mich aber vor allem gründlich untersuchen wollte und von mir verlangte, daß ich mich ganz entkleide, damit er die Möglichkeit habe, mich überall mit einem Hämmerchen abzuklopfen, konnte ich natürlich keineswegs darauf eingehen. Und ich konnte deshalb nicht darauf eingehen, weil ich, wenn ich mich entkleiden würde, unwillkürlich meinen Schwanz, den ich dort auf deinem Planeten immer in sehr geschickter Weise in den Falten meiner Kleidung verbarg, aufdecken würde.

„Du verstehst natürlich sehr gut, daß, falls einer von ihnen meinen Schwanz sehen würde, alle sehr bald erfahren würden, daß ich nicht zu den Wesen ihres Planeten gehöre, und daß es mir danach ganz unmöglich sein würde, unter ihnen zu bleiben und die mich interessierenden Experimente betreffs der Aufklärung der Absonderlichkeiten ihrer Psyche fortzusetzen.

„Dies war der Grund, weshalb ich diesen Doktor verließ, ohne das nötige Papier erhalten zu haben, und von der Zeit an gab ich alles auf und versuchte nicht mehr länger, eine Erlaubnis zur Einrichtung eines eigenen Laboratoriums zu bekommen.

„Derweil ich dort überall hinging, um meinen besonderen Zweck zu erreichen, und mich gleichzeitig um die erwähnte Erlaubnis bemühte, traf ich trotzdem sehr oft jenen wichtigen Russen, meinen ersten Bekannten, der, obgleich er, wie ich schon sagte, sehr mit seinen Angelegenheiten beschäftigt war, immerhin Zeit fand, mich manchmal zu besuchen oder mich bei sich zu empfangen.

„Bei diesen Zusammenkünften sprachen wir ausschließlich über den Alkoholismus in seinem Vaterlande und über Mittel, dieses Übel zu bekämpfen.

„Aus einem solchen Meinungsaustausch sammelte sich in mir immer mehr und mehr Material an, weil durch meine unparteiischen Beobachtungen und Studien aller Seiten der Psyche der einheimischen Wesen sich in mir immer mehr neue Gegebenheiten kristallisierten.

„Dieser wichtige Russe legte sehr großen Wert auf Erwägungen und Bemerkungen über das, was schon von der Fürsorge für Volksenthaltsamkeit getan worden war, und auch über Pläne zu weiteren Maßnahmen, und war jedesmal von der Richtigkeit meiner Beobachtungen aufrichtig begeistert.

„Anfangs wurden alle meine Hinweise, die er auf den Generalversammlungen der Fürsorge vortrug, zur Ausführung angenommen.

„Als aber später einige Teilnehmer dieser Fürsorge zufällig erfuhren, daß die Initiative zu vielen wirklich nützlichen Maßnahmen von einem ausländischen Arzt stammten, der nicht einmal Europäer war, begannen von da an ihre üblichen sogenannten ‚Intrigen‘ und ‚Proteste‘ gegen alle von mir kommenden Vorschläge und auch gegen das Haupt dieser Volksfürsorge.

„Schuld an all den Mißverständnissen, die zu dem traurigen Ende einer so wichtigen Unternehmung wie diese Fürsorge führten, die für das Wohl aller dreihirnigen Wesen dieser viele Millionen zählenden Gemeinschaft gegründet worden war, waren wie immer und in allem die dortigen gelehrten Wesen ‚neuen Formates‘.

„Und zwar bestanden Wesen, die auf Erbwegen ‚machthabend‘ geworden waren, darauf, daß sich einige sogenannte ‚gelehrte Ärzte‘ unter den ständigen Haupt-Mitarbeitern dieser neuen Stiftung befinden sollten.

„Und jene gehörten zu den Leitern dieser Fürsorge, weil im Bestande der Wesen dieser Periode, die auf Erbwegen ‚machthabend‘ geworden waren, immer derselbe für die dreihirnigen Wesen so verderbliche und ihnen schon eigen gewordene ‚innere Herrscher‘, den sie ‚Selbst-Beruhigung‘ nennen, sich eingebürgert hatte und ein unverlierbarer Teil ihres Wesens und für die unglückseligen Wesen Zweck und Sinn ihrer Existenz geworden war. Und um eben keine Seins-Anstrengung machen zu müssen, bestanden sie darauf, daß in dieser Anstalt, die von großer sozialer Bedeutung war, durchaus auch ‚gelehrte Ärzte' teilnehmen sollten.

In den letzten Zeiten werden dort — ich weiß nicht warum — gerade Wesen dieses Berufes sehr häufig Gelehrte ‚neuen Formates'.

„Du mußt auch noch wissen, daß, wenn aus diesen ‚Gelehrten neuen Formates' einige ‚machthabend' werden und im Prozeß der gewöhnlichen Existenz zufällig wichtige verantwortliche Stellungen einnehmen, sie viel öfter alle möglichen Mißverständnisse verursachen, als Wesen, die auf Erbwegen ‚machthabend' wurden.

„Und sie verursachen offenbar deshalb Mißverständnisse, weil im allgemeinen Bestande solcher Wesen charakteristische Eigenschaften von drei ganz verschiedenen heutigen Typen, die häufig unter deinen heutigen Lieblingen zu finden sind, zusammentreffen und sich in einer eigentümlichen Weise verflechten, nämlich die eines ‚Machthabers', eines ‚Gelehrten neuen Formates', und eines heutigen professionellen Arztes.

„Also, mein Junge, durch die Initiative und Befürwortung einiger erblich ‚machthabend' gewordener Wesen dieser Gemeinschaft, hauptsächlich solcher, die, obgleich sie ihrem Äußeren nach, noch weiter als ‚Machthaber' galten, jedoch ihrer inneren Bedeutung nach nichts als ‚ausgeduftete Pfefferdosen' waren, wurden solche echte ‚gefüllte Truthähne' oder, wie man sie dort nennen würde, ‚Emporkömmlinge' zur Ausführung einer so ernsten Aufgabe wie der ‚relativen Rettung' vieler Millionen Wesen ihresgleichen herangezogen und ihnen Macht verliehen.

„Solange sich diese ‚Emporkömmlinge', anfangs, wie es ihnen eigen ist, nur untereinander mit allerhand kleinen Intrigen beschäftigten, war es für die gemeinsame Sache nur ein ‚halbes Unglück', als aber durch alle möglichen sogenannten Kniffe, die auch von ihnen ausgingen, diese

Intrigen sich zwischen allen Mitgliedern der Fürsorge abzuspielen begannen und sie sich alle in ihre berüchtigten verschiedenen ‚Parteien' teilten — eine für die erfolgreiche Verwirklichung aller nützlichen Unternehmungen gefährliche Sitte, die dort weit verbreitet ist — begann auch dies für das allgemeine Wohl der heutigen irdischen dreihirnigen Wesen gute Unternehmen, wie diese Fürsorge, wie man sich in solchen Fällen ausdrückt, ‚in-allen-Fugen-zu-krachen'.

„Diese kleinlichen Intrigen sowohl zwischen verschiedenen Parteien als auch zwischen den einzelnen Mitgliedern dieser absolut notwendigen öffentlichen Einrichtung waren schon damals, als ich mit meinem ersten russischen Bekannten in dem Hauptexistenzpunkt dieser Gemeinschaft ankam, in vollem Schwunge.

„Als nun diese ‚Emporkömmlinge', die zufällig an die Macht gekommen waren, erfuhren, daß viele ‚Ratschläge' und ‚Hinweise' zur Verbesserung der Einrichtung von mir ausgingen, das heißt, von einem Fachmann wie sie selbst, der jedoch nicht zu ihrer sogenannten ‚Korporation' gehörte, richteten sie, da sie gut verstanden, daß keine ihrer Intrigen und Kniffe für mich etwas bedeuten können, sie gegen das Haupt der Fürsorge, das sie selbst gewählt hatten.

„Es ist interessant, hier beiläufig zu erwähnen, daß, obgleich alle möglichen Gegebenheiten zur Hervorbringung verschiedener Seins-Impulse, die sie besitzen sollten, sich im allgemeinen in dem Bestande dieser heutigen Fachmänner dort recht schwach kristallisieren, doch jene Gegebenheiten, welche den Impuls, der das ‚Gefühl-der-Zugehörigkeit-zu-einer-Korporation' genannt wird, aus irgendeinem Grund in ihnen sehr stark kristallisiert sind.

„Also, mein Junge, so lange ich noch nicht wußte, daß mit ‚Intrigen' und ‚Kniffen' beschäftigt zu sein, oder, wie sie es manchmal auch ausdrücken — ‚mit-gegenseitigemzur-Seite-schaffen', schon eine unvermeidliche Eigenschaft der machthabenden Wesen dieser Gemeinschaft geworden war, hoffte ich noch immer und wartete geduldig darauf, daß die entsprechenden Verhältnisse mir doch endlich die Möglichkeit geben würden, mein Hauptziel zu verwirklichen, ‚aufklärende-Experirnente' mit der Psyche der irdischen Wesen in Massen vorzunehmen. Als es mir aber endgültig klar wurde, daß dort, in dieser Gemeinschaft in den gegebenen Verhältnissen der gegenseitigen Beziehungen, dies mir in keiner Weise gelingen würde, und ich mich auch davon überzeugte, daß es unmöglich war, hier rechtmäßig, das heißt, in Übereinstimmung mit den Gesetzen, die sich in dieser Gemeinschaft eingebürgert hatten, ein eigenes chemisches Laboratorium einzurichten — beschloß ich, nicht länger in dieser Gemeinschaft zu verweilen, sondern mich in irgendeine andere europäische Gemeinschaft zu begeben und dort nach passenden Verhältnissen für mein erwähntes Ziel zu suchen.

„Als mein erster Bekannter, der bedeutende Russe, von meinem Entschluß erfuhr, war er sehr betrübt; sehr betrübt waren auch noch einige andere russische Wesen, die mehr oder weniger wirklich Gutes für ihr Vaterland wünschten und die in dieser Periode völlig zu der Überzeugung gekommen waren, daß meine Kenntnisse und meine Erfahrung für ihr Hauptziel sehr nützlich sein könnten.

„Am Tag meiner geplanten Abfahrt beabsichtigte die Fürsorge gerade jenes große Haus zu eröffnen, das, wie ich dir gesagt habe, dem Zwecke der Bekämpfung des Alkoholismus gewidmet war und das die dortigen Wesen am Tage der Eröffnung mit dem Namen ihres Zaren nannten: ‚Volkshaus des Zaren Nikolaus des Zweiten'.

„Am Abend vor meiner Abreise besuchte mich ganz unerwartet mein erster Bekannter, der bedeutende Russe, und nachdem er sein herzliches Bedauern über meine Abreise ausgedrückt hatte, bat er mich dringend, meine Abreise noch um einige Tage zu verschieben, damit er nach Einweihung und Eröffnung des erwähnten Hauses mit mir fahren könne, um mich begleiten und um sich zugleich auch von allen Strapazen, Intrigen und Kniffen der letzten Zeit erholen zu können.

„Da ich keinen besonderen Grund zur Eile hatte, willigte ich ein und verschob meine Abreise um einige Zeit.

„Zwei Tage später fand die Eröffnung des erwähnten Hauses statt und da ich einen Tag vorher eine sogenannte ‚offizielle-Einladung' erhalten hatte, begab ich mich zu dieser Feierlichkeit.

„Und während dieses Staatsfestes dieser gegenwärtigen Gemeinschaft von vielen Millionen, bei dem sogar, wie sie ihn nennen, ‚Seine-Majestät-der-Kaiser' erschien, begann das sogenannte ‚Uretztaknilkarulni' betreffs meiner Person, das im allgemeinen immer aus den sie umgebenden Anomalitäten stammt, und da es sich in der Psyche jedes dreihirnigen Wesens dieses unglückseligen Planeten automatisch bildet, hält es sie in einem sozusagen ‚verzauberten-Kreis-aus-dem-es-keinen-Ausgang-gibt'.

„Die weiteren Ereignisse gingen in folgender Ordnung vor sich:

„Während am Tage der erwähnten Staats-Festlichkeit die Feierlichkeit noch andauerte, kam mein erster russischer Bekannter auf mich zugeeilt, wobei er sich durch die Wesen durchzudrängen hatte, die im vollen Glanz ihrer sogenannten ‚Auszeichnungen' und ‚Uniformen' dort erschienen waren, und erklärte mir mit freudiger Stimme, daß ich ‚das-Glück-haben-werde', seiner Majestät vorgestellt zu werden, worauf er, nachdem er dies hastig hervorgebracht hatte, mit derselben Eile wieder verschwand.

„Es stellte sich heraus, daß er dort während der Feier irgendein Gespräch mit dem Kaiser über mich gehabt hatte, demzufolge man beschlossen hatte, daß ich diesem vorgestellt werden sollte.

„Dem ‚Kaiser', dem ‚Zaren', oder ‚König' vorgestellt zu werden, wird dort als eine sehr, sehr große Ehre angesehen, und das war eben der Grund, weshalb mein Bekannter außerordentlich stolz war, daß er diese Einladung für mich erwirkt hatte.

„Offenbar wollte er mir mit dieser Vorstellung großes Vergnügen bereiten und dabei gleichzeitig auch sein eigenes Gewissen beruhigen, weil er sich an meinem erfolglosen Aufenthalt in dieser Hauptstadt schuldig fühlte.

„Nach diesem Ereignis verflossen zwei Tage.

„Als ich am Morgen des dritten Tages zufällig aus dem Fenster meiner Wohnung auf die Straße schaute, erblickte ich dort eine ganz ungewöhnliche Bewegung, alles wurde gereinigt, überall wurde gefegt, viele sogenannte ‚Polizisten' und ‚Gendarmen' gingen auf und ab.

„Auf meine Frage, wodurch all das veranlaßt worden sei, erklärte mir unser Ahun, daß an diesem Tag in unserer Straße die Ankunft eines sehr wichtigen Generals dieser Gemeinschaft erwartet werde.

„Nachmittags am selben Tage, als ich zu Hause saß und mich mit einem meiner neuen Bekannten unterhielt, kam der Pförtner unseres Hauses ganz aufgeregt zu mir herein und sagte stotternd: Seine . . . Seine durch und durchlauchte Ex ——— Exzell ——— Exzell ——— lenz wünscht . . . Sie . . .‘, aber bevor er noch ausgeredet hatte, trat schon seine Exzellenz selbst ein.

„Sobald der unglückliche Pförtner ihn erblickte, stand er still, als wäre er vom Blitz getroffen, und, nachdem er seine Kräfte wieder erlangt hatte, verschwand er aus dem Zimmer, wie man sagt, durch den ‚hinteren Ausgang'. Seine durchlauchte Exzellenz aber näherte sich mir mit einem, zwar sehr liebenswürdigen, aber doch etwas ‚hochmütigen' Lächeln, das für alle machthabenden Wesen dieser Gemeinschaft zu jener Zeit sehr charakteristisch war, indem er gleichzeitig mit großer Neugier die ‚antiken Gegenstände' betrachtete, die sich in meinem Zimmer befanden, und nachdem er mir in einer eigentümlichen Weise die Hand geschüttelt hatte, ließ er sich auf meinen Lieblings-Lehnstuhl nieder.

„Indem er die Antiquitäten noch weiter betrachtete, sagte er:

„ ‚An einem dieser Tage werden Sie unserem ‚Großen Zaren' vorgestellt werden, und da solche Angelegenheiten mir obliegen, bin ich zu Ihnen gekommen, um Ihnen zu erklären, was Sie bei solch einem großen und wichtigen Ereignis Ihres Lebens zu tun haben, und wie Sie es zu tun haben.'

„Nachdem er das gesagt hatte, stand er plötzlich auf, und indem er auf eine Porzellan-Figur alter chinesischer Arbeit zuging, die in der Ecke des Zimmers stand, rief er mit einem Impuls des Entzückens, der seinen ganzen Bestand ergriff, aus: ‚Wie reizend! Woher haben Sie dieses Wunder antiker Weisheit?'

„Indem er die besagte Figur weiter bewunderte und im Gefühl seines Entzückens schwelgte und ganz in ihm aufging, fuhr er fort:

„ ‚Ich selbst interessiere mich sehr für alle alte Kunst, vor allem chinesische, und darum sind von den fünf Gemächern, in denen meine Sammlungen enthalten sind, drei nur mit Werken alt-chinesischer Arbeit gefüllt.'

„Indem er in dieser Art von seiner Bewunderung der Werke antiker chinesischer Meister zu erzählen fortfuhr, setzte er sich wiederum rücksichtslos auf meinen Lehnstuhl und ließ sich umständlich über die Preise und Fundorte verschiedener ‚Antiquitäten' aus.

„Während dieses Gespräches nahm er plötzlich hastig seine Uhr aus der Tasche, schaute mechanisch darauf, stand dann rasch auf, und sagte schon im Gehen:

„‚Wie ärgerlich, daß ich unser höchst interessantes Gespräch abbrechen muß, aber ich muß rasch nach Hause fahren, wo mich mein großer Jugend-Freund mit seiner reizenden Gemahlin schon erwartet.

„‚Er ist nur für kurze Zeit auf seiner Durchreise aus der Provinz nach dem Auslande hier und ich habe ihn seit der Zeit nicht gesehen, als wir beim selben Regiment dienten und verschiedene Posten erhielten, ich am Hofe und er im Zivildienst.'

„Dann fügte er noch hinzu: ‚Und was die Instruktionen betrifft, die ich Ihnen geben muß, und wegen derer ich zu Ihnen gekommen bin, so werde ich heute noch meinen Adjutanten zu Ihnen schicken, der Ihnen alles, und jedenfalls nicht schlechter als ich selbst, erklären wird.'

„Danach verließ er mich eilig mit großer Wichtigtuerei.

„Und tatsächlich kam am Abend desselben Tages, wie mir Seine erlauchte Exzellenz versprochen hatte, einer seiner Adjutanten zu mir, ein, wie man dort sagt, junger Mann', das heißt, ein Wesen, das erst vor kurzem das verantwortliche Alter erreicht hatte. Dieser Adjutant war ein sehr deutlich ausgeprägter spezifischer Typ eines irdischen dreihirnigen Wesens, wie man sie in der letzten Zeit sehr oft unter deinen Lieblingen trifft und sehr gut als ‚Mama-und-Papa-Söhnchen' bezeichnet.

„Als dieses frühere ‚Mama-Söhnchen' eintrat und mit mir zu sprechen begann, äußerte es sich mir gegenüber zuerst ganz automatisch, den Gegebenheiten nach, die sich seinem allgemeinen Bestand durch die Regeln des sogenannten ‚Bon-Tons' gewaltsam eingeprägt hatten. Als es aber gleich darauf seiner sonderbaren ‚Seins-Auffassung' klar wurde, daß ich weder zu seiner Kaste noch zu einer höheren gehörte, sondern eines jener Wesen zu sein schien, die nach dem anomalen Verständnis der Wesen dieser Gemeinschaft ein wenig höher als ‚Wilde' betrachtet werden, änderte er sofort seinen Ton und begann sich mir gegenüber, wieder ganz automatisch, gemäß der Gegebenheiten für sogenannte ‚Befehle' und ‚Anordnungen', die sich im allgemeinen Bestand der Wesen dieser Kaste in jener Periode schon festgesetzt hatten, zu äußern, und zeigte mir, wie ich hereinkomme, hinausgehen, mich bewegen und wann und welche Worte ich sprechen müsse.

„Nicht genug, daß er mir zwei Stunden lang durch sein persönliches Beispiel zeigte, wie man sich zu verhalten hat, sondern er erklärte mir auch noch, daß er am nächsten Tag wiederkommen würde und befahl mir, bis dahin mich darin zu üben, damit, wie er sich ausdrückte, es kein Versehen gäbe, das dahin führen könne, wo sogar ‚Makar seine Kälber nicht hinjage'.

„Als ich aber am Tage meiner, wie sie es nennen, ‚höchsten Vorstellung' dort ankam, wo das Haupt dieser großen Gemeinschaft seinen Existenzort hatte, war ‚Seine erlauchte Exzellenz', in Begleitung von fünf oder sechs seiner Adjutanten, selbst am Bahnhof, und von diesem Augenblick an — natürlich ohne daß dabei seine sogenannte ‚persönlich-subjektive-Initiative' irgendwie teilnahm, sondern nur von der Gewohnheit geleitet, die er durch das mechanische Wiederholen immer ein und desselben erworben hatte — begann er über all meine einzelnen vergeistigten Teile und die ganze Selbstäußerung meines Bestandes zu verfügen, als wären sie alle unter der Direktion seines eigenen ‚Ichs'.

„Von diesem Augenblick an hatte ich, was meine ‚äußeren Äußerungen' betrifft, wie unser geehrter Mulla-Nassr-Eddin sagen würde, in allem zu tanzen wie er pfiff'.

„Sobald wir den Bahnhof verlassen hatten und in der Equipage saßen, begann er mir sofort Hinweise zu geben und mir zuzuflüstern, was ich tun und sagen sollte und was nicht.

„Wie er mich aber später in der Halle, wo die berühmte

,Vorstellung' stattfand, belehrte und meinen Bestand leitete — dies zu beschreiben ist weder in der Sprache der Scheherazade noch mit der Feder des ‚Herrn Tratschpeters' möglich.

„In dieser Halle waren alle meine Bewegungen und jeder meiner Schritte, sogar fast jedes Blinken meiner Augenlider vorausbestimmt und wurden mir von diesem wichtigen General eingeflüstert.

„Jedoch trotz der vollen Absurdität dieser Prozedur — wenn man in Betracht zieht, daß die Vervollkommnung eines Wesens von der Quantität und Qualität seiner inneren Erlebnisse abhängt — muß doch vom Standpunkt objektiver Gerechtigkeit aus deinen Lieblingen zugegeben werden, daß sie mich an diesem Tage — natürlich ganz unbewußt — gezwungen haben, mehr zu erleben und zu fühlen, als ich vielleicht während aller Jahrhunderte meines persönlichen Verweilens unter ihnen erlebt und gefühlt hatte.

„Wie dem auch sein mag, ich muß dir schon gestehen, daß, obgleich ich in diese berühmte Vorstellung zum Zwecke der Beobachtung und Erforschung der sonderbaren und ‚heiklen' Psyche deiner Lieblinge eingewilligt hatte, ich jedoch nach all der Aufregung, die ich während dieses Tages erlebt hatte, erst im Eisenbahnwagen wieder ruhig atmen konnte, nachdem meine Quäler, besonders der wichtige General, mich mir selbst überlassen hatten.

„Während dieses ganzen Tages war ich so sehr mit der Erfüllung unzähliger dummer Manipulationen, die von mir verlangt wurden und die mich infolge meines hohen Alters ermüdeten, in Anspruch genommen, daß ich sogar nicht bemerkt hatte, wie der dortige ‚Kaiser' aussah und wie er sich in dieser ganzen Komödie benahm.

„Wenn du nun, mein Junge, dir Mühe gibst, die Kunden über die Ereignisse, die mir danach widerfuhren und die die Resultate meiner berühmten ‚Vorstellung' beim dortigen Herrn und Herrscher waren, gut aufzunehmen, wirst du dir wahrscheinlich klar vorstellen und gut verstehen können, wie dort unter deinen Lieblingen, besonders in der großen Gemeinschaft Rußland jener Periode, ihre sogenannte ‚individuelle Bedeutung' für die meisten dieser Unglücklichen, besonders in den letzten Jahrhunderten, ausschließlich immer auf äußeren vergänglichen sogenannten ‚Winduretznel' beruht und danach bewertet wird, so wie es in meinem Fall geschah.

„Sich diese Gewohnheit allmählich anzueignen — nämlich die Verdienste der Wesen ihrer äußeren vergänglichen Erscheinung nach zu beurteilen, hat in allen übrigen Wesen die feste Vorstellung entwickelt und entwickelt sie noch weiter, daß ‚Seins-Individualität' zu erwerben eben darin bestehe, und alle begannen subjektiv nur danach zu streben.

„Aus diesem Grunde geht jetzt allmählich im ganzen Bestand aller von ihnen schon vom Anfang ihres Entstehens an der ‚Trieb' zu sogenanntem ‚objektiven Seins-Sein' und sogar der Geschmack daran verloren.

„Was mich persönlich betrifft, so begann die Äußerung des erwähnten ‚Winduretznel' seine Wirkung schon vom frühen Morgen des folgenden Tages an so zu äußern, daß allerlei Gegebenheiten für die Bildung einer Seins-Vorstellung über meine Person, die sich bis dahin in dem Bestand aller dortigen Wesen, die mich kannten, schon festgesetzt hatten, sich auf einmal gründlich veränderten, nur wegen meiner im Objektiven ‚verderblichen-offiziellen-Vorstellung' beim höchsten ihrer ‚machthabenden' Wesen.

„Für ihre Individualität änderte sich sowohl meine persönliche Bedeutung als auch ihre Vorstellung von all meinen Eigenschaften und Verdiensten; ich wurde für alle auf einmal ‚wichtig', ‚klug', ‚außerordentlich', ‚interessant' und so weiter, das heißt, daß ich allerhand von ihnen selbst erdachte anomale Seins-Eigenschaften besitzen sollte.

„Als sehr gutes Beispiel, das dir das, was ich soeben erwähnte, klar machen wird, kann dir folgendes Bild dienen:

„Der Händler, bei dem ich gewöhnlich, ehe ich meinen Geschäften nachging, den Vorrat für meine Küche kaufte, wollte durchaus selbst am ersten Morgen nach meiner, wie sie es dort nennen, ‚höchsten Audienz‘, was ich eingekauft hatte, in meine Wohnung tragen. Alle Polizisten, die an den Ecken jenes Viertels standen, wo ich meinen vorübergehenden Aufenthalt hatte, und die mich als einen von außen zugezogenen Arzt schon sehr gut kannten, legten die Hand an die Mütze, sobald sie mich nur von weitem sahen, genau wie vor ihrem wichtigsten General.

„Am selben Abend brachte mir der Chef der Abteilung, an die ich mich zuerst gewandt hatte, die unglückselige Genehmigung, daß ich mein eigenes Laboratorium haben könne, um das ich mich drei Monate lang bemüht hatte und wofür ich zu den verschiedensten offiziellen und nicht offiziellen Stellen gelaufen war, persönlich in meine Wohnung. Und am zweiten Tag erhielt ich noch vier andere Genehmigungen zu demselben Zweck von verschiedenen Abteilungen anderer Ministerien, denen die Ausstellung solcher Genehmigungen gar nicht zukam, an die ich mich aber in meinen sinnlosen Anstrengungen während dieses dauernden Hin und Her hatte wenden müssen.

„Die Hausbesitzer, die Krämer, die Kinder, und überhaupt alle, die in derselben Straße wie ich wohnten, waren zu mir so liebenswürdig, als ob ich beabsichtigte, einem jeden von ihnen eine große ‚amerikanische Erbschaft‘ zu hinterlassen und so fort und so weiter.

„Nach diesem ‚leerkralnischen‘ Vorfall erfuhr ich unter anderem, daß ihr unglückseliger Zar selbst sich auch immer für einen solchen offiziellen Empfang vorbereitete.

„Er hat aber sehr viele solcher offizieller Empfänge, beinahe jeden Tag, manchmal sogar mehrere an einem Tage: hier eine ‚Parade der Truppen‘, dort eine ‚Audienz‘ für einen Gesandten eines anderen Kaisers, morgens eine ‚Delegation‘, mittags eine ‚Vorstellung‘ wie die meine, dann noch ‚Empfänge‘ verschiedener sogenannter ‚Volksvertreter‘, und mit allen von ihnen muß er sprechen oder ihnen sogar eine ganze Rede halten.

„Da jedes Wort eines irdischen ‚Kaisers‘ sehr ernste Folgen haben kann und sehr oft auch hat, nicht nur für alle Wesen der Gemeinschaft, deren ‚Kaiser‘ er ist, sondern auch für die Wesen anderer Gemeinschaften, so muß jedes Wort, das er ausspricht, allseitig bedacht werden.

„Eben zu diesem Zweck stehen den ‚Kaisern‘ oder ‚Zaren‘ — die solche entweder durch erbliche Rechte oder durch Wahl werden — viele unter den gewöhnlichen dreihirnigen Wesen dort ausgewählte Spezialisten zur Seite, deren Aufgabe darin besteht, ihnen zu soufflieren, in welchen Fällen sie was zu machen, und worüber sie zu sprechen haben; dabei muß dieses Soufflieren und müssen diese Winke so ausgeführt werden, daß die Fremden nicht merken, daß ihre ‚Kaiser‘ oder ‚Könige‘ sich nicht aus eigener Initiative, sondern durch die eines anderen äußern.

„Und um sich all das zu merken, müssen ihre ‚Könige‘ natürlich auch üben.

„Und was es heißt, zu üben, kannst du dir wohl nach dem, was ich dir soeben erzählt habe, gut vorstellen. Ich habe es mit meinem ganzen Sein verstanden, als ich mich zu meiner erlauchten ‚Vorstellung‘ vorbereitete.

„Solch eine Vorbereitung habe ich übrigens während meiner Existenz auf ihrem Planeten nur einmal nötig gehabt. Wären aber solche Vorbereitungen jeden Tag und für jeden einzelnen Fall nötig — so möge das unerbittliche Schicksal einem erlassen, dies zu erleben...

„Wenigstens was mich persönlich betrifft, so möchte

ich für nichts in der Welt in der Haut eines irdischen Kaisers oder Zaren stecken und würde es weder meinem schlimmsten Feind noch dem Feind meiner Angehörigen wünschen ...

„Bald nach dieser unvergeßlichen ‚höchsten Vorstellung' verließ ich St. Petersburg und fuhr nach dem Kontinent Europa und wählte dort zum Ort meiner Existenz verschiedene Städte verschiedener Länder sowohl auf dem Kontinent Europa als auch auf anderen Kontinenten. Später besuchte ich noch oft, aber um anderer Angelegenheiten willen, diese Gemeinschaft Rußland, wo zu jener Zeit der dortige große Prozeß des gegenseitigen Vernichtens und der Vernichtung dessen, was zuvor schon erreicht worden war, stattfand, und diesmal, wie ich dir schon sagte, von ihnen ‚Bolschewismus' genannt wurde.

„Du erinnerst dich, daß ich dir versprochen habe, dir die wirklichen Grundursachen dieses erzphänomenalen Prozesses zu schildern.

„Also, du mußt wissen, daß diese traurige Erscheinung dort infolge zweier selbständig wirkender Faktoren entsteht, erstens durch das kosmische Gesetz ‚Soliunensius' und zweitens durch immer dieselben anomalen Verhältnisse ihrer gewöhnlichen äußeren Seins-Existenz, die sie selbst geschaffen haben.

„Damit du diese beiden Faktoren besser verstehst, werde ich dir jeden von ihnen einzeln erklären und mit dem kosmischen Gesetz ‚Soliunensius' anfangen.

„Vor allem muß dir gesagt werden, daß alle dreihirnigen Wesen — auf welchen Planeten sie auch entstehen und welche äußere Bekleidung sie auch haben mögen — immer mit Ungeduld und großer Freude die Äußerungen der Wirkung dieses Prozesses erwarten, in der Art wie deine Lieblinge ihre sogenannten Feiertage, wie ‚Ostern', ‚Bairam', ‚Zadik', ‚Ramadan', ‚Kajalana' und so weiter erwarten.

„Der Unterschied besteht nur darin, daß deine Lieblinge ihre Feiertage deswegen mit Ungeduld erwarten, weil es bei ihnen Sitte geworden ist, sich an diesen heiligen Tagen mehr als sonst zu ‚amüsieren‘ und zu ‚besaufen‘; während die Wesen anderer Planeten die Äußerungen der Wirkung des Gesetzes ‚Soliunensius‘ deswegen mit Ungeduld erwarten, weil dank dieses Gesetzes sich in ihnen der Trieb zur beschleunigten Evolution, was die Erwerbung objektiver Vernunft betrifft, von selbst verstärkt.

„Was aber die Ursachen betrifft, die dieses kosmische Gesetz hervorrufen, so sind sie für jeden Planeten verschieden und entstehen immer aus der sogenannten ‚all-kosmischen-harmonischen-Bewegung‘ und hängen von ihr ab, wobei, zum Beispiel für deinen Planeten Erde, der sogenannte ‚Ursachenschwerpunkt‘ in der periodischen Anstrengung‘ der Sonne selbst dieses System liegt, jener Spannung nämlich, die wieder infolge der Wirkung entsteht, die das benachbarte Sonnensystem, das unter dem Namen ‚Bale-a-uto‘ existiert, auf sie ausübt.

„Und in diesem letzteren System entsteht ein solcher ‚Ursachenschwerpunkt‘, weil es unter ihren Verdichtungen einen großen ‚Kometen Solni‘ gibt, der einigen bekannten Kombinationen der all-kosmischen-harmonischen-Bewegung zufolge manchmal in seinem Fallen ihrer Sonne Bale-a-uto sehr nahe kommt, die deshalb eine sehr große ‚Anstrengung‘ machen muß, um sich auf ihrer Fallbahn zu halten. Diese eine ‚Anstrengung‘ oder ‚Spannung‘ ruft eine Spannung der Sonnen der benachbarten Systeme hervor, zu denen auch das System Ors gehört; wenn aber die Sonne Ors sich ebenfalls ‚anspannt‘, um die ihr eigene Bahn des Fallens nicht zu ändern, ruft sie wiederum eine ähnliche ‚Spannung‘ in allen Verdichtungen ihres eigenen Systems hervor, unter anderem auch in der Erde, die ihrem System angehört.

„Die Spannung aller Planeten wirkt auch auf den allgemeinen Bestand aller Wesen, die auf diesem Planeten entstehen und vorkommen, indem sie in diesen Wesen, ohne ihren Willen und ihre bewußte Absicht, ein Gefühl hervorruft, welches ‚heiliges Jaboliunosar' heißt, oder, wie deine Lieblinge sagen würden, das Gefühl von ‚Religiosität', nämlich ein ‚Seins-Gefühl', das sich zeitweise in dem Begehren und Streben nach, wie ich dir schon gesagt habe, beschleunigter Selbst-Vervollkommnung im Sinne objektiver Vernunft zeigt.

„Es ist interessant, daß, wenn dieses heilige Gefühl oder ein anderes ähnliches, welches auch durch irgendein all-kosmisches Geschehnis hervorgerufen wird, in dem allgemeinen Bestand deiner Lieblinge entsteht, sie es für ein Symptom einer ihrer vielen Krankheiten halten und im gegebenen Falle zum Beispiel dieses Gefühls ‚Nervosität' nennen.

„Es muß bemerkt werden, daß ein solcher Impuls, der dem Bestand aller dreihirnigen Wesen unseres großen Weltalls inhärent ist, früher, nämlich von der Zeit an, wo das Organ Kundabuffer aus dem allgemeinen Bestande der dreihirnigen Wesen des Planeten Erde beseitigt worden war, bis zu der zweiten transapalnischen Umwälzung, in den meisten irdischen Wesen in fast normaler Weise entstand und sich auswirkte.

„Später aber entstanden unter den Haupt-Übeln, die von den von ihnen selbst geschaffenen Verhältnissen ihrer gewöhnlichen Seins-Existenz bedingt waren — besonders als im Bestande eines jeden irdischen dreihirnigen Wesens ihr von mir schon erwähnter ‚innerer böser Gott', der dort ‚Selbst-Beruhigung' heißt, zu herrschen begann — unter dem Einfluß der Wirkung von ‚Soliunensius' anstatt des Strebens nach beschleunigter Selbst-Vervollkommnung etwas, was sie selbst mit den Worten ‚Drang nach Freiheit' bezeichnen und was eben die Hauptursache dieser dort entstehenden traurigen Prozesse ist, für die dieser letzte Bolschewismus ein treffendes Beispiel ist.

„Etwas später werde ich dir einmal erklären, wie sie sich diese berühmte ‚Freiheit' vorstellen; jetzt aber will ich dir nur sagen, daß das Gefühl, welches unter dem Einfluß von ‚Soliunensius' entsteht, in ihnen den Drang zu irgendeiner Änderung in den Verhältnissen ihrer gewöhnlichen äußeren Seins-Existenz, die sich bis dahin irgendwie in ihnen schon verfestigt hatten, verstärkt.

„Nach der zweiten transapalnischen Umwälzung auf deinem unglückseligen Planeten, das heißt ‚nach-dem-Untergang-von-Atlantis', machte sich der Einfluß des kosmischen Gesetzes ‚Soliunensius' auf den allgemeinen Bestand dieser deiner Lieblinge mindestens vierzigmal geltend, und beinahe von Anfang an ging jedesmal dank des eigentümlichen ‚Dranges-nach-Freiheit', der sich in den meisten von ihnen fixiert hat, dasselbe vor sich, was sich in der letzten Zeit auf jenem Teil der Oberfläche deines Planeten zugetragen hat, auf dem die Gruppierungen der dortigen Wesen existieren, die insgesamt Rußland genannt werden.

„An dieser Stelle ist es sehr wichtig, noch zu betonen, daß diese schrecklichen Prozesse dort unter den dreihirnigen Wesen des Planeten Erde ganz sicherlich nicht hätten stattfinden können, wenn die in ihrem Unterbewußtsein erhalten gebliebenen Gegebenheiten zur Erzeugung des Seins-Impulses ‚Gewissen', jene Gegebenheiten, auf die als erster der Höchstheilige Aschiata Schiämasch seine Aufmerksamkeit gelenkt hatte und von denen er viel für die Erfüllung seiner Mission erwartete, am Funktionieren jenes Bewußtseins teilgenommen hätte, das sie gewöhnlich während ihres Wachzustandes haben.

„Einzig weil die Gegebenheiten für den heiligen Impuls des ‚Seins-Gewissens' nicht am Funktionieren eben jenes Bewußtseins teilnehmen, nimmt die Wirkung des Gesetzes ‚Soliunensius', wie auch anderer kosmischer Gesetze, solch anomale und für sie selbst bedauernswerte Formen an.

„Obgleich der zweite Faktor aus vielen verschiedenen Ursachen stammt, ist doch meines Erachtens die Grundursache auch in diesem Falle jene Tatsache, daß, was ihre Beziehungen zueinander betrifft, sie ihre gepriesene ‚Einteilung in Kasten' vorgenommen haben, die es dort immer gab, mit der einzigen Ausnahme jener Periode, während der die Resultate der Höchstheiligen Arbeiten Aschiata Schiämaschs unter ihnen Wurzel faßten.

„Der Unterschied besteht nur darin, daß in früheren Jahrhunderten die Einteilung in verschiedene Kasten von dem Bewußtsein und der Absicht einiger einzelner Individuen dort ausging, während sie heute ganz mechanisch vor sich geht, ohne daß Wille oder Bewußtsein irgendeines heutigen Wesens daran teilnehmen.

„Und nun, mein Junge, finde ich es nötig, dir ein wenig zu erklären, in welcher Weise und in welcher Reihenfolge diese deine Lieblinge sich mechanisch in ihre verschiedenen berühmten ‚Kasten' sondern und wie sie sich sogar innerhalb dieser noch weiter unterteilen.

„Wenn sich irgendwo, zufälliger Umstände halber, eine bedeutsame Gruppe von ihnen konzentriert und sie zusammen existieren, heben sich bald einige von ihnen aus der Mitte der anderen Wesen heraus, nämlich jene, in denen erstens aus irgendeinem Grunde die Folgen der Eigenschaften des Organs Kundabuffer schon vorher gut kristallisiert waren, Kristallisierungen, die insgesamt in ihrem allgemeinen Bestande die Impulse für die sogenannte ‚Schlauheit' liefern, und in deren Besitz zweitens in der gegebenen Zeit sich zufällig viele verschiedene sogenannte ‚einschüchternde Mittel' befinden, oder, wie sie sie selbst nennen, ‚Waffen'; und indem sie sich aus der Umgebung der anderen Wesen absondern und sich an ihre Spitze stellen, bilden sie den Anfang zur sogenannten herrschenden Klasse.

„Und da weiter in allen dreihirnigen Wesen des Planeten Erde, besonders in den letzten Perioden, der heilige Seins-Impuls, ‚Gewissen' genannt, nicht am Funktionieren ihres gewöhnlichen Bewußtseins teilnimmt, weshalb in ihnen sogar das Verlangen, irgendwelche bewußte Seins-Anstrengungen zu machen, vollständig fehlt, zwingen diese Wesen — nämlich die, die sich abgesondert und sich der ‚regierenden Klasse' zugesellt haben — mit den erwähnten ‚einschüchternden Mitteln' die anderen Wesen derselben Gruppierung, für sie sogar solche Anstrengungen zu machen, wie sie jedes Wesen unbedingt in seiner Seins-Existenz selbst verwirklichen sollte.

„Und die übrigen Wesen dieser Gruppierungen, die ob derselben Ursachen kein Verlangen haben, persönlich diese ‚Seins-Anstrengung' auch noch für andere zu machen und sich zugleich vor den einschüchternden Mitteln der ‚regierenden Klasse' fürchten, wenden alle möglichen ‚schlauen Kniffe' an, um einander jene Seins-Anstrengungen aufzuhalsen, die die Wesen der ‚regierenden Klasse' unbedingt erfordern.

„Und das Resultat ist gewöhnlich, daß sich die Wesen all dieser Gruppierungen allmählich in verschiedene Kategorien je nach dem Grad der Gewandtheit ihrer Pfiffigkeiten einteilen. Und aus der Einteilung der Wesen in Kategorien dieser Art beginnt in den folgenden Generationen eine Untereinteilung und die Zurechnung zu verschiedenen ihrer gepriesenen ‚Kasten'. Aus einer solchen gegenseitigen Zuteilung zu verschiedenen ‚Kasten' kristallisierte sich unbedingt im allgemeinen Bestande eines jeden von ihnen in Bezug auf die Wesen aller anderen ‚Kasten' ganz von selbst jene Seins-Gegebenheit, die in keinem anderen Wesen unseres großen Weltalls vorkommt, genannt ‚Haß', der wiederum im allgemeinen Bestande eines jeden fortwährend jene für dreihirnige Wesen ‚schandbaren' Impulse hervorruft, die sie selbst ‚Neid', ‚Eifersucht', ‚Ehebruch' nennen, und viele andere ähnliche Impulse.

„Also, mein Junge, diese schrecklichen Prozesse des gegenseitigen Vernichtens und der Vernichtung von all dem, was von ihnen schon zuvor erreicht worden war, entstehen teilweise dadurch, daß in den Perioden, in welchen sich in ihrem allgemeinen Bestande die Wirkung des kosmischen Gesetzes ‚Soliunensius' äußert, sich in ihnen einerseits außer dem schon erwähnten Verlangen nach ‚Freiheit' ganz automatisch die Intensität der Wirkung jener ihrem Bestand schon inhärenten Gegebenheit verringert, der es eigen ist, fortwährend den Impuls von ‚Schüchternheit' vor den ‚Machthabenden' zu erzeugen, und wächst anderseits die Intensität jener erwähnten Seins-Gegebenheiten, die ‚Haß' hervorruft, im gegebenen Falle in bezug auf Wesen, die anderen ‚Kasten' angehören.

„Deswegen sagte ich eben, daß diese Einteilung in ‚Kasten' insgesamt alle Resultate jener ‚einzigartig-seltsamen-Seins-Gegebenheiten' hervorruft, die in ihrem Funktionieren wachsen und, wie du durch alles, was ich dir sagte, sicherlich schon selbst überzeugt bist, ebenfalls aus den Umständen ihrer anomalen Seins-Existenz entstehen und hauptsächlich als zweiter Faktor für die Entstehung dieser schrecklichen Prozesse dient.

„Diese schrecklichen Prozesse entstehen und verfließen aber in folgender Reihenfolge: „Es fängt immer damit an, daß einige Wesen aus einer Gruppierung, solche nämlich, in denen aus irgendeinem Grunde die zuvor kristallisierten Gegebenheiten stärker funktionierten als in anderen Wesen — Gegebenheiten, welche die erwähnten merkwürdigen Impulse in bezug auf Wesen, die zu anderen Kasten, besonders zu der ‚Kaste der regierenden Klasse' gehören, hervorrufen, da sie unter dem Einfluß der Wirkung des ‚Soliunensius' die Wirklichkeit mehr als die anderen sehen und empfinden — wie man dort sagt, ‚zu schreien' anfangen, und diese ‚Schreier' werden für die um sie herum das, was man dort heute gewöhnlich ‚Führer' nennt.

„Und weiterhin fangen einerseits infolge dieses ‚Schreiens' und anderseits dank der sich im Bestande aller dortigen Wesen anomal kombinierenden Wirkung immer desselben kosmischen Gesetzes ‚Soliunensius' auch andere zu schreien an. Wenn diese ‚Schreier' unter den gewöhnlichen Wesen eine schon zu sehr kakophonische Wirkung auf die sogenannten ‚verwöhnten-Nerven-der-linken-Hälfte' einiger machthabender Wesen der gegebenen Gemeinschaft auszuüben beginnen, und diese Machthaber denen, die darin besonders geübt sind, befehlen, einigen besonders lauten Schreiern den Nabel gründlich mit sogenannter ‚schottischer Creme' einzuschmieren, beginnen eben ihre Exzesse, die progressiv wachsen und schließlich einen Höhepunkt erreichen, jedoch, zu ihrem Unglück, schließlich zu nichts führen.

„Würden diese Prozesse wenigstens ein wenig die Existenz der Wesen der folgenden Generationen verbessern, so wären sie, vom Standpunkte eines unparteiischen Beobachters aus, sogar nicht einmal so schrecklich. Jedoch, zum Unglück aller dreihirnigen Wesen unseres großen Weltalls, besteht das Übel gerade darin, daß, sobald die segensreiche Wirkung dieser gesetzmäßigen kosmischen Äußerungen aufhört und diese schrecklichen Prozesse ein Ende nehmen, die ‚alte Geschichte' wieder beginnt und ihre gewöhnliche Seins-Existenz noch ‚mieser' wird als zuvor und gleichzeitig sich auch ihr sogenanntes ‚gesundes-Bewußtsein-der-Bedeutung-und-des-Zweckes-ihrer-Existenz' verschlechtert.

„Und dies verschlechtert sich meines Erachtens hauptsächlich deswegen, weil nach solchen Prozessen die führenden Wesen der früheren ‚regierenden Klasse' gewöhnlich durch Wesen, die aus verschiedenen anderen Kasten stammen, ersetzt werden, aus solchen Kasten nämlich, deren Vertreter bis dahin weder in der gegenwärtigen noch in früheren Generationen irgend etwas weder mit der bewußten noch unbewußten Seins-Äußerung zu tun hatten, die in der Fähigkeit besteht, die äußeren und manchmal sogar die inneren Prozesse der Seins-Existenz der Wesen ihrer Umgebung zu lenken, die, obgleich sie ‚ihnen ähnlich' sind, doch was ihre Vernunft betrifft, ihre Stufe noch nicht erreicht haben.

„Die Gerechtigkeit verlangt hier die Feststellung, daß, obgleich im allgemeinen Bestande der dreihirnigen Wesen der alten ‚regierenden Klasse' dort, die in ihrem ‚Unterbewußtsein' vorhandenen Gegebenheiten zur Erzeugung des echten Seins-Gewissens auch keinen Anteil am Funktionieren ihres sogenannten ‚Wachbewußtseins' hatten, sie doch wenigstens eine Fertigkeit zum Regieren haben, die als Erbteil auf sie kommt und sich automatisch von Generation zu Generation verbessert.

„In dem Bestand der Wesen aber, die kürzlich zur Macht gelangten, fehlt nicht nur ein echtes Seins-Gewissen — genau so wie in den Wesen der damaligen ‚regierenden Klasse' — sondern in ihnen äußern sich außerdem auch in besonders heftiger Weise jene ‚Reize' der Folgen der Eigenschaften des Organs Kundabuffer, ‚Reize', die sich im allgemeinen im Bestand der dreihirnigen Wesen besonders in der letzten Zeit kristallisieren, und erzeugen ganz sonderbare und schreckliche Resultate wie ‚Ruhmsucht', ‚Stolz', ‚Eigendünkel', ‚Ehrgeiz' und so fort, die in ihnen besonders heftig funktionieren, da sie noch fast nie in genügender Weise befriedigt worden sind.

„Auf diese irdischen Wesen, die ‚über Nacht' ‚Machthaber' werden und in sich keine ererbten Gegebenheiten, sogar nicht einmal für eine automatische Fähigkeit zum Regieren besitzen, paßt sehr gut ein Ausspruch unseres teuren Lehrers, der folgendermaßen lautet:

„ ‚Dem Idioten bin ich noch nicht begegnet, der, nachdem er an alte ausgetretene Schuhe gewöhnt war, sich in eleganten modernen Stiefeln wohlfühlen würde.'

„Und tatsächlich, mein Junge, jedesmal, wenn auf deinem Planeten Erde die Wirkung des ‚Soliunensius' aufhört und unter deinen Lieblingen wieder ihre schon irgendwie festgesetzte ‚relativ normale' Existenz beginnt, machen diese ‚neugebackenen machthabenden' Wesen allerlei Schmuh, demzufolge jedesmal die Geburtsziffer sogenannter ‚Weichtiere', ‚Schnecken', ‚Läuse', ‚Ackerwanzen' und vieler anderer ähnlicher Parasiten, die alles Gute vernichten, ständig mehr und mehr zunimmt.

„Da ich schon einmal über den Bolschewismus zu sprechen begann, will ich, um dir noch ein weiteres Beispiel von der deinen Lieblingen schon ganz eigen gewordenen Sonderbarkeit der Seins-Existenz zu geben, bei dieser Gelegenheit von einem ihrer naiven Argumente erzählen, dem es nicht an Humor fehlt.

„Ihre Naivität, die nur aus einer schon außerordentlich heruntergekommenen logischen vergleichenden Seins-Überlegung entstehen kann, besteht darin, daß obgleich dort alle Ereignisse ohne Ausnahme, was ihre gegenseitigen Beziehungen betrifft, während der letzten zwei Jahrhunderte schon fast ausschließlich von selbst geschehen, das heißt, ohne Teilnahme des Bewußtseins und ohne die Absicht irgendeines heutigen Wesens, sie jedoch sowohl alle guten als auch alle schlechte Resultate, die durch diese Ereignisse entstehen, mit voller Überzeugung und sogar mit Neid dem einen oder anderen unter ihnen zuschreiben.

„Und diese Anomalität, die sich in all ihren vergeistigten Teilen festgesetzt hat, entstand aus folgenden Gründen:

„Erstens verschwanden allmählich aus ihrem allgemeinen Bestande vollständig all jene Seins-Gegebenheiten, die insgesamt im Bestande der Wesen die Eigenschaft hervorrufen können, die ‚Vorgefühl der Zukunft' heißt, weswegen ihnen vollständig die Fähigkeit fehlt, zukünftige Ereignisse in irgendeiner Weise vorauszusehen;

zweitens, da sie einen sogenannten engen ‚Gesichtskreis‘ und ein ‚kurzes Gedächtnis‘ besitzen, wissen sie nicht nur gar nichts von den Ereignissen, die vor langer Zeit auf ihrem Planeten stattgefunden haben, sondern auch nichts von dem, was ganz kürzlich, fast erst gestern, geschah; und drittens sind ihnen jene kosmischen Gesetze nicht bekannt, denen zufolge hauptsächlich diese traurigen Ereignisse unter ihnen stattfinden. Daher kommt es, daß diese deine heutigen Lieblinge mit ihrem ganzen Bestande überzeugt sind, daß jener schreckliche Prozeß, den sie ‚Bolschewismus‘ nennen, auf ihrem Planeten zum erstenmal entstand und daß es vor dieser ‚fabelhaften‘ Zivilisation nichts dergleichen jemals gab; und sie sind sogar überzeugt, daß es nur infolge der allmählich fortschreitenden Entwicklung des Verstandes der Wesen ihresgleichen auf ihrem Planeten dazu gekommen sei.

„Als sehr gutes Beispiel zur Illustrierung und Charakterisierung der phänomenalen Langsamkeit und des Stumpfsinns jenes Seins-Denkens, das sie ihr eigen nennen, kann ihr vergleichendes Urteil über ähnliche Prozesse dienen, die oftmals in der Vergangenheit auf ihrem Planeten stattgefunden haben.

„Dem gesunden Urteil eines jeden dreihirnigen Wesens nach ist es unmöglich, daß solche Prozesse nicht auch früher stattgefunden haben. Seitdem ich mich für die sonderbare Psyche dieser deiner Lieblinge zu interessieren begann und sie von allen Seiten beobachtete, bin ich selber nicht weniger als vierzigmal Augenzeuge ganz ähnlicher Prozesse gewesen, die ich Prozesse des ‚Vernichtens-von-Allem-im-Sehkreis‘ nennen würde.

„Und es ist interessant zu bemerken, daß beinahe die Hälfte dieser schrecklichen Prozesse gar nicht weit von dem Orte stattfanden, wo heute ihre, wie sie sagen, ‚Kultur-Existenz‘ konzentriert ist, nämlich auf dem Teil der Oberfläche ihres Planeten, den sie Ägypten nennen.

„Diese schauderhaften Prozesse fanden aber deswegen so oft in diesem Ägypten statt, weil dieser Teil deines Planeten lange Zeitperioden hindurch sich in bezug auf die ‚all-kosmische harmonische Bewegung' in der Lage der sogenannten ‚Schwerpunkts-Ausstrahlung' befand, und deswegen die Wirkung des kosmischen Gesetzes ‚Soliunensius' mehrfach auf den Bestand der dort vorkommenden dreihirnigen Wesen wirkte und mehrfach in ihnen eine solche Anomalität hervorrief.

„Ein Vergleich der tatsächlichen Gegebenheiten betreffs der Ereignisse, die in diesem erwähnten Ägypten tatsächlich stattfanden, mit den Gegebenheiten, die sich in der Seins-Vorstellung und im Verständnis fast jedes verantwortlichen Wesens der heutigen gepriesenen ‚Kultur' dort darüber gebildet haben und die sie gleichsam, dank ihrer schon ‚vervollkommneten Vernunft' kennen, kann als anschauliches Beispiel dafür dienen, aus welchen Gegebenheiten sich überhaupt ihr ‚logisches Denken' in der Periode ihrer verantwortlichen Existenz aufbaut und woraus es besteht. Dies gibt mir zugleich die Möglichkeit, dir noch einmal im objektiven Sinne die volle Tragweite der Verderblichkeit des Brauches, der sich im Prozeß ihrer gewöhnlichen Existenz schon endgültig eingebürgert hat und den sie selbst mit den hohen Worten ‚Erziehung' und ‚Bildung' der heranwachsenden Generation bezeichnen, vor Augen zu führen.

„Die Sache ist die, daß zu allen vergänglichen phantastischen Kunden, aus denen sich insgesamt ihre nur ihnen eigene, sonderbare Vernunft formt, auch die Geschichte dieses Ägypten gehört.

„Diese phantastische Geschichte, die gewiß von irgendeinem Hasnamuss-Kandidaten unter ihnen ausgedacht worden war, wurde bei ihnen sogar als ‚obligatorisches Fach' in allen Schulen eingeführt, in denen unter anderen ‚Dummheiten' auch diese ‚Geschichte' in ihre einzelnen

Verdichtungen, die dem Funktionieren der vergeistigten Wahrnehmungen und Äußerungen dienen, das heißt wie sie selbst sagen würden, ‚in-die-Gehirne' dieser unglückseligen zukünftigen verantwortlichen Wesen gewaltsam ‚eingepaukt' wird; und später dienen dann diese ‚eingeochsten-phantastischen-Kenntnisse' als Material für ihre Seins-Assoziationen und für ihr ‚logisch-vergleichendes-Denken'.

„Darin liegt der Grund, mein Junge, warum heute dort auf diesem unglückseligen Planeten jedes Wesen, das schon verantwortliches Alter erreicht hat, anstatt wirklicher Kenntnisse über die Ereignisse, die auf ihrem Planeten stattfanden — wie sie jedem normalen dreihirnigen Wesen zukommen — über alles nur so Bescheid weiß, wie er es sich im gegebenem Falle mit seinem Seins-Verstand über dieses Ägypten zusammenreimt und es mit seinem ganzen Sein ‚unbewußt' festhält.

„Man kann natürlich nicht leugnen, daß ein jeder von den ihres Erachtens nach schon verantwortlich gewordenen Wesen dieses deines sonderbaren Planeten — dank ihres ‚Erziehungs'- und ‚Bildungs'-Systems — auch über die Geschichte der Wesen, die in der Vergangenheit in eben diesem Ägypten existierten, Bescheid weiß.

„Wie sie aber dank der Art und Weise, in der sie ihre Kenntnisse erwerben, was sie ‚einochsen' nennen, darüber Bescheid wissen und welche Seins-Vorstellungen insgesamt in allen drei ihrer vergeistigten Seins-Teile daraus ‚resultieren', — so kannst du dir aus dem Folgenden eine anschauliche Vorstellung bilden und es klar verstehen.

„Fast jeder von ihnen ‚weiß', daß es bei diesen alten Ägyptern vierundzwanzig Dynastien gab. Wenn man aber irgendeinen von ihnen fragen würde: ‚warum gab es bei ihnen so viele Dynastien?', würde es sich herausstellen, daß er darüber niemals nachgedacht hat.

„Wenn man weiterhin auf einer Antwort besteht, wird das gleiche Wesen, das bis dahin ‚wußte' und mit seinem ganzen Wesen sicher war, daß es bei den alten Ägyptern vierundzwanzig Dynastien gab — natürlich unter der Bedingung, daß man ihm hilft, aufrichtig sein zu können und die Assoziationen, die durch sein Denken fließen, laut auszudrücken —, im günstigsten Falle den Verlauf seines logischen Denkens folgendermaßen äußern:

„Bei diesen Ägyptern gab es vierundzwanzig Dynastien. Gut... Das beweist, daß die Ägypter eine monarchische Staats-Einrichtung hatten und daß das Amt des ‚Königs' erblich vom Vater zum Sohn überging, und da es Sitte war, daß die ‚Könige', die zu einer Generation gehörten, denselben Familiennamen trugen und alle Könige, die diesen Familiennamen trugen, eine Dynastie bildeten, so gab es soviele Dynastien als es Familien gab... Dies ist vollständig ‚begreiflich' und so ‚klar' wie ‚der-Flicken-auf-den-Pluderhosen'-des-verehrten-Mulla-Nassr-Eddin.

„Wenn aber eins von den Wesen der heutigen Kultur es durchaus wünschen und weiterhin keuchen' sollte, um seinem Verstand klarzumachen, warum bei diesen alten Ägyptern die Familiennamen ihrer Könige so oft gewechselt haben, so würde — wiederum im allergünstigsten Falle — sein Seins-Denken ungefähr in folgender Reihenfolge assoziieren. Er würde sagen:

„ ‚Sicherlich kam es in diesem alten Ägypten oft vor, daß die dortigen Könige oder, wie man sie dort nannte, Pharaonen, des Herrschens müde wurden und ihre Macht an einen anderen abgaben — und dies ereignete sich ungefähr in folgender Weise und unter ungefähr folgenden Umständen.

„ ‚Nehmen wir an, daß irgendein Pharao namens ‚Hans Müller' ganz in Frieden und in seinem vollen Vergnügen lebte und über alle Ägypter herrschte.

„ ‚Und nun war dieser ‚König' oder ‚Pharao' Hans Müller

irgendeinmal dieses Regierens ‚überdrüssig' und in einer schlaflosen Nacht, in der er über seine ‚königliche-Stellung' nachdachte, stellte er zum erstenmal fest und erkannte mit seinem ganzen Bestande, daß man vom Regieren — ob man will oder nicht — müde wird und daß diese Beschäftigung überhaupt nur ein Ding ‚zum-sich-abrackern', und was persönliches Glück betrifft, weder nützlich noch gefahrlos ist.

„ ‚Pharao ‚Hans Müller' war von dieser Einsicht durchdrungen und indem er aus der Erfahrung seiner vergangenen Existenz Nutzen zog, beschloß er, sich zu bemühen, irgendwie einem anderen ‚einzureden', daß dieser ‚andere' ihn von dieser erwähnten Ermüdung, die ihm zuwider geworden war, erlöse.

„ ‚Mit dieser Absicht lud er dann wahrscheinlich einen anderen, bis dahin noch gewöhnlichen Hans Müller zu sich ein und sagte ihm in sehr höflicher Weise etwa folgendes:

„ ‚ „Mein verehrter und unvergleichlich liebenswürdiger Hans Müller. Ich will Ihnen, als meinem einzigen Freunde und Untertan, der meines Vertrauens wert ist, aufrichtig gestehen, daß ich dieses Königreichs, über das ich herrsche, schon seit langem überdrüssig geworden bin und dies vielleicht deswegen, weil ich schon zu sehr abgearbeitet bin.

„ ‚ „Was meinen teuren Sohn und Erben betrifft, dem ich meine Herrschaft sofort abtreten könnte, so ist er, trotzdem er sehr stark und gesund scheint, unter uns gesagt, weder das eine noch das andere.

„ ‚ „Als Vater, der für seine Liebe zu seinen Nachkommen bekannt ist, werden Sie zweifellos verstehen, wenn ich Ihnen sage, daß ich meinen Sohn und Erben sehr liebe und nicht wünsche, daß er regieren und sich so, wie ich selbst, abarbeiten möchte; darum eben beschloß ich, gerade Ihnen, als meinem treuen Untertan und persönlichen Freunde vorzuschlagen, mich und meinen Sohn vom

Regieren zu befreien und diese ‚hohe-Verpflichtung' auf sich zu nehmen."

„ ‚Und da dieser noch gewöhnliche Hans Müller erstens gewiß, wie man sagt, ein ‚ganzer-Kerl' war, und zweitens als großer ‚Schurke' viel ‚Ruhmsucht' besaß, so willigte er mit Tränen in den Augen ein und mit einem Schulterzucken, was bedeuten sollte: ‚Also-wenn-schon-denn-schon' — und fing am folgenden Tage zu herrschen an.

„ ‚Da der Familienname dieses zweiten Hans Müller ein anderer war, wurde vom nächsten Tage an die Zahl der ägyptischen Dynastien um eine weitere vermehrt.

„ ‚Und da viele Pharaonen jenes Ägypten des Regierens überdrüssig wurden und ihre Söhne lieb hatten und diesen deshalb nicht das gleiche wünschten, traten sie in dieser Weise ihre Herrschaft an andere ab, und somit kam es eben dort zu diesen vielen Dynastien.'

„In Wirklichkeit aber ging der Wechsel der Dynastien in diesem Ägypten nicht so einfach vonstatten, und in dem Interregnum zwischen zwei Dynastien fanden solche Umwälzungen statt, daß im Vergleich dazu dieser heutige ‚Bolschewismus' ein bloßes ‚Kinderspiel' ist.

„Während dieser heutige ‚Bolschewismus' in vollem Schwunge war, war ich mehrmals Augenzeuge, wie einige von ihnen, die zufällig — natürlich aus Gründen, die nicht von ihnen persönlich abhingen — nicht am Prozeß teilnahmen und die deswegen, halbbewußt, von außen beobachteten und sich mit ihrem ganzen Bestande über die Handlungen einzelner Wesen ihresgleichen, die die aktiven Personen in diesem schrecklichen Prozeß waren, offensichtlich empörten, nämlich über die Handlungen jener Wesen ihresgleichen, die sie diesmal ‚Bolschewisten' nannten und bis heute noch so nennen.

„Meines Erachtens wird es übrigens nichts schaden, wenn ich dir an dieser Stelle sage, daß dies ihr ‚Seins-Erlebnis', das sie vortrefflich mit den Worten ‚sich-unnütz-ernstlich-empören' bezeichnen, auch zu den unglücklichen Sonderbarkeiten der Psyche dieser unglückseligen dir lieben dreihirnigen Wesen, besonders der heutigen, gehört.

„Dank einzig dieser psychischen Anomalität werden in ihrem Bestande viele schon ohnedies gestörte Funktionierungen ihres planetischen Körpers allmählich noch mehr gestört — und auch die ihres Körpers ‚Kesdschan', falls natürlich dieser zweite Seins-Körper sich schon in ihnen bekleidet und bis zur nötigen sogenannten ‚Individualität' entwickelt hat.

„Und diese Anomalität ihrer Psyche, nämlich ‚sich-unnütz-ernstlich-zu-empören' oder, wie sie manchmal selbst sagen, ‚sich-umsonst-aufzuregen', kommt ebenfalls davon, daß aus ihrem Bestande schon längst jene Eigenschaften verschwunden sind, die alle dreihirnigen Wesen haben sollten — nämlich ein weiter ‚Seins-Gesichtskreis' und das ‚instinktive-Fühlen-der-Wirklichkeit-in-ihrem-wahren-Lichte'.

„Da diese zwei Eigenschaften in ihrer Psyche fehlen, können sie nicht einmal eine annähernde Ahnung davon haben, daß diese schauderhaften Prozesse keineswegs von einzelnen Wesen ihresgleichen verursacht werden können, sondern daß diese Prozesse auf ihrem unglückseligen Planeten aus zwei großen unvermeidlichen Ursachen entstehen. Die erste Ursache ist eben das von ihnen ganz unabhängige kosmische Gesetz ‚Soliunensius' und die zweite, die teilweise von ihnen selbst abhängt, besteht darin, daß dank insgesamt aller Resultate der anomalen Verhältnisse ihrer gewöhnlichen Seins-Existenz, die sie selbst so festgesetzt haben, die sich noch weiterhin in ihrem allgemeinen Bestand kristallisierenden Gegebenheiten zur Erzeugung des heiligen Impulses ‚Gewissen' in keinem von ihnen überhaupt am Funktionieren ihres gewöhnlichen ‚Wach-Bewußtseins' teilnehmen, weshalb eben die Wirkung der ersten Ursache solch greuliche Formen annimmt.

„Wie ich dir schon gesagt habe, können sie nicht einmal annähernd begreifen und verstehen, daß bei diesen allplanetischen schrecklichen Prozessen einzelne Personen gar nichts ausmachen und nur ganz zufällig solche Stellungen einnehmen, in denen sie, infolge der dort schon üblich gewordenen Verhältnisse der gemeinsamen Existenz gezwungen sind, die eine oder andere Rolle zu spielen, wobei sich eine solche Rolle — Gesetzen nach, die gar nicht von ihnen abhängen — in dieser oder jener Form auswirkt.

„Als ihr letzter Prozeß dieser Art in vollem Schwunge war, nämlich während dieses russischen Bolschewismus, waren die heutigen Wesen anderer Gemeinschaften sehr ernstlich empört, wenn die Wesen, die ganz zufällig in diesem traurigen Prozeß angeblich ‚aktiv' geworden waren, anderen gewöhnlichen Wesen den Befehl gaben, irgendeinen Hinz oder Kunz, wie sie dort sagen, ‚zu erschießen'.

„Zur Erläuterung meiner folgenden Erklärungen betreffs dieser schauderhaften Prozesse deiner unglückseligen Lieblinge, muß ich dir noch sagen, daß ihr letzter Prozeß auf einem großen Teil der Oberfläche dieses unglückseligen Planeten stattfand und bis heute noch fortdauert, und daß in der letzten Zeit diese deine Lieblinge an Zahl sehr zugenommen haben. Wenn man deshalb die Zahl der dreihirnigen Wesen, die während dieses letzten Prozesses vernichtet worden waren, mit der Zahl derer vergleicht, die während gleicher früherer Prozesse vernichtet worden sind, ist dieser letzte Prozeß tatsächlich ein ‚Kinderspiel'.

„Damit du dies besser verstehen und die früheren Prozesse dieser Art mit diesem heutigen ‚Bolschewismus' vergleichen kannst, werde ich dir gleich ein paar Szenen aus der vergangenen Geschichte schildern, sagen wir aus dem schon erwähnten Ägypten.

„Als in einem Interregnum zwischen zwei Dynastien dieser ägyptischen Pharaonen oder Könige ein Prozeß in der Art dieses heutigen Bolschewismus vor sich ging, erklärte das Haupt-Komitee der ‚Revolutionäre‘ dem ganzen Volke dieses Landes außer anderem, daß in kurzer Zeit die ‚Wahlen‘ der Obrigkeiten für ihre großen und kleinen Punkte oder, wie sie sagen, für Städte und Dörfer beginnen und daß sich diese Wahlen nach folgenden Prinzipien vollziehen würden.

„Zu Häuptern der Städte und Dörfer sollten die ernannt werden, die in ihre ‚geweihten‘ Schalen mehr ‚Kroanen‘ als die anderen legten; ‚Kroanen‘ aber wurden damals in Ägypten die zum Opfer bestimmten Gaben genannt.

„Die Sache ist die, daß es nach den Bestimmungen der sogenannten ‚Religion‘ der Wesen dieses Landes unter anderem Sitte war, während der religiösen Zeremonien, die in besonderen Räumen stattfanden, vor jedem gewöhnlichen Wesen, das zu diesen Zeremonien kam, eine besondere Tonschale aufzustellen, in die jedes gewöhnliche Wesen dort, nachdem es ein gewisses Gebet gesprochen, eigens für diesen Tag bestimmtes Obst oder Ackerfrüchte legen mußte.

„Die Gaben, die ‚würdig‘ befunden wurden, als Opfer dargebracht zu werden, wurden damals ‚Kroanen‘ genannt. Höchstwahrscheinlich war diese ‚Manipulation‘ von den damaligen ‚Theokraten‘ als einträgliches Geschäft zum Wohl ihrer sogenannten ‚Schmeichler‘ ausgedacht worden.

„In dem Erlaß, von dem ich dir soeben sprach, war gesagt, daß diesmal die ‚Kroanen‘ aus den Augen der ‚Unmenschen‘ bestehen müßten, wie die dortigen gewöhnlichen dreihirnigen Wesen jene Wesen hinterrücks bezeichneten, die zur Kaste der ‚regierenden Klasse‘ gehörten, wobei sie damals mit diesem Namen die Gesamtheit der Wesen dieser Kaste bezeichneten, ohne eine Ausnahme für die Wesen des ‚passiven Geschlechtes' und für Kinder und Greise zu machen.

„Weiter war in dieser Ankündigung gesagt, daß der zum Oberhaupt der Ägypter ernannt würde, der am Tage der Wahlen in seiner heiligen Schale die meisten ‚Kroanen' hätte, und in den einzelnen Städten und Dörfern die, die in ihren heiligen Schalen die verhältnismäßig größte Zahl von Kroanen hätten.

„Du kannst dir wohl vorstellen, mein Junge, was damals in jenen Tagen überall in diesem Ägypten vor sich ging, damit sie in ihren heiligen Schalen möglichst viele Augen jener Wesen, die in jener Zeitperiode zur Kaste der regierenden Klasse gehörten, ‚darbringen' konnten.

„Ein anderes Mal hin ich ebenfalls dort in Ägypten Augenzeuge einer nicht weniger schrecklichen Szene gewesen.

„Um dir eine klare Vorstellung von dieser ebenfalls schrecklichen Szene zu geben, muß ich dir sagen, daß früher dort in diesem Ägypten in jedem ihrer bedeutenden Punkte oder ‚Städte' sich ein großer Platz befand, auf dem allerlei gemeinschaftliche sogenannte ‚religiöse' oder ‚militärische' Zeremonien stattfanden, und wo während dieser Zeremonien große Massen von Wesen aus ganz Ägypten zusammenkamen.

„Diese Wesen und besonders die Massen, die im gegebenen Augenblick den schwachen Kasten angehörten, verhinderten die Zeremonien, und deshalb erließ einer der Pharaonen den Befehl, diese Plätze mit Seilen abzugrenzen, damit die, die zu den ‚niederen' Kasten gehörten, den Verlauf der Zeremonien nicht stören könnten.

„Als aber diese erwähnten Seile gespannt waren, stellte es sich bald heraus, daß sie den Druck der Menge nicht aushalten und oft reißen würden. Darauf befahl der Pharao, daß sogenannte ‚Metall-Seile' gemacht werden sollten, die die dortigen sogenannten ‚Priester' dann weihten und ‚heilige Seile' nannten.

„Diese ‚heiligen Seile', mit denen die Plätze, die öffentlichen Zeremonien dienten, umspannt waren, hatten, besonders in den großen Städten Ägyptens, eine kolossale Länge, manchmal bis zu einem ‚Zentrotino' oder, wie die heutigen Wesen sagen würden, bis zu ungefähr fünfzehn ‚Kilometern'.

„Weiterhin war ich Augenzeuge, wie die Menge der gewöhnlichen ägyptischen Wesen auf einem solchen ‚heiligen Seil' die Wesen, die bis dahin zur regierenden Klasse' gehörten, ohne Ansehen von Geschlecht und Alter aufreihten, ähnlich wie man es mit ‚asiatischem Schaschlik' macht.

„Und in der gleichen Nacht wurde dieser eigentümliche ‚Speiler' von vierzig Paar Büffeln zum Nil geschleppt und dort ins Wasser geworfen.

„Solche Lynch-Strafen habe ich viele gesehen, sowohl persönlich während meines Aufenthaltes auf der Oberfläche deines Planeten als auch durch das große ‚Teskuano' vom Planeten Mars aus.

„Und diese deine heutigen Lieblinge, die schon mehr als naiv sind, regten sich ernstlich darüber auf, daß die heutigen Bolschewisten einen gewissen Fritz Müller erschossen haben.

„Wenn man die Handlungen der dortigen dreihirnigen Wesen früherer Zeiten, die in diesem ‚psychischen Zustand' waren, mit den Taten dieser heutigen Bolschewisten vergleicht, müssen diese letzteren, das heißt die heutigen Bolschewisten, sogar noch gerühmt und muß ihnen gedankt werden, weil sie, trotzdem verschiedene Folgen der Eigenschaften des Organs Kundabuffer in ihrem ganzen Bestand wie überhaupt im Bestande der heutigen dreihirnigen Wesen dort sich schon endgültig kristallisiert hatten, im vollen Strudel jener Periode, als sie ganz und gar wie ‚Marionetten' unter der Wirkung des unvermeidlichen kosmischen Gesetzes ‚Soliunensius' standen, sich in der Art manifestierten, daß man an der Leiche des von ihnen Erschossenen wenigstens erkennen konnte, daß es eben ‚Fritz Müller' und kein anderer war."

An dieser Stelle seiner Erzählung seufzte Beelzebub tief und indem sein Blick auf einen Punkt gerichtet blieb, verfiel er in konzentriertes Nachdenken.

Hassin aber und Ahun sahen ihn mit traurigen Gesichtern, zugleich jedoch mit einem Ausdruck von Staunen und Erwartung an.

Ein wenig später machte Hassin zuerst eine ganz unverständliche Grimasse und wandte sich dann mit einer Stimme, die schmerzliche Rührung ausdrückte, an Beelzebub, der immer noch in Gedanken versunken war.

„Großväterchen, teures Großväterchen, sei so gut und äußere laut die in deinem mir besonders teuren allgemeinem Bestande vorhandenen Kunden, die du während deiner langen Existenz erworben hast und die mir zur Aufklärung der soeben in meinem Wesen entstandenen Frage dienen könnten, für deren auch nur ungefähre Vorstellung einstweilen noch in keinem der vergeistigten Teile meines Bestandes Gegebenheiten für eine logische Gegenüberstellung vorhanden sind.

„Diese in meinem Wesen entstandene Frage, deren Lösung für meinen allgemeinen Bestand schon ein Bedürfnis geworden ist, besteht darin, die Ursachen herauszufinden, warum nämlich diese unglückseligen dreihirnigen Wesen, die auf dem Planeten Erde vorkommen, wenn sie auch, ob verschiedener, nicht von ihnen abhängiger Ursachen keine Möglichkeit haben, objektive Göttliche Vernunft zu erwerben und während ihrer verantwortlichen Existenz zu besitzen, warum sich, da ihre Gattung schon so lange existiert, im Prozesse ihrer gewöhnlichen Existenz selbst unter solch anomalen Umständen, sogar nicht einmal im Laufe der Zeit solch

‚instinktiv-automatische-Gewohnheiten-und-Sitten' allmählich bildeten, die überhaupt alle Wesen erwerben sollten, und dank derer ihre gewöhnliche Existenz, sowohl die ‚egoistisch-persönliche' als auch die ‚kollektivallgemeine', mehr oder weniger erträglich im Sinne objektiver Wirklichkeit, verfließen könnte."

Nachdem er dies gesagt hatte, schaute unser armer Hassin fragend nach der Ursache der Ursachen seiner Entstehung.

Auf diese Frage seines Lieblings-Enkels hin erzählte Beelzebub folgendes:

„Natürlich haben sich, mein Junge, im Laufe langer Jahrhunderte ihrer Existenz auch bei ihnen — ebenso wie es überall auf den Planeten der Fall ist, wo Wesen entstehen, die einen Teil ihrer Existenz einfach im gewöhnlichen Prozesse verbringen — auch viele, manchmal sehr gute und für ihre gewöhnliche Existenz nützliche Sitten und sogenannte ‚moralische Gewohnheiten' allmählich gebildet und bilden sich in einigen ihrer Gemeinschaften noch heute; das Übel aber besteht darin, daß diese Seins-Güter, die sich im Laufe der Zeit im Prozesse der gewöhnlichen Existenz einbürgern und die sich mit dem Übergang von einer Generation zur anderen verbessern, entweder bald vollständig verschwinden oder sich in der Richtung ändern, daß sich diese ihre guten Sitten von selbst in ‚üble' verwandeln und die Zahl der kleinen für sie bösen Faktoren wächst, die mit jedem Jahr sowohl ihre Psyche als auch ihr Wesen selbst mehr und mehr ‚zersetzen'.

„Hätten sie oder benützten sie wenigstens diese ‚Kleinigkeiten', wie es sich für dreihirnige Wesen ziemt, so wäre dies für sie schon gut oder, wie sie selbst sagen würden, ‚es-wäre-auf-jeden-Fall-besser-als-nichts'.

„Natürlich, wenn wenigstens einige dieser im Prozeß ihrer Existenz festgesetzten guten Sitten und automatisch gewordenen ‚moralischen Gewohnheiten' sich erhielten und erblich in die Form der Existenz der nachfolgenden Generationen übergingen, so würde dadurch ihre im objektiven Sinne ‚trostlose' Existenz einem unparteiischen außenstehenden Beobachter wenigstens ein wenig versöhnend erscheinen.

„Die Ursachen der vollständigen Vernichtung und Änderung sogar dieser im Laufe der Zeit für eine erträgliche Existenz erworbenen Seins-Güter und der guten Sitten und ‚moralischen Bräuche' sind natürlich auch dieselben anomalen Verhältnisse für ihre gewöhnliche Seins-Existenz, die sie selbst festgesetzt haben.

„Ein konzentriertes Resultat, das aus den anomalen Verhältnissen ihrer Umgebung stammt, und zur Grundursache eben dieses ihres Übels wurde, besteht in jener besonderen Eigenschaft, die unlängst in ihrer Psyche entstand und die sie selbst als ‚Beeinflußbarkeit' bezeichnen.

„Dank dieser eigentümlichen Eigenschaft, die sich erst unlängst in ihrer Psyche festgesetzt hat, begann das ganze Funktionieren ihres allgemeinen Bestandes sich allmählich umzugestalten, und als Resultat fing ein jeder von ihnen an — und ganz besonders die Wesen, die im letzten ihrer Jahrhunderte entstanden und verantwortlich geworden waren — eine schon so eigenartige kosmische Bildung darzustellen, die nur dann in sich die Möglichkeit zum Handeln hat, wenn sie sich unter dem Einfluß einer anderen ähnlichen Bildung befindet.

„Und wahrhaftig, mein Junge, heute müssen diese dir lieb gewordenen dreihirnigen Wesen sowohl als einzelne Persönlichkeiten als auch als gesamte große und kleine Gruppierungen durchaus ‚Einfluß' ausüben oder unter dem ‚Einfluß' anderer stehen.

„Um dir aber eine bessere Vorstellung davon zu geben und damit du ein allseitiges Verständnis bekommst, in welcher Weise eben die von ihnen in vielen Jahrhunderten erworbenen, für ihre gewöhnliche Existenz nützlichen Sitten und automatischen Bräuche ob dieser erwähnten Eigenschaft ihrer sonderbaren Psyche spurlos verschwinden oder sich zum Üblen wenden, werden wir als Beispiel gerade jene irdischen dreihirnigen Wesen mit ihren Sitten nehmen, die von allen anderen Wesen deines Planeten ‚Russen' genannt werden und die den Hauptteil der Gemeinschaft, die sich ‚Rußland' nennt, ausmachen.

„Der Tatsache zufolge, daß die Existenz der Wesen, die die Grundlage für die Bildung dieser großen gegenwärtigen Gemeinschaft und ihrer nachfolgenden Generationen gelegt haben, während vieler Jahrhunderte in der Nachbarschaft von Wesen existierten, die zu den asiatischen Gemeinschaften gehörten, und als solche — dank verschiedener Zufälligkeiten — verhältnismäßig lange existierten, bildeten sich im Prozeß ihrer gewöhnlichen Existenz, wie es gewöhnlich bei langer Existenz der Fall ist, auch allmählich von selbst sehr viele gute Sitten und ‚moralische-Bräuche'. — Deshalb eben haben diese Russen, die oft mit den Wesen dieser für die irdischen Wesen ‚alten' Gemeinschaften zusammentrafen und manchmal in gegenseitig guten Beziehungen zu ihnen standen, ebenfalls im Prozesse ihrer gewöhnlichen Existenz allmählich viele von diesen nützlichen Sitten und ‚moralischen-Bräuchen' angenommen.

„Also, mein Junge, dank der erwähnten eigentümlichen Eigenschaft der dreihirnigen Wesen dieses deines Planeten, die, wie ich dir schon gesagt habe, bald nach der ‚Tikliamischen-Zivilisation' entstand und sich in ihrer allgemeinen Psyche festsetzte, ging eben dieses Festsetzen hauptsächlich infolge der sich immer mehr verschlechternden, von ihnen selbst geschaffenen Verhältnisse ihrer gewöhnlichen Seins-Existenz immer intensiver vor sich.

Jene besondere psychische Eigenschaft war schon von Anfang an unzertrennlich vom allgemeinen Bestand der

Wesen, die später diese größte Gemeinschaft bildeten, weshalb sie alle in früheren Jahrhunderten unter dem Einfluß der Wesen der einen oder anderen asiatischen Gemeinschaft waren und die ganze, sogenannte ‚äußere Einrichtung' sowie die ‚psychisch-assoziative-Form' ihrer gewöhnlichen Existenz ebenfalls unter diesem Einfluß verfloß.

„Und ebenfalls demzufolge, daß im allgemeinen Bestand der dreihirnigen Wesen dieses deines Planeten Erde, die auf jenem Teil der Oberfläche des Festlandes Asien wohnen, der Rußland genannt wurde und noch so genannt wird, die Seins-,Partkdolgpflicht' schließlich vollständig vernachlässigt wurde, weshalb die besagte für sie übelste Eigenschaft ihrer Psyche, nämlich die ‚Beeinflußbarkeit', allmählich immer größer wurde, und auch demzufolge, daß sie, dank der veränderten Umstände — die ebenfalls aus demselben nur auf ihrem unglückseligen Planeten schrecklichen Prozeß des periodischen ‚gegenseitigen-Vernichtens' stammten, des früheren Einflusses beraubt waren, und, weil sie keine Möglichkeiten hatten, selbständig zu existieren, gezwungen waren, unter einen neuen Einfluß zu geraten, gerieten sie unter den Einfluß der Wesen europäischer Gemeinschaften, hauptsächlich der Gemeinschaft, die es dort unter dem Namen ‚Frankreich' gibt.

„Seit die Wesen der Gemeinschaft Frankreich automatisch die Psyche der Wesen der Gemeinschaft Rußland beeinflußten, und diese in allem die Wesen jener Gemeinschaft nachzuahmen begannen, vergaßen sie allmählich alle guten Sitten, die sie sich im Laufe ihrer Existenz angeeignet hatten, und auch die ihnen schon eigen gewordenen ‚moralischen-Bräuche', die sie halbbewußt oder automatisch von den Wesen der alten asiatischen Gemeinschaften angenommen hatten, und nahmen statt dessen neue — französische — an.

„Unter den auf die Wesen der Gemeinschaft ‚Rußland‘ von den Wesen der asiatischen Gemeinschaften gekommenen nützlichen Sitten und automatischen ‚moralischen-Bräuchen‘ waren Tausende tatsächlich sehr gut.

„Nehmen wir aus diesen Tausenden von guten Sitten und nützlichen Bräuchen nur zwei als Beispiele — nämlich die Gewohnheit, nach der Einnahme der ‚ersten-Seins-Nahrung‘ sogenannte ‚Keva‘ zu kauen und die Sitte, sich periodisch in sogenannten ‚Hammams‘ zu waschen.

„ ‚Keva‘ ist eine aus verschiedenen Kräuterwurzeln bereitete Art von Mastix, die man nach dem Essen kaut und die fast nie zerfällt — man mag sie kauen solange man will — sondern im Gegenteil immer noch elastischer wird.

„Dieser Mastix wurde ebenfalls einst von einem sehr vernünftigen Wesen, das zu einer der alten Gemeinschaften Asiens gehörte, erfunden.

„Der Nutzen des Kauens dieser ‚Keva‘ besteht darin, daß sich durch dieses Kauen viel von dem, was man dort auf der Erde ‚Speichel‘ nennt, und noch andere Stoffe in den Wesen bilden, die von ihrem planetischen Körper dazu hergestellt werden, damit ihre erste Seins-Nahrung sich in ihnen besser und leichter transformieren kann, oder, wie sie selbst sagen würden, damit diese Nahrung besser und leichter ‚verdaut-und-assimiliert‘ werde.

„Durch diese Keva werden auch die Zähne gestärkt und wird die Mundhöhle von den Resten der ersten Nahrung gereinigt; zu diesem Zweck haben deine Lieblinge den Gebrauch der Keva besonders nötig, weil beim Kauen der Keva diese Reste nicht den unangenehmen Geruch durch den Mund absondern, der den heutigen dreihirnigen Wesen schon sehr eigen geworden ist.

„Und die zweite Sitte, nämlich sich von Zeit zu Zeit in besonderen Räumen, die ‚Hammam‘ genannt werden, zu waschen, ist ebenfalls von einem alt-asiatischen Wesen erfunden worden.

„Um die Notwendigkeit dieser zweiten Sitte im Prozeß der Existenz der irdischen Wesen klar zu verstehen, muß dir zuerst folgendes erklärt werden.

„Das Funktionieren des planetischen Körpers der Wesen aller Formen äußerer Bekleidung ist von der Natur im allgemeinen so eingerichtet, daß der Prozeß ihrer Ernährung durch die zweite Seins-Nahrung, das heißt durch das, was deine Lieblinge ‚Luft-einatmen‘ nennen, sich in ihnen nicht nur durch die Organe des ‚Atmens‘ vollzieht, sondern auch noch durch die sich in ihrer Haut befindenden sogenannten ‚Poren‘.

„Durch die ‚Poren‘ der Haut tritt nicht nur die frische zweite Seins-Nahrung in sie ein, sondern durch einen Teil von ihnen werden auch die nach der Umwandlung dieser zweiten Seins-Nahrung für die Ernährung des planetischen Körpers der Wesen nicht mehr verwendbaren oder schon ein Resultat der Umwandlung der Nahrung darstellenden Stoffe ausgeschieden.

„Diese Überreste müßten sich eigentlich aus den erwähnten ‚Poren‘ der Haut von selbst ausscheiden, indem sie — dank der Faktoren, die sich aus den Prozessen ergeben, die sich in demselben Milieu vollziehen, wo die gegebenen Wesen existieren, allmählich verdunsten würden, wie zum Beispiel durch die Bewegung der Atmosphäre, durch zufällige Berührungen und so weiter.

„Seit aber deine Lieblinge angefangen hatten, sich mit sogenannten ‚Kleidern‘ zu bedecken und ihre Kleider das normale Ausscheiden oder die normale Ausdünstung dieser vom planetischen Körper nicht mehr verwendbaren Teile der ‚zweiten-Seins-Nahrung‘ verhinderten, begannen diese unnützen Stoffe, die keine Möglichkeit hatten, in den Raum auszudünsten und die sich gleichzeitig immer weiter ansammelten, sich zu verdichten, und in verschiedenen Poren ihrer Haut Anhäufungen von irgendeinem ‚fettigen Etwas‘ zu bilden.

„Von dieser Zeit an begann außer anderem auch dieser Faktor das Entstehen zahlreicher und mannigfacher Krankheiten auf jenem unglückseligen Planeten zu fördern, die insgesamt die Hauptursache sind für die zunehmende Verkürzung der Existenz-Dauer dieser Unglücklichen.

„Also, mein Junge, als, wie deine Lieblinge heute sagen, ,in-fernen-alten-Zeiten' dort auf dem Festlande Asien ein weises gelehrtes Wesen namens Amambachlutr einmal während seiner bewußten Beobachtungen verschiedener Tatsachen, die außerhalb von ihm stattfinden, ganz klar feststellte, daß auch dieses sich in den Poren der Haut anhäufende ,fettige-Etwas' eine üble Wirkung auf das allgemeine Funktionieren des ganzen planetischen Körpers ausübt, begann er nach Mitteln zur Beseitigung wenigstens dieses Übels zu suchen.

„Das Resultat langer Untersuchungen und Forschungen dieses Amambachlutr und einiger anderer ebenfalls gelehrter Wesen, die damals seine Anhänger wurden und ihm zu helfen begannen, war die Überzeugung, daß es unmöglich sei zu erreichen, daß die Wesen ihresgleichen keine Kleider tragen würden, und daß es nötig sei, ein Mittel zu finden, um auf künstliche Weise diese Reste der ,zweiten-Nahrung' aus den Poren der Haut zu beseitigen, nämlich indem sie in der Psyche der Wesen ihrer Umgebung irgendeine Seins-Gewohnheit einpflanzen würden, die im Laufe der Zeit zu einem Bedürfnis und auf diese Weise zu einer Gewohnheit und Sitte für sie würde.

„Und somit verursachte das, was diese alten asiatischen gelehrten Wesen, mit dem großen Amambachlutr an ihrer Spitze, experimentell aufklärten und praktisch verwirklichten, die Einrichtung der ersten dortigen ,Hammam', die es an manchen Plätzen bis heute noch gibt.

„Damals klärten sie durch ihre wissenschaftlichen Experimente unter anderem auf, daß einfaches Waschen, auch wenn es sogar mit heißem Wasser geschieht, nicht genügt, um jene Ablagerungen aus den Poren der Haut zu entfernen, weil sich diese Absonderungen des planetischen Körpers nicht auf der Oberfläche der Haut, sondern tief in den Poren befinden.

„Ihre weiteren aufklärenden Experimente zeigten ihnen, daß die Reinigung der Poren der Haut von diesen Absonderungen nur durch langsame Erwärmung möglich wird, dank der dieses sich absondernde fette Etwas' allmählich sich auflösen und aus den Poren der Haut der Wesen ausscheiden kann.

„Eben zu diesem Zweck erfanden sie damals die besonderen Räume, die später ‚Hammam' genannt wurden, wobei sie deren Sinn und Nutzen unter den Wesen des ganzen Festlandes so zu verbreiten verstanden, daß sich in der Psyche aller damaligen asiatischen Wesen das Bedürfnis verbreitete, im Prozeß ihrer Existenz jene Räume für die erwähnte Prozedur zu benützen.

„Eben dieses Bedürfnis, von Zeit zu Zeit solche ‚Hammam' aufzusuchen, das dem Bestande der Wesen Asiens schon eigen geworden war, ging auch auf die Wesen der Gemeinschaft Rußland über.

„Und was dieses ‚fette-Etwas' betrifft, das sich in den Poren der Haut deiner Lieblinge ansammelt, so mußt du noch folgendes wissen:

„Da auch dieser Stoff, das heißt, das ‚fette-Etwas', wie es mit allem in unserem großen Weltall Existierenden der Fall ist — nicht in ein und demselben Zustande verbleiben kann, so vollziehen sich notwendig auch mit diesem Stoffe in den Poren die von der Großen Natur benötigten Prozesse der Evolution und Involution. Und als Folge davon, daß sich bei diesen Prozessen aus allen kosmischen sogenannten ‚zeitweiligen' oder ‚vorübergehenden' Entstehungen sogenannte ‚untergeordnete', das heißt durch die Trägheitsschwingungen kristallisierte ‚aktive-Elemente' ausscheiden, die, wie allen bekannt ist, die Eigenschaft besitzen, von den Geruchs-Organen der Wesen als sehr ‚kakophonisch' empfunden zu werden — so geht auf der Erde von deinen Lieblingen, die jene erwähnten ‚Hammam' nicht benützen, immer ein besonderer ‚Rastropunilo' oder, wie sie selbst sagen, ‚Geruch' aus, den sogar sie selbst ‚nicht-ganz-angenehm' finden.

„Und tatsächlich, mein Junge, auf einigen Festländern dort und hauptsächlich auf dem Festlande Europa, wo es nicht Sitte ist, in den Hammam zu gehen, war es mir, der ich ein Wesen mit sehr feinem Geruchsinn bin, sehr schwer, unter den dreihirnigen Wesen zu existieren, wegen des fortwährend von ihnen ausgehenden spezifischen ‚Rastropunilo' oder ihres, wie sie es manchmal bezeichnen, ‚Duftes'.

„Der unangenehme Geruch, der von denen ausgeht, deren Poren niemals gründlich gereinigt werden, ist so stark, daß ich ohne jede Mühe daran erkennen konnte, zu welcher Gemeinschaft ein gegebenes Wesen gehörte und nach diesen ‚Gerüchen' sogar ein Wesen vom anderen unterscheiden konnte.

„Und die Verschiedenheit dieser besonderen Gerüche hängt davon ab, wie lange die Zersetzung jener in den Poren ihrer Haut sich ablagernden fettigen Überbleibsel schon vor sich gegangen ist.

„Glücklicherweise wirken diese unangenehmen Gerüche nicht so quälend auf sie selbst.

„Und sie wirken deshalb nicht so, weil der Geruchsinn in ihnen sehr schwach entwickelt ist, und sie sich, da sie sich stets inmitten dieser Gerüche befinden, allmählich an sie gewöhnen.

„Also, mein Junge, jene Russen haben von den asiatischen Wesen auch diese Sitte übernommen, nämlich sich periodisch in besonderen ‚Hammam' zu waschen; als sie jedoch unter den Einfluß europäischer Wesen gerieten, hauptsächlich, wie ich dir schon sagte, der Wesen der Gemeinschaft ‚Frankreich', und weil diese französischen Wesen nicht die Gewohnheit haben, den ‚Hammam' zu besuchen, gaben sie die Sitte, in den Hammam zu gehen, langsam ebenfalls auf, und somit verschwand allmählich auch dieser gute Brauch, der sich seit Jahrhunderten eingebürgert hatte.

„Früher besaß fast jede russische Familie ihren eigenen ‚Hammam', als ich aber ihren Hauptexistenzpunkt, das frühere St. Petersburg, zum letzten Mal besuchte, wo diesmal schon mehr als zwei Millionen dieser russischen Wesen existierten, gab es nur noch sieben oder acht solcher ‚Hammam' und diese ‚Hammam' wurden nur von solchen Wesen besucht, die dort ‚Pförtner' oder ‚Handwerker' genannt werden, nämlich von solchen Wesen, die aus fernen Dörfern in die Hauptstadt geraten waren, in denen die Sitte, ‚Hammam' oder wie sie sie manchmal nennen ‚Badestuben' zu besuchen, noch nicht ganz verschwunden war.

„Was aber die maßgebende Bevölkerung dieser Hauptstadt betrifft, hauptsächlich Wesen, die zur ‚regierenden-Klasse' gehören, so besuchen diese Wesen in der letzten Zeit diese ‚Hammam' schon überhaupt nicht mehr, und wenn irgendein ‚Sonderling' nach alter Gewohnheit, den ‚Hammam' manchmal noch besucht, bemüht er sich, es so zu tun, daß kein anderer aus seiner Kaste davon erfährt.

„‚Das Glück sei ihm hold' — sonst wird es so viel ‚Klatschereien' über diesen ‚Sonderling' geben, daß sie unvermeidlich seine ganze künftige Karriere ‚ruinieren' würden.

„Einen ‚Hammam' zu besuchen wird von den Wesen, die zur ‚regierenden-Klasse' gehören, als sehr ‚unanständig' und ‚unintelligent' betrachtet. ‚Unanständig' und ‚unintelligent' nur deswegen, weil die gegenwärtigen ‚intelligentesten' Wesen ihres Planeten, was ihrer Vorstellung nach die Franzosen sind, den ‚Hammam' nicht besuchen.

„Jene Unglückseligen wissen natürlich nicht, daß diese Franzosen, aus immer denselben Gründen, nämlich ob der anomal eingerichteten Verhältnisse ihrer Seins-Existenz, selbst noch vor einigen Jahrzehnten nicht nur den ‚Hammam' nicht besuchten, sondern daß diese selben Franzosen, besonders ihre ‚Intelligenzia', sich nicht einmal am Morgen wuschen, um ihr damals modisches künstliches Äußeres nicht zu verderben, das schwer wieder in Ordnung zu bringen war.

„Was die andere gute Sitte, die wir als Beispiel genommen haben, betrifft, die zu befolgen noch vor zwei Jahrhunderten ein organisches Bedürfnis jedes Wesens jener Gemeinschaft Rußland war, nämlich die Gewohnheit, nach dem Gebrauche der ‚ersten Seins-Nahrung' ‚Keva' zu kauen, so gibt es diese Sitte bei den heutigen Russen schon überhaupt nicht mehr.

„Es muß auch noch bemerkt werden, daß die Sitte Keva zu kauen, sich dort unter den Wesen auf dem Festlande, das ‚Amerika' heißt, eingebürgert hat, während ich noch dort war — vorläufig aber ohne daß ihre Bedeutung verstanden wird — und daß der Gebrauch dieser Keva, oder wie sie sie umgenannt haben, des ‚Kaugummis', sich stark verbreitet und sogar die Dimensionen eines großen Zweiges des dortigen Handels einnimmt. Dabei ist es interessant zu bemerken, daß die größte Menge dieses amerikanischen ‚Kaugummis' gerade aus Rußland eingeführt wird, nämlich aus der Gegend des ‚Kaukasus'. Die Wesen, die in dieser Gegend existieren, haben keine Ahnung, warum diese ‚verrückten' Amerikaner diese für nichts und niemand nützliche Wurzel aus ihrer Gegend einführen.

„Natürlich hat keiner von ihnen die geringste Ahnung oder natürlich kommt auch keinem von ihnen der Gedanke in den Kopf, daß diese Amerikaner, die diese

‚unnütze' Wurzel einführen, und die im subjektiven Sinne wohl tatsächlich ‚verrückt' sind, im objektiven Sinne aber einfach, wie sie sich selbst ausdrücken, die Wesen Rußlands ‚bei hellem Tageslicht' berauben.

„Also, mein Junge, in dieser Weise fing eine Menge anderer guter Sitten und moralischer Gewohnheiten, die in Jahrhunderten von diesen russischen Wesen erworben worden waren, und sich schon gut im Prozesse ihrer gewöhnlichen Existenz eingebürgert hatten, in den letzten zwei Jahrhunderten, wo diese Russen unter dem Einfluß der europäischen Wesen standen, allmählich auch zu verschwinden an und dafür haben sich neue Sitten und neue moralische Gewohnheiten gebildet, in der Art der heute noch dort vorhandenen Gewohnheit, ‚den Damen die Hand zu küssen', ‚nur zu jungen Damen höflich zu sein', ‚die Gattin in der Gegenwart des Gatten nur mit dem linken Auge anzuschauen', und so fort und so weiter.

„Es muß mit einem Impuls von Bedauern betont werden, daß sich gegenwärtig dasselbe im Prozeß der gewöhnlichen Existenz der Wesen aller dortigen Gemeinschaften vollzieht, ganz gleich auf welchem Kontinent.

„Ich hoffe, mein Junge, daß du dir jetzt schon ungefähr vorstellen und die in deinem Wesen entstandene Frage beantworten kannst, warum nämlich dort, bei deinen Lieblingen, trotzdem ihre Gattung schon vor so langer Zeit entstanden ist und so lange existiert, sich bis heute kein derartiger automatischer Seins-Brauch und keine ‚instinktiven Gewohnheiten' bilden konnten, durch die ihre Existenz, wenn auch ohne objektives Bewußtsein, so doch in einer mehr oder weniger erträglichen Weise verfließen könnte.

„Ich wiederhole, daß dank der erwähnten Eigenschaft, die sich erst unlängst in ihrer allgemeinen Psyche festgesetzt hat, es heute dort schon ganz natürlich und sozusagen gesetzmäßig geworden ist, daß man immer entweder andere beeinflußt oder selbst unter dem Einfluß anderer steht.

„In beiden Fällen stellen sich die Resultate der Wirkung dieser eigentümlichen Eigenschaft ein, ohne daß sie sich dessen bewußt sind und sogar ohne daß sie es wünschen.

„Aus all dem, was ich dir über diese heutigen Russen erzählte, die sich immer an jemandem ein Beispiel nehmen und jemand nachahmen, ist leicht zu verstehen, inwieweit das Funktionieren der Gegebenheiten für ein vergleichendes-logisches-Denken im Bestand der irdischen dreihirnigen Wesen schon verschlechtert ist.

„Im allgemeinen gilt es unter allen dreihirnigen Wesen im ganzen Weltall als ganz vernünftig und unbedingt notwendig, dem Beispiel anderer zu folgen oder anderen als Beispiel zu dienen, und es ist sogar von den dreihirnigen Wesen jener großen Gemeinschaft Rußland sehr gescheit, daß sie sich ein Beispiel an den Wesen der Gemeinschaft Frankreich nehmen. Doch warum sich nicht ein Beispiel an ihrem Guten nehmen?

„Jedoch ob der erwähnten eigentümlichen Eigenschaft ihrer Psyche und ob noch einiger anderer spezifischer Züge ihres sonderbaren Charakters, die sich in ihnen — weil die Gewohnheit, manchmal ‚Seins-Partkdolgpflicht‘ auszuüben, in ihnen vollständig verschwunden ist — endgültig festsetzten, wurden diese Unglückseligen, wie man sagt, ‚obligatorische-Nachahmer‘ und begannen, sich ein Beispiel auch am Schlechten zu nehmen und sogar das Gute, das bei ihnen vorhanden war, nur deswegen zu vernichten, weil es bei anderen fehlte.

„Sie können sich zum Beispiel nicht einmal vorstellen, daß sich vielleicht bei diesen Franzosen die Verhältnisse ihrer gewöhnlichen Existenz auch im Laufe der Zeit anomal gestaltet haben und daß sie deswegen noch nicht Zeit hatten, die Notwendigkeit einzusehen, sich manchmal im ‚Hammam‘ zu waschen und nach dem Gebrauch der

‚ersten Seins-Nahrung' ‚Keva' zu kauen.

„Aber seine eigenen schon erworbenen guten Bräuche nur deswegen wegzuwerfen, weil sie nicht unter den Wesen dieses Frankreich, die sie nachahmen, vorhanden sind, das ist schon wirklich echtes ‚Truthahnentum'.

„Obgleich die sonderbare Eigentümlichkeit, die ich soeben ‚Truthahnentum' genannt habe, eine Eigenschaft fast aller dreihirnigen Wesen, die auf deinem Planeten vorkommen, geworden ist, sind doch ihre Äußerungen und Resultate besonders deutlich unter den Wesen sichtbar, die den Kontinent Europa bewohnen.

„Dies stellte ich später fest und verstand es, nachdem ich von St. Petersburg nach verschiedenen Ländern dieses Festlandes Europa gereist war, wo ich diesmal nicht so kurz wie auf meinen früheren Reisen verweilte, sondern lange, und deswegen genug Zeit hatte, die feineren Einzelheiten der Psyche nicht nur einzelner Wesen, sondern auch vieler Wesen zusammen, unter allen möglichen Verhältnissen ihrer Umgebung zu beobachten und zu studieren.

„Die Form der äußeren Existenz aller Gemeinschaften, die auf diesem Kontinent Europa existieren, unterscheidet sich sehr wenig von der Form der äußeren Existenz jener großen Gemeinschaft Rußland.

„Und die Existenzformen verschiedener Gruppierungen dieses Festlandes unterscheiden sich untereinander nur insofern, als es nach der zufällig mehr oder weniger langen Existenzdauer der gegebenen Gemeinschaft ihren Wesen möglich war, einige gute Sitten und instinktive Bräuche' automatisch zu erwerben, die dann eben den Wesen dieser Gemeinschaft eigen wurden.

„An dieser Stelle muß auch noch beiläufig bemerkt werden, daß die Existenzdauer jeder Gemeinschaft dort wirklich eine große Rolle spielt, was den Erwerb guter Sitten und ‚instinktiver Gebräuche' unter ihren Wesen betrifft.

„Jedoch zum Unglück aller dreihirnigen Wesen jeden
Vernunftgrades im ganzen Weltall ist die Existenz jeder
ihrer schon mehr oder weniger organisierten Gruppierungen, dank natürlich immer ihrer gleichen Haupteigentümlichkeit, nämlich des ‚periodischen gegenseitigen
Vernichtens', sehr kurz.

„Sobald sich im gewöhnlichen Prozeß irgendeiner ihrer
Gruppierungen gute Seins-Bräuche für eine automatische Existenz zu bilden beginnen, fängt plötzlich dieser
schreckliche Prozeß an und mit ihm werden die guten
Sitten und ‚automatischen Bräuche', die in Jahrhunderten
erworben worden sind, entweder vollständig zerstört oder
die Wesen der gegebenen Gruppierung geraten dank der
schon erwähnten Eigenschaft unter den Einfluß der Wesen
einer anderen Gruppierung, die nichts mit denen gemeinsam
haben, unter deren Einfluß sie sich bis dahin befanden;
und infolgedessen werden alle in Jahrhunderten erworbenen Sitten und ‚moralischen Bräuche' sehr bald von
anderen, ‚neuen', meistenteils ‚frühreifen' ersetzt, die nur,
wie man sagt, ‚Eintagsfliegen' sind."

XXXV. Kapitel

ÄNDERUNG IN DEM GEPLANTEN FALLKURS DES ZWISCHENSYSTEM-SCHIFFES KARNAK

An dieser Stelle seines Gespräches mit seinen Angehörigen wurde Beelzebub mitgeteilt, daß der Kapitän des Schiffes ihn um eine persönliche Unterredung bitte.

Kurz nachdem ihm Beelzebub seine Zustimmung gesandt hatte, trat der Kapitän ein und nach einer ehrerbietigen Verbeugung vor Beelzebub sagte er:

„Hochehrwürden geruhten einmal am Anfang unserer Reise zufällig ein Wort fallen zu lassen, daß Hochehrwürden auf unserer Rückkehr vielleicht beschließen würden, auf dem heiligen Planeten ‚Fegefeuer' zu landen, um die Familie Eures Sohnes Tuilan zu besuchen. Falls Hochehrwürden dies wirklich beabsichtigen, wollen Hochehrwürden mir sogleich den Befehl geben, dementsprechend zu tun, denn wir werden bald durch das Sonnensystem ‚Chalmian' fahren, und wenn wir dieses System durchkreuzt haben und dann das Fallen unseres Schiffes nicht sofort mehr nach links lenken, wird der Weg seines Fallens viel länger dauern."

„Ja, mein guter Kapitän", antwortete darauf Beelzebub, „es wird nicht schaden, wenn wir auf diesem heiligen Planeten anlegen. Wer weiß, ob sich noch einmal eine so günstige Gelegenheit für mich ergeben wird, dorthin zu gelangen, um die Familie meines teuren Sohnes Tuilan zu besuchen."

Als der Kapitän, nachdem er sich wieder verbeugt hatte,

schon im Begriffe war, wegzugehen, hielt ihn Beelzebub, dem plötzlich etwas eingefallen war, mit folgenden Worten zurück:

„Warten Sie, mein teurer Kapitän, ich will Sie nämlich ersuchen, mir noch eine andere Bitte zu erfüllen." Und nachdem sich der Kapitän, der sich ihm näherte, auf den ihm angebotenen Platz gesetzt hatte, fuhr Beelzebub fort:

„Meine Bitte an Sie besteht darin, mir ihre Einwilligung zu geben, nach dem Besuch des heiligen Planeten Fegefeuer unserem Schiffe Karnak den Fallkurs zu geben, der uns unterwegs auch noch auf den Planeten ‚Deskaldino' gelangen läßt.

„Auf diesem Planeten hat nämlich in der gegenwärtigen Periode des Zeitflusses der große Sarunurischan seinen dauernden Existenzplatz, er, der mein erster Erzieher war und sozusagen der Hauptgrund aller vergeistigten Teile meines jetzigen allgemeinen Bestandes.

„Ich würde gern — wie zum erstenmal, bevor ich in die Sphäre, in der ich entstanden war, zurückkehrte — die Gelegenheit nutzen, mich noch einmal dem ersten Schöpfer meines echten Seins zu Füßen zu werfen, umso mehr als gerade jetzt, wo ich von meiner — vielleicht letzten — Konferenz zurückkehre, wo sich nicht nur für mich allein, sondern auch für die meisten Individuen, die ich traf — die völlig zufriedenstellende Funktionierung aller meiner einzelnen vergeistigten Teile meines gegenwärtigen Bestandes erwies, weshalb in mir ein Seins-Impuls von Dankbarkeit diesem großen Sarunurischan gegenüber entstanden ist und sich unauslöschbar in mir die ganze Zeit hindurch erhält.

„Ich weiß sehr gut, mein teurer Kapitän, daß ich Ihnen damit keine leichte Aufgabe auferlege: sah ich doch schon einmal mit eigenen Augen, was für Schwierigkeiten die Erfüllung meiner Bitte mit sich brachte, damals nämlich, als ich zum erstenmal — nach der allergnädigsten Verzeihung — nach meinem Entstehungsort auf dem Planeten Karatas zurückkehrte und den Wunsch äußerte, daß wir uns auf die Oberfläche des Planeten Deskaldino niederlassen möchten. Der Kapitän des Zwischensystem-Schiffes ‚Allgegenwärtig‘ ging darauf ein und lenkte das Fallen der ‚Allgegenwärtig‘ in der Richtung der Atmosphäre dieses Planeten und erfüllte also tatsächlich meine Bitte, so daß ich vor meiner Rückkehr in meine Heimat auf die Oberfläche des Planeten Deskaldino gelangte und das Glück hatte, den großen Sarunurischan, den Schöpfer meines echten Seins, zu begrüßen und von ihm das für mich Teuerste und Wertvollste, seinen ‚Schöpfersegen‘, zu empfangen."

Auf diese Bitte Beelzebubs antwortete der Kapitän der ‚Karnak‘ folgendermaßen:

„Ganz zu Befehl, Hochehrwürden: Ich werde nachdenken, wie Ihr Wunsch am besten erfüllt werden kann; ich weiß nämlich nicht, welche Hindernisse für den Kapitän der ‚Allgegenwärtig‘ damals vorlagen: — in unserem Falle befindet sich auf dem direkten Wege zwischen dem heiligen Planeten Fegefeuer und dem Planeten Deskaldino ein Sonnensystem, das Salzmanino heißt und in dem es gerade viele solcher kosmischer Verdichtungen gibt, die für den all-kosmischen Trogoautoegokratischen Prozeß zum Zweck der Umwandlung und Ausstrahlung des Stoffes Zilnotrago bestimmt sind, und deswegen wird wohl ein hindernisloses direktes Fallen für unser Schiff Karnak schwerlich möglich sein.

„Auf jeden Fall werde ich mich bemühen, den Wunsch von Hochehrwürden auf irgendeine Weise zu erfüllen. Nachdem der Kapitän dies gesagt hatte, erhob er sich, verbeugte sich ehrerbietig und ging fort.

Als der Kapitän des Schiffes den Raum, in dem Beelzebub sich mit seinen Angehörigen unterhielt, verlassen hatte, lief Beelzebubs Enkel Hassin zu ihm hin, setzte sich wie gewöhnlich ihm zu Füßen und fing schmeichelnd an, Beelzebub zu bitten, weiter über das zu erzählen, was sich mit ihm nach seiner Abfahrt aus der Hauptstadt jener großen Gemeinschaft der Wesen des Planeten Erde, die St. Petersburg hieß, ereignete.

XXXVI. Kapitel

NOCH EIN KLEIN WENIG MEHR
ÜBER DIE DEUTSCHEN

Beelzebub begann so:
„Von St. Petersburg aus gelangte ich damals zuerst nach den sogenannten ‚Skandinavischen-Ländern‘. Erst nach meiner Reise durch diese Länder siedelte ich mich im Haupt-Punkt jener heutigen europäischen Gruppierung an, die ‚Deutschland‘ genannt wird."
Darauf tätschelte er den Krauskopf Hassins und fuhr mit einem gutmütigen und gleichzeitig — wie man sagen würde — listigen Lächeln fort:
„Da ich dir, mein Junge, eine bestimmte Vorstellung von der Sonderbarkeit der Psyche der dreihirnigen Wesen auch dieser heutigen europäischen Gruppierung geben möchte, will ich dich diesmal nicht, wie es sonst meine Gewohnheit ist, durch erläuternde Erklärungen mit verschiedenen Einzelheiten bekanntmachen, sondern will dir eine Aufgabe stellen, deren Lösung erstens dir selbst die Sonderbarkeit der Psyche der Wesen eben dieser europäischen Gruppierung vollends klarmachen und zweitens deinem aktiven Denken als vorzügliche Übung dienen wird.

„Die besondere Aufgabe, die ich mir für dich ausgedacht habe, besteht darin, daß du durch aktives Denken jene logischen Gegebenheiten herausfinden sollst, die insgesamt dir den Kern der Ursachen erklären können, weshalb gerade bei den Wesen dieser heutigen europäischen Gruppierung, in welchem Teile ihres sogenannten

‚Vaterlandes' sie auch sein mögen, eine harmlose Sitte herrscht, derzufolge, sobald einige von ihnen zu irgendeinem ‚Fest' oder nur einfach zu einem sogenannten ‚Schmaus' zusammenkommen, sie unbedingt immer ein von ihnen selbst verfaßtes, in höchstem Grade sonderbares Liedchen singen, das da lautet:

> Blödsinn, Blödsinn,
> Du mein Vergnügen,
> Stumpfsinn, Stumpfsinn,
> Du meine Lust...

„Wenn es dir, mein Junge, gelingen sollte, diese Tatsache zu erklären, wird in deinem Bestande die weise Formulierung unseres teuren Mulla-Nassr-Eddin verwirklicht werden, die in folgenden Worten ausgedrückt ist:

„ ‚Es ist das größte Glück, Angenehmes mit Nützlichem zu verbinden.' "

„Angenehm wird es dir sein, weil du damit eine vorzügliche Übung für dein aktives Denken haben wirst, und nützlich, weil du auf diese Weise die Sonderbarkeit der Psyche jener dich interessierenden dreihirnigen Wesen des Planeten Erde, die zu dieser gegenwärtigen europäischen Gruppierung zählen, vollends verstehen wirst.

„Da ich dir einmal sagte, daß die Wesen dieser gegenwärtigen Gruppierung — was die ‚Erfindung' aller erdenklichen ‚Wissenschaften' dort anbelangt — den Platz der alten Griechen einnehmen und da das Ergebnis der dir von mir gestellten Aufgabe gerade das Gegenteil betreffs ihrer Fähigkeit zu vergleichender Logik beweisen dürfte, so halte ich es für nötig, dir ein wenig zu helfen, indem ich dich noch von zwei weiteren Tatsachen unterrichte.

„Die erste Tatsache besteht darin, daß einige Worte dieses Liedchens keine entsprechenden Worte in keiner anderen Sprache haben, obgleich dein Planet wegen der dort herrschenden Unzahl von Sprachen eine ‚tausendzüngige Hydra' genannt wird — und die zweite Tatsache besteht darin, daß die Wesen dieser Gruppierung, gerade dann, als es ihnen, wie den alten Griechen einst eigen wurde, alle möglichen Mittel zur Zerstückelung ihres schon ohnedies zerstückelten sogenannten ‚logischen-Seins-Denkens' zu erfinden, sie auch noch für ihre Sprache eine sogenannte grammatische Regel ‚erfanden', derzufolge sie bis auf den heutigen Tag bei allem möglichen sogenannten ‚Meinungsaustausch' die Verneinung stets nach der Bejahung setzen, nämlich anstatt ‚Ich nicht will', ‚Ich will nicht' sagen.

„Dieser grammatischen Regel zufolge empfängt der zuhörende Teil bei jedem ‚Meinungsaustausch' immer zuerst einen Eindruck, als ob etwas geschehen würde, wodurch sich in ihm ein gewisses ‚Seins-Diardukin' oder wie sie sagen würden ‚Erlebnis' vollzieht, und erst dann, wenn der Sprechende ganz am Ende — dieser grammatischen Regel zufolge — sein berühmtes ‚nicht' ausspricht, sammelt sich im allgemeinen Bestand des Zuhörers jedesmal das an, was eben als ganzes, zwar langsam so doch sicher, in ihrer allgemeinen Psyche die erwähnte ‚Spezifität' bewirkt, und das, was du durch die dir von mir gestellte besondere Aufgabe herausfinden kannst."

XXXVII. Kapitel

FRANKREICH

Beelzebub fuhr weiter zu sprechen fort:

„Nach Deutschland hatte ich meinen Wohnsitz wieder für kurze Zeit auf dem Kontinent Europa unter den Wesen der Gemeinschaft, die ‚Italien' heißt, und nach Italien unter den Wesen jener Gemeinschaft, die eben für die Wesen der Gemeinschaft Rußland sozusagen die ‚Urquelle' zur Befriedigung jenes Lasters wurde, das sich längst im anomalen Prozeß der gewöhnlichen Seins-Existenz der irdischen dreihirnigen Wesen der letzten Jahrhunderte eingebürgert hat und ‚Beeinflußbarkeit' genannt wird — das heißt, ich ließ mich unter den Wesen der Gemeinschaft Frankreich nieder.

„Jetzt möchte ich dich, mein Junge, über die spezifischen Seiten der Psyche dieser französischen dreihirnigen Wesen unterrichten, und ich möchte dies tun, indem ich dir gleichzeitig klarmache, wie sehr sich im allgemeinen die normale Möglichkeit zur Kristallisierung aller Seins-Gegebenheiten — was die Fähigkeit angeht, unparteiisch und selbständig nachzudenken — unter den dir lieben dreihirnigen Wesen des Planeten Erde verschlechtert hat, und wie sich zur Jetztzeit in ihnen eine subjektive Wesens-Meinung über jede Wirklichkeit so bilden kann, daß sie gänzlich der entgegengesetzt ist, die sich eigentlich aus direktem und persönlichem Wahrnehmen der Eindrücke ergeben müßte.

„Meiner Ansicht nach wird es sehr gut sein, wenn wir diese französischen Wesen als Beispiel nehmen, um das klar zu machen, was ich dir soeben gesagt habe.

„Die Sache ist die, daß zur jetzigen Zeit bei den Wesen aller Gruppierungen — sowohl bei denen, die auf dem Festland Europa vorkommen, wo jetzt ihre, wie sie sich ausdrücken, ‚Kultur' konzentriert ist, als auch auf allen anderen Festländern — sich schon seit dem ersten Anfang ihrer Gestaltung in verantwortliche Wesen Gegebenheiten für ihre Vorstellung über die Individualität eben dieser Franzosen unwiderruflich kristallisieren, Gegebenheiten, die zu der bestimmten Auffassung führen, daß diese Franzosen aus der Zahl aller Wesen ihresgleichen auf ihrem Planeten, wie sie es ausdrücken, die ‚Lasterhaftesten' und ‚Unsittlichsten' sind.

„Zuvor, nämlich ehe ich die Gemeinschaft Frankreich zu meinem ständigen Wohnsitz gewählt hatte, hatten sich in meinem allgemeinen Bestand Gegebenheiten für die gleiche Vorstellung über sie gebildet, weil überall, wohin ich kam und unter Wesen aller möglichen Gruppierungen dort, die zur Jetztzeit auf fast allen Festlandsteilen der Oberfläche dieses deines Planeten existieren, ich oft in allen möglichen Gesprächen diese Meinung über die französischen Wesen vernommen hatte.

„Obgleich ich früher, wie ich dir schon gesagt habe, einige Male in dieser Gemeinschaft Frankreich gewesen war, hatte ich doch bei meinen früheren Besuchen nicht besonders auf die Absonderlichkeiten der Psyche dieser Wesen geachtet, noch auf die Meinung, die fast alle Wesen der anderen Gemeinschaften dort über sie hatten.

„Diesmal jedoch, wo ich mich in einer der dortigen Provinzstädte niederließ, und mein Bestand, natürlich instinktiv, erwartete, Eindrücke von den ‚lasterhaften' und ‚unsittlichen' Äußerungen der dortigen dreihirnigen Wesen wahrzunehmen, stellte ich zu meiner großen und immer wachsenden Verwunderung fest, daß ich nichts dergleichen gewahren konnte.

„Etwas später, als ich mich unter sie mischte und mich

sogar mit einigen von ihnen und ihren Familien befreundete, begannen nicht nur die Gewohnheiten zu dieser sogenannten ‚automatischen Meinung‘ sich in mir zu dekristallisieren, sondern es fingen sich die nötigen ‚Seins-Gegebenheiten‘ in mir zu kristallisieren an, mit denen ich ergründen konnte, aus welcher Ursache eigentlich im Bestande der Wesen der anderen Gemeinschaften sich die Gegebenheiten zu einer Meinung über die Franzosen kristallisiert hatten, die der Wirklichkeit nicht entsprach.

„;Dies interessierte mich mit jedem Tag mehr, weil es mir, während ich unter ihnen weilte, nach und nach klar wurde, daß die Wesen dieser Gemeinschaft nicht allein nicht die ‚lasterhaftesten‘ und ‚unsittlichsten‘ sind, sondern im Gegenteil die ‚patriarchalischsten‘ und ‚sittsamsten‘ aller dreihirnigen Wesen auf dem Kontinent Europa.

„Darauf begann ich sie aufmerksam zu beobachten und entsprechende Auskünfte über sie zu sammeln, um mir eben diese Frage klarzumachen.

„Solange ich mich dort, in jener Provinzstadt, aufhielt, konnte ich nichts in dieser Hinsicht herausfinden. Später aber, als ich in die Hauptstadt dieser französischen Wesen kam, wurden die Ursachen auch dieses Mißverständnisses meiner Vernunft nach und nach klar.

„Zur Aufklärung dieser Ursachen dienten mir damals die folgenden Tatsachen und auch meine unparteiischen Beobachtungen und Erwägungen.

„Als ich diesmal nach jener Hauptstadt, ‚Paris‘ genannt, kam, die, nebenbei gesagt, jetzt schon gänzlich in der ‚Logiknesternischen Kristallisation‘ der jetzigen dreihirnigen Wesen deines Planeten, die auf allen Festländern dort vorkommen, zu einem Zentrum ihrer eingebildeten Kultur geworden ist, wie es zu ihrer Zeit für die Wesen früherer Epochen die Städte Samlios, Kurkalai, Babylon und so weiter waren, fuhr ich gleich vom Bahnhof in das

Hotel, das mir von einem Bekannten noch in der Stadt Berlin empfohlen worden war.

„Die erste Feststellung, die ich machte, war, daß alle Angestellten des Hotels Ausländer waren, die vorzugsweise englisch sprachen, wogegen noch nicht lange zuvor alle Angestellten desselben Hotels nur russisch gesprochen hatten.

„Schon am Tag nach meiner Ankunft in diesem modernen Samlios suchte ich ein Wesen, das der sogenannten Gemeinschaft Persien angehörte, auf, zu dem ich von einem meiner guten Bekannten in der Hauptstadt dieser Gemeinschaft eine Einführung hatte.

„Dieser mein Bekannter, der Perser, schlug mir am Abend jenes Tages vor, mit ihm nach dem sogenannten ‚Boulevard des Capucines' zugehen, um dort ein Weilchen in dem damals berühmten ‚Grand Café' zu sitzen.

„Als wir in dieses ‚Grand Café' kamen, setzten wir uns an eines der Tischchen, die, wie es dort in Paris üblich ist, die Hälfte des Bürgersteiges einnehmen.

„Wie ich dir schon einmal sagte, ist für die Wesen des Kontinents Europa das ‚Café' dasselbe, was für die Wesen, die auf dem Festland Asien wohnen, ihr ‚Tschaikana' ist. Der Unterschied besteht nur darin, daß man auf dem Festland Asien in den ‚Tschaikanas' den Besuchern irgendeine rötliche Flüssigkeit zu trinken gibt, die aus einer dort bekannten Blume ausgedrückt wird, wogegen es in den Gaststätten auf dem Festland Europa eine Flüssigkeit zu trinken gibt, die erstens gänzlich schwarz ist, und von der zweitens niemand außer dem Gastwirt weiß, woraus sie ausgedrückt wird.

„Wir begannen die uns servierte schwarze Flüssigkeit zu trinken, die ‚Kaffee' genannt wird.

„Ich bemerkte dort auch, daß alle Angestellten dieses ‚Grand Cafés' oder, wie man sie dort nennt, die ‚Kellner', Wesen aus anderen Gruppierungen waren, vorzugs-

weise aus der europäischen Gemeinschaft, die ‚Italien'
heißt.

„Du mußt wissen, daß im allgemeinen in diesem Viertel der Stadt ‚Paris' oder in diesem ‚Ausländer-Paris'
jedes Geschäft eine Spezialität der Wesen irgendeiner
zeitgenössischen Gemeinschaft dieses Festlandes Europa
oder anderer Festländer führt.

„Und nachdem wir uns an ein Tischchen in diesem
gepriesenen ‚Grand Café', oder vielmehr auf der Straße
vor diesem ‚Grand Café', gesetzt hatten, begannen wir
die vorbeigehenden Leute, die auf der anderen Hälfte des
Bürgersteiges vor diesem ‚Grand Café' auf und abschlenderten, zu beobachten.

„Unter dieser dahinschlendernden Menge waren Wesen fast aller verschiedenen Gruppierungen, sowohl von
diesem Kontinent Europa als auch von anderen Kontinenten, natürlich vorzugsweise Wesen solcher Gemeinschaften, die in jener Epoche an der Reihe waren, wohlhabend
zu sein, und so gab es in dieser Menge überwiegend
Wesen des Kontinents Amerika.

„Die Wesen vom Kontinent Amerika nehmen in der
letzten Zeit dort in Paris gänzlich den Platz der Wesen
der großen Gemeinschaft Rußland ein, seit dem ‚Tod'
dieser Letzteren.

„Es spazierten dort hauptsächlich Wesen aus der Kaste
der herrschenden Klasse, die oft dorthin, wie sie sagen,
in die ‚Hauptstadt der Welt' kommen, um sich zu ‚amüsieren'.

„Es gab auch viele Geschäftsleute unter ihnen, die
wegen der sogenannten ‚Modewaren' nach Paris kamen,
hauptsächlich wegen Parfümerie und Damenkonfektion.

„In dieser verschiedenartigen Menge, die am ‚Boulevard
des Capucines' vorbeiging, konnte man auch viele junge
Leute bemerken, die dorthin kamen, um die ‚modernen
Tänze' tanzen und ‚moderne Hüte' machen zu lernen.

„Als wir, dieweil wir miteinander sprachen, diese gemischte Menge betrachteten, auf deren Gesichtern die Befriedigung ob der Erfüllung eines langersehnten Traumes ausgedrückt war, machte mein neuer Bekannter, der junge Perser, plötzlich ein verwundertes Gesicht und wies mit dem Finger auf ein vorbeigehendes Paar:

„ ‚Sieh da! Sieh da! Dort gehen echte Franzosen!‘

„Ich sah hin und erkannte, daß dieses Paar wirklich sehr den Wesen ähnlich war, die ich in den Provinzstädten dieser Gemeinschaft Frankreich gesehen hatte.

„Als sie wieder in der Menge verschwunden waren, begannen wir den Grund zu erörtern, um zu verstehen, warum dieses echte französische Paar in diesen Teil ihrer Hauptstadt kam.

„Nach verschiedenen Mutmaßungen kamen wir zu der Übereinstimmung, daß dieses Paar jedenfalls in irgendeinem entlegenen Viertel des echten französischen Paris wohnte und zu irgendeinem Familienfest zu ihren Angehörigen in ein anderes Viertel dieses französischen Paris, das gerade in der entgegengesetzten Richtung lag, gegangen war.

Offenbar hatten sie auf diesem Familienfest etwas zuviel getrunken, und als sie nach Beendigung des Festes nach Hause zurückkehrten, wollten sie keinen Umweg machen und beschlossen, den direkten Weg zu wählen. Und dieser direkte Weg führte offenbar an dem ‚Grand Café‘ vorbei.

„Wahrscheinlich waren diese echten ‚Franzosen‘ allein aus diesem Grunde in jenes Viertel von Paris geraten.

„Dieweil wir sprachen, betrachteten wir weiter die schlendernde Menge, die nach der letzten Mode aufgeputzt war.

„Obgleich die meisten von ihnen nach der letzten Mode aufgeputzt waren, konnte man doch an allem deutlich erkennen, daß ihre Kleider gerade erst am gleichen oder vorigen Tage gekauft worden waren, und bei aufmerksamer Beobachtung und wenn man ihre Gesichter mit ihren Kleidern verglich, konnte man sich zweifellos überzeugen, daß sie bei sich zu Hause, in ihrem gewöhnlichen Existenzprozeß, nicht sehr oft die Möglichkeit hatten, sich reich zu kleiden und sorgenfrei zu fühlen.

„Als unter diesen ausländischen ‚Fürsten auf Besuch‘, wie einige von den ‚Einheimischen‘ sie nennen, alle möglichen ausländischen, ‚Professionelle-beiderlei-Geschlechts‘, die in diesem Teil von Paris schon ‚gut-akklimatisiert‘ waren, ‚in Massen‘ erschienen, schlug mir mein neuer Bekannter, der junge Perser, vor, daß er mein Pariser Cicerone werden wolle und daß wir alle ‚berüchtigten‘ Pariser Plätze besuchen und uns die ‚französische-Verderbtheit‘ ansehen wollten.

„Ich willigte ein, und wir gingen von diesem ‚Grand Café‘ zu einem sogenannten ‚Freudenhaus‘ in der Nähe.

„Dort erfuhr ich als erstes, daß der Inhaber dieser ‚edlen Anstalt‘ ein spanischer Jude war.

„In den Räumen dieses Hauses gab es eine Unmenge Frauen: ‚Polinnen‘, ‚Wienerinnen‘, ‚Jüdinnen‘, ‚Italienerinnen‘ und sogar zwei ‚Negerinnen‘.

„Ich wollte sehen, wie eine echte Französin in dieser Umgebung aussähe, doch fand ich durch mein Nachfragen heraus, daß es in dieser Anstalt keine echten Französinnen gab.

„Nach diesem Freudenhaus gingen wir wieder die Boulevards entlang und beobachteten die verschiedenen schlendernden Menschenmassen.

„Und auch dort begegneten wir wieder einer Unzahl Wesen weiblichen Geschlechts mit offensichtlichen Zeichen des Zieles ihrer ‚nächtlichen Suche‘ auf diesen Boulevards.

„All diese Frauen gehörten entweder den schon obengenannten Nationen an oder einigen anderen, denn es gab dort auch ‚Schwedinnen‘, ‚Engländerinnen‘, ‚Russinnen‘, ‚Spanierinnen‘, ‚Moldauerinnen‘ und so weiter, aber fast keine echten Französinnen.

„Bald hielten uns ein paar verdächtige Wesen männlichen Geschlechtes an und schlugen uns vor, mit ihnen einen ‚Grand Duc‘ zu machen.

„Anfangs verstand ich nicht, was ‚Grand Duc‘ bedeutete, doch nach verschiedenen Nachfragen klärte es sich auf, daß diese merkwürdigen Worte erst kürzlich einen bestimmten Sinn erhalten hatten, nämlich in der Zeit, als das jetzt schon verstorbene ‚monarchistische Rußland‘ noch blühte.

„Es stellte sich heraus, daß in jener Zeit die Wesen, die der Kaste der regierenden Klasse jenes verstorbenen Rußland angehörten, Paris sehr liebten und oft in diese ‚Hauptstadt der Welt‘ kamen und daß fast jeder von ihnen aus reinem Übermut sich dort für eine sogenannte ‚Person von Adel‘ ausgab, für einen ‚Grafen‘ oder ‚Baron‘ oder ‚Fürsten‘, doch meistens für einen ‚Großfürsten‘, was auf französisch ein ‚Grand Duc‘ ist. Und da sie alle unbedingt die verdächtigen Plätze des ausländischen Paris‘ besuchten, nennen die beruflichen Führer einen solchen Spaziergang heute noch ‚Tournée du Grand Duc‘, was auf deutsch die ‚großfürstliche Runde‘ heißt.

„Nachdem wir einen solchen Führer genommen hatten, zogen wir aus, um die nächtlichen ‚Sehenswürdigkeiten‘ dieses modernen Kurkalai zu besuchen.

Wir besuchten verschiedene ‚Höhlen‘ dort; wir waren im Café der ‚Homosexuellen‘, im Klub der ‚Lesbierinnen‘ und in vielen anderen Lasterherden, wo alle möglichen Anomalitäten vor sich gehen, die sich von Zeit zu Zeit in allen Haupt-Kulturzentren dieser Unseligen wiederholen.

„Von diesen berüchtigten Stätten gelangten wir endlich auf die Straßen des gepriesenen sogenannten ‚Montmartre‘, nicht eigentlich auf den Montmartre selbst, sondern in ein Viertel des unteren Teils der Gegend gleichen Namens, wo es alle möglichen, nächtlichen, verderblichen, ‚berüchtigten Anstalten' im Überfluß gibt, die jedoch nicht für die Wesen dieser Gemeinschaft Frankreich, sondern ausschließlich für die Wesen bestimmt sind, die aus anderen selbständigen Gruppierungen stammen, oder, wie sie selbst sagen, für ‚Ausländer'.

„Neben diesen berüchtigten Anstalten gibt es auch eine Menge von Nachtrestaurants, auch für ‚Ausländer auf Besuch', die während der ganzen Nacht offen sind.

„Überhaupt ist dieses ganze Viertel nur nachts belebt; am Tage ist es, wie man sich dort ausdrückt, fast ‚tot', und von den ‚Ausländern auf Besuch' kommt dann keiner dorthin.

„ In allen diesen Restaurants gibt es sogenannte ‚offene Bühnen', auf denen man verschiedene ‚erstaunliche Dinge' zeigt, die unter Wesen ihresgleichen, die zu anderen Gemeinschaften auf anderen Teilen der Oberfläche ihres Planeten gehören, vorkommen sollen.

„Man zeigt den ‚Bauchtanz' der Afrikaner, die Kaukasier mit ihren Dolchtänzen, die Mulattin mit ihren Schlangen, mit einem Worte alles, was in dieser Saison als ‚Modeneuheit' gilt.

„Aber alles, was dort auf den Montmartre-Bühnen als etwas gezeigt wird, was unter Wesen ihresgleichen auf anderen Kontinenten ihres Planeten vorkommen soll, hat auf keinen Fall etwas mit dem zu tun, was ich, der ich überall gewesen bin und mich immer sehr dafür interessiert habe, alle spezifischen Äußerungen jeder gegebenen Gegend zu sehen und zu studieren, dort an Ort und Stelle gesehen habe.

„In der letzten Zeit waren auf diesem Montmartre sehr viele sogenannte besondere ‚russische Restaurants' eröffnet worden und sowohl in diesen ‚russischen Restaurants' als auch in anderen Restaurants sind die sogenannten ‚Künstler' oder ‚Schauspieler' eben Wesen der großen Gemeinschaft Rußland und meistenteils Wesen der früheren herrschenden Klasse dort.

„Es wird nicht schaden, hier zu sagen und deine Aufmerksamkeit darauf zu lenken, daß die Väter und Großväter dieser ‚Künstler' oder ‚Schauspieler' der jetzigen ‚Montmartre-Theater-Restaurants' noch vor ganz kurzer Zeit auch dort auf dem Montmartre in verschiedenen Anstalten — dank selbstverständlich dem sogenannten ‚Bauernschweiß' — die individuelle Würde der Wesen anderer Gemeinschaften verlachten und beleidigten, und daß jetzt ihre Kinder und Enkelkinder erniedrigt sind und als Objekt für die Befriedigung der ‚hasnamussischen Launen' der sogenannten ‚viel-Geld-habenden-Wesen' der anderen Gemeinschaften dienen.

„Was diese Lage der Dinge betrifft, so hat unser weiser Mulla-Nassr-Eddin auch dafür einen sehr weisen Spruch. Er sagt nämlich:

„‚Wenn ein Vater gern, wenn auch nur auf Kinderschlitten fährt, muß sich sein Sohn unbedingt darauf gefaßt machen, daß er die großen Dorfschlitten den Berg hinaufziehen muß.'

„Als ich in einem von diesen Restaurants mit dem obenerwähnten Perser, meinem neuen Freund, saß, riefen ihn irgendwelche andere Bekannte, auch Perser, zu sich, und ich blieb allein an dem Tischchen mit dem Champagner, den man in diesen Restaurants auf dem Montmartre in der Nacht unbedingt bestellen muß."

An dieser Stelle seiner Erzählung seufzte Beelzebub tief und fuhr dann fort:

„Gerade jetzt, wo ich dir von diesem Abend erzähle, den ich in einem Restaurant auf dem Montmartre unter den zeitgenössischen Wesen, die auf dem dir lieben Planeten Erde vorkommen, verbrachte, stand unwillkürlich das

‚Seins-sarpitimnische Erlebnis' wieder in mir auf, das ich damals hatte und die Erinnerung an all das, was ich erlebte, ist in diesem Augenblick in allen drei vergeistigten Teilen meines allgemeinen Bestandes so intensiv und bringt so viele Assoziationen mit sich, daß ich gezwungen bin, das begonnene Thema zu verlassen, um dir meine traurigen und kummervollen Überlegungen mitzuteilen, die in mir in meiner Einsamkeit in dieser fürchterlichen Umgebung auf dem Montmartre vor sich gingen, nachdem der besagte junge Perser, der mein Pariser Cicerone geworden war, mich verlassen hatte.

„Damals nämlich vollzog sich in mir zum zweiten mal in der langen Zeit meiner Existenz der gleiche Prozeß des ‚Seins-sarpitimnischen Erlebnisses' und rief in meinem ganzen Bestand eine Empörung hervor ob verschiedener Unvorhergesehenheiten seitens unserer Allerhöchsten Allerheiligsten Kosmischen Individuen und ob aller daraus folgenden objektiven Unglücke, die sowohl auf diesem Planeten Erde als auch in unserem ganzen Großen Weltall entstanden sind und möglicherweise noch weiter entstehen.

„Wie konnten sie in ihren Berechnungen der harmonischen Bewegung der kosmischen Verdichtungen nicht voraussehen, daß der Komet ‚Kondur' mit diesem unglückseligen Planeten Erde zusammenstoßen würde?

„Wenn sie dies, wie sie sollten, vorausgesehen hätten, würden alle folgenden unseligen Folgen, von denen eine aus der anderen kam, nicht entstanden sein und es wäre nicht nötig gewesen, den ersten dreihirnigen Wesen jenes Unglücks-Planeten das für sie verderbliche Organ ‚Kundabuffer' einzupflanzen, das die Ursache aller folgenden bejammernswerten und erschreckenden Resultate war.

„Zwar wurde später dieses für sie verderbliche Organ, nachdem es nicht mehr länger nötig war, vernichtet, aber dabei sahen sie wieder nicht voraus, daß mit der Vernichtung des Organs selbst leider nicht die Möglichkeit vernichtet wurde, daß in der Zukunft die Gegebenheiten zu den Folgen seiner Eigenschaften sich durch eine bestimmte Existenzart der Wesen leicht im Bestande ihrer Nachkommenschaft kristallisieren würden.

„Mit anderen Worten: dieses zweite Mal sahen sie nicht voraus, daß selbst, wenn es möglich wäre, dieses Organ zu vernichten, doch das kosmische Grundgesetz Heptaparaparschinoch mit seinen ‚Mdnel-Ins' — im Sinne des Evolutionsprozesses für die dreihirnigen Wesen des Planeten Erde wie auch für alles im ganzen Weltall Existierende — weiter bestehen bleiben würde.

„Besonders durch die zweite fast verbrecherische ‚Unvorhergesehenheit' ergab sich eben jene erschreckende Lage für die dreihirnigen Wesen dort, nämlich daß obwohl einerseits in ihrem allgemeinen Bestande wie im Bestande aller dreihirnigen Wesen unseres großen Weltalls alle Möglichkeiten für die Bekleidung der ‚höheren Seins-Körper' vorhanden sind doch gleichzeitig anderseits durch die ihnen vererbte Kristallisierung verschiedener Folgen der Eigenschaften des Organs Kundabuffer es für sie fast unmöglich ist, die in ihnen bekleideten höheren Teile zum erforderlichen Grade von Vervollkommnung zu bringen. Und da nach den all-kosmischen Grundgesetzen eine Bildung wie die im Bestand der dreihirnigen Wesen höheren Seins-Teile nicht der Verwesung auf Planeten unterworfen sind, der planetische Körper der Wesen jedoch nicht ewig auf den Planeten existieren kann und ihm der Prozeß des heiligen ‚Raskuarno' unausbleiblich zur rechten Zeit widerfahren muß, so müssen diese unglücklichen höheren Körper, die in irdischen dreihirnigen Wesen entstehen, unbedingt für immer in allen möglichen äußeren planetischen Formen schmachten.

„Dieweil ich damals einsam im Restaurant auf dem Montmartre saß und deine zeitgenössischen Lieblinge dort beobachtete, fuhr ich in meinem Nachdenken fort:

„Wie viele Jahrhunderte sind seit der Zeit vergangen, wo ich anfing, die Existenz der dreihirnigen Wesen dieses unglückseligen Planeten zu beobachten!

„In diesen langen Jahrhunderten wurden viele heilige Individuen eigens von Oben zu ihnen gesandt, um ihnen zu helfen, sich von den Folgen der Eigenschaften des Organs Kundabuffer zu befreien, aber trotzdem hat sich dort nichts geändert und der ganze Prozeß der gewöhnlichen Seins-Existenz ist derselbe geblieben.

„Es ist kein Unterschied zwischen den dreihirnigen Wesen dieses Planeten, die fast vor hundert ihrer Jahrhunderte existierten, und den zeitgenössischen.

„Sind nicht die Wesen, die hier sitzen, genau so und betragen sie sich nicht auf eine ihnen ebenso ungeziemende Weise wie die Wesen der Stadt Samlios auf dem Festland Atlantis, die von allen damaligen dreihirnigen Wesen als der Quell- und Konzentrationspunkt der für ‚die-Vervollkommnung-ihrer-Vernunft-erreichten-Resultate' gehalten wurde oder, wie die dortigen zeitgenössischen Wesen sagen würden, ihr ‚Haupt-Kulturzentrum', und wo ich auch unter den damaligen Wesen in ihren ‚Sakrupiaken' saß, wie man damals ähnliche Restaurants nannte?

„Und nach dem Untergang der Atlantis und nachdem viele, viele Jahrhunderte vergangen waren und ich mich auf dem Kontinent Asien in der Stadt Kurkalai aufhielt, dem neuen Kulturzentrum jener alten Gemeinschaft dort, die Tikliamisch hieß und manchmal unter ihnen in ihren ‚Kaltanen' saß, die den jetzigen Restaurants glichen, war ich nicht dort Zuschauer ähnlicher ‚Szenen'?

„Jener dicke zeitgenössische Mann mir gegenüber, mit dem kolossalen Auswuchs am Hals, der dort mit zwei jungen Straßendirnen sitzt . . . wenn man ihn in das Kostüm eines ‚Kafirianer' stecken würde, wäre er nicht genau der gleiche Typ wie der, den ich damals in den ‚Kaltanen' der Stadt Kurkalai sitzen sah?

„Oder dort links, an dem anderen Tisch, jener moderne junge Mann, der mit einer quiekenden Stimme die Gründe für die Unordnungen, die in irgendeiner Gemeinschaft vorgekommen waren, seinen Zechgenossen so überzeugend darlegt ... setze ihm ein ‚Tschambardack' auf, und er sieht genau dem echten, wie man sie damals nannte, ‚Klian-vom-Lande' ähnlich.

„Und jener lange Mann, der sich für einen großen Herrn ausgibt und einsam in der Ecke sitzt und von Zeit zu Zeit der Dame dort, die mit ihrem Mann in der benachbarten Gesellschaft sitzt, Blicke zuwirft ... ist er nicht ein echter ‚Verunkier'?

„Und diese Kellner, die genau wie Hunde mit den Schwänzen zwischen den Beinen, die Leute, die hier herumsitzen, bedienen ... sind sie nicht ‚asklayische Sklaven'?

„Und war es nicht dasselbe in ihrer majestätischen Stadt Babylon, wo ich auch viele Jahrhunderte später war? Waren nicht die dreihirnigen Wesen der Stadt Babylon genau wie die ‚Asklayer', ‚Kafirianer', ‚Verunkier', ‚Kilianer' und so weiter ... ?

„Nur ihre Kleidung und die Namen ihrer Nationalitäten haben sich geändert.

„In babylonischen Zeiten wurden sie ‚Assyrer', ‚Perser', ‚Sikitiner', ‚Araber' genannt und mit verschiedenen anderen auf ‚er' endenden Namen.

„Ja ... Und jetzt bin ich wieder nach so vielen Jahrhunderten in ihrem zeitgenössischen Kulturzentrum, in der Stadt Paris.

„Und wieder ist es dasselbe ... Lärm, Geschrei, Gelächter, Geschimpfe, wie in der Stadt Babylon, wie in der Stadt Kurkalai, wie schon in Samlios, ihrem ersten Kulturzentrum ...

„Und kommen diese dreizentrischen Wesen von heute nicht zusammen, um die Zeit in einer für dreizentrische Wesen ebenso ungeziemenden Weise zu verbringen wie die dreizentrischen Wesen in allen früheren Perioden der Existenz dieses unglückseligen Planeten es taten?

„Und in der Zeit, in der ich diese Unseligen beobachtete, verschwanden nicht allein ganze Völker mit vielen dieser Kulturzentren spurlos vom Angesicht dieses Planeten, sondern auch die Festländer, auf denen sie existierten, veränderten sich gänzlich und verschwanden ebenfalls vom Antlitz ihres Planeten, wie es zum Beispiel mit dem Festland Atlantis geschah.

„Nach Samlios war der Kontinent Grabonzy ihr Zentrum. Verschwanden nicht auch dort auf dem Festland Afrika die Völker, die es einst bewohnten? Und wenn auch dieser Kontinent selbst nicht verschwand, so ist doch der Platz, wo sein Zentrum war, jetzt mit Sand bedeckt, so daß dort außer der sogenannten ‚Wüste Sahara‘ nichts mehr existiert.

„Wieder vergingen viele Jahrhunderte, und ihr nächstes Zentrum bildete sich in Tikliamisch. Was ist von ihm übriggeblieben, außer der Wüste, die jetzt ‚roter Sand‘ genannt wird?

„Wenn aber zufällig irgendeine früher berühmte Völkerschaft in ihrer tausendsten Generation doch noch übrig ist, fristet sie ihr gänzlich nichtiges Dasein irgendwo nicht weit von dem Platze, wo diese Völkerschaft früher wohnte.

„Danach vergingen wieder viele Jahrhunderte.

„Ich sah ihr Zentrum Babylon. Was ist von diesem wahrhaft großen Babylon übriggeblieben? — Ein paar Steine von der Stadt selbst und ein paar ‚Überbleibsel‘ der einst großen Völkerschaften, die, obwohl sie noch weiter existieren, doch von den zeitgenössischen Wesen für ganz unbedeutend gehalten werden.

„Und was wird aus diesem zeitgenössischen Kulturzentrum, der Stadt Paris, werden und aus all den heute mächtigen Völkern, die es umgeben, aus ‚Franzosen‘,

‚Deutschen', ‚Engländern', ‚Holländern', ‚Italienern', ‚Amerikanern' und so weiter . . . die kommenden Jahrhunderte werden es zeigen.

„Inzwischen steht nur eines fest: jene unglückseligen Keime der ‚höheren Seins-Körper', die in einigen dreihirnigen Wesen dort entstanden sind und noch entstehen, müssen, wie ich schon sagte, im Bestand aller möglichen anomalen Formen schmachten, die dieser unglückselige Planet Erde ob der ungesetzmäßigen Folgen, die aus dem Mangel an Voraussicht einiger unserer Höchstheiligen Allkosmischen Individuen entstanden sind, hervorbringen muß.

„Ich war noch ganz in diese Gedanken versunken, die für mein Wesen persönlich so traurig waren, als mein neuer Freund, der junge Perser, zurückkehrte.

„Nachdem wir noch ein wenig länger in jenem Restaurant gesessen hatten, wo es schon sehr laut, und die Luft sehr stickig geworden war, beschlossen wir, in ein anderes Restaurant, auch dort auf dem Montmartre, zu gehen.

„Doch als wir aufstanden und schon im Begriff waren, wegzugehen, sprach eine am nächsten Tisch sitzende Gesellschaft von Wesen, die unserem Gespräch über den neuen Platz, wo wir hingehen wollten, zugehört hatten, uns an und bat uns, an ihrem Tisch Platz zu nehmen und später mit ihnen zusammen zu dem beabsichtigten Lokal zu gehen. Sie baten uns, zu warten, bis ein Freund von ihnen ankäme.

„Es stellte sich heraus, daß unsere neuen Bekannten Wesen aus dem Kontinent Amerika waren.

Obgleich es in diesem Restaurant immer ungemütlicher wurde und der Lärm der betrunkenen Stimmen zunahm, willigten wir trotzdem zunächst ein, auf ihren Freund zu warten; als aber in einer entfernten Ecke der Halle dieses Restaurants plötzlich ein Skandal entstand, gingen wir hinaus, ohne auf diese amerikanischen Wesen zu warten.

FRANKREICH

„Der Skandal in der fernen Ecke der Halle des Restaurants war, so schien es, deshalb entstanden, weil ein Wesen einer Gesellschaft eins der anderen Wesen mit der Champagnerflasche auf den Kopf geschlagen hatte, und dies nur deshalb, weil dieser andere nicht eingewilligt hatte, auf das Wohl eines Kanzlers irgendeiner Regierung zu trinken, sondern unbedingt auf das Wohl des ‚tugurtischen Sultans' trinken wollte.

„Einer der Amerikaner, der nicht länger auf seinen Freund warten wollte, ging mit uns in das andere Restaurant.

„Bei näherer Bekanntschaft stellte sich dieses amerikanische dreihirnige Wesen als lustig, beobachtend und gesprächig heraus.

„Auf dem ganzen Weg und später dann im neuen Platz, in den wir gingen, erzählte er die ganze Zeit und brachte uns zum Lachen, hauptsächlich, weil er sehr geschickt die komischen Seiten der Leute, die wir trafen, und die im Restaurant saßen, bemerkte.

„Auf unsere Fragen hin erfuhren wir, daß dieser Amerikaner dort in Paris eine große Schule für moderne Tänze hatte.

„Aus allem, was er über sein Geschäft erzählte, entnahm ich, daß die Schüler in seiner Schule ausschließlich aus amerikanischen Wesen bestanden und vor allem einen amerikanischen Lieblingstanz dort erlernten, den ‚Foxtrott'.

„Ich erfuhr auch, daß dieser ‚Foxtrott' rein amerikanischer Herkunft war, und daß er in Amerika am besten bekannt und dort in vollem Schwunge sei.

„Und deshalb fragte ich ihn, nachdem wir alle zusammen eine neue Sorte Champagner gewählt hatten, und dieser lustige Amerikaner für eine Weile zu plaudern aufhörte:

„Sagen Sie mir doch, verehrter Herr, wenn dem so ist,

warum Sie Ihre Schule nicht daheim bei sich in Amerika haben, sondern hier in Paris, so weit weg von Ihrem Land und dem Entstehungsplatz dieses segensreichen ‚Foxtrotts‘?

„ ‚Was glauben Sie‘, rief er in aufrichtig verwundertem Tone aus, ‚ich habe doch eine große Familie!

„ ‚Wenn ich meine Schule in meiner Heimat hätte, würde nicht allein meine Familie des Hungers sterben, sondern ich wäre nicht einmal imstande, irgendein dunkles Zimmer zu mieten, wohin ich mich vor schlechtem Wetter und kalten Nordwinden flüchten könnte.

„ ‚Hier aber, in der Stadt Paris, gibt es Gott sei Dank viele, die ‚Foxtrott‘ lernen und gut dafür bezahlen wollen.‘

„ ‚Ich verstehe nicht‘, unterbrach ich ihn, ‚Sie sagten mir doch selbst, daß Ihre Schüler hier ausschließlich aus Ihren Landsleuten bestehen, die hierher gereist sind, und gleichzeitig sagen Sie mir, daß niemand dort in Ihre Schule gehen würde. Wie soll ich das verstehen?‘

„ ‚Das ist es eben‘, antwortete der ehrenwerte Amerikaner.

„ ‚Die Ursache liegt in einer ganz kleinen psychologischen Verdrehtheit aus der Zahl jener vielen anderen spezifischen ‚Verdrehtheiten‘, die alle zusammen die ‚Dummheit‘ meiner Landsleute ausmachen.

„ ‚Die Hauptsache ist, daß meine Schule in Paris ist, oder, wie ‚kluge Leute‘ bei uns in Amerika sagen, im ‚modernen Babylon‘.

„ ‚Und dieses ‚moderne Babylon‘ ist unter unsern Amerikanern sehr beliebt, und alle halten es für ihre Pflicht, diese Weltstadt zu besuchen.

„ ‚Jeder von uns Amerikanern, der auch nur ein wenig gespart hat, muß unbedingt hierherkommen.

„ ‚Übrigens müssen Sie wissen, daß es bei uns in Amerika gar nicht so leicht ist, etwas zurückzulegen. Nur hier in Europa glaubt man, daß in Amerika die Dollars auf der Straße liegen. In Wirklichkeit aber werden diese amerikanischen Dollars, ich wiederhole, gar nicht so leicht verdient. Jeder Cent muß durch eigene physische Arbeit erworben werden.

„ ‚Bei uns in Amerika zahlt man keineswegs, wie in einigen europäischen Ländern, für alle möglichen eintägigen Werte, wie Berühmtheit, Ruhm, Talent und so weiter.

„ ‚Wenn zum Beispiel hier in Europa irgendein, sagen wir, Kunstmaler irgendwann zufällig ein gutes Bild gemalt hat und bekannt wird, wird das Publikum später, was für Schund er auch hervorbringen mag, diesen Schund mit schwerem Geld bezahlen, nur deshalb, weil es das Werk jenes ‚berühmten‘ Malers ist.

„ ‚Bei uns in Amerika aber liegen die Dinge in dieser Hinsicht ganz anders. Für alles verlangt man dort Barzahlung und jede Arbeit wird nach Maß und Gewicht bewertet; ‚Name‘, ‚Talent‘, ‚Genie‘ und dergleichen ‚Waren‘ sind bei uns sehr billig und deshalb verdient man in Amerika die Dollars nicht sehr leicht.

„ ‚Aber zu meinem Glück haben wir Amerikaner viele andere Schwächen und darunter die Leidenschaft, Europa zu sehen.‘

„ ‚Ob dieser Leidenschaft bemüht sich jeder Amerikaner, indem er sich zeitweise sogar Notwendiges versagt, mit großer Anstrengung die Dollars, die er verdient, zu sparen, nur um Europa und natürlich die ‚Weltstadt‘ Paris einmal besuchen zu können.

„ ‚Deshalb sind immer so viele meiner Landsleute hier, so daß es, wie man sagt, von ihnen geradezu wimmelt — das ist das erste. Das zweite ist, daß unsere Amerikaner noch eine andere übertriebene Schwäche haben, nämlich die ‚Eitelkeit‘, weshalb es ihrer Einbildung schmeichelt, wenn die Leute sagen, daß sie den ‚Foxtrott‘ nicht in irgendeinem Philadelphia oder Boston erlernt haben, sondern in Paris selbst, von wo alle Modeneuheiten herkommen, und da der ‚Foxtrott' eine Modeneuheit ist, ist der ‚Pariser Foxtrott' sozusagen das Ergebnis der letzten Schöpfung der Zivilisation.

„ ‚Also, dank dieser zwei Eigenheiten unserer Amerikaner habe ich armer Tanzlehrer immer eine genügende Anzahl von Amerikanern, die gut zahlen.

„ ‚Sie zahlen mir zwar nur in Francs und nicht in Dollars, aber die Geldwechsler müssen doch auch etwas verdienen — sie haben auch Familien.'

‚Nachdem er mir diese Erklärung gegeben hatte, fragte ich ihn noch weiter: Sagen Sie mir doch auch noch, verehrter Herr, ist es möglich, daß ihre Landsleute hierher in diese Stadt Paris kommen und solange hier bleiben, bis sie ihren Foxtrott erlernt haben?

„ ‚Warum denn nur Foxtrott?' antwortete er.

„ ‚Zur selben Zeit sehen sie sich auch Paris und seine Umgebung an und manchmal reisen sie sogar ziemlich weit herum. Kurzum, sie studieren' auch in dieser Zeit Europa.

„ ‚Sie ‚besehen' und ‚studieren' Europa, um, wie sie zu Hause sagen, ihre ‚Erziehung und Bildung' zu vervollständigen; aber, unter uns gesagt, ist das nur eine der vielen eingepaukten Redensarten von denen unter uns, die sich für wirkliche ‚Engländer' ausgeben, während in Wirklichkeit meine Landsleute sowohl Paris als auch Europa nur besuchen, um ihre Eitelkeit zu befriedigen.

„ ‚Sie besuchen es nicht, um mehr zu lernen oder mehr zu erfahren, sondern nur um später daheim im Gespräch mit ihren Bekannten prahlen zu können, daß sie ‚in Europa' gewesen und dies und das gesehen haben.

„ ‚Es gibt sogar hier in Europa an jeder entsprechenden Stelle für diesen Zweck einen Zweig der Anstalt, die ‚Kuk & Sohn' heißt, die diesem besonderen Zweck vorzüglich dient, und natürlich gibt es auch einen Zweig hier in Paris.

FRANKREICH

„,Also, meine teuren Landsleute tun sich wie Schafherden in Gruppen zusammen, und diese ganze Gesellschaft von ‚Touristen' setzt sich in einen enormen sogenannten ‚Kuk-Autobus' und läßt sich fahren, wohin man sie fährt.

„,Auf diesem ‚Kuk-Autobus' gibt es außer dem Chauffeur den sogenannten ‚schläfrigen Kerl von Kuk'.

„,Während der Fahrt auf jenem berühmten ‚Kuk-Autobus' ruft dieser schläfrige Kerl mit schwacher Stimme von Zeit zu Zeit die Namen der Plätze und verschiedenen historischen und nichthistorischen Sehenswürdigkeiten von Paris und Umgebung aus, so wie er sie nach einem von Kuk selbst zusammengestellten Fahrplan herleiern gelernt hat. Kurzum, dies ist die Art und Weise, wie meine teuren Landsleute Europa ‚studieren'.

„,Diese ‚schläfrigen Kerle' haben sehr schwache Stimmen und sehen halb schwindsüchtig aus, weil sie gewöhnlich sehr müde sind und nicht genug Schlaf bekommen, was wahrscheinlich damit erklärt werden kann, daß viele von ihnen außer ihrem Dienst bei ‚Kuk & Sohn' irgendwo nachts schwer arbeiten, um neben ihrem winzigen Gehalt bei ‚Kuk & Sohn' genug zum Leben für ihre Familie zu verdienen, und es ist besonders in Paris keine leichte Aufgabe, eine Familie zu unterhalten.

„,Daß aber meine teuren Landsleute nicht viel von dem verstehen, was diese ‚schläfrigen Kerle' mit schwacher Stimme sagen, ist von keiner weiteren Bedeutung. Ist es für sie nicht ganz egal, was und mit welcher Stimme so ein ‚schläfriger Kerl' vor sich hin murmelt? Sie haben es doch gar nicht nötig, etwas von dem zu wissen, was sie sehen. Ist es ihnen nicht ganz gleich, was sie sehen und was es alles bedeutet? Ihnen genügt die Tatsache, daß sie an diesen Plätzen waren und angeblich alles gesehen haben.

„,Dies genügt ihnen völlig, weil sie danach mit ‚reinem Gewissen' in Unterhaltungen sagen können, daß sie da und dort gewesen sind und alle anderen Amerikaner glauben, daß der Sprechende nicht irgendein armer Tropf ist, sondern daß er wirklich in Europa war und alles dort besucht und alle ‚Denkwürdigkeiten' gesehen hat, die jeder moderne gebildete Mensch' gesehen haben muß.

„ ‚Ach . . . mein lieber Freund, glauben Sie, daß ich allein von der ‚Dummheit' meiner Landsleute lebe?

„ ‚Was bin ich schon? . . . ein kleiner Mann, nichts als ein Tanzlehrer.

„ ‚Aber haben Sie dort in jenem ersten Restaurant den dicken Herrn gesehen, der bei mir saß? Nun, der ist schon ein richtiger ‚Haifisch'. Solche haben sich übrigens viele besonders in der letzten Zeit in Amerika ‚herausgebildet'.

„ ‚Dieser dicke Herr, ein amerikanisierter englischer Jude, ist der Haupt-Teilhaber einer bekannten sehr soliden amerikanischen Firma.

„ ‚Diese Firma hat in vielen Städten sowohl in Amerika als auch in Europa ihre Filialen, und jener dicke Herr, der bei mir im ersten Restaurant saß, ist der Direktor der Pariser Filiale dieser Firma.

„ ‚Diese Firma füllt ihre Taschen nicht allein durch die Dummheit ihrer Landsleute, sondern mischt leider schon zuviel von ihrer eigenen ‚Niederträchtigkeit' hinzu.

„ ‚Und sie bringen diese ‚Melange' in der folgenden Weise zustande: Die hiesige Filiale der Firma, die ihre Reklame mit amerikanischen Methoden betreibt, ist unter meinen Landsleuten schon weit und breit bekannt und deshalb bestellen sie — immer wieder der gleichen ‚Eitelkeit' und anderen ihrer Schwächen zufolge, die, nebenbei gesagt, besonders den Wesen, aus denen meine Landsleute bestehen, anhaften — bestellen sie sogenannte moderne Kleider bei der hiesigen Filiale, und die hiesige Filiale sendet ihnen aus der ‚Weltstadt' ‚echte Pariser Modelle'.

„ ‚All das geht ‚ganz ehrenhaft' vor sich, nach allen heutigen Geschäftsregeln, auf der Basis der dreifachen

Buchführung und der ‚Schachermacher Rechnungsführung‘.

„ ‚Was aber die intime' Seite des Geschäftes dieser ‚soliden' amerikanischen Firma betrifft, die von verschiedenen amerikanischen Haifischen' gegründet worden ist, so ist es eben gerade hier, wo diese ‚Haifische' alle übers Ohr hauen und dies einzig zum Nutzen ihrer eigenen bodenlosen Taschen.

„ ‚Also, wenn diese Pariser Filiale eine schriftliche Bestellung von ihren amerikanischen Kunden erhält, schikken sie diese schriftliche Bestellung sofort d . i . r . e . k . t an ihre deutsche Filiale, und dort in Deutschland, wo Material und Arbeit viel billiger sind als hier in Paris, wird diese ‚amerikanische Postbestellung' von der dortigen Filiale ganz l . a . n . g . s . a . m und ganz g . e . m . ä . c . h - l . i . c . h genau nach allen Regeln der ‚Pariser Mode' ausgeführt, worauf sie ganz ruhig auf dies Erzeugnis ein Pariser Etikett kleben und es wiederum d . i . r . e . k . t via Hamburg auf einem Dampfer an ihre New Yorker Filiale senden, von der dann die Kundin ihre Bestellung erhält und glücklich und stolz darauf ist, daß sie am nächsten Tag ‚nicht irgendetwas', sondern ein ‚echtes Pariser Kleid' nach der letzten ‚Pariser Mode', und in Paris selbst genäht, tragen wird.

„ ‚Das interessanteste dabei ist, daß sich niemand über dieses ‚Kommissionsgeschäft' dieser ‚soliden' Firma ärgert, sondern daß im Gegenteil jeder es für ‚bequem', ‚leicht' und ‚einträglich' hält. Durch diesen ‚Handel' ‚verdienen' sogar die Franzosen, die Herren der ‚Weltstadt', aber . . . sie verdienen selbstverständlich nur soviel, als sie an den Freimarken verdienen, die für die Briefe nötig sind, die zwischen den Kunden und der Pariser Filiale hin und her gehen.

„ ‚Wie Sie sehen, sind alle zufrieden und finden es sogar einträglich, und die Hauptsache ist, daß das jetzt von jedermann angenommene Axiom der National-Ökonomie sich bestätigt, nämlich, daß ohne internationalen Warenaustausch die Länder überhaupt nicht existieren könnten.

„ ‚Aber wer bin ich schon? . . . Ich bin nur ein armer Tanzlehrer.'

„Dieser vergnügte Amerikaner wollte noch etwas sagen, aber in diesem Augenblick entstand ein großer Radau im nächsten Saal dieses Restaurants und man hörte verzweifelte Stimmen von Männern und Frauen. Wir standen auf, und als wir auf die Straße kamen, erfuhren wir, daß ein Wesen weiblichen Geschlechts aus der Gemeinschaft namens ‚Spanien' Schwefelsäure in das Gesicht eines anderen Wesens, auch weiblichen Geschlechtes, aus der Gemeinschaft namens ‚Belgien' gegossen hatte, weil diese Letztere ein Zigarrenetui mit der Inschrift ‚Immer zu Ihren Diensten' einem Wesen männlichen Geschlechtes aus der Gemeinschaft ‚Georgien' geschenkt hatte, für dessen Pariser Existenz bis zu diesem Tage die erste Frau aufgekommen war.

„Als wir auf die Straße kamen, war es schon sehr spät. Es dämmerte bereits und so trennte ich mich von jenem amüsanten Amerikaner und ging in mein Hotel.

„Und als ich auf diesem Weg nach Hause von diesem berühmten Montmartre über all das nachdachte, was ich gesehen und gehört hatte, verstand ich sehr gut, warum und wie unter den Wesen, die zu anderen Gemeinschaften gehören, eine Meinung über die Wesen der Gemeinschaft ‚Frankreich' entstanden war, die der Wirklichkeit nicht entsprach.

„Durch all das, was ich in jenem Teil von Paris gesehen und gehört hatte, war mir klar geworden, daß die Wesen der übrigen Gemeinschaften, die hierher nach Frankreich kommen, zuerst jenes Viertel von Paris und solche Plätze aufsuchen, wo alles ohne Ausnahme eigens für sie von Ausländern wie sie selbst, die schon vor langem dorthin gekommen waren und folglich die dortige Sprache besser als sie sprechen, organisiert und ihnen angepaßt ist.

„Und in Anbetracht der Tatsache, daß unter den zeitgenössischen Wesen die Fähigkeit für ‚Seins-Auffassung' allmählich atrophiert, und auch ein sogenannter weiter ‚Seins-Horizont' nicht da ist, halten sie alles für ‚französisch', und wenn sie später wieder nach ihrer Gemeinschaft zurückkehren, erzählen sie den anderen Wesen ihrer Gemeinschaft über alles, was sie in jenem Teil von Paris gesehen, gehört und erlebt haben, als ob das alles französischer Herkunft wäre oder von den französischen Wesen ausgehen würde.

„Auf diese Weise hat sich allmählich in den Wesen der anderen Gemeinschaften eine Meinung über die Franzosen gebildet, die keineswegs der Wirklichkeit entspricht.

„Und ferner gibt es noch eine andere und tiefere Ursache, weshalb sich diese Meinung über die Wesen der Gemeinschaft Frankreich im Bewußtsein der Wesen der anderen Gemeinschaften gebildet hat und beruht in diesem Falle wieder auf einer der Eigentümlichkeiten ihrer allgemeinen Psyche. Sie erwerben diese Eigentümlichkeit wiederum dank jenes verderblichen Brauches, den sie selbst erfunden haben, und den sie ‚Erziehung' nennen.

„Die Sache ist die, daß dort in Kindern vom ersten Tage, wie sie sich ausdrücken, ‚ihrer Erscheinung auf Gottes Erde', solange die Natur selbst noch weiter den gegebenen ersten Keim für das zukünftige dreihirnige verantwortliche Wesen weiterbildet, sie durch eben diese verderbliche ‚Erziehung' anfangen, die Natur im Hervorbringen der notwendigen Gestaltung zu hindern.

„Und das ist noch nicht alles. Durch ihren verderblichen Brauch, zu ‚erziehen', füllen und stopfen sie in die sogenannten ‚Spezutalitivischen Verdichtungen', oder, wie sie sagen würden, ‚Gehirne' dieser neugeborenen Wesen alle möglichen eintägigen phantastischen Ideen; diese Gehirne sind im allgemeinen in den Wesen dazu lokalisiert, um sowohl alle möglichen Eindrücke als auch die Resultate bewußter Seins-Erkenntnis wahrzunehmen und anzusammeln und sind im Neugeborenen noch ganz rein und von höchster Auffassungsfähigkeit.

„Das größte Unglück aber für sie ist, daß dieser verderbliche Prozeß weiter in den meisten von ihnen gewöhnlich bis in das Alter vor sich geht, wo sie eigentlich schon verantwortliche Wesen sein sollten.

„Das Resultat von all dem ist eben die erwähnte Sonderbarkeit ihrer allgemeinen Psyche, die aus folgendem stammt: erstens bildet sich das allgemeine Funktionieren fast all ihrer Funktionen für aktive Seins-Äußerungen in ihrem ganzen Wesen allmählich so heran, daß es nur auf falsche und phantastische Ideen antwortet, und zweitens gewöhnt sich der ganze Bestand jedes einzelnen von ihnen allmählich daran, alle folgenden neuen äußeren Eindrücke allmählich ohne jede Teilnahme jener Seins-Faktoren wahrzunehmen, die im allgemeinen von der Natur für neue Wahrnehmungen in die Wesen gelegt sind, was besagt, daß sie sie auch nur nach den schon zuvor von ihnen erworbenen falschen phantastischen Ideen wahrnehmen.

„Die zeitgenössischen dreihirnigen Wesen verlieren sogar schließlich das Bedürfnis, in ihren neuen Wahrnehmungen Neugesehenes und Neugehörtes als solches aufzufassen und beides dient ihnen nur als Schock, damit in ihnen Assoziationen von schon zuvor Erlebtem vor sich gehen, eben solche Assoziationen, die diesem Neugesehenen und Neugehörten entsprechen.

„Das ist der Grund, weshalb — wenn diese deine zeitgenössischen Lieblinge verantwortliche Wesen werden — alles Neugesehene und Neugehörte automatisch von selbst, ohne Teilnahme einer Anstrengung seitens ihrer Wesens-Funktionen wahrgenommen wird und ohne überhaupt in ihnen, wie ich schon gesagt habe, das Seins-Bedürfnis zu erwecken, alles was sowohl in ihnen als auch außerhalb von ihnen vorgeht, zu erfassen und zu verstehen.

„Mit einem Wort, sie begnügen sich mit dem allein, was irgend jemand einmal bewußt oder unbewußt in sie gelegt hat.

„Ich hoffe, mein teurer Junge, daß, nach all dem, was ich dir gesagt habe, es dir jetzt von selbst klar sein wird, warum sich gerade unter den dreihirnigen Wesen anderer Gruppierungen auf deinem Planeten Gegebenheiten betreffs der Wesen jener besonderen Gemeinschaft, die unter dem Namen ‚Frankreich‘ besteht, eine solche Meinung, die nicht der Wirklichkeit entspricht, kristallisieren konnte.

„Wie dem auch sein mag, ist es doch ein großes Unglück für die gewöhnlichen Wesen Frankreichs, daß die zeitgenössischen dreihirnigen Wesen aus anderen Gemeinschaften die Hauptstadt jener Gemeinschaft zum Sitz ihrer sogenannten ‚modernen Kultur‘ wählten.

„Ich persönlich habe auf jeden Fall mit meinem ganzen Wesen Mitleid mit den gewöhnlichen Wesen dieser Gemeinschaft, daß ihre Hauptstadt, wenn auch nur ein bestimmter Teil von ihr, als das zeitgenössische ‚Kulturzentrum‘ für den ganzen Planeten angesehen wird.

„Man muß sich sogar noch wundern, daß die meisten Wesen der Gemeinschaft ‚Frankreich‘, wenn auch ohne Teilnahme ihres Bewußtseins, doch die Gegebenheiten für die zwei Seins-Impulse in sich bewahrten, auf denen objektive Seins-Moral hauptsächlich beruht, nämlich ‚Patriarchalität‘, das heißt Familienliebe, und ‚organische Scham‘, trotzdem sie doch in der Sphäre der Verhältnisse der gewöhnlichen Seins-Existenz dort existieren, die schon ganz anomal geworden ist, und trotzdem ihre Hauptstadt, wie ich dir schon gesagt habe, zu ihrem Unglück als das zeitgenössische ‚Haupt-Kulturzentrum‘ des ganzen unglückseligen Planeten gilt und auch tatsächlich ist.

„Alldemzufolge kommen in diesem gegenwärtigen Zentrum des ganzen Planeten, wie schon früher in ähnlichen Fällen, solche Wesen zusammen, die sich völlig dem ‚bösen Gott' ergeben haben, der dort unumschränkt in einem jeden von ihnen herrscht, nämlich jenem ‚bösen Gott', der ihr Ideal geworden ist und am besten in folgenden Worten ausgedrückt werden kann: ‚ein-vollkommenes-Fehlen-des-Bedürfnisses-nach-Seins-Anstrengung-und-jeder-Wesens-Unruhe-irgendwelcher-Art' und wenn sie nach Frankreich kommen, üben sie natürlich bewußt oder unbewußt einen entsprechenden schädlichen Einfluß auf die Wesen dieser ganzen Gemeinschaft aus.

„Daß es ein großes Unglück für die gewöhnlichen Wesen jenes Frankreichs ist, daß das heutige Kulturzentrum in ihrer Gemeinschaft liegt, wirst du gut verstehen, mein Junge, wenn ich dir von einer Folge dieses Umstandes erzähle. Ich erfuhr davon durch Kunden, die mir in einem der letzten Ätherogramme, das die dreizentrischen Wesen dieses deines Planeten betrifft, vermittelt wurden.

„Ich muß dir sagen, daß es dort im allgemeinen schon gang und gäbe geworden war, daß, wenn vom ganzen Planeten solche Wesen — die sich schon gänzlich ihrem, wie ich sagte, inneren ‚bösen Gott' ergeben haben — in diesem Haupt-Kulturzentrum zusammen kommen, diese Wesen außer anderen schädlichen Handlungen auch noch die folgenden unternehmen: sie beschäftigen sich nämlich in ihrem Nichtstuertum mit dem Austüfteln ‚neuer Äußerungs-Formen-ihres-Hasnamusstums' oder, wie man dort sagt, mit ‚neuen Moden', um ihre Grillen zu befriedigen, die sich dann von dort aus über den ganzen Planeten verbreiten.

„Diesen ‚hasnamussischen' Brauch, ‚neue Moden' auszutüfteln, gab es schon in früheren Zivilisationen; während der ‚Tikliamischen' Zivilisation existierte er unter dem Namen ‚Adiat' und in der babylonischen Periode unter dem Namen ‚Haidia'.

„‚Adiat', ‚Haidia' oder ‚Mode' bestehen darin, daß die Wesen verschiedene neue Mittel von Seins-Äußerungen in der gewöhnlichen Existenz und Mittel zur Veränderung und Verkleidung der Wirklichkeit ihrer Erscheinung austüfteln.

„‚Adiat', ‚Haidia' oder ‚Mode' sind wie unsere Gebräuche in der täglichen Seins-Existenz im täglichen Brauch der dreihirnigen Wesen zur Erleichterung der unvermeidlichen äußeren nicht von den Wesen abhängenden Verhältnissen eingeführt und gliedern sich gewöhnlich allmählich in den täglichen Gebrauch der Wesen überall als ein notwendiges, für sie wesentliches Bedürfnis ein. Diese besagten zeitgenössischen Sitten oder Moden sind erstens nur vorübergehend und dienen deshalb nur der Befriedigung persönlicher unbedeutender Ziele der jetzigen und zukünftigen ‚Hasnamusse', die phänomenal anomal und trivial egoistisch sind, und zweitens sind sie nichts als das Resultat automatischer Vernunft, die auf jenem relativen Verständnis beruht, das im allgemeinen aus den anomal eingerichteten Verhältnissen der gewöhnlichen Seins-Existenz dort stammt.

„Also in dieser Stadt Paris ‚erfanden' vor ungefähr eineinhalb ihrer Jahrhunderte verschiedene dieser ‚Hasnamuss-Kandidaten', daß die Wesen des weiblichen Geschlechtes dort mit abgeschnittenem Haar gehen sollten, und diese verderbliche Erfindung begann sich wie Lauffeuer durch alle möglichen dort schon üblichen Mittel und Wege zu verbreiten.

„Da aber in jener Periode der Sinn für Sittlichkeit und Patriarchalität in den Wesen weiblichen Geschlechts in jener Gemeinschaft Frankreich noch sehr stark war, nahmen sie diese verderbliche Erfindung nicht an, die Wesen des weiblichen Geschlechts der Gemeinschaften namens

England und Amerika jedoch schnitten sich das Haar ab.

„Und als die Wesen des weiblichen Geschlechts beider Gemeinschaften dort begannen sich freiwillig jenes Teiles von sich zu berauben, der auch von der Großen Natur für einen gewissen Austausch kosmischer Substanzen bestimmt ist, unterließ die Natur nicht, dementsprechende Ergebnisse hervorzubringen, die jedenfalls in der Zukunft Formen annehmen werden, wie sie schon zweimal auf diesem Planeten vorkamen: zum erstenmal im Land ‚Uneano‘, jetzt ‚Kafiristan‘, wo ‚Amazonen‘ vorkamen; das zweite Mal im alten Griechenland, wo die ‚Religion der Dichterin Sappho‘ geschaffen wurde.

„Und inzwischen hat in diesen zwei heutigen Gemeinschaften, nämlich in der Gemeinschaft England und in der Gemeinschaft Amerika, das Abschneiden der Frauenhaare im ersten Falle das Frauenstimmrecht hervorgebracht und im zweiten Falle die sogenannten ‚Christlichen Wissenschaftler‘ und ‚Theosophen‘, und als außerdem, wie du aus meiner folgenden Erzählung erfahren wirst, diese hasnamussische Mode des Haarabschneidens bei den Wesen des weiblichen Geschlechts sich überall verbreitete, war — wie ich durch das Ätherogramm erfuhr — die Folge ein proportionelles Zunehmen der Zahl der Erkrankungen dieser unglückseligen Wesen des weiblichen Geschlechtes an sogenannten Frauenkrankheiten, nämlich alle möglichen venerischen Entzündungen der Geschlechtsorgane, wie Vaginitis, Uteritis, Ovaritis und was sie ‚Krebs‘ nennen.

„Also, mein Junge, obgleich eben diese Mode, nämlich die Haare der Wesen des weiblichen Geschlechts abzuschneiden, zuerst in diesem Paris von Wesen mit hasnamussischen Eigenschaften erfunden worden war, sich damals noch nicht in dieser Gemeinschaft Frankreich durchsetzte, so kam es doch schließlich dahin, daß, da ihre Hauptstadt der Sammelplatz für Wesen mit hasnamussischen Eigenschaften aus anderen Ländern war, die weiter an dieser verderblichen Erfindung festhielten, es diesen letzteren gelang, den Drang nach Haarabschneiden auch den Wesen des weiblichen Geschlechts dort in Frankreich einzuflößen; zur Jetztzeit ist dieser Brauch fast bei allen von ihnen schon in vollem Schwunge. Wie das Ätherogramm berichtet, müssen sie bei den Friseuren — vor allem natürlich in ihrer Hauptstadt Paris — genau so warten, bis die Reihe an sie kommt, wie die Leute nicht lange zuvor in der Gemeinschaft Rußland, wenn sie in der Reihe standen, um amerikanisches Mehl zu erhalten. Von diesem ansteckenden Andrang der Frauen zu den Friseuren, wo sie sich ihre Haare schneiden lassen, entstehen schon Gerichtsprozesse zwischen diesen Friseuren und den Vätern, Männern und Brüdern dieser ‚geschorenen Lämmer‘, und es kommen viele ‚Scheidungen‘ vor.

„Es ist interessant, daß die Richter — wie das gleiche Ätherogramm berichtet — in jedem Fall die Friseure freisprechen mit der Begründung, daß die Wesen weiblichen Geschlechtes, die zu ihnen kamen, schon über sechzehn Jahre alt waren und deshalb, dem Gesetz nach, mündig waren und tun konnten was sie wollten.

„Wenn natürlich diese französischen Richter, und überhaupt die Richter des ganzen Planeten wüßten, daß es im Weltall ein bestimmtes Gesetz gibt, betreffs aller Bildungen ohne Ausnahme, die dem Großen Trogoautoegokraten in der Transformation kosmischer Stoffe dienen, würden sie sicherlich ihre Meinung über jenen Begriff ändern, den sie mit dem Worte ‚Mündigkeit‘ bezeichnen.

„Die Sache ist die, daß diesem bestimmten kosmischen Gesetze nach, alle jene einzelnen Individuen, zu denen auch ‚kestschapmartnische‘ Wesen weiblichen Geschlechtes zählen, die Quellen all jener aktiven Elemente für die Transformation kosmischer Stoffe sind, die in weiteren kosmischen Bildungen im Prozeß des Großen Heiligen

Gesetzes ‚Triamasikamno' als seine zweite heilige Kraft dient, nämlich, wie man sagt, immer als ‚negatives' oder ‚passives' Prinzip.

„Also dank dieses bestimmten kosmischen Gesetzes, das ich soeben erwähnte, können jene Quellen, die die aktiven Elemente, die als passives Prinzip dienen, transformieren, niemals zu irgendwelchen selbständigen Äußerungen frei sein. Diese Selbständigkeit können nur solche Quellen haben, die die aktiven Elemente transformieren, die dem heiligen ‚Triamasikamno' als ‚bejahendes' oder ‚aktives' Prinzip dienen.

„Und das ist eben der Grund, weshalb jene Quellen, die als passives Prinzip dienen, nicht für ihre Äußerungen verantwortlich sein können, das heißt, daß sie nicht, wie man dort sagt, ‚mündig' sein können.

„Da ich schon dabei bin, dir über diese besondere Gruppierung dreihirniger Wesen, nämlich über ‚Frankreich', zu erzählen, muß ich dir auch noch zur Abrundung ihrer Charakterisierung sagen, daß Wesen der herrschenden Klasse Frankreichs sehr ‚gute Mittel' erfanden, um die Gemüter der gewöhnlichen Wesen ihrer Gemeinschaft zu beruhigen, genau so wie die früheren machthabenden Wesen der großen Gemeinschaft Rußland solche Mittel anwandten, durch die Anpreisung des berühmten russischen Wodka, oder wie die machthabenden Wesen der Gemeinschaft England das gleiche jetzt durch ihren nicht weniger gepriesenen Sport tun.

„Man muß jedoch zugeben, daß, obgleich die machthabenden Wesen der Gemeinschaft Frankreich diese ‚guten Mittel' auch anwenden und erfolgreich ihre egoistischen Ziele erreichen, diese Mittel wenigstens — wenn dies auch keineswegs den machthabenden Wesen der Gemeinschaft Rußland und England anzurechnen ist — keinen Schaden für den planetischen Körper der gewöhnlichen Wesen mit sich bringen.

„Doch dies ist noch nicht alles; durch diese Mittel brachten sie nämlich und bringen sie noch weiter unbewußt den gewöhnlichen Wesen ihrer Gemeinschaft einen gewissen Nutzen, indem sie sie nämlich dadurch von der schlechten Wirkung ihrer ‚Modesucht' ablenken und sie sogar zeitweilig davon befreien, jene Mode, die von verschiedenen jetzigen und zukünftigen ‚Hasnamussen', die in dieser Hauptstadt aus verschiedenen Ländern zusammenkommen, erfunden wird und unter deren Sklaverei die gewöhnlichen Wesen eben dieser Gemeinschaft ‚Frankreich' mehr gekommen sind als die Wesen aller anderen Gemeinschaften.

„Dieses ‚gute Mittel' heißt ‚Jahrmärkte', und heutzutage werden solche ‚Jahrmärkte' der Reihe nach auf den Hauptplätzen all ihrer Städte und Dörfer abgehalten, auf denselben Plätzen übrigens, wo vor ungefähr zwei Jahrhunderten die dortigen dreihirnigen Wesen gewöhnlich ihre Diskussionen über, wie sie sagen, ‚religiös-moralische-Themen' hielten.

„Man muß zugeben, mein Junge, daß diese französischen ‚Jahrmärkte' sehr, sehr lustige Plätze sind.

„Ich muß gestehen, daß sogar ich sie sehr gern besuchte und dort ein oder zwei Stunden verbrachte, ohne über etwas nachzudenken. Auf diesen französischen ‚Jahrmärkten' kann man alles ‚billig' und ‚gut' kaufen.

„Zum Beispiel kann jedes Wesen dort für die Kleinigkeit von fünfzig Centimes bis zu seiner vollen Verblödung auf verschiedenen sogenannten ‚Schweinen', ‚Chamäleons', ‚Walfischen' und ähnlichen amerikanischen und nichtamerikanischen Neuerfindungen, die eigens zu seiner Verblödung erfunden worden sind, herumwirbeln.

„Wenn ein Wesen zu rasch von diesen verblödenden Mitteln zu sich kommt, kann es für ein paar weitere Centimes etwas sehr Leckeres essen, was meistens gerade dort zubereitet wird.

„Es ist wahr, daß es den Wesen durch diese leckeren Dinge, was ihren Magen anbelangt, oft zum hm . . . hm . . . ist, aber was ist das im Vergleich zu dem Vergnügen, das sie durch das Essen gehabt haben.

„Und falls eines der dortigen Wesen, wie sie sagen, noch einmal für ein paar Centimes ‚sein Glück versuchen‘ will, kann es diesen Wunsch gleich an Ort und Stelle befriedigen; und es kann sein Glück auf verschiedene Weise versuchen, da es auf diesen berühmten französischen Jahrmärkten alle Glücksspiele, die es auf dem Planeten Erde zur Spekulation sowohl als auch zum Spaß gibt, und fast alle Hazard-Spiele finden kann.

„Kurzum, es kann alle Spiele finden, angefangen beim Roulette von Monte Carlo bis zum ‚Arthur mit der Harthur. . .‘ "

XXXVIII. Kapitel

RELIGION

Beelzebub fuhr weiter fort:
„Jetzt werde ich dir auch ein wenig über jene ‚Störung‘ erzählen, die eine der Hauptursachen für die allmähliche Verdünnung der Psyche deiner unglücklichen Lieblinge ist, nämlich über die eigentümlichen ‚Hawatwernoni‘, die immer bei ihnen vorkommen und deren Funktionieren und Wirken auf den allgemeinen Bestand der Wesen sie selbst ‚Religiosität‘ nennen.

„Solch ein im objektiven Sinne tatsächlich ‚erz-schädlicher‘ Faktor, der das allmähliche automatische ‚Schwinden‘ ihrer Psyche bedingt, entstand dort auf diesem unseligen Planeten von der Zeit an, als sich in ihnen die verschiedenen Folgen der Eigenschaften immer desselben für sie verfluchten Organs Kundabuffer zu kristallisieren begannen und in wechselnden äußeren Formen von Generation zu Generation übergingen.

„Also, als diesen Kristallisierungen zufolge einerseits einige irdische dreihirnige Wesen in ihrem allgemeinen Bestand die ersten Keime zu sogenannten Hasnamussischen Eigenschaften erwarben, weshalb sie, wie es solchen Wesen entspricht, zu egoistischen Zwecken, um die Wesen ihresgleichen ihrer Umgebung zu ‚umgarnen‘, alle möglichen Fabeln zu erfinden begannen, unter denen auch verschiedene phantastische sogenannte ‚Religionslehren‘ waren, und als anderseits andere deiner Lieblinge an diese phantastischen ‚Religionslehren‘ zu glauben anfingen, verloren sie allmählich dank eben dieser Kristallisierungen ihr ‚gesundes Denken‘, und von da an entstanden allmählich im Prozeß der gewöhnlichen Existenz dieser seltsamen dreihirnigen Wesen eine große Anzahl ‚Hawatwernoni' oder ‚Religionen', die nichts miteinander gemein hatten.

„Wenn auch all diese verschiedenen ‚Hawatwernoni' oder ‚Religionen' nichts miteinander gemein haben, so beruhen sie doch alle auf den Religionslehren, die ihrerseits ausschließlich auf jener ‚im objektiven Sinne verderblichen Idee' aufgebaut sind, die sie selbst ‚Gut' und ‚Böse' nannten, der ‚Idee', die eigentlich der Hauptfaktor zur allmählichen ‚Verdünnung' ihrer allgemeinen Psyche war und die noch vor ganz kurzem die großen Ereignisse unter den seligen ‚höheren Seins-Körpern' oder, wie man sie dort nennt, den ‚Seelen' verursachte, die auf jenem heiligen Planeten wohnen, in dessen Richtung wir augenblicklich fallen.

„Die Geschichte von all dem, was sich vor kurzem auf diesem heiligen Planeten Fegefeuer zugetragen hat, mußt du meiner Ansicht nach unbedingt erfahren, erstens weil diese Ereignisse all-kosmischen Charakter haben und mit der allgemeinen Individualität eines jeden relativ selbständigen verantwortlichen Individuums zusammenhängen und zweitens weil einige Glieder deines ‚Stammbaumes', wenn auch unfreiwillig, die Entstehung dieser Ereignisse veranlaßten.

„Ich werde dir jedoch erst am Ende meiner jetzigen Erzählung darüber berichten, und dafür habe ich einen sehr wichtigen Grund, der die Entwicklung deines ‚Seins-Denkens' anbelangt. Diesen wichtigen Grund und auch was meine Absicht dir gegenüber betrifft, werde ich dir jedenfalls auch noch zur rechten Zeit erklären.

„Einstweilen merke dir, daß es unter diesen dir lieben irdischen dreihirnigen Wesen eine große Anzahl aller möglichen ‚Religionslehren' gab und noch gibt, auf denen ihre zahlreichen ‚Religionen' aufgebaut sind, und daß sie gewöhnlich in der folgenden Weise entstehen:

„Ich habe dir schon gesagt, daß, als es sich herausstellte, daß durch die Unvoraussichtigkeit einiger Allerhöchster-Heiliger-Kosmischer Individuen im allgemeinen Bestand dieser unglücklichen dreihirnigen Wesen die Ergebnisse der Folgen des von diesen heiligen Individuen erfundenen und später beseitigten Organs Kundabuffer sich zu kristallisieren begannen — weshalb es für sie fast unmöglich war, sich richtig bis zu dem Sein zu vervollkommnen, das dreihirnigen Wesen zukommt — UNSER ALLER LIEBEVOLLER VATER geruhte, manchmal im allgemeinen Bestand einiger von ihnen, ganz gleich wo sie entstehen, den Keim eines heiligen Individuums zu bewirken, damit sie, nachdem sie sich vollständig bis zum verantwortlichen Alter gestaltet und Vernunft unter den Verhältnissen, die sich schon im gewöhnlichen Existenz-Prozeß der dreihirnigen Wesen dieses Planeten eingebürgert haben, erworben haben, der Wirklichkeit gewahr werden und den Wesen ihresgleichen ihrer Umgebung anzeigen sollten, wie sie mit der in ihnen vorhandenen Vernunft den Prozeß des Funktionierens ihrer einzelnen vergeistigten Teile lenken sollten, um die schon kristallisierten Folgen der Eigenschaften des Organs Kundabuffer zu dekristallisieren, und auch wie die Anlage zu neuen Kristallisierungen dieser Art in ihnen vernichtet werden könnte.

„Also, mein Junge, nachdem das heilige Raskuarno oder, wie sie sich ausdrücken, der Tod diesen irdischen dreihirnigen Wesen, in deren Bestand die Keime zu heiligen Individuen verwirklicht worden waren, widerfahren ist, sammeln ihre Zeitgenossen — zu ihrer eigenen Erinnerung und zur Überlieferung an die Wesen der folgenden Generationen — alles, was diese heiligen Individuen, nachdem sie verantwortliches Alter erreicht hatten, angewiesen und erklärt hatten, und fassen es in eine Einheit zusammen. Und all dies ‚in-eine-Einheit-Gesammelte' bildet eben den Anfang zu allen möglichen dortigen Religionslehren.

„Die Seltsamkeit der Psyche deiner Lieblinge in bezug auf ihre auf diese Weise unter ihnen entstehenden ‚Religionslehren' äußert sich darin, daß sie schon von Anfang an alles, was von solch echten, von Oben gesandten heiligen Individuen gesagt und erklärt worden ist, wörtlich auffassen und niemals in Betracht ziehen, in welcher Umgebung und für welchen Fall sie das eine oder andere gesagt und erklärt haben.

„Und ferner hängen deine Lieblinge schon in der Periode, als diese Religionslehren, deren Sinn schon von Anfang an entstellt wird, allmählich von Geschlecht zu Geschlecht übergehen, ihnen die folgenden zwei Faktoren an, die sich schon in der gewöhnlichen Existenz dieser merkwürdigen dreihirnigen Wesen eingebürgert haben. Der erste dieser Faktoren besteht darin, daß jene Wesen, die in der gegebenen Periode des ‚Zeitflusses' der Kaste der sogenannten Regierenden Klasse angehören, diesen Religionslehren sofort jene für sie selbst verderbliche ‚Frage' anhängen, die auf diesem unglückseligen Planeten so lautet ‚die-Religion-für-den-Staat-oder-der-Staat-für-die-Religion?' und dementsprechend zur Rechtfertigung ihrer eigenen egoistischen Ziele anfangen, mit allen möglichen Schlauheiten mit den schon zuvor festgesetzten Tatsachen zu jonglieren; und der zweite besteht darin, daß einige gewöhnliche Wesen dort, die ob der Schuld ihrer Erzeuger während ihrer Entstehung und Bildung zu verantwortlichen Wesen in ihrem allgemeinen Bestand die Eigenschaften der sogenannten ‚Psychopathie' und des ‚Schmarotzertums' erwerben — weswegen sie überhaupt keine Gegebenheiten für die Äußerung irgendeiner Seins-Pflicht, was sie auch sein mag, in sich haben und haben können, sich aber scheinbar in allen kleinen Einzelheiten der auf die besagte Weise entstandenen neuen Religionslehren auskennen — anfangen, diese schon sowieso von Anfang an ‚zerpickte' Gesamtheit von dem, was durch die echten absichtlich von Oben her verwirklichten heiligen Individuen gesagt und angezeigt worden ist, ‚wie-Krähen-am-Aas-eines-Schakals-herumzupicken'.

„Kurzum, das Ergebnis der zwei erwähnten im Prozeß der gewöhnlichen Existenz unter den dreihirnigen Wesen dieses seltsamen Planeten eingebürgerten Faktoren, nämlich die Eigenschaft der Wesen der regierenden Klasse und die ‚Psychopathie' einiger gewöhnlicher Wesen, ist immer, daß sie sich in Fragen der Auslegung ihrer Religion, gleich nach der Entstehung derselben und ganz gleich auf welchen Religionslehren sie aufgebaut sein mögen, in ihre berühmten Sekten teilen und daß diese Sekten ihrerseits wiederum in andere ‚Sekten' zerfallen und es demzufolge auf diesem verhältnismäßig kleinen Planeten in allen Epochen mit der Religion ebenso bestellt ist wie mit der Unmenge der Sprachen dort, in Bezug auf die unser hochverehrter Mulla-Nassr-Eddin ihn eine ‚Tausendzüngige Hydra' nannte, so wie er im gegebenen Falle ihn ‚verschieden-kitzelndes-Gekitzel' nennen würde.

„Während meiner Beobachtungen des Existenz-Prozesses dieser eigentümlichen dreihirnigen Wesen wurde mehrere Male im Bestand einiger von ihnen der Keim zu heiligen Individuen verwirklicht und — nachdem diese heiligen Individuen sich vollständig gestaltet und die ihnen von Oben aufgetragene Mission erfüllt hatten und ihnen dann der Prozeß des heiligen Raskuarno widerfahren war — fingen fast in jedem Falle — mit der einzigen Ausnahme des Höchstheiligen Aschiata Schiämasch und allem, was mit ihm zusammenhing und aus seinen eigenen sehr großen Bemühungen kam — langsam unter diesen Sonderlingen — in der erwähnten Weise immer diese Religionslehren zu entstehen an, das heißt, sie sammelten, wie ich gesagt habe, alles, was diese absichtlich von Oben gesandten Individuen angewiesen und eingehend erklärt hatten, in eine Einheit, um sich selbst dessen zu erinnern und auch um es an die folgenden Generationen weiterzugeben, jedoch selbstverständlich in eine solche Einheit, die schon von Anfang an, wie man sagt, ‚ein-bißchen-von-dem-und-ein-bißchen-von-jenem' hat, und wenn dieses Zusammengestellte später in die Hände eben dieser zwei erwähnten dortigen Typen fällt, fangen diese an, wie ich es ausgedrückt habe, an all dem ‚herumzupicken', und dieweil sie sich weiter in ihre berühmten sogenannten ‚Sekten' teilen, stellen sie neue von ihnen selbst zusammengestellte phantastische Religionslehren auf, deren Ergebnis ist, daß es auf diesem deinem Planeten erstens immer eine Unmenge von Religionen, zahlreich wie die Farben des ‚Regenbogens', gibt und zweitens, wie man sagt, ‚dieselbe-alte-Geschichte'. In den letzten Jahrhunderten gab es unter deinen Lieblingen im allgemein planetischen Prozeß ihrer Seins-Existenz mehrere Hunderte von diesen eigentümlichen selbständigen Religionslehren und als Grundlage für sie alle dienten insgesamt die überlieferten Anweisungen und Erklärungen, die in der erwähnten Weise entstanden und ihnen durch von Oben absichtlich unter ihnen verwirklichten heiligen Individuen gegeben worden waren.

„Auf all das, was so auf sie gekommen war, und woran sie sich auf eine seltsame Weise in den letzten Jahrhunderten begeisterten, und woraus sie mit ihrem ‚kurzgeschorenen Verstand' die Ideen zur Erfindung ihrer neuen und immer noch neueren Religionslehre schöpften, gründen sich fünf jetzt noch existierende Religionen, jene Religionen nämlich, als da sind:
    Erstens die buddhistische,
    zweitens die hebräische,
    drittens die christliche,
    viertens die mohammedanische,
    fünftens die lamaistische.

„Über die erste von ihnen, nämlich über die buddhistische Religion, habe ich dir schon einmal erzählt.

Die zweite, nämlich die hebräische, beruht sozusagen genau auf der Lehre des heiligen Moses; mit diesem Namen wurde eines der echten heiligen Individuen genannt, das absichtlich von Oben, als die Reihe an ihm war, auf den Planeten Erde gesandt worden war.

Dieses heilige Individuum bekleidete sich mit dem planetischen Körper eines Knaben, der in dem Lande, das jetzt Ägypten heißt, kurz nach meinem vierten persönlichen Aufenthalt auf der Oberfläche dieses deines Planeten entstand.

„Dieses heilige Individuum, das deine Lieblinge jetzt ‚heiligen Moses‘ nennen, tat für sie sehr viel und hinterließ ihnen viele genaue Anweisungen für ihre gewöhnliche Existenz, so daß, wenn sie diese annehmen und normal verwirklichen würden, sich tatsächlich die verschiedenen Folgen der Eigenschaften des für sie ganz verderblichen Organs Kundabuffer in ihnen allmählich dekristallisieren und sogar die Anlage zu neuen Kristallisierungen dadurch in ihnen vernichtet werden könnte.

„Aber zum allgemeinen Unglück aller nur ein wenig vernünftigen Wesen unseres ganzen großen Weltalls begannen sie alle Ratschläge und Anweisungen dieses die ‚Normalität-liebenden‘ heiligen Moses, wie es ihnen schon damals eigen war, mit einer Unmenge sogenannter ‚Spezereien‘ zu vermischen, daß selbst der heilige Urheber beim besten Willen nichts mehr von seinem Eigentum in dieser ihrer Zusammenstellung von dem erkennen könnte, was er angeblich erklärt und angezeigt hatte.

„Diese ‚Religionslehre‘ vermischten deine Lieblinge schon der ersten Generation nach den Zeitgenossen des heiligen Moses — da es ihnen offenbar für ihre besonderen Zwecke nützlich schien — mit jener völlig phantastischen Lehre, von der ich dir schon einmal sprach, als ich dir erzählte, daß es unter den alten dreihirnigen Wesen der zweiten Gruppierung auf dem Kontinent Aschark, der heute Asien genannt wird, einen König namens Konuzion, einen späteren Heiligen gab, der, um seine Untertanen von der verderblichen Gewohnheit, dem Kauen von Mohnsamen zu erretten, als erster eine phantastische Religionslehre erfand.

„Nach dem heiligen Moses wurde jenes heilige Individuum auf die Erde gesandt, das den Anfang zu jener Religion gab, die deine zeitgenössischen Lieblinge Christentum nennen.

„Dieses heilige Individuum, das deine Lieblinge ‚Jesus Christus' nennen, bekleidete sich mit dem planetischen Körper eines Knaben jener Rasse von irdischen dreihirnigen Wesen, die der heilige Moses auf einen Befehl von Oben hin aus den Wesen des Landes Ägypten ausgewählt und in das sogenannte ‚Land Kanaan' geführt hatte.

„Nach diesem Jesus Christus wurden dort auf dem Kontinent Asien noch zwei weitere heilige Individuen verwirklicht, auf deren Lehren die dortigen Wesen zwei der aufgezählten Religionen aufbauten, die es bis heute noch dort gibt.

„Und zwar war eines dieser zwei heiligen Individuen der heilige Mohammed, der unter den sogenannten Arabern erschien, und der andere der heilige Lama, der unter den Wesen in dem Lande namens Tibet erschien.

„Heutzutage ist die erste der von mir erwähnten fünf Religionslehren, nämlich die buddhistische, hauptsächlich unter den Wesen verbreitet, die in dem Lande Indien vorkommen, dem früheren Perlandia, und in den Ländern namens China und Japan.

„Die Anhänger der zweiten Religionslehre, nämlich der hebräischen, sind jetzt über den ganzen Planeten zerstreut.

„An dieser Stelle meiner Erzählung wird es nicht schaden, auch noch die Ursache selbst anzugeben, weshalb die Anhänger der mosaischen Lehre über den ganzen Planeten zerstreut sind, da du durch diese Erklärung eine eigentümliche Eigenschaft des Organs Kundabuffer gut verstehen wirst, die Eigenschaft nämlich, die ein Gefühl hervorruft, genannt ‚Neid‘, und ferner wirst du auch verstehen, daß jede Eigenschaft dieses Organs, wie klein sie auch sein mag, sehr große Folgen haben kann.

„Die Sache ist die, daß die Wesen, die sich hauptsächlich zu der mosaischen Lehre bekannten, eine gut organisierte Gemeinschaft waren, weshalb sich in der Psyche der Wesen aller anderen Gemeinschaften jener Periode eben jene Eigenschaft, die Neid genannt wird, gegenüber den Wesen dieser Gemeinschaft zu kristallisieren begann.

„Und diese Eigenschaft kristallisierte sich in ihnen so stark, daß selbst, als nach dem Verlauf vieler ihrer Jahrhunderte die hebräische Gemeinschaft schon nicht mehr organisiert und diese einst mächtige Gemeinschaft zu einem Ende gekommen war — wie es dort gesetzmäßig mit allen mächtigen Gemeinschaften geschieht — daß selbst dann die Beziehung zu den Wesen der Nachkommen dieser Gemeinschaften nicht vernichtet wurde, sondern daß sogar in den meisten von ihnen ein Gefühl von Neid diesen Wesen gegenüber schon organisch geworden ist.

„Die dritte Religion, die auf der Lehre Jesu Christi beruht, verbreitete sich in ihrer ursprünglichen Form sehr schnell so weit, daß fast ein Drittel aller dreizentrischen Wesen dieses Planeten ihre Anhänger wurden.

„Später aber begannen sie auch an dieser Religionslehre, die auf der ‚strahlenden Liebe‘ beruht, herumzuzerren und verwandelten sie zwar auch in etwas ‚Strahlendes‘, jedoch in, wie unser teurer Lehrer Mulla-Nassr-

Eddin sagt, eine ‚Strahlende Terasachabura' aus dem Märchen ‚Kasoaadschi'.

„Auch im Falle dieser wirklich großen Religionslehre kam es dahin, daß ihre Anhänger sich wegen irgendwelcher unbedeutender äußerer Einzelheiten in verschiedene Sekten spalteten und sich nicht mehr einfach ‚Christen' nannten, wie die ersten Anhänger dieser Lehre, sondern ‚Orthodox', ‚Sevrodox', ‚Ypsilodox', ‚Hamilodox' und mit verschiedenen anderen Namen, die auch auf ‚dox' endigen.

„Und sie fingen auch bald an, aus verschiedenen egoistischen und politischen Gründen dieser Lehre der Wahrheit und Wahrhaftigkeit Fragmente aus anderen dort schon existierenden ‚Religionslehren' beizumischen, solche Fragmente jedoch, die nicht nur nichts mit der Lehre Jesu Christi gemein hatten, sondern sogar manchmal den Wahrheiten, die dieser göttliche Lehrer gelehrt hatte, vollends widersprachen.

„Sie mischten dieser Lehre vieles aus der damals schon sehr entstellten Lehre des heiligen Moses bei, und viel später, nämlich in der Periode, die die heutigen dreihirnigen Wesen dort das ‚Mittelalter' nennen, fügten die sogenannten ‚Kirchenlehrer' dieser christlichen Religion fast die ganze phantastische Lehre hinzu, die von jenen Gelehrten in der Stadt Babylon erfunden worden war, die zu der dualistischen Schule gehörten, von der ich dir schon erzählt habe.

„Und diese letztere Lehre fügten die mittelalterlichen Kirchenlehrer wohl zugunsten ihrer eigenen Taschen und der Taschen ihrer Gehilfen hinzu und dies, weil darin die Lehre von dem berühmten ‚Paradies' und der berüchtigten ‚Hölle' enthalten war.

„Und deshalb wird jetzt statt der Lehre des Göttlichen Lehrers Jesus Christus, in der unter anderem die Macht der All-Liebe und All-Verzeihung unseres für die Wesen leidenden SCHÖPFERS offenbart wurde, eine Lehre gepredigt, wonach unser SCHÖPFER die Seelen derer, die dieser Lehre anhängen, zum besten hält."

„Mein teurer und lieber Großvater, erkläre mir, bitte, was ‚Kirchenlehrer‘ sind", sagte Hassin.

„Kirchenlehrer nennt man dort solche Wesen, die von Beruf höchste Würdenträger irgendeiner Religionslehre sind."

Nachdem Beelzebub einfach so lakonisch geantwortet hatte, fuhr er fort:

„Nebenbei kann ich dir übrigens sagen, daß in einer kleinen Gruppe irdischer Wesen die Lehre Jesu Christi unverändert erhalten blieb und von Geschlecht zu Geschlecht überging und sogar auf unsere Zeit in ihrer ursprünglichen Form gekommen ist.

„Diese kleine Gruppe irdischer Wesen heißt ‚Die Bruderschaft der Essäer‘. Den Wesen dieser Bruderschaft gelang es, die Lehre dieses Göttlichen Lehrers in ihre eigene Seins-Existenz einzuführen und sie dann von Geschlecht zu Geschlecht an die späteren Generationen weiterzugeben als ein sehr gutes Mittel, sich von den Folgen der Eigenschaften des Organs Kundabuffer zu befreien.

„Und was die vierte große Religion betrifft, die noch jetzt dort existiert, und die einige Jahrhunderte nach der christlichen entstand und auf der Lehre des ‚voll-der-Hoffnung‘ heiligen Mohammed beruht, so verbreitete sich diese Religion anfangs sehr weit und sie würde vielleicht sogar schließlich für alle zu einem ‚Hoffnungs- und Versöhnungsherd‘ geworden sein, wenn diese seltsamen Wesen nicht einen Mischmasch daraus gemacht hätten.

„Einerseits mischten ihr ihre Anhänger auch einiges von der phantastischen Theorie der babylonischen Dualisten bei, und anderseits erfanden die ‚Kirchenväter‘ dieser Religion, die ‚Islamische Scheiche‘ genannt werden, viele Dinge über den Segen des gepriesenen ‚Paradieses‘, das, wie gesagt wird, in einer ‚anderen Welt‘ existieren soll, und fügten sie ihr hinzu — ein Segen, den vielleicht nicht einmal der Haupt-Herrscher des Fegefeuers, Seine All-Viertel-Erhalterschaft, der Erz-Cherub Helkgematius, sich würde träumen lassen, selbst wenn er sich absichtlich anstrengte.

„Obgleich die Anhänger dieser Religion auch von Anfang an in viele verschiedene ‚Gruppen' und ‚Untergruppen' zerfielen — die es übrigens bis jetzt noch gibt — gehören doch alle einer der zwei selbständigen sogenannten ‚Richtungen' an, die sich vom Anfang der Entstehung dieser Religion an gebildet hatten.

„Die Anhänger dieser zwei ‚Richtungen' der ‚mohammedanischen Religion' heißen ‚Sunniten' und ‚Schiiten'.

„Es ist sehr interessant zu bemerken, daß der gegenseitige psychische Haß, der sich in der Psyche der Wesen bildete, die zu diesen zwei selbständigen Richtungen ein und derselben Religion gehören, durch ihre häufigen Zusammenstöße jetzt schon organisch geworden ist.

„In den letzten Jahrhunderten haben die Wesen einiger europäischer Gemeinschaften durch ihr Aufhetzen sehr zur Entstehung dieser sonderbaren Umbildung jener seltsamen Seins-Funktion beigetragen.

„Und sie wandten dieses Aufhetzen und wenden es noch weiter dazu an, um unter den Wesen, die diesen zwei selbständigen ‚Schulen' ein und derselben Religion anhängen, die Feindseligkeit zu vergrößern, damit es nie zu einer Einigung komme, da, falls dies geschehen würde, es auch bald zu einem Ende mit diesen europäischen Gemeinschaften kommen würde.

„Die Sache ist die, daß fast die Hälfte der gewöhnlichen dreihirnigen Wesen dort Anhänger dieser mohammedanischen Lehre sind und daß nur solange als dieser gegenseitige Haß zwischen ihnen besteht, sie keine Gefahr für die europäischen Gemeinschaften hinsichtlich gegenseitiger Vernichtung bedeuten.

„Und so kommt es, daß einige ‚neugebackene' zufällig entstandene Gemeinschaften sich immer vor Freude die Hände reiben, wenn Funken zwischen den Sunniten und Schiiten sprühen, weil sie dann auf eine lange und sichere Existenz für sich selbst zählen können.

„Und was die fünfte Lehre, nämlich die Lehre des heiligen Lama angeht, auch eines echten Gesandten unseres UNENDLICHEN, so verbreitete sich die Lehre dieses heiligen Individuums unter jenen dreihirnigen Wesen dort, die ob der geographischen Verhältnisse fast niemals mit den übrigen Wesen dieses unglückseligen Planeten in Berührung kommen und deshalb fast kaum von den anomal eingerichteten Verhältnissen der gewöhnlichen Seins-Existenz dort angesteckt waren.

„Ein Teil dieser Lehre wurde auch bald von ihren Anhängern verändert und vernichtet, aber der andere Teil ging allmählich mehr oder weniger in die Existenz einer kleinen Gruppe über und brachte die gewünschten Resultate, und dank dieser Resultate wuchs sogar die Hoffnung unter den Höchsten Heiligen Individuen, daß diese Lehre, die durch die heiligen Bemühungen des heiligen Lama geschaffen worden war, vielleicht einmal das verwirkliche, was schon für alles im Megalokosmos Existierende notwendig geworden ist.

„Aber deine Lieblinge ließen auch das nicht zu, sondern machten dieser Möglichkeit durch einen ihrer ‚militärischen Ausflüge', den ‚anglo-tibetanischen-Krieg', den Garaus.

„Über diesen ‚militärischen Ausflug' werde ich dir ein wenig später erzählen.

„Und ich werde dir hauptsächlich deshalb davon erzählen, weil ich selbst zufällig Augenzeuge all dieser beklagenswerten Ereignisse war.

„Zuerst muß ich dir sagen, wie man dort auf deinem Planeten — natürlich mit Hilfe des ‚Gehörnten' — sogar die Reste jener zwei genannten Religionen, die dort noch bis jetzt existieren, endgültig ‚vertreiben' möchte, die, obgleich sie schon bis zur Unkenntlichkeit verändert sind, dennoch in den letzten Jahrhunderten die gewöhnliche Existenz der dreihirnigen Wesen dort, wenn auch nur sehr entfernt, ähnlich der gewöhnlichen Existenz der dreihirnigen Wesen auf den übrigen Planeten unseres großen Weltalls gestaltet und einigen von ihnen ihre äußerst unsichere Existenz wenigstens objektiv erträglich macht.

„Ich will dir nämlich erzählen, wie der Prozeß der endgültigen Beseitigung dieser zwei großen Religionen, die zu den fünf erwähnten bis jetzt noch existierenden Religionen gehören, die, wenn sie auch ‚ein-bißchen-von-dem-und-ein-bißchen-von-jenem' sind, dennoch auf den Lehren der echten Gesandten unseres Unendlichen selbst beruhen, gerade jetzt vor sich geht; die eine auf der Lehre des heiligen Jesus Christus, die andere auf der Lehre des heiligen Mohammed.

„Ich wiederhole, daß, obgleich diese beiden großen Religionen dort mit ‚ein-bißchen-von-dem-und-ein-bißchen-von-jenem' auf den Lehren jener zwei echten Gesandten SEINER UNENDLICHKEIT beruhen, und obgleich die dreihirnigen Wesen der früheren Jahrhunderte dort an diesen beiden Lehren ebenso ‚herumzerrten' wie der russische Sidor an seiner Ziege, glaubten doch dank dieser Lehren einige von ihnen bis zur heutigen Zeit an etwas und hofften auf etwas und darnach gestaltete sich ihre trostlose Existenz ein wenig erträglicher.

„Aber es blieb den zeitgenössischen schon erz-seltsamen dreihirnigen Wesen überlassen, auch das vollends vom Antlitz ihres Planeten wegzufegen.

„Obgleich der Prozeß der Seltsamkeit ihrer eigentümlichen Psyche, nämlich der Prozeß der endgültigen Vernichtung dieser zwei großen Religionen, begann, nachdem ich ihr Sonnensystem verlassen hatte, verstand ich doch, dank des Inhalts eines Ätherogramms, das von den Wesen jenes seltsamen Planeten berichtete und das ich vor meinem Abflug vom Planeten Karatas erhielt, wie die Dinge standen, und kann jetzt schon mit voller Überzeugung sagen, daß sie nicht mehr länger an ihnen herumzerren, sondern ganz einfach sogar ihre Spuren vollends vernichten werden.

„In dem besagten Ätherogramm wurde mir außer anderem berichtet, daß dort auf deinem Planeten erstens eine Universität für jüdische Jugend in der Stadt Jerusalem eröffnet worden sei und zweitens, daß in der Gemeinschaft Türkei ein Befehl erlassen worden sei, alle sogenannten ‚Derwisch-Klöster‘ zu schließen, und daß den Männern das Tragen der ‚Feze‘ und den Frauen der ‚Jaschmack‘ verboten worden sei.

„Die erste Hälfte dieses Berichtes, nämlich daß man in der Stadt Jerusalem eine Universität für jüdische Jugend eröffnet habe, machte mir klar, daß die christliche Religion auch schon zu einem Ende gekommen ist.

„Um das zu verstehen, mußt du erstens wissen, daß noch ganz kurz zuvor alle Gemeinschaften, die es dort auf dem Kontinent Europa gibt und deren Wesen hauptsächlich Anhänger dieser Religion sind, um diese Stadt Jerusalem ihre großen Kriege mit Wesen, die Anhänger anderer Religionen waren, führten und daß sie diese ihre großen Kriege ‚Kreuzzüge‘ nannten.

„Sie führten diese ‚Kriege‘ oder ‚Kreuzzüge‘ nur, damit diese Stadt Jerusalem, in der dieser Göttliche Lehrer Jesus Christus existierte, gelitten hat und gestorben ist, ausschließlich christlich werde, und dafür vernichteten sie in diesen Kreuzzügen fast die Hälfte der Wesen männlichen Geschlechtes.

„Und eben in dieser Stadt Jerusalem eröffneten sie nun ihre zeitgenössische Universität für jüdische Jugend und wohl mit der allgemeinen Zustimmung all dieser selben europäischen christlichen Gemeinschaften.

„‚Jüdisch' nennt man dort jenes Volk, in dem der Göttliche Jesus Christus erschienen war und existiert hatte, und deren Wesen ihn gemartert und gekreuzigt hatten.

„Obgleich die jetzige Generation von ‚Juden' keine direkten Feinde Jesu Christi sind, ist doch jeder einzelne von ihnen überzeugt, daß dieser Jesus Christus, der unter ihren Ahnen erschienen war und von allen Anhängern der christlichen Religion als eine heilige Persönlichkeit betrachtet wird, nichts als ein Schwärmer und ‚kranker Phantast' war.

„Eine ‚Universität' ist für die heutigen Wesen des Planeten Erde gerade der ‚Herd', auf dem alles, was die früheren Wesen in Jahrhunderten erreicht haben, verbrannt wird und auf dem dafür schnell jene anderhalbtägige leckere Linsensuppe gekocht wird, die den Platz von allem einnimmt, was durch jahrhundertelange bewußte und unbewußte Anstrengungen und Bemühungen ihrer unglücklichen Vorfahren erreicht worden war.

„Das genügt, um mir zu zeigen und mich mit meinem ganzen Sein erkennen zu lassen, was schließlich aus diesem Jerusalem werden wird, wo sie jetzt eine eigene berühmte Universität und noch dazu für jüdische Jugend eröffnet haben.

„Ich kann mir gut vorstellen, daß, ehe viele ihrer Jahre vergangen sind, an der gleichen Stelle, wo der planetische Körper des Göttlichen Jesus begraben worden war, ein Autostand sein wird, das heißt ein Stand für jene Maschinen, die für die heutigen Wesen das Wunder sind, das ihnen den Kopf schon vollends verdreht.

„Nicht genug, daß diese Frevler die Lehre dieses Göttlichen Lehrers für ihre politischen und egoistischen Ziele allmählich entstellt haben, sie fangen jetzt auch an, sogar die Erinnerung an ihn zu vernichten.

„Übrigens gehört auch das schon seit langem zum Stil deiner Lieblinge.

„In diesem Zusammenhang kann ich auch sagen, daß die ganze zeitgenössische Zivilisation vor allem darauf aus ist, die Geschwindigkeit dieser von ihnen erfundenen und für sie selbst verderblichen Maschine noch zu erhöhen.

„Und tatsächlich wurde mir in dem letzten Ätherogramm, das ich über die dreihirnigen Wesen jenes unglückseligen Planeten erhielt, mitgeteilt, daß dort schon eine sogenannte ,Rekord'-Geschwindigkeit dieser Maschine von fünfhundertzwanzig Kilometern pro Stunde erreicht worden sei.

„Dieser ,Rekord' wird natürlich nur dazu führen, daß die schon ohnedies unbedeutende Größe dieses unglückseligen Planeten sogar in ihren kurzgeschorenen ,Seins-Vorstellungen' völlig unbedeutend werden wird.

„Der SCHÖPFER sei mit ihnen, mein Junge!

„Was für eine Schnelligkeit sie auch mit ihren ,Maschinen' erreichen mögen, es ist alles egal, solange diese Wesen selbst die gleichen bleiben; nicht nur sie selbst, auch ihre Gedanken werden nie weiter als ihre Atmosphäre reichen.

„Und was die zweite große Religion betrifft, die zwar, wie ich dir schon gesagt habe, ,ein-bißchen-von-dem-und-ein-bißchen-von-jenem' ist, aber doch hauptsächlich auf der Lehre des voll-der-Hoffnung heiligen Mohammed beruhte, so begannen die Wesen mit hasnamussischen Eigenschaften dort diese Religion schon vom Anfang ihrer Entstehung an für ihre egoistischen und politischen Ziele zu gebrauchen und zu profitieren und deshalb ist an ihr mehr als an den anderen ,herumgezerrt' worden.

„Die machthabenden Wesen einiger Gemeinschaften dort mischten auch dieser göttlichen Lehre für ihre besagten hasnamussischen Ziele solche von ihnen erfundene ,Spezereien' bei, daß sich eine ,Scherachurische Kombination' daraus ergab, deren Geheimnis den Neid aller heutigen berühmten europäischen ‚Konditoren' und sogenannten ‚Chefs' erregen würde.

„Also . . . dem Inhalt der zweiten Hälfte des Ätherogramms nach zu urteilen, soll der Prozeß der völligen Vernichtung dieser zweiten großen Religion dort schon vor sich gehen oder ist schon vor sich gegangen, laut jenem Befehl, der in dem Ätherogramm erwähnt ist, der von den machthabenden Wesen der Gemeinschaft Türkei erlassen wurde.

„Diese Gemeinschaft Türkei ist nämlich die größte all jener Gemeinschaften, deren Wesen sich zu dieser Religion bekennen.

„Vor allem muß ich dir sagen, daß vom Anfang der Entstehung dieser mohammedanischen Religion an einige Wesen dieser Gemeinschaft die Lehre dieser Religion in ihrer ursprünglichen Form sehr gut aufnahmen und sie langsam ihrer gewöhnlichen Existenz einzuverleiben begannen.

„Und obgleich die Lehre dieser Religion unter dem Einfluß der machthabenden Wesen allmählich verändert wurde, ging diese mohammedanische Lehre unter einigen Wesen dort trotzdem von Geschlecht zu Geschlecht in unveränderter Form weiter.

„Und deshalb bestand wenigstens bis jetzt eine blasse Hoffnung, daß, wenn diese Wesen plötzlich sich einmal dauernd niederließen, diese Lehre sicherlich noch erneuert und jene Ziele verwirklicht werden könnten, für die sie von dem voll-der-Hoffnung heiligen Mohammed geschaffen worden war.

„Und, mein Junge, diese Wesen dort werden ‚Derwische' genannt, und es war betreffs der Schließung ihrer Klöster, daß in dieser heutigen Gemeinschaft Türkei ein Befehl erlassen wurde.

„Selbstverständlich werden mit der Vernichtung dieses ‚Derwischtums' in der Türkei auch jene letzten noch glimmenden Funken vernichtet werden, die sich sozusagen in der Asche erhalten haben und die vielleicht noch einmal den Herd jener Möglichkeiten hätten anzünden können, mit denen der heilige Mohammed rechnete und auf die er seine Hoffnung gesetzt hatte.

„Und was den anderen Erlaß angeht, von dem in diesem Ätherogramm berichtet wird, der auch in jener Gemeinschaft Türkei heraus kam, nämlich das Verbot für die Wesen ‚männlichen Geschlechtes', den früher berühmten Fez und für die Wesen ‚weiblichen Geschlechtes' nicht mehr den ‚Jaschmack' zu tragen, so kann ich mir die Ergebnisse dieser Neuerung in meinen Seins-Vorstellungen für die Zukunft sehr klar ausmalen.

„Dank dieser Neuerungen wird sich mit den Wesen der Türkei genau dasselbe wiederholen, was sich mit den Wesen der großen Gemeinschaft Rußland zutrug, nachdem sie angefangen hatten, alles Europäische zu imitieren.

„Hier mag als Beispiel angeführt werden, daß in allen Wesen jener großen Gemeinschaft Rußland noch vor ein oder zwei Jahrhunderten, bevor sie alles Europäische nachzuahmen begonnen hatten, jene zwei Seins-Funktionen noch wirklich erhalten waren, die ‚Martaadamlik' und ‚Nammuslik' heißen, oder wie man diese Seins-Gefühle auch nennt, ‚Religiosität' und ‚Patriarchalität'.

„Eben ob jener Seins-Gefühle waren die Wesen dieser großen Gemeinschaft vor zwei Jahrhunderten unter den übrigen Wesen dieses ganzen Planeten für ihre Sittlichkeit und die Patriarchalität in ihrem Familienleben berühmt.

„Als sie aber später alles Europäische nachzuahmen begannen, atrophierten jene in ihnen noch erhalten gebliebenen Seins-Gefühle, und zur Jetztzeit sind fast alle Wesen jener Gemeinschaft, was Religiosität und Patriarchalität betrifft, so geworden, daß unser weiser Lehrer Mulla-Nassr-Eddin dafür nur den einen Ausruf hat:

„ ‚Ach . . . mach, daß du weiterkommst!'

„In Rußland übrigens begann das alles nicht mit dem ‚Jaschmack‘ und ‚Fez‘.

„Nein, diesen Kopfputz hat man dort nicht getragen.

„Sondern es begann dort mit dem ‚Bart‘ der Wesen männlichen Geschlechtes.

„Der Bart ist dort für die Wesen männlichen Geschlechtes dasselbe, was für uns der Schwanz ist, der, wie du schon weißt, den Wesen männlichen Geschlechtes bei uns Männlichkeit und Aktivität verleiht.

„Jetzt ist die Reihe an diese unseligen Türken gekommen.

„Es genügt, daß sie ihre Feze gegen europäische steife Hüte umtauschen wollen, alles weitere wird darin von selbst folgen.

„Selbstverständlich wird sich die Psyche dieser türkischen Wesen ebenso umbilden, wie sie sich in den Wesen der Gemeinschaft Rußland umgebildet hat.

„Der Unterschied zwischen den russischen und türkischen Wesen besteht nur darin, daß diese Umformung in der Psyche der Russen nur durch ein einziges Wesen verursacht worden war, nämlich durch ihren Zaren, während für die Wesen der Gemeinschaft Türkei mehrere Wesen dies verursachten.

„Und es sind deshalb mehrere, weil diese Türken kürzlich ihre viele Jahrhunderte hindurch bestehende Staatsordnung in eine neue umgewandelt haben, in eine besondere ‚republikanische‘, weshalb es an Stelle eines einzigen Herrschers, wie in ihrer früheren Staatsordnung, jetzt mehrere gibt.

„Wenn auch ihre frühere Staatsordnung schlecht war, so war es doch immerhin ein einziger Herrscher, der alle Neuerungen in seine Gemeinschaft einführte, und diese waren noch dazu alt-patriarchalisch.

„Jetzt aber gibt es in dieser Türkei mehrere Hauptführer und jeder von ihnen ‚klügelt‘ neue aus und halst den unglücklichen gewöhnlichen Wesen dieser ganzen Gemeinschaft seine unreifen Reformen auf, die weder den schon längst kristallisierten Bedürfnissen der Psyche der Wesen dieser Gemeinschaft noch den dort bestehenden Pfeilern ihrer Seins-Sittlichkeit entsprechen.

„Es ist sehr interessant, noch zu betonen daß, genau so wie früher der russische Zar von den ihm nächststehenden alten patriarchalischen Würdenträgern mit einer großen Menge sogenannten ‚Geldes' versorgt wurde, das durch den Schweiß der Bauern verdient und nach dem Kontinent Europa geschickt wurde, um in verschiedenen Gemeinschaften dort die verschiedenen Regierungsformen zu studieren, damit er nach seiner Rückkehr sich besser im Regieren seiner Gemeinschaft auskenne, so jetzt die unreifen türkischen Herrscher von ihren eigenen ‚patriarchalischen' Vätern mit viel ‚Geld' versorgt werden, das diesmal jedoch durch den Schweiß der ‚Tschaivansananker' verdient wird und auch nach dem Kontinent Europa gesandt wird, um dort, wie sie sagen, eine ‚gute Erziehung' zu erhalten, zum künftigen Wohl ihres Vaterlandes.

„Also, mein Junge, in diesen beiden Fällen erschien den zukünftigen Herrschern dieser zwei großen vielmillionigen Gemeinschaften — weil sie ganz jung, noch bevor sie sich ihrer Verantwortung bewußt geworden waren, nach dem Kontinent Europa gingen und hauptsächlich, weil sie mit dem Geld aus dieser besagten Quelle versorgt waren — die Existenz der Wesen dort auf dem Kontinent Europa so ‚famos' und ‚segensreich', und diese ihre Meinung kristallisierte sich in ihnen so sehr, daß, wenn sie später wegen der anomal bestehenden Existenz-Verhältnisse in ihrem Vaterland zu Führern dieser vielmillionigen Gemeinschaften wurden, sie, wie der russische Zar, nicht umhin konnten, sich zu bestreben, die Existenz ihrer Landsleute ihren kurzgeschorenen Vorstellungen gemäß ‚glücklich' zu gestalten.

„Die jetzigen Hauptführer dieser Gemeinschaft sahen

und empfingen übrigens viel Gutes in der Gemeinschaft Deutschland, wohin sie geschickt wurden, um den sogenannten ‚Militarismus' zu studieren, das heißt, die besonderen Feinheiten in der Führung der Prozesse des gegenseitigen Vernichtens.

„Zu diesem Zwecke blieben die heutigen Haupt-Herrscher der Gemeinschaft Türkei für eine beträchtliche Zeit in jener Gemeinschaft Deutschland und waren dort sogenannte ‚Junker'.

„Besonders viel Gutes aber sahen und empfingen sie in der Hauptstadt jenes Deutschland, in Berlin, auf der Straße ‚Unter den Linden'.

„Ich weiß noch nicht, welches Wohl diese neuen türkischen Herrscher für ihre Landsleute schaffen werden. Einstweilen haben sie für ihr Vaterland eine sehr gute ‚patriotische' Tat geleistet.

„Damit du das Wesen dieser guten patriotischen Tat gründlich verstehst, mußt du vor allem wissen, daß in der Hauptstadt dieser Gemeinschaft Türkei alle Wesen weiblichen Geschlechtes, die einem ganz bestimmten Beruf in den Straßen und Gassen jener Viertel nachgingen, die ‚Galata' und ‚Pera' genannt werden, ausländischen Gemeinschaften angehörten, obgleich diese selben Frauen ‚echte türkische Lira' verdienten und ausgaben.

„Dank der kürzlichen Neuerungen hat man aber zur jetzigen Zeit dort schon die volle und sichere Hoffnung, daß diese ‚echten patriotischen türkischen Lira' sehr bald nicht mehr länger auf die weiblichen Wesen anderer fremder Gemeinschaften warten, sondern von ihren eigenen ‚lieben Landsmänninnen' allein verdient werden.

„Nicht umsonst sagt unser hochgeschätzter Hadji-Nassr-Eddin:

„ ‚Die Hauptsache ist, viel Geld zu haben, dann mag sogar unser Nammus krachen.'

„ ‚*Duniinin ischi, pakmasli pischi, gejam purnunda pus-*

sar esch ahi dischi' (was auf deutsch besagt: ‚Die Welt-Geschäfte sind wie Honigkuchen, aus denen dem, der sie ißt, unbedingt ein Eselszahn wachsen muß').

„Laß mich jetzt, wie ich es dir versprach, ausführlich erzählen von der Lehre des letzten heiligen Individuums, das unter den Wesen Tibets erschien, über den heiligen Lama, und über die Ursachen, die auch diese Lehre vollständig vernichteten.

„Die Lehren und Predigten dieses Heiligen waren nicht sehr weit verbreitet, ob der geographischen Verhältnisse jenes Ortes, wo er erschienen war, und wo er jene unglückseligen dreizentrischen Wesen auch lehrte, was sie tun sollten, um sich von den Folgen der Eigenschaften des Organs Kundabuffer zu befreien.

Ob ihrer geographischen Verhältnisse kamen die Wesen dieses Landes, wie ich dir schon gesagt habe, wenig mit den anomalen Verhältnissen der gewöhnlichen Seins-Existenz der Wesen anderer Gemeinschaften in Berührung, und einige von ihnen waren deshalb besser für die Lehre dieses letzten heiligen Individuums aufnahmefähig, und so ging diese Lehre in ihr Wesen über und wirkte sich allmählich praktisch bei ihnen aus.

„Und, mein Junge, im Laufe vieler Jahre gestalteten sich die Verhältnisse in jenem Lande, das Tibet heißt, so, daß die dortigen Wesen je nach dem Grade ihrer inneren Umwandlung durch die Lehre des heiligen Lama und nach dem Grade ihres Bedürfnisses, an sich selbst zu arbeiten, eingeteilt wurden; und da sie ihre gewöhnliche Existenz dementsprechend organisierten, hatten sie, dank der isolierten Lage, die daher kam, daß ihr Land für die Wesen anderer Gemeinschaften unzugänglich war, die Möglichkeit, ungestört nach den Anweisungen des heiligen Lama an ihrer Befreiung von den Folgen der Eigenschaften jenes Organs zu arbeiten, das ihren ersten Vorfahren zu ihrer aller Unglück eingeimpft worden war.

„Unter diesen Wesen hatten diese einige schon Befreiung erreicht, viele andere waren auf dem Weg dazu, und wieder andere waren voll Hoffnung, daß sie auch einmal Ähnliches erreichen würden.

„Aber gerade dann, als die Verhältnisse und die Umgebung für produktive Arbeit in diesem Tibet sich schon in der richtigen Richtung bewegten, geschah eben das, was auch für die Wesen dieses Landes die Möglichkeit, sich einmal von dem drückenden Unglück befreien zu können, völlig vernichtete oder auf jeden Fall wieder um viele Jahre hinausschob.

„Ehe ich dir jedoch erzähle, was sich dort ereignet hat, mußt du noch folgendes wissen:

„Noch vor ein paar Jahrhunderten äußerte sich die Haupteigenschaft der dir lieben dreihirnigen Wesen, nämlich der Prozeß ihres periodischen gegenseitigen Vernichtens, auf deinem Planeten zwischen Wesen verschiedener Gemeinschaften ein und desselben Kontinents, des Kontinents nämlich, auf dem sie vorkamen, und wenn dieser Prozeß ausnahmsweise unter Wesen verschiedener Kontinente entstand, dann nur unter solchen Wesen, die an den Grenzen zweier zusammenstoßender Kontinente wohnten. Und dies geschah, weil die Fortbewegung auf dem Wasser für die irdischen Wesen vor einigen Jahrhunderten noch sehr schwierig war.

„Nachdem aber ein zeitgenössisches Wesen dort zufällig die Möglichkeit entdeckt hatte, die Kraft künstlich verdünnten Wassers, oder, wie sie sagen, die ‚Dampfkraft' für die Fortbewegung auf dem Wasser zu gebrauchen und sie diesem Zweck entsprechende Schiffe bauten, drangen diese irdischen Wesen allmählich in die Grenzländer der benachbarten Kontinente oder sogar in andere Kontinente ein.

„Während des letzten Jahrhunderts war für die Wesen dieses sonderbaren Planeten solch ein begehrter Platz das

Land des alten Perlandia oder, wie die gegenwärtigen Wesen sagen ‚Indien'.

„Erinnerst du dich, daß ich dir einmal sagte, daß eben nach diesem Perlandia auf dem Kontinent Aschark, dem heutigen Asien, Wesen aus dem Kontinent Atlantis zu kommen pflegten, zuerst um der Perlen willen, und später, um sich in diesem Lande niederzulassen.

„Also, mein Junge, dieses gleiche unglückselige ehemalige Perlandia oder das heutige Indien, wurde in den letzten Jahrhunderten der Lieblingsplatz auch für die heutigen Wesen des Kontinents Europa, diesmal aber für ihre Prozesse des gegenseitigen Vernichtens.

„Sie segelten dorthin und führten dort ihre Prozesse des gegenseitigen Vernichtens aus, sowohl unter sich selbst als auch mit den dortigen Wesen, das heißt, entweder bemühten sich die Wesen einer europäischen Gemeinschaft die Existenz der Wesen einer anderen europäischen Gemeinschaft zu vernichten, oder es vollzogen sich ähnliche Prozesse zwischen den einheimischen Wesen in Perlandia, und die europäischen Wesen halfen der einen oder anderen Seite.

„Die Prozesse des gegenseitigen-Vernichtens lokalen Ausmaßes kamen in jenem unglückseligen Perlandia besonders während der letzten acht bis fünfzehn Jahrhunderte sehr häufig vor.

„Und das deshalb, weil als Folge eines solchen großen Prozesses die Wesen dort, die sich früher nur in zwei verschiedene Gemeinschaften geteilt hatten, in eine Menge kleiner selbständiger Gemeinschaften zerfallen waren, und zweitens, weil sich dort auch eine solche Kombination in der allgemeinen Psyche der Wesen jener Gegend ergab, daß Ausbrüche dieser Art, nämlich das Streben nach gegenseitiger Vernichtung, in den Wesen jenes Teiles der Oberfläche des Planeten Erde, obgleich überall, so doch an verschiedenen Orten zu verschiedenen Zeiten geschah.

„Und diese letztere neue Kombination in ihrer allgemeinen Psyche kam auch durch ein kleines unvorhergesehenes Mißverständnis zustande, das mit der allgemein harmonischen Bewegung dieses ganzen Sonnensystems verbunden ist.

„Die Einzelheiten dieses Mißverständnisses werde ich dir auch einmal erklären.

„Einstweilen aber laß uns zu unserer begonnenen Erzählung zurückkehren.

„Also ...

„Das Stück der Oberfläche des Planeten Erde, auf dem Indien liegt, ist, was seine Naturschätze betrifft, dasselbe geblieben wie in früheren Jahrhunderten.

„Und als deshalb in der merkwürdigen Psyche der europäischen Wesen, die in jenes Land zum Zweck des gegenseitigen Vernichtens gekommen waren, das dringende Bedürfnis, diesen Schrecken auszuführen, vergangen war, blieben diese Wesen dort und bereiteten sich entweder für weitere Prozesse dieser Art vor oder, wie sie selbst sagen, ‚verdienten‘ genug, um ihren auf dem Kontinent Europa verbliebenen Familien die für die gewöhnliche Existenz notwendigen Güter zu schicken.

„Und sie ‚verdienten‘ alle möglichen Güter durch ihre Gewerbe, die meistens in der Herstellung sogenannter ‚Messingknöpfe‘, ‚Handspiegel‘, ‚Glasperlen‘, ‚Ohrringe‘, ‚Armbänder und anderem ähnlichen Tand bestanden, für den die Wesen jenes Landes empfänglich waren.

„Schon vom Anfang dieser Periode an begannen die Wesen des Kontinents Europa auf verschiedene Art und Weise den einheimischen Wesen dort in Perlandia ihr Land wegzunehmen, um sich dann dort genau wie zuvor auf dem Kontinent Europa in einzelnen Gruppen zu sondern, je nachdem aus welcher Gemeinschaft sie ausgewandert waren.

„Diese aus verschiedenen Gemeinschaften Europas stammenden Wesen äußerten auch dort gegeneinander weiterhin die gleichen merkwürdigen Seins-Beziehungen, wie es die Wesen einer Gemeinschaft des Kontinents Europa damals den Wesen anderer Gemeinschaften desselben Kontinents gegenüber taten und noch tun; nämlich — auch dank der Folgen der Eigenschaften des Organs Kundabuffer — züchten sie Gefühle, die sich in ihnen in der Form besonderer Funktionen kristallisieren, die dort unter den Namen ‚Neid‘, ‚Eifersucht‘, ‚Sandur‘ (das heißt der Wunsch, den anderen tot oder schwach zu sehen) und so weiter existieren.

„Auch dort in Perlandia begannen die Wesen einer Gemeinschaft gegen die Wesen der anderen Gemeinschaften jene ‚hasnamussische Musik‘ mit vollen Lungen zu blasen, die sie ‚Politik‘ nennen, das heißt sie begannen einander ‚herabzusetzen‘, einander zu ‚erniedrigen‘ und so weiter, um unter den einheimischen Wesen dort für ihre Gemeinschaft ein sogenanntes ‚Prestige‘ zu erringen.

„Im Verlaufe dieser ‚Politik‘ fand eines der Häupter einer europäischen Gemeinschaft irgendwie das ‚Geheimnis‘, wie man die Psyche der Wesen anderer Gemeinschaften beeinflussen könne, damit sie die Autorität seiner Gemeinschaft anerkennen und den Wesen seiner Gemeinschaft den Vorrang geben.

„Nachdem das Wesen, das dieses Geheimnis gefunden hatte, dessen Wirkungsprinzip ‚Kswaznel‘ oder ‚Aufhetzen‘ genannt wird, die anderen Häupter seiner Gemeinschaft darin eingeweiht hatte und nachdem sie es alle zur Grundlage ihrer ‚Politik‘ gemacht hatten, gewannen die Wesen seiner Gemeinschaft tatsächlich nach und nach überall und in allem die Oberhand.

„Obgleich sowohl die früheren Häupter der Wesen dieser Gemeinschaft als auch jenes Wesen selbst, das das Geheimnis ‚Kswaznel‘ zufällig gefunden hatte, schon längst dahingesiecht waren, wandten doch die Wesen der folgenden Generationen — natürlich automatisch — dieses ‚Geheimnis' weiterhin an und brachten nicht allein fast dieses ganze Perlandia in ihren Besitz, sondern unterwarfen ihrem Einfluß auch alle anderen Wesen, die auf jenem Teil des Planeten Erde vorkamen.

„Trotzdem schon zwei Jahrhunderte verflossen waren, ging doch alles in der Periode, auf die sich meine weitere Erzählung betreffs der Vernichtung der Bemühungen des heiligen Lama durch die dreihirnigen Wesen bezieht, in der gleichen Weise weiter.

„Stolz über ihren Erfolg, beschlossen die Häupter jener erwähnten europäischen Gemeinschaft, denen es geglückt war, durch eben dieses Geheimnis ‚Kswaznel' allmählich alle ihrem Einfluß zu unterwerfen und alles in ihre Hände zu bekommen, ihre ‚Klauen' sogar an das zu legen, was bis dahin als unerreichbar gegolten hatte.

„Sie beschlossen nämlich, sich auch jenes benachbarte Land namens Tibet anzueignen, das bis dahin für uneinnehmbar gegolten hatte. Und darum sammelten sie eines Tages, der heute ihnen als ein schöner und allen anderen Wesen jenes Planeten als ein trauriger gilt, viele Wesen ihrer Gemeinschaft und noch mehr Wesen aus den von ihnen unterworfenen kleinen Gemeinschaften und rückten langsam mit Hilfe aller möglichen neuen Erfindungen ihrer zeitgenössischen ‚europäischen Zivilisation' für die Prozesse gegenseitigen Vernichtens in dieses bis zu dieser Zeit für uneinnehmbar geltende Land vor.

„Trotz der Hilfe dieser europäischen ‚Neuerfindungen' aller Art war ihr Vorrücken bergauf sehr schwierig und kam ihnen teuer zu stehen, nicht nur was ‚englische Pfund', sondern auch was ‚zufällige Opfer' betrifft.

Während diese Bande von allen möglichen irdischen dreihirnigen Wesen noch ruhig, aber mit großen Schwierigkeiten langsam bergauf vorrückte, hatten die Wesen, die noch oben in Tibet wohnten, überhaupt keine Ahnung von dem von diesen europäischen Wesen unternommenen ‚militärischen Ausflug' gegen ihr eigenes Land.

„Sie erfuhren erst dann davon, als die besagte Bande dort oben ankam.

„Als die Wesen dieses Hochlandes von diesen unerhörten Ereignissen erfuhren, erschraken sie und gerieten in große Aufregung, weil sie lange Jahrhunderte hindurch sich an die Vorstellung gewöhnt hatten, daß ihr Existenzplatz niemandem zugänglich sei und daß die Wesen anderer Gemeinschaften, ganz gleich welche Mittel sie für die Prozesse des gegenseitigen Vernichtens haben mochten, auf keinen Fall bis zu ihnen vordringen könnten.

„Sie waren so vollends davon überzeugt, daß sie sogar nicht einmal ihren Blick nach unten gerichtet hatten, um zu sehen, was in dieser Zeit dort unternommen wurde, um in ihr unzugängliches Land einzudringen, weshalb sie auch keine entsprechenden Maßnahmen hatten treffen können.

„Daher kamen eben alle folgenden traurigen Ereignisse, die zur Folge hatten, daß alle Resultate, die von diesem voll des Glaubens heiligen Individuum, dem heiligen Lama, geschaffen worden waren, endgültig zerstört wurden.

„Du mußt vor allem wissen, daß dieses Hochland auch der Existenzplatz jener kleinen Gruppe war, die aus sieben dortigen Wesen bestand, die gemäß der vom ersten Anfang an bestehenden Regeln die Hüter der geheimsten Anweisungen und Ratschläge des heiligen Lama waren.

„Diese Gruppe bestand aus jenen sieben dortigen Wesen, die den Anweisungen des heiligen Lama gefolgt waren, um sich von den Folgen der Eigenschaften des Organs Kundabuffer zu befreien und die ihre Selbstvervollkommnung bis zum höchsten Grad gebracht hatten.

„Als diese ‚Gruppe der sieben Wesen' von diesem Ereignis erfuhr, schickte sie ihr Oberhaupt zur Teilnahme an der Beratung der aufgeregten Hauptführer dieses ganzen Landes, die in der Hauptstadt am gleichen Tage stattfand, an dem diese ungebetenen Gäste dort oben erschienen waren.

„Die versammelten Häuptlinge der tibetischen Wesen beschlossen auf dieser ersten Beratung einstimmig, die ungebetenen Ankömmlinge sehr freundlich und liebenswürdig zu bitten, gefälligst dahin zurückzukehren, von wo sie gekommen waren, und sie und ihr friedliches Land, das niemand störte, in Frieden zu lassen.

„Als es sich nach einigen Tagen herausstellte, daß diese ungebetenen Gäste nicht einwilligen würden, zurückzukehren, sondern sogar auf diese Bitte hin erst recht weiter ins Innere des Landes vordrangen, waren die Teilnehmer an dieser ersten Versammlung noch mehr bestürzt und riefen eine zweite zusammen und erwogen, was zu tun sei, um diese Wesen daran zu hindern, wie sie es ausdrückten, ‚ein fremdes Haus ohne Einladung zu betreten'.

„Man schlug eine Reihe verschiedener Mittel vor, um diese Wesen, die wie Raben in ein fremdes Nest eingedrungen waren, aus ihrem Lande zu entfernen; eines besonders aber fand allgemeine Unterstützung, nämlich, daß alle diese ungebetenen ‚Frechdachse' ausnahmslos bis auf den letzten Mann vernichtet werden sollten.

„Und das hätte, mein Junge, leicht von ihnen bewerkstelligt werden können, da ihr Land so beschaffen ist, daß ein einziges Wesen allein mit Steinen, die es von den Bergen herabschleudert, ohne weiteres tausend feindliche Wesen unten in den Tälern vernichten kann, und dies um so mehr, als ein jeder von ihnen die Landschaft seiner Heimat so wie seine eigene Hand kannte.

„Am Ende der Beratung waren alle Häupter des Landes Tibet so aufgeregt, daß sie höchstwahrscheinlich beschlossen hätten, diesen von der Mehrzahl unterstützten Vorschlag auszuführen, wenn nicht das Haupt jener kleinen ‚Gruppe-der-Sieben', das, wie ich dir schon gesagt habe, von den übrigen Mitgliedern zu dieser Beratung entsandt worden war, sich in diese stürmische Beratung eingemischt hätte.

„Dieses Oberhaupt der Sieben, fast schon ein Heiliger, redete den übrigen Mitgliedern zu, nicht zu tun, was sie beabsichtigten, und sagte ihnen unter anderem noch Folgendes:

„,Für unseren GEMEINSAMEN SCHÖPFER GOTT ist die Existenz eines jeden Wesens gleich wertvoll und teuer; deshalb würde die Vernichtung dieser Wesen und noch dazu einer so großen Anzahl von ihnen kein geringer Kummer für JENEN EINEN sein, der schon ohnedies mit teilnahmsvoller Sorge für alles, was unter uns auf Erden existiert, erfüllt ist.'

„Alles was dieser spätere Heilige damals auf jener Versammlung der tibetischen Häupter sagte, war für alle so überzeugend, daß sie beschlossen, nicht nur nichts gegen diese Ankömmlinge zu unternehmen, sondern sogar alle möglichen Maßnahmen zu ergreifen, damit keiner den Gang der Ereignisse hindere.

„Darauf rückten die Wesen, die von unten her als ungebetene Gäste gekommen waren und nirgends auf Widerstand stießen, nach dem Herzen dieses einzigartigen Landes vor, das bis dahin von allen sich immer mehr auf deinem Planeten verschlechternden Verhältnissen der gewöhnlichen Seins-Existenz verschont geblieben war.

„Damals geschah dann eben, was nicht nur ein großes Unglück für alle jetzigen und zukünftigen Wesen dieses unglücklichen Landes war, sondern vielleicht sogar für alle gegenwärtigen und zukünftigen dreihirnigen Wesen jenes ganzen unglückseligen Planeten überhaupt.

„Die Sache ist die, daß bei der letzten Beratung der Häupter ganz Tibets unter anderem beschlossen wurde, daß einige Teilnehmer dieser Beratung, die durch das Los bestimmt wurden, sich an jene Stellen begeben sollten, wo diese fremden Wesen durchkommen würden, um die dortige einheimische Bevölkerung von dem sorgfältig erwogenen Beschluß ihrer Führer zu unterrichten und sie zu überzeugen, daß unter allen Umständen keiner den Durchgang dieser Fremdlinge hindern solle.

„Unter denen, die durch Los bestimmt waren, nach den Gegenden zu gehen, wo die bewaffneten fremden Wesen durchkommen würden, befand sich auch das Oberhaupt dieser kleinen ‚Gruppe-der-Sieben'.

„Und als dieser künftige Heilige zu dem erwähnten Zwecke an einen großen Punkt kam, in dessen Nähe sich die bewaffnete Bande der fremden Wesen zu einer Rast niedergelassen hatte, wurde dieser zukünftige Heilige absichtlich oder zufällig auf der Straße dieses großen Punktes von einer blinden Kugel, die von einem dieser Fremdlinge von unten abgeschossen worden war, auf der Stelle getötet.

„Auf diese Weise endete die Existenz des Oberhauptes der kleinen Gruppe fast vervollkommneter Brüder, und es blieb ihnen, die vom Schrecken über dieses Ereignis überwältigt waren, nichts anderes übrig, als Maßnahmen zu ergreifen, den planetischen Körper ihres früheren Oberhauptes zu sich zu überführen.

„Damit du dir den wirklichen Schrecken der Situation, den diese sechs Brüder erlebten, die ohne Oberhaupt geblieben waren, gut vorstellen und damit du auch alle sich daraus ergebenden unglücklichen Folgen gut verstehen kannst, muß ich dir vor allem, wenn auch nur kurz, die Geschichte der Entstehung und Existenz dieser kleinen Gruppe in diesem Lande, Tibet genannt, erzählen, jener kleinen Gruppe, die immer aus nur sieben dreihirnigen Wesen deines Planeten bestand.

„Diese Gruppe hatte sich schon lange zuvor gebildet und existierte lange bevor dieses letzte heilige Individuum, der heilige Lama, auf der Erde erschienen war.

„Sie bestand in ihrem ersten Anfang aus sieben Wesen, die vom heiligen Krischnatcharna selbst eingeweiht worden waren, auch einem besonderen Gesandten unseres UNENDLICHEN zu den dreihirnigen Wesen des Planeten Erde, die in dem Lande Perlandia vorkamen.

„Als der heilige Buddha später in Perlandia erschien und zeigte, daß viele Anweisungen des heiligen Krischnatcharna noch nicht für die Psyche der Wesen dieses selben Landes veraltet seien und daß diese Anweisungen, wenn sie von den Wesen dort angenommen würden, dazu beitragen würden, die Folgen der Eigenschaften des Organs Kundabuffer zu vernichten und ihnen helfen würden, sich von ihnen zu befreien, wofür auch er zu ihnen gesandt worden war, und als er beschlossen hatte, die gesamten Anweisungen des heiligen Krischnatcharna zur Grundlage seiner Lehre zu machen, empfanden und überzeugten sich diese sieben Wesen dort, die vom heiligen Krischnatcharna selbst eingeweiht worden waren — nachdem Buddha sie das Ziel und die Notwendigkeit ihrer Existenz hatte erkennen lassen — daß die Anweisungen des heiligen Buddha in ihrem Innersten nicht nur den Anweisungen des heiligen Krischnatcharna nicht widersprachen, sondern sie sogar ergänzten und daß sie der Psyche der Wesen jener Periode sogar noch mehr entsprachen, und wurden somit Anhänger des heiligen Buddha.

„Und noch später, als der heilige Lama eigens für die Wesen des Landes Tibet erschien und auch er seinerseits fand, daß viele Anweisungen des heiligen Buddha noch sehr gut der Psyche der Wesen jenes Landes entsprechen könnten — falls nur einige Änderungen in einigen Einzelheiten dem Wechsel der äußeren Existenzverhältnisse entsprechend, der sich im Laufe der Zeit vollzogen hatte, vorgenommen würden — nahm er auch viele Belehrungen aus den Wahrheiten, auf die schon vor ihm der heilige Krischnatcharna hingewiesen und die vom heiligen Buddha erneuert worden waren, zur Grundlage seiner Lehre — und so wurden die Wesen dieser kleinen Gruppe eingeweihter Wesen Anhänger des heiligen Lama ebenso wie andere Gruppen, die Anhänger Buddhas waren, und auch klar empfunden hatten, daß die Ergänzungen und Änderungen, die dieser Lehre durch den heiligen Lama hinzugefügt wurden, besser der zeitgenössischen Psyche entsprachen.

„Unter den Wesen dieser kleinen Gruppe gab es eine Regel, die streng befolgt wurde, gemäß der einige geheime Anweisungen des heiligen Lama betreffs der Wesen ihrer Gruppe von Geschlecht zu Geschlecht nur durch ihr Oberhaupt weitergegeben wurden und in die er die übrigen sechs erst dann einweihen konnte, wenn sie ihrerseits gewisse Resultate erzielt hatten.

„Und eben deshalb erschraken alle sechs Mitglieder dieser kleinen Organisation, die es schon alle verdienten und bereit waren, in nächster Zeit die weitere Einweihung zu erfahren, und waren, wie ich sagte, entsetzt, als sie die Vernichtung ihres Oberhauptes erfuhren. Mit der Vernichtung dieses damals einzigen Eingeweihten war für sie für immer die Möglichkeit verlorengegangen, in die geheimsten Anweisungen des heiligen Lama eingeweiht zu werden.

„Da die Vernichtung ihres Oberhauptes so unerwartet geschehen war, wurde sogar jene einzige noch vorhandene Möglichkeit fraglich, ob sie nämlich jene Anweisungen je erhalten könnten, mittels des Prozesses des heiligen ‚Almsnoschinu', durch den sie mit der Vernunft des vernichteten Oberhauptes in Beziehung treten könnten; von der Existenz dieser Möglichkeiten wußten sie nicht nur, sondern hatten in sich auch die Gegebenheiten für eine solche Verwirklichung.

„Du, mein teurer Junge, weißt vielleicht noch nichts über diesen heiligen Prozeß?

„Als heiligen ‚Almsnoschinu' bezeichnet man jenen Prozeß, durch den dreizentrische Wesen, denen es schon gelungen ist, ihren eigenen Kesdschan Körper zu bekleiden und ihn bis zum vollendeten Funktionieren und bis zu einem bestimmten Grad von Vernunft zu bringen, absichtlich die Bekleidung oder, wie man anders sagt, die ‚Materialisierung' des Körpers Kesdschan eines schon gänzlich vernichteten Wesens bis zu solcher Dichtigkeit bringt, daß dieser Körper für eine bestimmte Zeit noch einmal die Möglichkeit erhält, sich in einigen seiner Funktionen, die seinem früheren planetischen Körper eigen waren, zu äußern.

„Dieser heilige Prozeß kann nur an dem Kesdschan Körper eines solchen Wesens ausgeführt werden, das während seiner Existenz seine höheren Seins-Körper bis zum vollendeten Funktionieren gebracht hatte, und in dem außerdem die Vernunft dieses Körpers bis zu der Vernunft des sogenannten ‚Wesens-Mirosinu' gebracht ist.

„Es gibt in unserem großen Weltall außer dem Prozeß der absichtlichen Bekleidung des Seins-Körpers Kesdschan, eines schon vernichteten Wesens, noch einen anderen Prozeß, der allerheiligstes ‚Dscherimetli' genannt wird.

„Dieser allerheiligste Prozeß besteht darin, daß man zuerst absichtlich die Bekleidung des höchsten ‚Seins-Körpers', nämlich des ‚Seelenkörpers', ausführt und erst danach, wie im ersten Falle, das heilige ‚Almsnoschinu'.

„Diese beiden Prozesse können natürlich nur dann ausgeführt werden, wenn sich diese höheren Seins-Körper noch in den Sphären befinden, die im Kontakt mit der Sphäre jenes Planeten stehen, auf dem diese ‚heiligen Sakramente' ausgeführt werden.

„Außerdem können solche von bestimmten Wesen absichtlich und bewußt hervorgerufenen Bildungen nur solange existieren, und eine Beziehung und Verbindung mit ihnen kann nur solange aufrechterhalten werden, als die Wesen, die diese Bildungen bewirken, den Kesdschan Körper bewußt mit ihrem eigenen heiligen ‚Aisachladon' nähren.

„Zu diesem heiligen Prozeß ‚Almsnoschinu' hätten die sechs übriggebliebenen Mitglieder der kleinen ‚Gruppe der Sieben' ihre Zuflucht nehmen können, um mit der Vernunft ihres vernichteten Oberhauptes in Beziehung zu treten, wenn sie die Möglichkeit seines plötzlichen Todes vorausgesehen und, während er noch existierte, im voraus eine bestimmte Vorbereitung getroffen hätten, die für die Ausführung dieses Prozesses nötig ist.

„Damit du das Wesen dieser Vorbereitung für den heiligen Prozeß des Sakramentes Almsnoschinu verstehen kannst, ist es notwendig, daß du über zwei besondere Eigenschaften des ‚Seins-Ganbledzoin' Bescheid weißt, das heißt über das ‚Blut' des Seins-Körpers-Kesdschan.

„Die erste dieser Eigenschaften des Seins-Ganbledzoin besteht darin, daß, wenn man von ihm einen Teil absondert, und ganz gleich, wohin und wie weit man ihn auch trägt, eine ‚fadenartige Beziehung' zwischen diesem Teil und der Hauptverdichtung dieses ganzen kosmischen Stoffes bestehen bleibt, und zwar ist diese Beziehung aus demselben Stoffe gebildet und ihre Dichtigkeit und Stärke vergrößert oder vermindert sich proportional zu der Entfernung zwischen der Hauptverdichtung dieses Stoffes und des von ihm abgetrennten Teiles.

„Und die zweite besondere Eigenschaft dieses Ganbledzoin besteht darin, daß, wenn es in die Hauptverdichtung dieses Stoffes eingeführt wird und sich mit dieser Ur-Verdichtung vermischt hat, es sich in dieser Verdichtung in gleichmäßiger Dichtigkeit und in gleichmäßigen Mengen verteilt, ganz gleich, wo sich die betreffende Verdichtung befindet und in welcher Menge eben dieses Ganbledzoin zufällig oder absichtlich eingeführt worden ist.

„Also demzufolge, daß der Kesdschan Körper eines

Wesens mit Stoffen bekleidet ist, die insgesamt diese kosmische Bildung viel leichter machen als jene Masse kosmischer Stoffe, die die Planeten umgeben und planetische Atmosphäre genannt wird, hebt sich der Kesdschan Körper eines Wesens, sobald er sich vom planetischen Körper dieses Wesens trennt, dem kosmischen Gesetz zufolge, das ‚Tenikdoa‘ genannt wird oder auch ‚Gravitationsgesetz‘, sofort in jene Sphäre. wo das ihm eigene Gewicht richtig balanciert wird und wo deshalb der passende Platz für solche kosmische Entstehungen ist; all dem zufolge besteht dann die vorausgehende Vorbereitung darin, daß man noch rechtzeitig während der planetischen Existenz jenes Wesens, an dessen Kesdschan Körper man nach seinem Tod das Sakrament heiliges Almsnoschinu zu vollziehen beabsichtigt, einen Teil seines Ganbledzoin von ihm nehmen muß und daß man diesen Teil entweder in einer entsprechenden aufplanetischen Bildung aufbewahren oder ihn in jene Wesen selbst einführen muß, die diesen ‚Ritus‘ vollziehen werden, damit er absichtlich mit dem Ganbledzoin ihres eigenen Kesdschan Körpers verschmelze.

„Auf diese Weise stellt sich, wenn das für das Sakrament Almsnoschinu bestimmte dreihirnige vervollkommnete Wesen seine planetische Existenz beendet und sein Kesdschan Körper sich von seinem planetischen Körper trennt, dank der ersten besonderen Eigenschaft dieses Seins-Ganbledzoin, von der ich dir soeben sprach, eben jene Beziehung her zwischen dem gegebenen Kesdschan Körper und jenem Ort, wo ein Teil seines Ganbledzoin zuvor verwahrt worden war oder jenen Wesen, die diesen Teil absichtlich in ihrem eigenen Kesdschan Körper bekleidet hatten.

„Zum besseren Verständnis unserer kommenden Gespräche über diese Frage mußt du auch noch wissen, daß die besagte Verbindung, deren eines Ende in dem

Kesdschan Körper liegt, der sich in die ihm entsprechende Sphäre erhoben hat, und deren anderes Ende entweder in jenen aufplanetischen Bildungen, in denen ein Teilchen der gesamten Masse des Ganbledzoin des gegebenen Körpers Kesdschan aufbewahrt ist, oder in jenen Wesen, die das Ganbledzoin ihres eigenen Kesdschan Körpers absichtlich mit dem des betreffenden Wesens verschmolzen hatten, im Raume nur während einer begrenzten Zeit existieren kann, nämlich nur bis der Planet, auf dem das gegebene Wesen entstanden ist, die begonnene Bewegung um seine Sonne vollends vollendet hat.

„Beim Wiederbeginn einer solchen neuen Bewegung verschwinden die besagten Fäden vollständig.

„Und sie verschwinden, weil in den Atmosphären, die alle Planeten umgeben, die Evolutionen und Involutionen kosmischer Stoffe, die für den großen kosmischen Trogoautoegokraten erforderlich sind, auf Grund des heiligen kosmischen Grundgesetzes Heptaparaparschinoch wieder nur für den Trogoautoegokratischen Prozeß lokalen Charakters zu fließen beginnen, das heißt innerhalb der Grenzen der sogenannten eigenen Aktivität des gegebenen Sonnensystems, und demzufolge werden ohne Ausnahme, alle kosmischen Stoffe, die in der Periode dieser Bewegung in die betreffendeAtmosphäre gelangten und unter ihnen auch die besagten Verbindungen, sofort in solche kosmische Stoffe umgewandelt, die in diesen Atmosphären vorhanden sein müssen.

„Also, mein Junge! Die auf Planeten existierenden Wesen, die in sich ein Teilchen des Ganbledzoin eines Kesdschan Körpers haben oder denen jene aufplanetische Bildung zur Verfügung steht, in der ein Teil des Ganbledzoin sich befindet, können bis zum Ende einer solchen sich vollendenden Bewegung zu jeder Zeit — vorausgesetzt natürlich, daß sie alle entsprechenden Gegebenheiten in sich haben, um es ausführen zu können — einen solchen Körper zurück in die Sphäre des festen Teiles ihres Planeten ziehen und wenn sie ihn mit ihrem eigenen Ganbledzoin in der diesem entsprechenden Verdichtung genährt haben, auf diese Weise eine Beziehung mit der Vernunft einer solchen schon vollends geformten selbständigen kosmischen Einheit herstellen.

„Und diese Anziehung oder, wie man manchmal auch sagt, ‚Materialisierung' wird, wie ich dir schon gesagt habe, durch sogenanntes ‚Valikrin' ausgeführt, das heißt durch bewußte Einführung des eigenen Ganbledzoin auf eine besondere Weise in die Enden dieser Verbindung.

„Dieser heilige Prozeß ‚Almsnoschinu' wurde dort auf deinem Planeten verschiedene Male von dreizentrischen Wesen verschiedener Epochen vollzogen, und es gab einige Legomonismen über die Kunden, die sich auf diese heiligen Prozesse früherer Zeiten beziehen.

„Durch diese Legomonismen kannte auch diese kleine Gruppe tibetanischer Wesen alle Einzelheiten des ganzen Vorganges betreffs dieses heiligen Prozesses und wußte natürlich auch von der Notwendigkeit einer besonderen vorausgehenden Vorbereitung dafür.

„Aber da sie keine andere Möglichkeit hatten, um alle geheimsten Geheimnisse zu erfahren, außer indem sie versuchten, mit der Vernunft ihres verstorbenen Oberhauptes in Verbindung zu treten, beschlossen sie es zu wagen, dieses heilige Sakrament an dem Kesdschan Körpers ihres früheren Hauptes auszuführen, sogar ohne die besagte vorausgehende Vorbereitung.

„Und diesem gewagten Unternehmen zufolge geschah dann eben das, was die Ursache des erwähnten großen Unglücks war.

„Wie meine folgenden Untersuchungen mir zeigten, entstand dieses große Unglück folgendermaßen:

„Als diese sechs ‚großen Eingeweihten', während sie sich noch in ihrer planetischen Existenz befanden, zwei und zwei abwechselnd ohne Unterbrechung drei Tage und drei Nächte lang an dem planetischen Körper ihres früheren Hauptes den Prozeß ‚Valikrin' ausführten, das heißt ihr eigenes Ganbledzoin seinem Körper einflößten, erzielte ihr Ganbledzoin, weil die vorausgehende Vorbereitung zur Verbindung mit seinem Kesdschan Körper fehlte, nicht die gewollte Wirkung, dort wo sie hätte sein sollen, sondern sammelte sich chaotisch über dem planetischen Körper ihres früheren Oberhauptes an, und da zu ihrem Unglück in diesen gleichen Tagen in der Atmosphäre über dieser Gegend ein verstärktes Verschmelzen des heiligen aktiven Elementes Okidanoch vor sich ging oder, wie die Wesen dort sagen, starke Gewitter stattfanden, ergab sich zwischen diesen zwei kosmischen ‚Resultaten', die noch im Prozeß des Überganges aus einer bestimmten kosmischen Erscheinung in eine andere waren, ein sogenannter ‚Sobrionolischer' Kontakt.

„Und durch diesen Kontakt wurde eben auf der gegebenen kleinen Oberfläche dieses unglückseligen Planeten jene kosmische Erscheinung beschleunigt, die ‚Nichtsunichtono' heißt, das heißt es geschah eine plötzliche Evolution aller kosmischen Kristallisierungen; es transformierten sich nämlich alle sich in der Nähe befindenden aufplanetischen Bildungen sofort in den Urquellstoff ‚Ätherokrilno'.

„Dieser ‚Sobrionolische' Kontakt oder, wie man auf deinem Planeten Erde sagen würde, diese ‚Explosion' war so stark, daß sich während dieses ‚Nichtsunichtono' alles ohne Ausnahme in ‚Ätherokrilno' verwandelte, sowohl der planetische Körper des Oberhauptes dieser kleinen Gruppe von Wesen als auch die sechs anderen Brüder, die dieses heilige Sakrament vollzogen hatten und auch alle vergeistigten oder auch nur konzentrierten aufplanetischen Bildungen überhaupt, die in der gegebenen Gegend im Umkreis eines ‚Schman' oder, wie deine Lieblinge sagen würden, eines ‚Quadratkilometers' sich befanden.

„Unter diesen vernichteten Bildungen, sowohl den natürlichen als auch den von den Wesen künstlich gebildeten, waren auch alle sogenannten ‚Bücher', die diesen sieben irdischen echten großen Eingeweihten gehört hatten und andere Dinge, die dafür gedient hatten, alles in ihrem Gedächtnis wachzuerhalten, was die drei echten heiligen Individuen, die absichtlich von Oben verwirklicht worden waren, betraf, nämlich den heiligen Krischnatcharna, den heiligen Buddha und den heiligen Lama.

„Ich denke, mein Junge, daß dir jetzt der Sinn meiner Worte klar wird, mit denen ich die Bedeutung dieses reizenden militärischen Ausflugs definierte, als ich nämlich sagte, daß dies ein großes Unglück nicht nur für die Wesen der gegebenen Gegend, sondern vielleicht auch für alle dreihirnigen Wesen dieses ganzen Planeten war.

„Also, mein Junge, jetzt ist es dir klar geworden, wie dort auf deinem Planeten alle fünf von mir aufgezählten Religionen, die sich bis zur Jetztzeit erhalten haben und die auf den Lehren von fünf verschiedenen echten Heiligen beruhen, die von Oben zu ihnen gesandt worden waren, um ihnen zu helfen, sich von den Folgen der Eigenschaften des Organs Kundabuffer zu befreien, wie — obgleich all diese fünf Religionen sich langsam durch immer die gleichen Verhältnisse ihrer gewöhnlichen, von ihnen selbst eingerichteten, anomalen Seins-Existenz so veränderten, daß sie schließlich für jedes gesunde Denken wie Kindermärchen sind — wie diese Religionen doch für einige von ihnen zur Unterstützung ihrer inneren sittlichen Motive dienen, durch die in einigen Perioden dort ihre gemeinsame Existenz mehr oder weniger so wurde, wie sie dreihirnigen Wesen entspricht.

„Jetzt aber, wo sogar die letzten Reste dieser Religionen völlig vernichtet sind, ist es schwer vorauszusagen, wie all das enden wird.

„Die letzte dieser fünf Religionen, nämlich die, die auf

der Lehre des echten Gesandten, des heiligen Lama, beruhte, ist endgültig und sogar mit einem ‚Knall' durch diesen reizenden ‚militärischen-Ausflug' vernichtet worden.

„Die vorletzte, nämlich die, die auf der Lehre des heiligen Mohammed beruhte, wird jetzt durch die Abschaffung der früher berühmten Feze und Jaschmacks und mit der ‚wohlwollenden' Hilfe der ‚deutschen-Junker' vernichtet.

„Und was die endgültige Vernichtung der noch früher entstandenen Religion betrifft, nämlich jener, die auf der Lehre Jesu Christi beruht, jene Religion und Lehre, auf die die höchsten Individuen auch große Hoffnungen gesetzt hatten, so vernichten sie die heutigen dreihirnigen erz-seltsamen Wesen dort vollständig, indem sie in jener Stadt Jerusalem ihre Universität für die zeitgenössische jüdische Jugend errichten.

„Obgleich die Religion, die auf der Lehre des heiligen Moses beruht, schon lange Zeit hindurch existierte und sich irgendwie halbwegs unter ihren Anhängern erhält, wird ihr doch früher oder später ob des organischen Hasses, der sich in den Wesen der übrigen Gemeinschaften gegen die Anhänger dieser Religion bildet — nur der dort existierenden ‚verderblichen Idee' zufolge, die dort ‚Politik' genannt wird — zweifellos und sicher auch mit einem ‚Knall' ‚der Garaus gemacht' werden.

„Was endlich jene Religion dort betrifft, die auf der Lehre des heiligen Buddha beruhen soll, so habe ich dir schon erzählt, daß ihre Anhänger ob ihres berüchtigten Leidens, das auf einer falsch verstandenen Idee beruht, vom ersten Anfang diese Lehre als Mittel für ihre, wie sie selbst sagen, ‚geistige Perversität' umschufen.

„Es muß hier übrigens hinzugefügt werden, daß anfangs die ‚Tanguoren' und später die ‚Brahmanisten', ‚Schuenisten' und so weiter sich mit dieser geistigen Perversität beschäftigten und heutzutage die sogenannten ‚Theosophen' und andere ‚Pseudo-Wissenschaftler'."

Nachdem er dies gesagt, verstummte Beelzebub für kurze Zeit, während der man sehen konnte, daß er über etwas konzentriert nachdachte, und sagte dann folgendes:

„Ich denke in diesem Augenblick daran, daß es für deine Vernunft sehr nützlich sein kann, wenn ich dir über ein weiteres Ereignis erzähle, das mit dem Sakrament des heiligen Almsnoschinu zusammenhängt und sich auf jenes heilige Individuum bezieht, das unter deinen Lieblingen verwirklicht worden war und das, nachdem es gestaltet war, Jesus Christus genannt wurde.

„Ich will dir von diesem wichtigen Ereignis erzählen, das mit der Verwirklichung dieses heiligen Individuums unter ihnen zusammenhängt, und das deine zeitgenössischen Lieblinge als ‚Tod und Auferstehung Jesu Christi' bezeichnen.

„Außerdem wird die Kenntnis dieser Tatsache dir noch ein weiteres Beispiel liefern für den Sinn und die wesentliche Bedeutung des heiligen Sakramentes Almsnoschinu und außerdem hast du dadurch auch ein klares Beispiel davon, daß nur dank der merkwürdigen Eigenart ihrer allgemeinen Psyche, die klügeln genannt wird, der Sinn sogar dieser ‚von hier und dort' in eine Einheit gesammelten Krumen dessen, was durch echte heilige, absichtlich von Oben zu ihnen gesandten Individuen gesagt und angeordnet worden war, schon von der ersten Generation der Zeitgenossen des betreffenden heiligen Individuums an so entstellt wird, daß von all dem, was sie Religionslehre nennen, nur Kunden, die für die Erfindung sogenannter ‚Kindermärchen' taugen, auf die Wesen der folgenden Generationen gelangen.

„Die Sache ist die, daß, als dieses heilige Individuum Jesus Christus im planetischen Körper eines irdischen dreihirnigen Wesens verwirklicht worden war, und nachdem es sich später von seiner äußeren planetischen Bekleidung hatte trennen müssen, an seinem Kesdschan Körper von einigen irdischen dreihirnigen Wesen eben jener heilige Prozeß ‚Almsnoschinu' vollzogen wurde, damit sie — im Hinblick auf seine gewaltsam unterbrochene planetische Existenz — weiter mit seiner Göttlichen Vernunft in Verbindung treten und auf diese Weise die Kunde von einigen kosmischen Wahrheiten und bestimmte Anweisungen für die Zukunft erhalten könnten, die er noch nicht vollends gegeben hatte.

„Die Kunde von diesem großen Ereignis wurde von einigen Teilnehmern an der Ausführung dieses heiligen Prozesses genau aufgeschrieben und den sie umgebenden gewöhnlichen Wesen absichtlich und zu einem bestimmten Zweck erzählt.

„Und, mein Junge, demzufolge, daß jene Zeitperiode mit jenem von mir schon einmal erwähnten ‚besonders-verschärften-Funktionieren' der seltsamen Vernunft dieser dir lieben dreihirnigen Wesen zusammenfiel — was die periodische ‚Ekbarzerbation' des ihnen schon längst eigen gewordenen Bedürfnisses, ‚die sie umgebenden Wesen ihresgleichen in die Irre zu führen' angeht, eine Periode, in der viele danach strebten, Gelehrte, natürlich neuen Formates, genannt zu werden, und auch demzufolge, daß es damals unter den erwähnten gewöhnlichen Wesen um sie herum viele dieser ‚Gelehrten' gab, — fügten sie den meisten Bemerkungen und Ausdrücken der Erzählungen der Augenzeugen über diesen heiligen Prozeß in ihrer Überlieferung an folgende Generationen ein solches ‚Kauderwelsch' hinzu, das außer solchen unbezweifelbaren Kunden, wie zum Beispiel, daß Jesus Christus am Kreuz gekreuzigt und nach der Kreuzigung begraben worden war, mit derselben Überzeugung bewies, daß Jesus Christus nach der Kreuzigung und Bestattung auferstanden und weiter unter ihnen existiert und dies und das gelehrt hätte und erst danach mit seinem planetischen Körper gen Himmel gefahren sei.

„Das Resultat dieser im objektiven Sinne ‚verbrecherischen-Klügeleien' war, daß in den Wesen der folgenden Generation der echte Glaube an all diese göttliche und einzigartig-vollendete Erlösungslehre des All-Liebenden Jesus Christus gänzlich vernichtet wurde.

„Dieses niedergeschriebene ‚Kauderwelsch' brachte allmählich im Bestand einiger Wesen der folgenden Generation den Impuls des Zweifels hervor, nicht nur betreffs des soeben Gesagten, sondern auch im allgemeinen betreffs aller wirklichen Kunden und genauen Anweisungen und Erklärungen dieses absichtlich von Oben unter ihnen verwirklichten heiligen Individuums.

„Die Gegebenheiten für die Zweifel dieser besagten irdischen dreihirnigen Wesen der folgenden Generationen kristallisierten sich jedoch nach und nach hauptsächlich deshalb und wurden ein unzertrennlicher Teil ihres allgemeinen Bestandes, weil sie sich sogar trotz ihrer Gewohnheit, fast nur automatisch zu existieren, doch in einer jahrhundertelangen Zeitperiode — aus diesen automatischen Kristallisierungen die Gegebenheiten für ein mehr oder weniger richtiges instinktives Empfinden für einige kosmische Wahrheiten angeeignet hatten, wie zum Beispiel für jene unbezweifelbare Wahrheit, daß wenn einem Wesen der Prozeß des heiligen Raskuarno widerfahren oder, wie sie sagen, ‚wenn jemand gestorben' und sogar schon beerdigt worden ist, solch ein Wesen nie wieder existieren und noch weniger je wieder sprechen oder gar noch etwas lehren kann.

„Und so verloren die unter diesen Unglücklichen, in denen, kurz gesagt, das Funktionieren des Seins-Denkens, wenn auch schon in sehr schwachem Grade, so doch weiter nach den Gesetzen gesunder Logik vor sich ging, und die solche unlogische und ungewöhnliche Ungereimtheiten durchaus nicht angenommen hatten, allen Glauben an jede Wahrheit, die von diesem heiligen Individuum Jesus Christus wirklich gegeben und erklärt worden war.

„Was aber die meisten übrigen irdischen dreihirnigen Wesen betrifft, so fassen sie gewöhnlich in ihrem verantwortlichen Alter — aus vielen Gründen, hauptsächlich aber, weil sie in den Anfangsjahren ihrer Existenz sich angewöhnt hatten, sich mit sogenanntem ‚Murdurten‘ zu beschäftigen, weshalb sie sich in sogenannte ‚Psychopathen‘ verwandeln — dieses ganze auf sie gelangte ‚phantastische Kauderwelsch‘ blindlings buchstäblich und wörtlich, ohne jedes logische Seins-Denken, auf, und so bildet sich in ihnen automatisch irgendein besonders eigentümlicher ‚Glaube‘ an diese ganze Religionslehre, so als ob sie in sich die Gesamtheit aller ‚Wahrheiten‘ enthalte, die sich auf dieses heilige Individuum Jesus Christus beziehen, der tatsächlich absichtlich von Oben unter ihnen verwirklicht worden war.

„Das sogenannte ‚Abendmahl‘, von dem sich die Kunde in ihrer ‚niedergeschriebenen Gesamtheit‘ bis heute unter deinen zeitgenössischen Lieblingen erhalten hat und sozusagen die wirkliche Geschichte dieses heiligen Individuums genau darstellen soll und von ihnen ‚Heilige Schrift‘ genannt wird, war eben nichts anderes als die Vorbereitung zu dem großen Sakrament ‚Almsnoschinu‘ an dem Kesdschan Körper des heiligen Jesus Christus.

„Es ist interessant zu betonen, daß sogar in dieser aus ‚ein-bißchen-von-hier-und-ein-bißchen-von-dort‘ zusammengesetzten aufgezeichneten Gesamtheit, die deine Lieblinge ‚Heilige Schrift‘ nennen, viele genaue Worte und sogar ganze Redensarten enthalten sind, die bei jenem ‚Abendmahl‘ vom heiligen Jesus Christus, wie auch von den von ihm selbst Eingeweihten, die in der gleichen ‚Heiligen Schrift‘ ‚Jünger‘ oder ‚Apostel‘ genannt werden, ausgesprochen wurden, und die deine Lieblinge, besonders die gegenwärtigen, auch wie immer und alles buchstäblich verstehen, ohne der in sie gelegten inneren Bedeutung gewahr zu werden.

„Und dieses sinnlose ‚buchstäbliche' Verstehen kommt natürlich deshalb immer bei ihnen vor, weil sie schon gänzlich aufgehört haben, in ihrem Bestand Partkdolgpflicht auszuüben, die durch Seins-Anstrengungen verwirklicht werden sollte, die einzig und allein in den dreihirnigen Wesen die Gegebenheiten für die Fähigkeit zu wirklicher Seins-Auffassung kristallisieren können.

„Aus diesem Grunde, mein Junge, können sie auch im gegebenen Falle nicht begreifen, daß, als dieses heilige Individuum Jesus Christus unter ihnen verwirklicht worden war und auch als diese ihre heutige Heilige Schrift zusammengestellt wurde, die damaligen Wesen ihresgleichen noch nicht so viele Worte brauchten, wie es heutzutage üblich ist.

„Sie bedenken nicht, daß in jener Periode das ‚Seins-Denken' der Wesen ihres Planeten noch näher jenem normalen Denken war, das dreihirnige Wesen überhaupt haben sollten, und daß deshalb die Überlieferung von Ideen und Gedanken damals noch ganz ‚similisiernisch' oder, wie man auch noch anders sagt, ‚allegorisch' war.

„Mit anderen Worten, die damaligen dreihirnigen Wesen des Planeten Erde nahmen, um sich oder jemand anderem irgendeine Handlung verständlich zu machen, Bezug auf das Verständnis von ähnlichen Handlungen, die sich früher unter ihnen ereignet hatten.

„Dagegen geht dasselbe auch bei ihnen zur jetzigen Zeit nach dem Prinzip des ‚Kettenisironnentums' vor sich.

„Und dazu kam es deshalb, weil dank immer derselben anomalen Verhältnisse der gewöhnlichen Existenz ihr Seins-Denken ohne jede Teilnahme des Funktionierens ihrer sogenannten ‚Gefühls-Lokalisierung' oder, nach ihrer

Terminologie, des ‚Gefühls-Zentrums' vor sich geht. Vor allem deshalb ist ihr Denken schließlich automatisch geworden.

„Und um während all dieser Zeit die Möglichkeit zu haben, wenigstens annähernd sich selbst oder jemand anderem etwas klarzumachen, waren sie automatisch gezwungen, sehr viele fast nichtssagende Namen für Dinge und auch Worte für ihre großen und kleinen Ideen zu erfinden, und darum begann der Prozeß ihres Denkens, wie ich schon gesagt habe, allmählich nach dem Prinzip des ‚Kettenisironnentums' vor sich zu gehen.

„Und gerade mit einem solchen Denken versuchen deine zeitgenössischen Lieblinge die Heilige Schrift zu entziffern und zu verstehen, die noch auf ‚similisierende' Weise für das Denken der Zeitgenossen des Göttlichen Jesus Christus geschrieben worden war.

„Und nun muß ich dir, mein Junge, betreffs dieser noch jetzt unter deinen Lieblingen existierenden Heiligen Schrift — die, nebenbei gesagt, nach ihrem letzten Prozeß des gegenseitigen Vernichtens besonders weit verbreitet ist und in der es, wie du wohl schon selbst erraten hast, alles mögliche außer Wirklichkeit und Wahrheit gibt — zur besseren Darstellung ihrer wirklichen Nichtigkeit, noch eine im höchsten Grad absurde und im objektiven Sinne frevelhafte Tatsache erklären.

„Ich will dir nämlich erklären, was in dieser zeitgenössischen Heiligen Schrift, die angeblich in unveränderter Weise auf sie gelangt ist, über das wichtigste, verständigste und ergebenste jener Wesen gesagt wird, die von diesem heiligen Individuum selbst eingeweiht worden waren oder, wie sie sagen würden, über einen seiner Apostel.

„Dieser ergebene und von Jesus Christus selbst eingeweihte Lieblingsapostel hieß ‚Judas'.

„Der zeitgenössischen Version dieser ihrer Heiligen

Schrift zufolge gewinnt ein jeder, der die genaue Wahrheit zu finden wünscht, die Überzeugung, die sich selbst in seinem Wesenskern festsetzt, daß nämlich dieser Judas das niederträchtigste Wesen war, das man sich nur vorstellen kann, und daß er ein gewissenloser, doppelzüngiger, treuloser Verräter war.

„In Wirklichkeit aber war dieser Judas nicht nur der treueste und ergebenste aller nahen Anhänger Jesu Christi, sondern auch nur dank seiner Verständigkeit und Findigkeit konnten alle Taten dieses heiligen Individuums jenes Ergebnis erzielen, das, wenn es auch nicht die vollständige Vernichtung der Folgen der Eigenschaften des Organs Kundabuffer in diesen unglücklichen dreihirnigen Wesen bewirkte, so doch wenigstens während zwanzig Jahrhunderten als Quelle der Labung und Begeisterung für die meisten von ihnen in ihrer freudlosen Existenz diente, und diese wenigstens ein wenig erträglicher machte.

„Damit du die wirkliche Individualität dieses Judas und die Bedeutung seines Handelns für die Zukunft dir besser vorstellen und klarmachen kannst, muß ich dich erst noch darüber unterrichten, daß dieses im planetischen Körper eines irdischen Wesens absichtlich von Oben verwirklichte heilige Individuum Jesus Christus beschloß, nachdem er sich für die verantwortliche Existenz vollends gestaltet hatte, die ihm von Oben auferlegte Mission der Erleuchtung der Vernunft dieser dreihirnigen Wesen durch zwölf aus ihrer Mitte ausgewählte und von ihm persönlich eigens vorbereitete und erleuchtete dortige Wesen von verschiedenem Typ zu erreichen.

„Und dann stellten sich mitten in seiner Göttlichen Tätigkeit Umstände ein, die nicht von ihm abhingen, so daß er, der seine Absicht noch nicht ausgeführt hatte, daß heißt einige kosmische Wahrheiten noch nicht erläutert und die nötigen Anweisungen für die Zukunft noch nicht gegeben hatte, gezwungen war, das vorzeitige

Aufhören seiner planetischen Existenz geschehen zu lassen.

„Da eben beschloß er, zusammen mit diesen zwölf von ihm absichtlich eingeweihten irdischen Wesen Zuflucht zu dem heiligen Sakrament Almsnoschinu zu nehmen — dem Prozeß der Verwirklichung jenes heiligen Sakramentes, dessen Vollzug ihnen allen schon gut bekannt war, da sie in ihrem Bestand schon alle Gegebenheiten dafür erworben hatten — damit er, während er noch in einem solchen kosmischen individuellen Zustand verweile, die Möglichkeit habe, die von ihm angefangene Vorbereitung für die Erfüllung des festgesetzten Planes für die Verwirklichung der ihm von Oben auferlegten Mission zu vollenden.

„Also, mein Junge, als sie sich dazu entschlossen hatten und im Begriff waren, die für dieses heilige Sakrament erforderliche einleitende Vorbereitung zu beginnen, stellte es sich heraus, daß es schon nicht mehr möglich war, dies zu tun; es war bereits zu spät dazu, weil sie alle schon von Wesen, die ‚Wächter' genannt werden, umzingelt waren, und man ihre Festnahme und alles was danach folgen würde, jeden Augenblick erwartete. Hier eben zeigte sich Judas, der jetzt heilige und ehemals unzertrennliche und ergebene Helfer Jesu Christi und jetzt durch die naive Unverständigkeit der merkwürdigen dreihirnigen Wesen deines Planeten ‚verhaßte' und ‚verdammte' Judas, seinen wahren Wert und leistete seinen großen objektiven Dienst, für den ihm die irdischen dreihirnigen Wesen aller folgenden Generationen dankbar sein sollten.

„Die von Judas auf sich genommene weise, beschwerliche und unparteiische Handlung bestand darin, daß während der äußersten Verzweiflung, die aus der Feststellung der Tatsache folgte, daß die erforderliche Vorbereitung für die Verwirklichung des Sakraments des heiligen Almsnoschinu unmöglich auszuführen sei, sprang dieser jetzt heilige Judas von seinem Platz auf und sagte eilig:

„‚Ich gehe und werde alles so tun, damit ihr die Möglichkeit habt, diese heilige Vorbereitung ohne Störung auszuführen; ihr aber macht euch sogleich daran.'

„Nachdem er dies gesagt, näherte er sich Jesus Christus und nachdem er etwas im geheimen mit ihm besprochen und seinen Segen erhalten hatte, ging er eilig weg.

„Die anderen bereiteten ohne Störung wirklich alles vor, was zur Ermöglichung der Ausführung des heiligen Prozesses Almsnoschinu erforderlich war.

„Nach dem was ich soeben gesagt habe, wirst du zweifellos verstehen, wie sehr die zwei von mir angedeuteten Typen unter den dreihirnigen Wesen des dir lieben Planeten Erde alle Wahrheiten für ihre verschiedenen egoistischen Ziele so entstellt haben, daß sogar über diesen, jetzt schon heiligen Judas, — dank dem allein jener gesegnete Herd der Beruhigung für ihre trostlose Existenz entstand und zwanzig Jahrhunderte lang für sie existierte — in dem Bestand der Wesen aller folgenden Generationen eine solch unerhört ungerechte Vorstellung sich kristallisierte.

„Ich persönlich glaube sogar, daß, wenn dieser Judas in ihrer Heiligen Schrift als ein derartiger Typ dargestellt wurde, es sogar dazu geschah, daß irgend jemand, der der Zahl der erwähnten Typen angehört, es aus irgendeinem Grund nötig fand, die Bedeutung Jesu Christi selbst herabzusetzen.

„Damit erschiene er nämlich so naiv, so wenig vorausfühlend und voraussehend, mit einem Wort so unvollkommen, wenn er, trotzdem er diesen Judas so lang kannte und mit ihm zusammen existierte, nicht empfunden haben sollte und er sich nicht bewußt geworden wäre, daß dieser sein unmittelbarer Schüler ein solch niederträchtiger Verräter war, daß er ihn für dreißig nichtsnutzige Silberlinge verkaufen würde."

An dieser Stelle in Beelzebubs Erzählungen empfanden er und alle Reisenden des Zwischensystemschiffes Karnak plötzlich in ihren Geschmacksorganen einen besonderen, sauer-bitteren Geschmack.

Das bedeutete, daß ihr Schiff sich seinem Bestimmungsort näherte — in diesem Falle dem heiligen Planeten „Fegefeuer".

Den sauer-bitteren Geschmack empfanden sie deshalb, weil aus der lenkenden Abteilung des Schiffes ein besonderer magnetischer Strom freigelassen wurde, um allen Reisenden mitzuteilen, daß man sich dem Bestimmungsort nähere.

Beelzebub unterbrach seine Erzählung und sagte mit einem liebevollen Blick auf seinen Enkel:

„Jetzt müssen wir, ob wir wollen oder nicht, mit unserem, Gespräch über dieses heilige Individuum Jesus Christus aufhören; wenn wir jedoch, mein Junge, zu Hause ankommen und auf unserer teuren ‚Karatas' existieren werden, erinnere mich einmal daran, wenn ich frei bin, daß ich dir diese ganze Geschichte in Einzelheiten erzähle.

„Die ganze Geschichte der Verwirklichung dieses heiligen Individuums in einem planetischen Körper unter deinen Lieblingen, ist, sowohl was seine Existenz unter den Wesen verschiedener Gruppierungen deines Planeten als auch seinen gewaltsamen Tod angeht, sehr, sehr interessant für dich, der du gewünscht hast, deiner Vernunft alle Feinheiten der merkwürdigen Psyche dieser eigentümlichen dreihirnigen Wesen aufzuklären — und es wird sehr lehrreich und interessant sein, jenen Teil der Geschichte dieses heiligen Jesus Christus zu kennen, der der Periode seiner Existenz dort im Alter von zwölf bis achtundzwanzig Jahren nach dortiger Zeitrechnung angehört."

IXL. Kapitel

DER HEILIGE PLANET FEGEFEUER

Nach einigen Dionosken verließ das kosmische Schiff ‚Karnak' den heiligen Planeten und begann wieder weiter in der Richtung seines endgültigen Bestimmungsplatzes zu fallen, nämlich in der Richtung jenes Planeten, der Beelzebubs Entstehungsort war und wohin er zurückkehrte, um dort seine lange Existenz zu beschließen, jene lange Existenz, die er — bestimmten Umständen zufolge — auf verschiedenen kosmischen Verdichtungen unseres großen Weltalls, und zwar immer unter für ihn persönlich sehr ungünstigen Verhältnissen zu erfüllen hatte, die er aber nichtsdestoweniger objektiv recht verdienstvoll erfüllte.

Und als dann das Schiff ‚Karnak' wieder in seinem gewöhnlichen Tempo fiel, setzte sich Beelzebubs Enkel Hassin Beelzebub wieder zu Füßen und wandte sich in der folgenden Weise an ihn:

„Großväterchen, liebes Großväterchen! Erkläre mir bitte, warum UNSER-ALLER-ALLUMFASSENDER-EINSSEIENDER-ALLEIN-HERRSCHER-DER-UNENDLICHE so oft, wie mir Onkel Tuilan erzählt hat, auf diesen heiligen Planeten kommt, auf dem wir soeben gewesen sind?"

Auf diese Frage seines Enkels versank Beelzebub länger als gewöhnlich in Gedanken und sagte dann langsam und ebenfalls mit größerer Konzentration als gewöhnlich:

„Ja . . . mein teurer Junge, diesmal weiß ich nicht, womit ich anfangen soll, um diese Frage in einer solchen Form, zu beantworten, die auch mich befriedigt, da unter den vielen Aufgaben, die ich mir dir gegenüber, was dein ‚Oskiano' betrifft, auch die gestellt habe, daß du schon in deinem jetzigen Alter eine erschöpfende Kenntnis über und Verständnis auch für diesen heiligen Planeten haben sollst.

„Auf jeden Fall mußt du vor allem wissen, daß dieser heilige Planet namens ‚Fegefeuer' für das ganze große Weltall gleichsam ein Herz ist und ein Konzentrierungspunkt aller vollendeten Resultate der Pulsierung von allem, was im Weltall funktioniert und existiert.

„UNSER GEMEINSAMER VATER, DER UNENDLICHE SCHÖPFER, erscheint nur deshalb dort so oft, weil dieser heilige Planet der Existenzort für die im höchsten Grade unglücklichen ‚höheren Seins-Körper' ist, die ihre Bekleidung auf verschiedenen Planeten unseres großen Weltalls erhalten haben.

„Die ‚höheren Seins-Körper', die schon verdienten, auf diesem heiligen Planeten zu existieren, leiden so sehr, wie wahrscheinlich niemand und nichts in unserem ganzen Weltall leidet.

„Im Hinblick darauf erscheint unser ALLIEBENDER UNENDLICH MITLEIDIGER UND ABSOLUT GERECHTER SCHÖPFER DER UNENDLICHE, da er keine andere Möglichkeit hat, diesen unglücklichen ‚höheren Seins-Körpern' auf andere Weise zu helfen, so oft dort, um sie durch diese Erscheinungen wenigstens einigermaßen in dem unvermeidlichen Zustand ihres unsagbaren Grames zu trösten.

„Dieser Planet begann diese Aufgabe, für die er gegenwärtig existiert, lange nach der Periode zu verwirklichen, in welcher der vollendete Prozeß der Schöpfung der heute existierenden ‚Welt' beendet war.

„Am Anfang kamen all jene höheren Seins-Körper', die gegenwärtig ihren Existenzort auf diesem heiligen Planeten haben, direkt auf unsere Aller-Aller-Heiligste ‚Sonne Absolut'; später aber, als in unserem großen Weltall jenes große Unglück geschehen war, das wir ‚Tschut-Gott-Litanische-Periode' nennen, eben nach diesem schrecklichen all-kosmischen Unglück, hatten die ‚Höheren Seins-Körper', die heute auf diesem heiligen Planeten wohnen, nicht mehr länger die Möglichkeit, direkt mit unserer Aller-Aller-Heiligsten ‚Sonne Absolut' zu verschmelzen.

„Erst nach dieser ‚Tschut-Gott-Litanischen-Periode' entstand die Notwendigkeit für ein solch all-universales Funktionieren, wie es dieser heilige Planet ‚Fegefeuer' gegenwärtig verwirklicht.

„Nämlich von der Zeit an wurde die ganze Oberfläche dieses heiligen Planeten in entsprechender Weise so organisiert und eingerichtet, auf daß diese ‚höheren Seins-Körper' auf ihm ihre schon unvermeidliche Existenz haben könnten."

Nachdem er dies gesagt hatte, dachte Beelzebub kurz nach und fuhr dann mit einem leichten Lächeln folgendermaßen zu sprechen fort.

„Dieser heilige Planet stellt nicht nur das Verdichtungszentrum der Resultate des Funktionierens alles Existierenden dar, sondern ist jetzt auch der beste, reichste und schönste aller Planeten unseres Weltalls.

„Als wir dort waren, hast du sicherlich bemerkt, daß wir immer sahen und empfanden, daß von dort aus der ganze Raum unseres Weltalls oder, wie deine Lieblinge sagen würden, der ganze ‚Himmel' gleichsam ein Licht spiegelt, das an den Schein des berühmten und unvergleichlichen ‚Almakormischen-Türkis' erinnert. Die Atmosphäre auf ihm ist stets rein wie ein ‚phänomenal-sakrualischer' Kristall.

„Überall dort empfindet jedes Individuum mit seinem ganzen Bestand alles äußere ‚iskolunizinernisch' oder, wie deine Lieblinge sagen würden, ‚selig-genießend'.

„Auf diesem heiligen Planeten gibt es, wie Sachkundige sagen, sowohl an mineralischen als auch an Süßwasserquellen allein ungefähr zehntausend, denen keine anderen auf keinem anderen Planeten unseres Weltalls an Klarheit und Reinheit gleichkommen.

„Von den schönsten und besten Singvögeln aus unserem ganzen Weltall gibt es dort, wie auch von Kennern berichtet wird, ungefähr zwölftausend Gattungen.

„Und was die aufplanetischen Bildungen betrifft, als da sind ‚Blumen‘, ‚Früchte‘, ‚Beeren‘ und alles andere dieser Art, so sind Worte ganz unzulänglich. Man kann sagen, daß fast die ganze Flora, Fauna und Foskalia von allen Planeten unseres großen Weltalls dort zusammengebracht und akklimatisiert sind.

„Auf diesem heiligen Planeten trifft man überall in entsprechenden Schluchten, teils von der Natur selbst, teils künstlich geschaffene bequeme Höhlen mit allen möglichen ‚inneren Formen‘ an, mit erstaunlichen Aussichten von ihren Eingängen aus — und in diesen Höhlen gibt es alles, was für eine gesegnete und ruhige Existenz erforderlich ist, wobei jedwede Wesensunruhe in irgendeinem Teil jedes selbständigen kosmischen Individuums — zu denen ‚höhere Seins-Körper‘ auch werden können — vollends ausgeschlossen ist.

„Und eben in diesen Höhlen existieren nach eigener Wahl jene ‚höheren Seins-Körper‘, die dank ihrer Verdienste zu ihrer weiteren Existenz von unserem ganzen großen Weltall auf diesen heiligen Planeten kommen.

„Außer all dem, was ich schon erwähnte, befinden sich dort, sowohl was Bequemlichkeit als auch was Bewegungs-Geschwindigkeit betrifft, die besten sogenannten ‚Egolionopti‘ oder, wie man sie auch manchmal nennt, ‚allgegenwärtigen Plattformen‘.

„Diese ‚Egolionopti‘ bewegen sich frei in allen Richtungen in der Atmosphäre des heiligen Planeten, mit jeder beliebigen Geschwindigkeit, sogar mit der Geschwindigkeit, mit der Sonnen zweiten Grades unseres Weltalls fallen.

„Das System der ‚Egolionopti' wurde, wie mir scheint, absichtlich für diesen heiligen Planeten von dem berühmten Engel, heute schon Erzengel, Herrkission erfunden."

Nachdem Beelzebub dies gesagt, schwieg er plötzlich und wurde wieder tief nachdenklich, dieweil Hassin und Ahun ihn erstaunt und fragend ansahen.

Nach einer ziemlich langen Weile schüttelte Beelzebub in einer eigentümlichen Weise den Kopf, wandte sich dann wieder an Hassin und sagte:

„Ich denke gerade daran, daß es sehr vernünftig von mir wäre, auf deine Frage — warum UNSER UNENDLICHER so oft diesen heiligen Planeten mit Seinen Besuchen beglückt — in einer solchen Weise zu antworten, daß ich dir gleichzeitig auch noch erklären könnte, was ich dir schon mehrere Male zu erklären versprochen habe.

„Nämlich ich will dir die kosmischen Grundgesetze erklären, die unsere jetzige Welt erhalten und auf Grund derer sie existiert. Und es ist um so nötiger, dies zu tun, weil du erst dann, wenn diese beiden Fragen zusammen behandelt werden, ein allseitiges Material zur Bildung einer vollen Vorstellung und für ein erschöpfendes Verständnis über diesen heiligen Planeten Fegefeuer gewinnen und gleichzeitig noch etwas mehr über die dir lieben dreihirnigen Wesen erfahren wirst, die auf dem Planeten Erde entstehen.

„Deshalb eben möchte ich dir gleich jetzt eine womöglich ausführliche und deutliche Erklärung über diesen heiligen Planeten geben, weil du früher oder später unbedingt von ihm wissen mußt, da jedes verantwortliche dreihirnige Wesen unseres Weltalls — ohne Anbetracht der Natur der Ursachen und des Ortes seines Entstehens noch auch der Form seiner äußeren Bekleidung — schließlich über alles, was diesen heiligen Planeten betrifft, wissen muß.

„Und alle müssen deshalb von ihm wissen, um sich zu

bestreben, in der Richtung zu existieren, die dem Ziele und Sinne seiner Existenz entspricht, das Streben, das das objektive Los eines jeden dreihirnigen Wesens ist, in dem irgendwie der Keim zur Bekleidung eines ‚höheren-Seins-Körpers' entsteht.

„Also . . . mein Junge, in erster Linie muß ich noch einmal eingehender wiederholen, daß UNSER UNENDLICHER die ganze heute existierende Welt gezwungenermaßen erschaffen hat.

„Am Anfang, als noch nichts existierte, und unser ganzes Weltall ein leerer endloser Raum war, in dem nur die kosmische Urquell-Substanz ‚Ätherokrilno' vorhanden war, existierte in diesem leeren Raum einzig und allein unsere jetzige Aller-Höchste und Aller-Heiligste ‚Sonne-Absolut', und auf dieser damals einzigen kosmischen Verdichtung hatte unser EINSSEIENDER SCHÖPFER samt seinen Cherubim und Seraphim den Ort Seines Höchst-Herrlichen Seins.

„Gerade in dieser Periode des Zeitlaufes entstand für unseren SCHÖPFER UND ALLERHALTER zwangsmäßig die Notwendigkeit, unseren jetzt existierenden ‚Megalokosmos' zu schaffen, das heißt unser Weltall.

„Durch den dritten höchst heiligen Gesang unserer Cherubim und Seraphim wurden wir gewürdigt zu erfahren, daß unser ALLMÄCHTIGER SCHÖPFER einmal feststellte, daß eben diese ‚SONNE ABSOLUT', auf der er mit seinen Cherubim und Seraphim wohnte, langsam, wenn auch fast unmerklich, so doch immerhin allmählich an Umfang abnahm.

„Da die Tatsache dieser göttlichen Feststellung ihm sehr wichtig erschien, beschloß er sofort, alle Gesetze, die die Existenz dieser damals noch alleinigen kosmischen Verdichtung erhielten, zu revidieren.

„Bei dieser Revision wurde unserem ALLMÄCHTIGEN SCHÖPFER zum erstenmal klar, daß die Ursache dieses allmählichen Abnehmens des Umfangs der Sonne Absolut einfach im ‚Heropas' lag, das heißt, im Laufe der Zeit.

„Daraufhin versank unser UNENDLICHER in Nachdenken, und in Seinen göttlichen Überlegungen wurde es Ihm völlig klar, daß, wenn dieser Heropas weiter den Umfang der Sonne Absolut verringern würde, dies früher oder später schließlich zur völligen Vernichtung dieses einzigen Ortes seines SEINS führen würde.

„Und, mein Junge, im Hinblick darauf war unser UNENDLICHER damals gezwungen, bestimmte entsprechende Maßnahmen zu ergreifen, damit nicht schließlich durch diesen Heropas die Vernichtung unserer Aller-Aller-Heiligsten Sonne-Absolut geschehen könne.

„Und weiter wurden wir gewürdigt, wiederum durch den heiligen Gesang unserer Cherubim und Seraphim zu erfahren, diesmal aber jedoch durch den fünften heiligen Gesang, daß unser UNENDLICHER nach dieser seiner göttlichen Feststellung sich ganz dem widmete, eine Möglichkeit zu finden, um ein solches Ende, das nach den gesetzmäßigen Geboten des schonungslosen Heropas unausbleiblich kommen mußte, zu verhindern und nach langen göttlichen Überlegungen beschloß, unseren jetzt existierenden Megalokosmos zu schaffen.

„Damit du besser verstehst, wie unser UNENDLICHER beschloß, gegen die verderbliche Wirkung des schonungslosen Heropas vorzugehen und wie er selbstverständlich dies auch schließlich verwirklichte, mußt du vor allem wissen, daß die Aller-Aller-Heiligste Sonne-Absolut bis dahin auf dem System, das ‚Autoegokrat' genannt wird, beruhte, das heißt auf jenem Prinzip, nach dem die inneren Kräfte, die die Existenz dieser kosmischen Verdichtung erhielten, selbständig funktionierten, und von keinen von außen kommenden Kräften abhängig waren und auch auf denselben zwei heiligen kosmischen Grundgesetzen basierten, die heute noch unseren ganzen gegenwärtigen

Megalokosmos erhalten und auf Grund derer er existiert, nämlich auf Grund jener zwei heiligen erstrangigen kosmischen Grundgesetze, genannt heiliges Heptaparaparschinoch und heiliges Triamasikamno.

„Über diese zwei heiligen erstrangigen kosmischen Grundgesetze erster Ordnung habe ich dir schon ein wenig erzählt; jetzt aber will ich versuchen, sie dir etwas eingehender zu erklären.

„Das erste dieser zwei heiligen erstrangigen kosmischen Grundgesetze, nämlich das Gesetz Heptaparaparschinoch, wird in der heutigen objektiven kosmischen Wissenschaft mit folgenden Worten formuliert:

„‚Die Linie-des-Laufes-der-Kräfte,-die-fortwährend-gebrochen-wird-und-deren-Enden-sich-wieder-vereinigen.'

„Dieses heilige erstrangige kosmische Grundgesetz hat sieben Brechungen oder, wie man auch anders sagt, sieben Schwerpunkte, und die Entfernung zwischen je zwei dieser Brechungen oder Schwerpunkte wird ein ‚Stopinder-des-heiligen-Heptaparaparschinoch' genannt.

„Dieses Gesetz, daß durch alles Neuentstehende und alles Existierende geht, macht seine vollendeten Prozesse immer mit seinen sieben ‚Stopindern'.

„Und was das zweite heilige kosmische Grundgesetz betrifft, nämlich das heilige Triamasikamno, so formuliert die kosmische objektive Wissenschaft dieses Gesetz folgendermaßen:

„‚Ein neues Entstehen aus dem früher Entstandenen durch den ‚Harnelmiatznell', dessen Prozeß sich so verwirklicht, daß das Höhere mit dem Niederen verschmilzt, um gemeinsam ein Mittleres zu verwirklichen, das dadurch selbst ein Höheres für das vorhergehende Niedere oder ein Niederes für das nachfolgend Höhere wird'; und wie ich dir schon gesagt habe, besteht dieses heilige Triamasikamno aus drei selbständigen Kräften, die folgendermaßen bezeichnet werden:

> Die erste ‚Surp-Ortheos',
> die zweite ‚Surp-Skiros',
> die dritte ‚Surp-Athanatos';

„Diese drei heiligen Kräfte des heiligen Triamasikamno werden in der oben erwähnten Wissenschaft folgendermaßen genannt:

„Die erste Kraft — ‚die bejahende Kraft' oder ‚die treibende Kraft' oder einfach ‚die Plus-Kraft'.

„Die zweite — ‚die verneinende Kraft' oder ‚die widerstrebende Kraft' oder einfach ‚die Minus-Kraft'.

„Und die dritte — ‚die versöhnende Kraft' oder ‚gleichgewichtschaffende Kraft' oder ‚die neutralisierende-Kraft'.

„An dieser Stelle meiner Erklärung betreffs der Grundgesetze der ‚Welterschaffung' und ‚Welterhaltung' ist es interessant, nebenbei zu bemerken, daß die dir lieben dreihirnigen Wesen dieses Planeten schon in der Periode, als die Eigenschaften des Organs Kundabuffer noch nicht in ihrem Bestand kristallisiert waren, begannen, der Bedeutung dieser drei heiligen Kräfte des heiligen Triamasikamno bewußt zu werden und sie damals folgendermaßen benannten:

> Die erste   ‚Gott der Vater',
> die zweite   ‚Gott der Sohn',
> und die dritte ‚Gott der heilige Geist'.

„Und in verschiedenen Fällen drückten sie den verborgenen Sinn dieser heiligen Kräfte und auch ihr Sehnen, einen wohltätigen Einfluß von diesen Kräften auf ihre eigene Individualität zu gewinnen, durch die folgenden Gebete aus:

> ‚Quellen göttlicher Freuden,
> ‚Empörungen und Leiden,
> ‚Lenkt euer Wirken auf uns';

oder:

,Heilige Bejahung,
Heilige Verneinung,
Heilige Versöhnung,
wandelt euch in mir um
für mein Sein';

oder:

,Heiliger Gott,
Heiliger Starker,
Heiliger Unsterblicher,
Erbarme dich unser.'

„Jetzt, mein Junge, höre weiter mit größter Aufmerksamkeit zu.

„Also, am Anfang, wie ich dir schon sagte, erhielt sich unsere Aller-Aller-Heiligste Sonne-Absolut mit Hilfe dieser zwei heiligen erstrangigen Gesetze, wobei damals diese heiligen erstrangigen Gesetze selbständig funktionierten ohne Hilfe irgendwelcher von außen kommender Kräfte; und dieses System hieß einfach der ‚Autoegokrat'.

„Und nun beschloß unser UNENDLICHER ALLERHALTER, das Prinzip des Funktionierungssystems dieser beiden heiligen Grundgesetze zu ändern, und zwar beschloß er, ihr selbständiges Funktionieren in ein von außen kommenden Kräften abhängendes zu verwandeln.

„Und weil für dieses neue Funktionierungssystem der Kräfte, die bis dahin die Existenz der Aller-Aller-Heiligsten Sonne-Absolut unterhalten hatten, entsprechende Quellen außerhalb der Sonne-Absolut nötig waren, in denen solche Kräfte entstehen und von wo sie in den Bestand der Aller-Aller-Heiligsten Sonne-Absolut fließen konnten, war unser ALLMÄCHTIGER UNENDLICHER dann gezwungen, unseren jetzt existierenden Megalokosmos zu schaffen, samt allen in ihm enthaltenen Kosmen verschiedenen Maßstabes und verhältnismäßig selbständiger kosmischer Bildungen; und von der Zeit an wurde das System, das die Existenz der Sonne-Absolut erhält, der ‚Trogoautoegokrat' genannt.

„Nachdem unser ALLER EINSSEIENDER UNENDLICHER VATER beschlossen hatte, das Prinzip der Erhaltung der Existenz dieser damals noch einzigen kosmischen Verdichtung und alleiniger Platz Seines höchst herrlichen Seins zu ändern, änderte er in erster Linie den eigentlichen Funktionierungsprozeß dieser zwei heiligen erstrangigen Grundgesetze und verwirklichte die größere Änderung im Gesetz des heiligen Heptaparaparschinoch.

„Diese Änderungen im Funktionieren des heiligen Heptaparaparschinoch bestanden darin, daß er in drei Stopindern die bis dahin darin vorhandenen sogenannten ‚subjektiven Wirkungen' veränderte, indem er die gesetzmäßige Aufeinanderfolge in einem verlängerte, in einem anderen verkürzte und in einem dritten disharmonierte.

„Um nämlich die ‚erforderliche Eigenschaft' zu gewinnen, den automatischen Zustrom aller Kräfte in der Nähe für sein Funktionieren zu sammeln, verlängerte er den Stopinder zwischen seiner dritten und vierten Brechung. Dieser Stopinder des heiligen Heptaparaparschinoch ist gerade der, der bis heute ‚mechanisch-zusammentreffender-Mdnel-In' heißt.

„Und der Stopinder, den er verkürzte, liegt zwischen der letzten Brechung und dem Anfang eines neuen Zyklus seines sich vollendenden Prozesses; durch diese Verkürzung hat er die Funktionierung des gegebenen Stopinders dazu bestimmt, den Anfang eines neuen Zyklus seines sich vollendenden Prozesses zu erleichtern, so daß er nur vom Zufluß neuer von außen kommender durch ihn strömender Kräfte abhängig ist, die aus den Resultaten der Wirkung jener kosmischen Verdichtung stammen, in der sich der sich vollendende Prozeß dieses heiligen erstrangigen Grundgesetzes vollzieht.

„Und dieser Stopinder des heiligen Heptaparaparschinoch ist eben der, der bis heute der ‚absichtlich-verwirklichte Mdnel-In' genannt wird.

„Und was den dritten Stopinder betrifft, der damals in seiner ‚subjektiven Wirkung' verändert wurde und der fünfte in der allgemeinen Reihenfolge ist und ‚Harnelahut' heißt, so entstand seine Disharmonie von selbst als Folge der Veränderung der zwei zuvor erwähnten Stopinder.

„Die Disharmonie in seinem subjektiven Funktionieren, die sozusagen aus seiner Asymmetrie in bezug auf den ganzen sich vollendenden Prozeß des heiligen Heptaparaparschinoch stammte, besteht in folgendem:

„Wenn sich der sich vollendende Prozeß dieses heiligen Gesetzes unter Bedingungen vollzieht, in denen während seines Verlaufes viele ‚von außen verursachte Vibrationen' vorhanden sind, gibt sein ganzes Funktionieren nur äußere Resultate.

„Wenn sich aber derselbe Prozeß in absoluter Ruhe ohne irgendwelche fremdartigen äußeren Schwingungen vollzieht, bleiben alle Ergebnisse der Wirkung seines Funktionierens innerhalb der Verdichtung, in der er seinen Prozeß vollendet, und nach außen werden diese Resultate nur durch einen direkten und sofortigen Kontakt mit ihm offensichtlich.

„Falls aber bei seinem Funktionieren diese zwei scharf entgegengesetzten Bedingungen nicht vorhanden sind, teilen sich die Resultate der Wirkungen seines Prozesses gewöhnlich selbst in äußere und innere.

„So begann sich also von da an der Verwirklichungsprozeß sowohl in den größten als auch in den kleinsten kosmischen Verdichtungen mit diesen in ihren subjektiven Wirkungen veränderten Stopindern dieses heiligen erstrangigen Gesetzes Heptaparaparschinoch zu vollziehen.

„Ich wiederhole, mein Junge, gib dir alle Mühe, alles gut zu verstehen, was sich auf diese zwei kosmischen heiligen Grundgesetze bezieht, da die Kenntnis dieser heiligen Gesetze, besonders die Kenntnis der Eigentümlichkeiten des heiligen Heptaparaparschinoch, dir helfen wird, in der Zukunft leicht und gut alle Gesetze zweiten und dritten Ranges der ‚Welterschaffung' und der ‚Weltexistenz' zu verstehen. Außerdem führt ein allseitiges Erkennen von allem, was diese heiligen Gesetze betrifft, gewöhnlich dazu, daß dreihirnige Wesen, die ohne Ansehen der Form ihrer äußeren Bekleidung fähig werden, bei allen möglichen — für sie sowohl günstigen als ungünstigen — nicht von ihnen abhängenden kosmischen Faktoren, die um sie herum entstehen, über den Sinn des Daseins nachzudenken, Gegebenheiten erwerben, um in sich zu einer Erklärung und Versöhnung dessen, was ‚individuelle Kollision' genannt wird, zu finden, die im allgemeinen oft in dreihirnigen Wesen entsteht aus dem Widerspruch zwischen den konkreten Resultaten, die aus den Prozessen aller kosmischen Gesetze stammen und den vermuteten und von ihrer sogenannten ‚gesunden Logik' sogar ganz sicher erwarteten Resultaten; und indem sie somit die wesentliche Bedeutung ihres eigenen Bestandes richtig bewerten, werden sie fähig, ihren echten ihnen entsprechenden Platz in diesen allkosmischen Verwirklichungen zu erkennen.

„Kurzum, sich ein allseitiges Verstehen des Funktionierens dieser zwei heiligen Grundgesetze anzueignen führt dahin, daß sich im Bestand dreihirniger Wesen Gegebenheiten für das Entstehen jener göttlichen Eigenschaft kristallisieren, die jedes normale dreihirnige Wesen unbedingt besitzen muß und die unter dem Namen ‚Semuniranus' existiert, von der deine Lieblinge auch eine ungefähre Ahnung haben und die sie ‚Unparteilichkeit' nennen.

„Also, mein teurer Junge, unser GEMEINSAMER VATER UND ALLMÄCHTIGER SCHÖPFER veränderte damals am Anfang die Funktionierung dieser zwei heiligen erstrangigen Grundgesetze, indem er die Wirkung ihrer Kräfte von innerhalb der Allerheiligsten Sonne-Absolut in den Weltraum richtete, wodurch die sogenannte ‚Emanation-der-Sonne-Absolut' entstand, die jetzt ‚Theomertmalogos' oder ‚Wort Gottes' genannt wird.

„Damit dir einige meiner künftigen Erklärungen klarer werden, muß ich hier bemerken, daß im Prozeß der Schöpfung des jetzt existierenden Weltalls die göttliche ‚Willenskraft' unseres UNENDLICHEN nur am Anfang teilnahm.

„Die spätere Schöpfung ging automatisch vor sich, ganz von selbst, ohne Teilnahme seiner eigenen göttlichen Willenskraft, einzig dank der zwei erstrangigen veränderten kosmischen Grundgesetze.

„Und der Schöpfungsprozeß selbst vollzog sich in der folgenden Reihenfolge:

„Dank der neuen Eigentümlichkeit des fünften Stopinders des heiligen Heptaparaparschinoch begannen die Emanationen, die von der Sonne-Absolut ausgingen, an einigen Stellen des Weltraums auf den kosmischen Urstoff Ätherokrilno zu wirken, und gemäß der gesamten früheren und neuen Besonderheiten der heiligen erstrangigen Grundgesetze konzentrierten sich allmählich einige bestimmte Verdichtungen.

„Dank dieser Faktoren und auch dank ihrer eigenen Heptaparaparschinoch- und Triamasikamno-Gesetze, die in diesen bestimmten Verdichtungen zu entstehen begannen und schon eine Wirkung aufeinander hatten, kristallisierte sich allmählich in diesen Verdichtungen alles Nötige, und als Resultat von all dem entstanden jene großen Verdichtungen, die noch bis heute existieren und die wir jetzt ‚Sonnen-zweiter-Ordnung' nennen.

„Als diese neu entstandenen Sonnen endgültig verwirklicht waren und die Funktionierung der zwei Grundgesetze endgültig in ihnen vor sich ging, begannen sich auch in ihnen ihre eigenen Resultate umzuwandeln und auszustrahlen, ähnlich wie es mit der Allerheiligsten Sonne Absolut der Fall ist, und wurden zusammen mit den Emanationen, die von der Aller-Aller-Heiligsten Sonne-Absolut in den Weltraum ausgehen, Faktoren für die Verwirklichung des all-kosmischen Grundprozesses des heiligen Triamasikamno. Und zwar so:

„Der Aller-Aller-Heiligste Theomertmalogos manifestierte sich als dritte heilige Kraft des heiligen Triamasikamno; die Resultate irgendeiner neu-entstandenen Sonne-zweiter-Ordnung begannen als erste heilige Kraft zu wirken, und die Resultate aller übrigen neu entstandenen Sonnen-zweiter-Ordnung wurden in bezug auf diese besagte neu-entstandene Sonne die zweite heilige Kraft dieses heiligen Gesetzes.

„Dank dieses dann im Weltraum vor sich gehenden Prozesses des all-kosmischen heiligen Triamasikamno begannen sich um jede ‚Sonne-zweiter-Ordnung‘ allmählich aus derselben Urquelle Ätherokrilno Verdichtungen verschiedener sogenannter ‚Dichtigkeit‘ zu bilden und um diese neu-entstandenen Sonnen zu gruppieren, was zur Folge hatte, daß noch mehr neue Sonnen entstanden, diesmal aber ‚Sonnen-dritter-Ordnung‘.

„Diese Verdichtungen dritter Ordnung sind eben jene kosmischen Verdichtungen, die zur jetzigen Zeit ‚Planeten‘ genannt werden.

„In dieser Phase des Prozesses des ersten äußeren Zyklus des heiligen allem zugrunde liegenden Heptaparaparschinoch, nämlich nachdem die Sonnen-dritter-Ordnung oder Planeten gebildet waren, begannen gemäß der fünften veränderten Brechung des heiligen Heptaparaparschinoch, die, wie ich schon gesagt habe, heute ‚Harnelahut‘ genannt wird, die von Anfang an für die zu vollendenden Grund-Prozesse gegebene Triebkraft, die schon die Hälfte ihrer

Lebendigkeit verloren hatte, in ihrem weiteren Funktionieren nur die Hälfte ihrer Wirkung nach außen zu geben und benutzte die andere Hälfte für sich selbst, das heißt für ihr eigenes Funktionieren — und dies führte dahin, daß auf diesen letzteren großen Resultaten, das heißt auf den besagten Sonnen-dritter-Ordnung oder Planeten sogenannte ‚Ähnlichkeiten-des-schon-Entstandenen' zu entstehen begannen.

„Und da danach überall solche Verhältnisse der Verwirklichung zu herrschen begannen, die der zweiten spezifischen Eigenschaft der zweiten Besonderheit des fünften Stopinders des heiligen Heptaparaparschinoch entsprachen, hörte von der Zeit an die Verwirklichung des äußeren Grundzyklus des heiligen Heptaparaparschinoch auf, und alle Wirkungen seines Funktionierens gingen für immer in die von ihm bereits manifestierten Resultate über, und in diesen begannen ständige ihm eigene Prozesse der Umwandlung sich zu vollziehen, genannt ‚Evolution' und ‚Involution'.

„Und diesmal dank eines kosmischen Gesetzes zweiten Ranges, namens ‚Litsvrtsy' oder ‚Anhäufung-des-Homogenen', gruppierten sich auf den Planeten langsam aus den erwähnten ‚verhältnismäßig selbständigen Neubildungen', die ‚Ähnlichkeiten-des-schon-Entstandenen' heißen, noch andere auch ‚verhältnismäßig selbständige Bildungen'.

„Dank gerade diesen dem heiligen Heptaparaparschinoch inhärenten ‚Evolutions'- und ‚Involutions'-Prozessen begannen sich auch im Bestande aller größten und kleinsten kosmischen Verdichtungen alle möglichen Arten bestimmter kosmischer Stoffe mit den ihnen inhärenten subjektiven Eigenschaften zu kristallisieren und zu dekristallisieren, die die objektive Wissenschaft ‚aktive Elemente' nennt.

„Und alle Resultate der ‚Evolution' und ‚Involution' dieser aktiven ‚Elemente', die das Trogoautoegokratische

Existenz-Prinzip alles im Weltall Existierende durch gegenseitiges Ernähren und gegenseitiges Unterhalten verwirklichen, erzeugen den besagten all-kosmischen Prozeß ‚Iraniranumansch' oder was objektive Wissenschaft, wie ich dir schon sagte, den ‚all-kosmischen-Stoffwechsel' nennt.

„Also, mein Junge, dank dieses neuen Systems der gegenseitigen Ernährung alles im Weltall Existierenden, woran unsere Aller-Aller-Heiligste Sonne-Absolut selbst auch teilnahm, stellte sich im Weltall jenes Gleichgewicht her, das dem schonungslosen Heropas jetzt nicht mehr die Möglichkeit gibt, irgend etwas Unvorhergesehenes unserer Höchsten und Aller-Aller-Heiligsten Sonne-Absolut anzutun, und somit verschwand für unseren ALLMÄCHTIGEN EINS SEIENDEN UNENDLICHEN auf immer der Grund, sich über die Erhaltung seines ewigen Wohnortes zu beunruhigen.

„Hier muß ich dir sagen, daß gerade damals, als diese weiseste göttliche Verwirklichung vollendet war, unsere triumphierenden Cherubim und Seraphim zum erstenmal all den neuentstandenen Verwirklichungen jene Namen gaben, die bis heute noch existieren. Jede ‚verhältnismäßig selbständige Verdichtung' bezeichneten sie damals mit dem Wort ‚Kosmos', und um die verschiedenen Ordnungen von Kosmen zu unterscheiden, fügten sie dieser Bezeichnung Kosmos noch einen anderen entsprechenden Namen bei.

„Und zwar nannten sie die Aller-Aller-Heiligste Urquelle, die Sonne-Absolut selbst — ‚Protokosmos'.

„Jede neuentstandene ‚Sonne-zweiter-Ordnung' mit all ihren folgenden bestimmten Resultaten nannten sie ‚Deuterokosmos'.

„Die ‚Sonnen-dritter-Ordnung', das heißt die, die wir ‚Planeten' nennen, nannten sie ‚Tritokosmos'.

„Die kleinste ‚verhältnismäßig selbständige Bildung' auf dem Planeten, die ihre Entstehung der neuen Eigenschaft des fünften Stopinders des heiligen Heptaraparaschinoch verdankte und die die kleinste Ähnlichkeit des Ganzen darstellt, wurde ‚Mikrokosmos' genannt. Und jene Bildungen der Mikrokosmen endlich, die sich auch auf den Planeten konzentrieren, gemäß dem kosmischen Gesetz zweiter Ordnung, das da ‚gegenseitige-Anziehung-des-Ähnlichen' heißt, wurden ‚Tetartokosmen' genannt.

„Und all diese Kosmen, die zusammen unsere jetzige Welt ausmachen, wurden ‚Megalokosmos' genannt.

„Damals benannten unsere Cherubim auch die Emanationen und Radiationen oder Ausstrahlungen, die aus all diesen verschiedenstufigen Kosmen kommen, durch die der Prozeß des höchsten kosmischen Trogoautoegokraten sich vollzieht, und diese Namen bestehen bis heute noch:
1. Die Emanation der Aller-Aller-Heiligsten Sonne-Absolut selbst nannten sie, wie ich dir schon sagte, ‚Theomertmalogos' oder ‚Wort-Gottes'.
2. Die Ausstrahlung jeder einzelnen Sonne zweiter Ordnung ‚Mentekithzoin'.
3. Die Ausstrahlung jedes einzelnen Planeten nannten sie ‚Dynamoumzoin'.
4. Was die Mikrokosmen ausstrahlten, nannten sie ‚Photoinzoin'.
5. Die Ausstrahlungen aus den Tetartokosmen nannten sie ‚Ganbledzoin'.
6. Die Ausstrahlungen aus allen Planeten jedes beliebigen Sonnensystems zusammen ‚Astroluoluzizoin'.
7. Und die gesamten Ausstrahlungen aller neuentstanden Sonnen zweiter Ordnung nannten sie ‚Polorotheoparl'.

„Und alle Resultate insgesamt, die aus allen großen und kleinen kosmischen Quellen entstehen, wurden damals auch von ihnen benannt, und zwar: „all-kosmischer Ansanbaluiazar'.

„Es ist interessant zu bemerken, daß, was diesen all-kosmischen Ansanbaluiazar betrifft, die heutige objektive Wissenschaft auch eine Formel dafür besitzt: ‚Alles, was aus allem entspringt und wieder in alles zurückfließt.'

„Selbständige Namen wurden damals auch allen sogenannten ‚zeitweise selbständigen Kristallisationen gegeben', die in jedem der unzähligen Kosmen durch die Evolutions- und Involutions-Prozesse dieser heiligen Grundgesetze entstehen.

„Ich werde nicht die Namen für die Menge dieser selbständigen ‚Schwerpunkte' aufzählen, die sich in allen selbständigen Kosmen kristallisieren, sondern ich werde dir nur die Namen jener bestimmten ‚Schwerpunkts-aktiven-Elemente' geben, die sich in jedem einzelnen Kosmos kristallisieren und die in einer unmittelbaren Beziehung zu meinen folgenden Aufklärungen stehen, jene nämlich, die sich im Bestand der Tetartokosmen kristallisieren und einen ‚zeitweiligen selbständigen Schwerpunkt' besitzen.

„In den Tetartokosmen wurden diesen selbständigen Entstehungen die folgenden Namen gegeben:

1. Protoächari,
2. Deuteroächari,
3. Tritoächari,
4. Tetartoächari,
5. Piandschoächari,
6. Exioächari, und
7. Resulsarion.

„Also, mein Knabe, nachdem ich dir all dies erklärt habe, können wir zu der Frage zurückkehren, warum und in welcher Weise in unserem Weltall höhere Seinskörper entstehen, oder, wie deine Lieblinge sie nennen, ‚Seelen' und weshalb unser EINSSEIENDER GEMEINSAMER VATER gerade auf diese kosmischen Entstehungen seine göttliche Aufmerksamkeit besonders lenkte.

„Die Sache ist die, daß, als in all diesen verschiedenstufigen Kosmen das ‚all-kosmische-harmonische Gleichgewicht' hergestellt und reguliert worden war, sich in jedem dieser Tetartokosmen, daß heißt, in jeder einzelnen ‚verhältnismäßig-selbständigen-Anhäufung-von-Mikrokosmen', die auf der Oberfläche der Planeten entstanden waren, auf deren Oberfläche die umgebenden Bedingungen zufällig einigen bestimmten Gegebenheiten entsprachen, die in diesen Kosmen vorhanden waren, weshalb sie für eine gewisse Zeitperiode ohne das sogenannte ‚Sekruano', das heißt, ohne fortwährende ‚individuelle Spannung' existieren konnten — entstand in jedem dieser Tetartokosmen die Möglichkeit zu einer selbständigen automatischen Bewegung von einem Platz zum anderen auf der Oberfläche des gegebenen Planeten.

„Und nachdem dann unser GEMEINSAMER VATER DER UNENDLICHE sich dieser automatischen Bewegung von ihnen vergewissert hatte, entstand in ihm zum erstenmal der göttliche Gedanke, dies als eine Hilfe für ihn in der Verwaltung des sich vergrößernden Weltalls zu gebrauchen.

„Von dieser Zeit an begann er alles weitere für diese Kosmen in einer solchen Richtung zu verwirklichen, damit das unvermeidliche sogenannte ‚Okrupalnar', das heißt, die periodische Wiederholung des sich vollendenden Prozesses des heiligen Heptaparaparschinoch sich in ihnen in einer solchen Weise vollziehen könne, damit bei gewissen Veränderungen in der Funktionierung des ganzen Bestandes einiger dieser Tetartokosmen — außer den Kristallisationen, die zum Zweck des neuen allkosmischen Stoffwechsels transformiert werden müssen — sich auch solche aktiven Elemente transformieren und kristallisieren konnten, aus denen neue selbständige Bildungen entstehen können, die die inhärente Möglichkeit haben, individuelle Vernunft' zu erwerben.

„Daß dieser Gedanke gerade damals zum erstenmal in unserem UNENDLICHEN entstand, können wir ebenfalls aus den Worten jenes heiligen Gesanges ersehen, mit dem unsere Cherubim und Seraphim jetzt während aller göttlichen Festlichkeiten die wunderbaren Werke unseres SCHÖPFERS preisen.

„Bevor ich dir weiter erzähle, wie dies geschah, muß ich dir sagen, daß die Funktionierung des erwähnten all-kosmischen ‚Iraniranumansch' in der Art harmonisiert ist, daß alle Resultate, die von den Umwandlungen in verschiedenen Kosmen erhalten werden, sich zusammen lokalisieren, gemäß der sogenannten ‚Qualitätschaft der Vibrationen' und daß diese Lokalisierungen überall das ganze Weltall durchdringen und sowohl an planetischen als an aufplanetischen Bildungen entsprechend teilnehmen und im allgemeinen einen zeitweisen Platz für ihre freien Verdichtungen in den Atmosphären haben, mit denen alle Planeten unseres Megalokosmos umgeben sind und durch die die Verbindung für das ‚all-kosmische Iraniranumansch' hergestellt ist.

„Nun bestanden die weiteren Resultate der göttlichen Aufmerksamkeit in bezug auf die besagten Tetartokosmen darin, daß, während sie dem größten kosmischen Trogoautoegokrat als Werkzeug dienen, sie die Möglichkeit haben, aus der Zahl der kosmischen Stoffe, die durch sie umgewandelt werden, sowohl zur Befriedigung der Bedürfnisse des Allergrößten All-kosmischen Heiligen Trogoautoegokraten als auch zur Erzeugung der Stoffe, die sie für ihren eigenen Existenzprozeß brauchen, und die ausschließlich aus solchen kosmischen Kristallisierungen bestehen, die durch die Umwandlungen desselben Planeten entstehen, auf denen die gegebenen Tetartokosmen entstanden sind, in ihrem ganzen Bestand allmählich unter den erwähnten Verhältnissen solche Resultate aufzunehmen, die aus kosmischen Quellen höherer Ordnung entspringen und folglich aus Ausstrahlungen größerer ‚Verlebendigungskraft' bestehen.

„Und aus solchen kosmischen Resultaten bekleideten sich dann allmählich ganz gleiche Formen in ihrem allgemeinen Bestand, zuerst aus den kosmischen Stoffen Mentekithzoin, das heißt, aus Stoffen, die von der Sonne und anderen Planeten jenes Sonnensystems transformiert werden, innerhalb deren Grenzen die gegebenen Tetartokosmen entstanden — kosmische Stoffe, die jeden Planeten durch die Ausstrahlung der besagten kosmischen Verdichtung erreichen.

In dieser Weise begann der allgemeine Bestand einiger Tetartokosmen schon aus zwei verschiedenen selbständigen Bildungen zu bestehen, die aus zwei ganz verschiedenen kosmischen Quellen stammten, und diese zwei Bildungen begannen eine gemeinsame Existenz zu haben, so als ob der eine in den anderen hineingesetzt sei.

„Und, mein Junge, als solche Bekleidungen von schon zuvor bekleideten Tetartokosmen fertig waren und entsprechend zu funktionieren begannen, von der Zeit an wurden sie nicht mehr länger ‚Tetartokosmen‘ genannt, sondern von da ab nannte man sie ‚Wesen‘, was damals ‚Zweinaturige‘ bedeutete, und diese zweite Bekleidung allein wurde ‚Kesdschan-Körper‘ genannt.

„Als dann in diesem neuen Teil dieser ‚zweinaturigen Bildungen‘ alles Entsprechende erworben war und sie sich das Funktionieren, das solchen kosmischen Entstehungen zukommt, endgültig angeeignet hatten, fingen diese neuen Bildungen ihrerseits an, auf derselben Basis wie im ersten Fall und auch unter den Bedingungen einer gewissen Änderung im Funktionieren, solche kosmische Stoffe aufzunehmen und zu assimilieren, die ihre Entstehung direkt von dem Aller-Aller-Heiligsten ‚Theomertmalogos‘ erhalten, und begannen in sich Ähnlichkeiten einer dritten Art zu bekleiden, die nun die ‚höchsten heiligen Teile‘ eines Wesens darstellen und die wir jetzt ‚höhere Seins-Körper‘ nennen.

„Und weiter, als diese ‚höheren Seins-Körper' sich endgültig bekleidet und alle entsprechenden Funktionen in sich erworben hatten und hauptsächlich als es ihnen möglich wurde, Gegebenheiten zur Erzeugung der heiligen Funktion, genannt ‚objektive Vernunft' zu kristallisieren, Gegebenheiten, die ausschließlich nur im Bestand solcher kosmischer Entstehungen kristallisiert werden können, und wenn solchen ‚Tetartokosmen' oder ‚Wesen' dann was ‚Raskuarno' genannt wird, widerfuhr, das heißt, die Trennung dieser verschiedenartigen Bildungen der ‚drei in einem', erhielt dieser ‚höhere Seins-Teil' die Möglichkeit, sich mit der URSACHE ALLER URSACHEN alles Bestehenden zu vereinen, das heißt mit unserer Aller-Aller-Heiligsten Sonne-Absolut und erfüllte dann jenen Zweck, auf den unser ALLUMFASSENDER UNENDLICHER seine Hoffnung gesetzt hatte.

„Doch jetzt, mein Junge, muß ich dir noch ausführlicher erklären, in welcher Reihenfolge dieser erste heilige Raskuarno damals den ersten Tetartokosmen widerfuhr und wie er auch jetzt noch den sogenannten ‚dreihirnigen Wesen' widerfährt.

„Zuerst trennen sich auf dem Planeten selbst der ‚zweite Seins-Körper', das heißt, der ‚Kesdschan-Körper' zusammen mit dem ‚dritten Seins-Körper' von dem ‚planetischen-Grund-Körper' und steigen, nachdem sie diesen planetischen Körper auf dem Planeten zurückgelassen haben, in jene Sphäre auf, wo jene kosmischen Stoffe ihren Verdichtungsort haben, aus dessen Lokalisierungen der Kesdschan-Körper eines Wesens entsteht.

„Und erst dann widerfährt nach Verlauf einiger Zeit dieser zweinaturigen Entstehung der hauptsächliche und endgültige heilige Raskuarno, wonach solch ein höchster ‚Seins-Teil' tatsächlich ein selbständiges Individuum wird mit eigener individueller Vernunft. Vor der ‚Tschut-Gott-Litanischen-Periode' wurde diese heilige kosmische Verwirklichung ganz offensichtlich nach diesem zweiten Prozeß des heiligen Raskuarno für wert gehalten, mit dem Bestand der Aller-Aller-Heiligsten Sonne-Absolut zu verschmelzen oder in eine andere kosmische Verdichtung einzugehen, wo solch selbständige heilige Individuen gebraucht wurden.

„Falls aber im Augenblick des Herannahens des endgültigen Prozesses des heiligen Raskuarno der in der heiligen Skala von Vernunft erforderte Grad der Vernunft in einer solchen kosmischen Entstehung noch nicht erreicht war, mußte dieser ‚höhere Seins-Teil' solange in der besagten Sphäre existieren, bis seine Vernunft sich bis zu dem nötigen Grad vervollkommnet hatte.

„Es ist hier nicht zu umgehen, jenes objektive Entsetzen zu erwähnen, das solche schon aufgestiegene höhere Seins-Teile empfinden, die sich in Folge von allen möglichen von Oben unvorhergesehenen Resultaten in den neuen kosmischen Prozessen noch nicht bis zur nötigen Stufe von Vernunft vervollkommnet haben.

„Die Sache ist die, daß gemäß verschiedener zweitrangiger kosmischer Gesetze der ‚Seins-Körper-Kesdschan' nicht lange in dieser Sphäre existieren kann und nach Verlauf einer gewissen Zeit zerfallen muß, ganz gleich, ob der in ihm existierende höhere Seins-Teil zu jener Zeit den notwendigen Grad von Vernunft erreicht hat oder nicht. Der Tatsache zufolge, daß, solange dieser höhere Seins-Teil seine Vernunft noch nicht bis zu dem erforderten Grad vervollkommnet hat, er immer von irgendeiner kesdschanischen Entstehung abhängig sein muß, kommt jeder noch unvervollkommnete höhere Sein-Körper sofort nach dem zweiten heiligen Raskuarno in einen Zustand, genannt ‚Techgekdnel' oder ‚Suche-nach-einer-anderen-ähnlichen-zweinaturigen-Entstehung,-die-ihm-entspricht', worauf dann, wenn der höhere Teil dieser andern zweinaturigen Entstehung sich bis zu dem erforderlichen Grad von Vernunft vervollkommnet und der endgültige Prozeß des heiligen Raskuarno ihr widerfährt und der eilige Zerfall ihres Kesdschan-Körpers noch nicht klar empfunden ist, dieser höhere Seins-Körper sofort in diesen anderen Kesdschan-Körper eintreten und in ihm weiter zu seiner weiteren Vervollkommnung existieren kann, der Vervollkommnung, die früher oder später von jedem entstandenen höheren Seins-Körper unausbleiblich erreicht werden muß.

„Und deshalb vollzieht sich in jener Sphäre, wohin der ‚höhere Seins-Teil' nach dem ersten heiligen Raskuarno kommt, jener Prozeß, der da heißt ‚Okipkhalevnischer-Austausch-der-äußeren-Teile-der-Seele' oder ‚der-Austausch-des-früheren-Seins-Körpers-Kesdschan'.

„Hier mag dir auch gesagt werden, daß auch deine Lieblinge gewissermaßen eine ähnliche Vorstellung über den ‚Okipkhalevnischen-Austausch' haben und daß sie sogar einen sehr klugen Namen dafür erfanden, nämlich ‚Metempsychose' oder ‚Reinkarnation' und daß ihr berühmter Wissenszweig, den sie in den letzten Jahrhunderten um diese Frage herum geschaffen haben, auch allmählich eine jener geringeren verderblichen Faktoren wurde und heutzutage schon ist, die ihre insgesamt schon ohnedies seltsame Vernunft allmählich mehr und mehr zu dem machen, was unser verehrter Mulla-Nassr-Eddin ‚Schurumurumnisch' nennen würde.

„Dem phantastischen Zweig jener Theorie ihrer ‚Wissenschaft' zufolge, den sie jetzt ‚Spiritismus' nennen, glauben sie übrigens, daß jeder von ihnen schon einen höheren Seins-Teil oder wie sie ihn nennen, eine Seele habe und glauben an eine Seelenwanderung, das heißt, an etwas Ähnliches wie eben dieser ‚Okipkhalevnischer-Austausch', von dem ich soeben sprach.

„Wenn diese Unglücklichen nur in Betracht ziehen würden, daß nach dem zweitrangigen Gesetz, genannt ‚Tenikdoa' oder ‚Gesetz der Schwerkraft' dieser selbe Seins-Teil, wenn er, wie es selten geschieht, in ihnen entsteht, natürlich sofort nach dem ersten Raskuarno eines Wesens oder, wie sie es ausdrücken würden, nach seinem Tod von der Oberfläche ihres Planeten aufsteigt, und wenn sie verstehen würden, daß alle von diesem Zweig ihrer ‚Wissenschaft' gegebenen Erklärungen und Beweise aller möglichen Phänomene, die angeblich dank dieser phantastischen Seelen' unter ihnen geschehen, nichts als die Frucht fauler Einbildung sind, würden sie schon einsehen, daß alles weitere, was diese Wissenschaft ihnen lehrt, auch nichts anderes ist als Mulla-Nassr-Eddins ‚Quatsch'.

„Was nun die zwei ersten niederen Seins-Körper betrifft, nämlich den planetischen Körper und den Kesdschan-Körper, so zerfällt nach dem ersten heiligen Raskuarno eines Wesens sein planetischer Körper — der aus Mikrokosmen oder Kristallisationen gebildet war, die sich auf diesem Planeten selbst umformen — allmählich auf jenem selben Planeten, einem bestimmten zweitrangigen Gesetz zufolge, das ‚Wieder-Tarnotoltur' heißt, in seine eigenen Ur-Substanzen, aus denen er entstanden war.

„Was den zweiten Seins-Körper, nämlich den Kesdschan-Körper betrifft, jenen Körper nämlich, der aus den Ausstrahlungen anderer Verdichtungen von Tritokosmen und der Sonne selbst des gegebenen Sonnensystems gebildet worden ist und der nach dem zweiten Prozeß des heiligen Raskuarno wieder in die soeben erwähnte Sphäre kommt, so fängt auch er an, langsam zu zerfallen und die Kristallisationen, aus denen er bestand, gehen auf verschiedene Weise in die Sphäre seines eigenen Urentstehens zurück.

„Der ‚höhere Seins-Körper' aber, der aus den Kristallisierungen besteht, die direkt von dem heiligen Theomertmalogos in jenem Sonnensystem erhalten werden, innerhalb dessen Grenzen das Wesen entsteht und wo seine Existenz sich vollzieht, kann niemals zerfallen; und dieser höhere Teil muß in dem gegebenen Sonnensystem solange existieren, solange er sich noch nicht bis zur erforderten Vernunft vervollkommnet hat, zu jener Vernunft nämlich, die ähnliche kosmische Bildungen aus den erwähnten Aller-Aller-Heiligsten Stoffe sozusagen ‚Irankipäch‘ macht, das heißt, sie in einen solchen Zustand bringt, wo sie unabhängig von den Kesdschanischen Entstehungen existieren können und wo sie gleichzeitig keinen sogenannten leidenden Einflüssen von irgendwelchen äußeren kosmischen Faktoren unterliegen.

„Also, mein Junge, wie ich dir schon gesagt habe, wurden anfangs diese kosmischen Entstehungen, nachdem die Vervollkommnung ihrer Vernunft bis zum nötigen Grad in der heiligen Vernunftsskala gebracht worden war, auf die Sonne Absolut genommen, um dort die ihnen von UNSEREM SCHÖPFER, DEM UNENDLICHEN vorbestimmte Rolle zu erfüllen.

„Hier muß ich dir sagen, daß, was die Bestimmung der verschiedenen Grade von Individualität betrifft, auch gleich vom ersten Anfang an unsere Cherubim und Seraphim jenen bis jetzt noch existierenden heiligen ‚Vernunftsbestimmer‘ festgelegt haben, der für die Bestimmung aller Grade von Vernunft oder, genauer gesagt, der ‚Gesamtheit-von-Selbst-Bewußtsein‘ aller selbständigen großen und kleinen kosmischen Verdichtungen angewandt wird und durch den nicht nur der Grad ihrer Vernunft gemessen wird, sondern auch ihr sogenannter ‚Grad-der-Rechtfertigung-des-Sinnes-und-Zieles-ihrer-Existenz‘ und auch die weitere Rolle jedes einzelnen Individuums in Beziehung auf alles, was in unserem großen Megalokosmos existiert.

„Dieser heilige Bestimmer ‚reiner Vernunft‘ ist nichts anderes als eine Art von Maß, das heißt, eine in gleiche Teile eingeteilte Linie, deren eines Ende das vollkommene Fehlen jeder Vernunft anzeigt, das heißt, ‚vollständige Stille‘ und das andere die absolute Vernunft, das heißt, die Vernunft unseres UNVERGLEICHLICHEN UNENDLICHEN SCHÖPFERS.

„An dieser Stelle sollten dir auch noch die verschiedenen Arten von Quellen erklärt werden, die im Bestand aller dreihirniger Wesen für die Äußerung von Seins-Vernunft vorhanden sind.

„In jedem dreihirnigen Wesen im allgemeinen ohne Unterschied seines Entstehungsortes und der Form seiner äußeren Bekleidung können Gegebenheiten für drei selbständige Arten von Seins-Denken kristallisiert werden, deren Resultate insgesamt den Grad seiner Vernunft darstellen.

„Gegebenheiten für diese drei Arten von Seins-Vernunft werden im Bestand jedes dreihirnigen Wesens kristallisiert, je nachdem, wieviel durch ‚Seins-Partkdolgpflicht' die entsprechenden ‚höheren Seins-Teile' in ihnen bekleidet und vervollkommnet sind.

„Die erste höchste Art von Seins-Vernunft ist die ‚reine' oder objektive Vernunft, die nur dem Bestand eines ‚höheren Seins-Körpers' eigen ist oder dem allgemeinen Bestand der Körper jener dreihirnigen Wesen, in denen dieser höhere Teil schon entstanden ist und sich vervollkommnet hat, und nur dann, wenn sie der sogenannte ‚Schwerpunkts-Initiator-des-individuellen-Funktionierens' des ganzen Bestandes des Wesens ist.

„Die zweite Seins-Vernunft, die die ‚Okiarta-Aitoksa' genannt wird, kann im Bestand solcher dreihirniger Wesen sein, in denen ihr ‚zweiter-Seins-Körper-Kesdschan' schon vollkommen bekleidet ist und selbständig funktioniert.

„Und was die dritte Art von Seins-Vernunft betrifft, so ist sie nichts anderes als nur die Wirkung, jenes automatischen Funktionierens, das im allgemeinen Bestand aller Wesen überhaupt vor sich geht, ebenso wie im Bestand aller aufplanetischen bestimmten Bildungen, und durch wiederholte, von außen kommende Schocks hervorgerufen wird, die in den in ihnen kristallisierten Gegebenheiten gewohnheitsgemäße Reaktionen hervorrufen, die den früheren zufällig wahrgenommenen Eindrücken entsprechen.

„Ehe wir jedoch, mein Junge, zu einer eingehenden Erklärung schreiten, wie ihre ‚höheren Teile' damals bekleidet und im allgemeinen Bestand der ersten Tetartokosmen vervollkommnet waren, wie ebenfalls im Bestand jener, die später ‚Wesen' genannt wurden, ist es meiner Meinung nach nötig, dir mehr Kunden über jene Tatsachen zu geben, daß wir Wesen, die auf dem Planeten Karatas entstanden sind, und auch die Wesen, die auf deinem Planeten Erde entstehen, schon nicht mehr länger solche ‚Polormedechtische' Wesen sind, wie die ersten Wesen waren, die direkt aus Tetartokosmen umgebildet waren, was besagt, Wesen, die ‚Polormedechtische' genannt wurden oder auch ‚Monoenifiten', sondern daß wir Wesen sind, die ‚Kestschapmartnische' genannt werden, nämlich fast Halbwesen, weshalb sich der sich vollendende Prozeß des heiligen Heptaparaparschinoch zur Jetztzeit nicht durch uns oder deine Lieblinge, die dreihirnigen Wesen auf dem Planeten Erde, genau so vollzieht wie in ihnen. Und sie sind solche Kestschapmartnische Wesen, weil der letzte Haupt-Stopinder des heiligen Heptaparaparschinoch, den zur Jetztzeit fast alle Wesen des Megalokosmos den heilige ‚Aschagiprotoächari' nennen, sich nicht im Zentrum jener Planeten befindet, auf denen wir entstehen, wie es sonst bei den meisten Planeten unseres großen Megalokosmos der Fall ist, sondern im Zentrum ihrer Trabanten ist, der für unseren Planeten Karatas jener kleine Planet unseres Sonnensystems ist, den wir ‚Prnochpaioch' nennen, und für den Planeten Erde — seine früheren Teile — die jetzt Mond und Anulios heißen.

„Und demzufolge vollzieht sich der sich vollendende Prozeß des heiligen Heptaparaparschinoch zum Beispiel für die Erhaltung der Gattung nicht durch ein Wesen, wie es mit den ersten Tetartokosmen geschah, sondern durch zwei Wesen verschiedenen Geschlechts, die bei uns ‚Aktavus' und Passavus' heißen und auf dem Planeten Erde ‚Mann' und ‚Frau'.

„Ich kann hier einschalten, daß es sogar in unserem Großen Megalokosmos einen Planeten gibt, wo der Prozeß dieses heiligen Gesetzes Heptaparaparschinoch für die Fortpflanzung der Gattung der dreihirnigen Wesen durch drei einzelne Individuen geschieht. Du kannst auch ebensowohl eingehender mit diesem ungewöhnlichen Planeten bekannt gemacht werden.

„Dieser Planet heißt ‚Modiktheo' und gehört dem System des ‚Protokosmos' an.

„Die auf diesem Planeten entstehenden Wesen sind dreihirnige wie alle anderen dreihirnigen Wesen, die auf allen Planeten unseres großen Megalokosmos entstehen und sind ihrem Äußeren nach uns gleichzeitig sehr ähnlich und gelten auch bei allen anderen als die idealsten und am meisten vervollkommneten aller unzähligen verschiedenformigen äußeren Bekleidungen dreihirniger Wesen in unserem großen Weltall, und all unsere jetzt existierenden Engel, Erzengel und die meisten heiligen Individuen, die unserem GEMEINSAMEN UNENDLICHEN VATER am nächsten sind, entstehen eben auf diesem wunderbaren Planeten.

„Die Umwandlung der kosmischen Stoffe, die für den allkosmischen Trogoautoegokratischen Prozeß nach dem heiligen Gesetz Heptaparaparschinoch erforderlich sind und sich durch sie vollzieht, geht eben nach jenen Prinzipien vor sich, nach denen es sich in unserem Bestand und auch im Bestand deiner Lieblinge vollzieht, der dreihirnigen Wesen, die auf dem Planeten Erde vorkommen. Zur Fortpflanzung ihrer Gattung allein bewirkt dieses heilige Gesetz seinen beschließenden Prozeß durch drei Arten von Wesen, weshalb solche dreihirnige Wesen ‚Triakromnische' Wesen genannt werden; und so wie bei uns die Wesen verschiedenen Geschlechtes Aktavus und Passavus genannt werden oder auf deinem Planeten Mann und Frau, so heißen auf dem Planeten Moditheo die Wesen verschiedenen Geschlechtes ‚Martna', ‚Spirna' und ‚Okina'. Obgleich diese Wesen ihrem Äußeren nach ganz gleich sind, sind sie doch in ihrer inneren Konstruktion sehr verschieden voneinander.

„Der Prozeß der Fortpflanzung ihrer Gattung geschieht bei ihnen in der folgenden Weise:

„Alle drei Wesen verschiedenen Geschlechtes erhalten gleichzeitig ‚das heilige Elmuarno', oder wie deine Lieblinge sagen, ‚die Empfängnis', durch eine besondere Handlung und existieren dann mit diesem heiligen Elmuarno oder dieser Empfängnis für eine gewisse Zeit ganz selbständig unabhängig von den andern, jeder von Ihnen jedoch mit sehr bestimmten bewußten absichtlichen Wahrnehmungen und bewußten Manifestierungen.

„Und später, wenn die Zeit für die Manifestierung der Resultate dieser Empfängnisse' herannaht oder, wie deine Lieblinge sagen, die Zeit der Geburt, verspüren alle drei dieser ungewöhnlichen Wesen, was ein ‚aklonoatistisches' Sehnen nacheinander genannt wird, oder wie deine Lieblinge sagen würden, eine ‚physisch-organische-Anziehung'. Und je näher die Zeit dieser Seins-Manifestation oder Geburt herannaht, um so mehr schmiegen sie sich aneinander, bis sie schließlich fast aneinander wachsen; und dann verwirklichen sie zu ein und derselben Zeit in einer bestimmten Weise ihre Empfängnisse.

„Und während dieser Verwirklichung ihrer Empfängnisse verschmelzen diese drei Empfängnisse miteinander und auf diese Weise erscheint in unserem Megalokosmos ein neues dreihirniges Wesen von einer solch ungewöhnlichen Konstruktion.

„Dreizentrische Wesen dieser Art sind aber deshalb in

unserem Megalokosmos ideal, weil sie schon von ihrem ersten Entstehen an alle höheren Seins-Körper haben.

„Und sie haben alle drei ‚Seins-Körper‘, weil die Erzeuger eines solchen Wesens, nämlich ‚Martna‘, ‚Spirna‘ und ‚Okina‘, jedes einzeln die Entstehung eines der drei Seins-Körper empfangen, und durch ihre besondere entsprechende Seins-Existenz dem heiligen Heptaparaparschinoch helfen, den gegebenen Seins-Körper in sich vollkommen zu formen und ihn dann im Augenblick seiner Erscheinung mit den anderen Körpern in eins verschmelzen zu lassen.

„Merke dir übrigens, mein Junge, daß die auf diesem unvergleichlichen und wunderbaren Planeten entstehenden Wesen zum Unterschied von den auf anderen gewöhnlichen Planeten unseres Megalokosmos entstehenden Wesen nicht nötig haben, ihre höheren Seins-Körper mittels jener Faktoren zu bekleiden, die UNSER SCHÖPFER als Mittel zur Vervollkommnung bestimmte, jenen Faktoren nämlich, die wir jetzt ‚bewußte Bemühungen‘ und ‚absichtliches Leiden‘ nennen.

„Um, mein Junge, dir weiter eingehend den Prozeß der Umformung kosmischer Substanzen durch Wesen im allgemeinen zu erklären, werden wir als ein aufklärendes Beispiel den allgemeinen Bestand deiner Lieblinge nehmen.

„Obschon der Prozeß der Umwandlung der Stoffe für die Fortpflanzung der Gattung durch uns und durch den Bestand deiner Lieblinge nicht genau so geschieht, wie er durch die ersten in Wesen umgewandelten Tetartokosmen geschah, so können wir sie trotzdem als Beispiel nehmen, da der Prozeß der Umwandlung der kosmischen Stoffe für die Bedürfnisse des erhabenen all-kosmischen Trogoautoegokraten durch ihren Bestand genau so vor sich geht wie durch die ersten Tetartokosmen; gleichzeitig wirst du Kunde von verschiedenen anderen kleineren Einzelheiten der seltsamen Eigentümlichkeiten ihrer Psyche erfahren und darüber, wie sie im allgemeinen ihre Seins-Pflicht, dem all-kosmischen Prozeß ‚Iraniranumansch' zu dienen, auffassen und betrachten, wobei sie für die Glückseligkeit ihres Bauches alle gesetzmäßigen Verwirklichungen vernichten, die zum Wohl des ganzen Megalokosmos vorausgesehen sind.

„Was aber jene Eigenheiten der Umwandlung der kosmischen Stoffe betrifft, dank denen die Fortpflanzung der Gattung bei verschiedenen Wesen heutzutage verschieden verläuft, so will ich dir jetzt nur noch sagen, daß die Ursache davon von dem Verdichtungsplatz des heiligen ‚Aschagiprotoächari' abhängt, das heißt, von der Verdichtungsstelle jener kosmischen Stoffe, die die Resultate des letzten Stopinders im all-kosmischen ‚Ansanbaluiazar' sind.

„Also, mein Junge, ich will damit beginnen, daß ich wiederhole: alle deine Lieblinge, sogar die heutigen, sind wie wir und auch wie alle übrigen dreizentrischen Wesen unseres Megalokosmos Apparate für den großen kosmischen Trogoautoegokraten genau wie es die Tetartokosmen waren, aus denen sowohl die ersten Ahnen der jetzt existierenden Wesen als auch alle überall jetzt existierenden Wesen entstanden sind. Und durch jeden von ihnen könnten die kosmischen Stoffe, die in allen sieben Stopindern des heiligen Heptaparaparschinoch entstehen, umgeformt werden und alle von ihnen, und sogar die gegenwärtigen, könnten außer daß sie als Apparate für den größten kosmischen Trogoautoegokraten dienen, alle Möglichkeiten haben, um aus diesen kosmischen Stoffen, die durch sie umgeformt werden, das zu erhalten, was der Bekleidung und Vervollkommnung beider höherer Seins-Körper in ihnen dient, weil jedes dreihirnige Wesen, das auf diesem deinem Planeten entsteht, wie überhaupt alle dreihirnigen Wesen unseres großen Weltalls, auch in allen Hinsichten eine genaue Ähnlichkeit des ganzen Megalokosmos darstellt.

„Der Unterschied zwischen einem jeden von ihnen und unserem großen Megalokosmos besteht nur im Maßstab.

„Du mußt hier auch noch wissen, daß deine heutigen Lieblinge sehr oft einen Ausdruck gebrauchen, den sie, ich weiß nicht ob instinktiv oder gefühlsmäßig empfunden oder rein automatisch von irgend woher aufgefangen haben und ihn in folgenden Worten ausdrücken: ‚Der Mensch ist ein Ebenbild Gottes'.

„Dabei vermuten diese Unglückseligen sogar nicht einmal, daß von all dem, was die meisten von ihnen über kosmische Wahrheiten zu wissen glauben, dieser eine Ausdruck der einzig wahre von allen ist.

„Denn ein jeder von ihnen ist tatsächlich ein Ebenbild Gottes, aber nicht jenes ‚Gottes', den sie in ihren kurzschwänzigen Vorstellungen haben, sondern des wirklichen Gottes, mit dessen Namen wir manchmal unseren ganzen Megalokosmos bezeichnen.

„Jeder von ihnen gleicht bis ins kleinste genau unserem ganzen Megalokosmos, selbstverständlich in Miniatur, und in jedem von ihnen sind alle jene einzelnen Funktionierungen vorhanden, die in unserem Megalokosmos den kosmischen harmonischen ‚Iraniranumansch' oder ‚Stoffwechsel' verwirklichen, der die Existenz von allem, was im ganzen Megalokosmos existiert, erhält.

„Dieser ihr Ausdruck, der Mensch ist ein Ebenbild Gottes', kann uns als eine weitere sehr gute Illustration zur Aufklärung dessen dienen, wieweit die sogenannte ‚empfindende Logik' oder wie man auch noch sagt, ihr ‚zielneinfnisches Denken' in ihnen entstellt ist.

„Obschon es diesen der Wahrheit entsprechenden Ausdruck unter ihnen gibt, vermögen sie trotzdem, was die Auffassung seines genauen Sinnes wie überhaupt aller kurzen Formulierungen in Worten angeht, mit ihrem seltsamen kurzsichtigen Denken — selbst wenn sie mit ihrem ganzen Bestand aktiv und aufrichtig wünschen sollten, die innere Vorstellung und das wesentliche Verständnis dieses Ausdrucks zu erfassen — im besten Falle ungefähr Folgendes zum Ausdruck zu bringen:

„ ‚Gut . . . wenn wir ein ‚Ebenbild Gottes' sind . . . so bedeutet das . . . bedeutet . . . daß ‚Gott' uns ähnlich ist und ein Äußeres wie wir besitzt, das heißt, daß ‚Gott' denselben Schnurrbart und Bart und dieselbe Nase wie wir hat und daß er sich kleidet wie wir uns kleiden. Er kleidet sich aber zweifellos wie wir, weil er wie wir die Schamhaftigkeit sehr liebt; nicht umsonst hat er Adam und Eva nur deshalb aus dem Paradies verjagt, weil diese ihre Schamhaftigkeit verloren und begonnen hatten, sich mit Kleidern zu bedecken.'

„In einigen der dortigen Wesen besonders in der letzten Zeit wurde ihr ‚Seins-Zielneinfnisches Denken' oder ihre ‚empfindende Logik' so, daß sie diesen selben ‚Gott' in ihren Vorstellungen sehr deutlich fast schon mit einem Kamm sehen können, der aus seiner linken Tasche heraussteht und mit dem er manchmal seinen berühmten Bart kämmt.

„Solch ein höchst eigentümliches ‚Seins-Zielneinfnisches Denken' über ihren ‚Gott' ging in deinen Lieblingen hauptsächlich von den hasnamussischen Manifestierungen jener ‚gelehrten' Wesen aus, die — du wirst dich erinnern, daß ich dir davon erzählt habe — in der Stadt Babylon sich versammelt hatten und gemeinsam alle möglichen verderblichen Fabeln in bezug auf ihren ‚Gott' zu erfinden begannen, die dann später zufällig über diesen unseligen Planeten hin verbreitet wurden. Und da jene Periode mit der Zeit zusammenfiel, wo die dreihirnigen Wesen dort besonders ‚selzelnualisch', das heißt besonders ‚passiv' im Sinne der dreizentrischen Wesen zukommenden Seins-Anstrengungen zu existieren begannen, nahmen die Wesen diese verderblichen Erfindungen sogleich gierig auf und eigneten sie sich vollends an.

„Und bei der erblichen Weitergabe dieser Erfindungen von Geschlecht zu Geschlecht begannen sie sich später allmählich in solche entstellte ‚logiknesternische Stoffe' zu kristallisieren, daß das Resultat davon war, daß in der Psyche der gegenwärtigen dreihirnigen Wesen dort ein solch ungewöhnlich entstelltes ‚Seins-Zielneinfnisches Denken' vor sich geht.

„Und daß sie ihren ‚Gott' sich eben mit einem langen Bart vorstellen, kam dadurch, weil damals unter den verderblichen Erfindungen der Babylonischen ‚Gelehrten' unter anderem die Rede davon war, daß ihr berühmter ‚Gott' gleichsam das Äußere eines alten Mannes mit einem langen Bart habe.

„Deine heutigen Lieblinge gingen, was das Äußere ihres ‚Gottes' anbelangt, sogar noch einen Schritt weiter. Sie stellen sich nämlich diesen ihren berühmten ‚Gott' ganz bestimmt als einen ‚alten Juden' vor, da ihren kurzschwänzigen Begriffen nach alle heiligen Persönlichkeiten von dieser Rasse abstammen.

„Wie dem auch sein mag, mein kleiner Hassin, jeder einzelne deiner Lieblinge gleicht mit seinem ganzen Bestand in allem genau unserem Megalokosmos.

„Ich sagte dir schon einmal, daß sich im Kopf eines jeden von ihnen wie auch eines jeden von uns eine Verdichtung aus entsprechenden kosmischen Stoffen lokalisiert, deren ganzes Funktionieren all jenen Funktionen und Aufgaben genau entspricht, die unser Aller-Aller-Heiligster ‚Protokosmos' hat und für den ganzen Megalokosmos erfüllt.

„Diese Lokalisierung, die in ihrem Kopf konzentriert ist, nennen sie ‚Kopf-Hirn'. Die einzelnen sogenannten ‚Okaniaki' oder ‚Protoplasmen' dieser Lokalisierung in ihrem Kopf oder, wie die irdischen Gelehrten sie nennen ‚die Zellen des Kopf-Hirns', verwirklichen für den ganzen Bestand jedes einzelnen von ihnen genau eine solche Aufgabe, die die ‚höheren-vervollkommneten-Körper' dreihirniger Wesen unseres ganzen Weltalls ausführen, die sich schon mit der Aller-Aller-Heiligsten Sonne-Absolut oder dem Protokosmos vereint haben.

„Wenn diese höheren Teile dreihirniger Wesen, die bis zum entsprechenden Grad von objektiver Vernunft vervollkommnet sind, dorthin gelangen, erfüllen sie dort jene Funktion der ‚Okaniaki' oder der ‚Kopf-Hirn-Zellen', jene Funktion, für die, wie ich schon sagte, unser EINS-SEIENDER GEMEINSAMER UNENDLICHER VATER bei der Schöpfung der jetzt existierenden Welt zu beschließen geruhte, in der Zukunft jene Bekleidungen zu gebrauchen, die in den Tetartokosmen selbständige Individualität erlangen, damit sie ihm in der Lenkung der sich vergrößernden Welt helfen könnten.

„Ferner ist in jedem von ihnen in ihrer sogenannten ‚Wirbelsäule' eine andere Verdichtung lokalisiert, dort ‚Rückenmark' genannt, in der eben jene sogenannten ‚verneinenden-Quellen' sind, die in ihrem Funktionieren den Teilen des Kopf-Hirns gegenüber solche Erfüllungen verwirklichen, wie die ‚neu-entstandenen-zweitrangigen-Sonnen' des Megalokosmos sie dem Aller-Aller-Heiligsten Protokosmos gegenüber verwirklichen.

„Es muß unbedingt hervorgehoben. werden, daß in früheren Epochen deine Lieblinge dort auf deinem Planeten etwas über die einzelnen besonderen Funktionierungen der Teile ihres Rückenmarkes Bescheid wußten, und daß sie sogar verschiedene ‚mechanische Kunstgriffe' kannten und anwandten, um auf entsprechende Teile ihrer Wirbelsäule in solchen Perioden zu wirken, wenn sich eine Disharmonie in dem was sie ‚physischen Zustand' nannten, zeigte; doch ‚verdufteten' auch die Kunden über Kenntnisse dieser Art nach und nach, und obgleich deine heutigen Lieblinge wissen, daß in ihrem ‚Rücken-Hirn' gewisse besondere Verdichtungen vorhanden sind, haben sie natürlich doch nicht die geringste Ahnung, für welche Funktion sie von der großen Natur bestimmt sind und begnügten sich meistenteils damit, sie die ‚Gehirnknoten' ihres Rückenmarks zu nennen.

„Nun und eben diese einzelnen Gehirn-Knoten ihres Rückenmarks sind die Quellen der Verneinung gegenüber den einzelnen Schattierungen der Bejahung ihres Kopfhirns, genau so wie die einzelnen ‚zweitrangigen Sonnen' die Quellen der verschiedenen Schattierungen von Verneinung gegenüber den verschiedenen Schattierungen von Bejahung des Aller-Aller-Heiligsten Protokosmos sind.

„Und endlich, genau wie im Megalokosmos, alle Resultate, die im Verlauf des Grundprozesses des heiligen Heptaparaparschinoch von der ‚Bejahung' des Aller-Aller-Heiligsten Protokosmos und den verschiedenen Schattierungen der ‚Verneinung' der neu geschaffenen ‚Sonnen' erhalten werden, als ‚versöhnendes Prinzip' für alles neu Entstehende und schon Existierende dienen, ist auch in ihnen eine entsprechende Lokalisierung für die Verdichtung aller aus der Bejahung des Kopf-Hirns und den Schattierungen der Verneinung des Rückenmarks erhaltenen Resultate, die später als ein regulierendes oder versöhnendes Prinzip für das Funktionieren des ganzen Bestandes eines jeden von ihnen dienen.

„Was die Stelle der Verdichtung dieser Lokalisierung betrifft, die dem allgemeinen Bestand irdischer dreihirniger Wesen als regulierendes oder versöhnendes Prinzip dient, so muß bemerkt werden, daß anfangs auch diese dir lieben dreihirnigen Wesen des Planeten Erde diese dritte Verdichtung ähnlich wie wir in der Form eines selbständigen Gehirns besaßen, das in der Gegend ihrer sogenannten ‚Brust' lokalisiert war.

„Seit aber der Prozeß ihrer gewöhnlichen Seins-Existenz sich besonders deutlich zum Schlechteren wandte, war die Natur dort aus verschiedenen Gründen, die aus dem all-kosmischen Trogoautoegokratischen Prozeß kamen, gezwungen, das System dieser Verdichtung zu ändern, ohne sein Funktionieren selbst zu verändern.

„Sie zerstreute nämlich die Lokalisierung dieses Organs, das seine Verdichtung an einem Platz in ihnen gehabt hatte, allmählich in kleine Lokalisierungen über ihren ganzen Bestand hin, hauptsächlich in die Gegend der sogenannten ‚Herz-Grube‘. Die Gesamtheit dieser kleineren Lokalisierungen in dieser Gegend nennen sie heutzutage selbst ‚Plexus Solaris‘ oder ‚Knoten-Komplex des Sympathischen Nerven-Systems‘.

„Und in diesen Nerven-Knoten, die über ihren ganzen planetischen Körper zerstreut sind, sammeln sich jetzt alle Resultate an, die sich aus den bejahenden und verneinenden Manifestierungen ihres Kopf- und Rücken-Hirnes ergeben, und nachdem diese Resultate sich in diesen ‚Nerven-Knoten‘, die über ihren ganzen Bestand zerstreut sind, festgesetzt haben, werden sie auch ein neutralisierendes Prinzip in dem weiteren Prozeß der ‚Bejahung und Verneinung‘ zwischen dem Kopf-Hirn und Rückenmark, genau so wie die Gesamtheit alles in Megalokosmen Entstehenden die neutralisierende Kraft im Prozeß der Bejahung des Protokosmos und den verschiedenen Schattierungen der Verneinungen aller neuentstehenden Sonnen ist.

„Und somit sind die dreihirnigen Wesen des Planeten Erde nicht nur wie auch wir Apparate für die Umwandlung kosmischer Stoffe, die für den erhabenen Trogoautoegokraten mit den Eigenschaften aller drei Kräfte des all-kosmischen Grund-Triamasikamno erforderlich sind, sondern haben auch, indem sie diese Substanzen zur Umbildung selbständiger Entstehungen aus drei verschiedenen Quellen aufnehmen, alle Möglichkeiten, außer den Stoffen, die für die Erhaltung ihrer eigenen Existenz notwendig sind, auch jene Stoffe aufzunehmen, die für die Bekleidung und Vervollkommnung ihrer eigenen ‚höheren Seins-Körper' gebraucht werden.

..Auf diese Weise sind diese aus drei Quellen in ihren Bestand zur Umbildung eintretenden Stoffe genau wie für uns eine dreifache Art von Seins-Nahrung.

„Jene Stoffe nämlich, die auf dem Weg ihres zurückkehrenden evolutionierenden Aufstiegs von dem heiligen ‚Aschagiprotoächari', das heißt, von dem letzten ‚Stopinder' des heiligen Grund-Heptaparaparschinoch zu dem Aller-Aller-Heiligsten Protokosmos sich mit Hilfe ihres eigenen Planeten selbst in bestimmte höhere entsprechende aufplanetarische Bildungen umgewandelt haben, treten in sie für die weitere Umformung als ihre ‚erste Seins-Nahrung' ein, die ihr gewöhnliches ‚Essen' und ‚Trinken' ist.

„Und jene Stoffe aus zweiter Quelle, die durch die Umformung ihrer eigenen Sonne und aller übrigen Planeten ihres eigenen Sonnensystems erhalten werden und die in die Atmosphäre ihres Planeten durch die Ausstrahlungen des Letzteren gelangen, kommen in sie genau wieder wie auch in uns für die weitere evolutionierende Umwandlung als ‚zweite Seins-Nahrung', die für sie, wie sie sagen, die ‚Luft' ist, die sie atmen, und diese Stoffe in ihrer Luft dienen eben zur Bekleidung und Erhaltung der Existenz ihres ‚zweiten Seins-Körpers'.

„Und die Stoffe endlich aus erster Quelle, die für sie ebenso wie für uns eine dritte Art von Seins-Nahrung sind, dienen zur Bekleidung sowohl als auch zur Vervollkommnung des ‚höchsten Seins-Körpers' selbst.

„Eben was diese heiligen kosmischen Stoffe betrifft, so ergaben sich unter deinen Lieblingen jene kummervollen Resultate, die aus allen möglichen Anomalitäten kamen und weiterhin noch kommen, die sie selbst im gewöhnlichen Prozeß ihrer Seins-Existenz geschaffen haben.

„Obgleich die Stoffe auch dieser höheren Seins-Nahrung weiter noch bis jetzt in sie kommen, kommen sie doch, besonders in die Wesen der jetzigen Zeit, nur noch ganz unwillkürlich, ohne Teilnahme einer bewußten Absicht ihrerseits und nur insoweit, als sie für die Umbildung nötig sind, die durch sie für die all-kosmische Trogoautoegokratische Harmonie und für die von der Natur erforderte automatische Fortpflanzung ihrer Gattung nötig ist.

„Als die anomalen Verhältnisse der gewöhnlichen Seins-Existenz sich dort schon endgültig eingebürgert hatten, weshalb sowohl das instinktive als auch absichtliche Streben nach Vervollkommnung aus ihrem Wesen verschwand, verschwand in ihnen auch nicht nur das Bedürfnis nach bewußter Aufnahme kosmischer Substanzen, sondern sogar auch das Wissen und Verstehen der Existenz und Bedeutung ‚der höheren Seins-Nahrungen'.

„Heutzutage kennen deine Lieblinge nur noch eine, die erste Seins-Nahrung, und sie kennen sie erstens, weil sie, sogar ohne daß sie es wollen, nicht anders können, als sie zu kennen, und zweitens, weil der Prozeß ihres Gebrauches für sie schon ein Laster geworden ist und eine gleichberechtigte Stellung neben anderen ihrer Schwächen einnimmt, die sich langsam in ihnen als Folge der Eigenschaften des für sie verderblichen Organs Kundabuffer kristallisiert haben.

„Bis heute erkannte sogar noch kein Einziger, daß in dieser ‚ersten Seins-Nahrung' Stoffe sind, die fast ausschließlich nur für den Unterhalt der Existenz ihres groben planetischen Körpers allein nötig sind, der ein verneinendes Prinzip ist — und daß diese erste ‚Seins-Nahrung' den anderen höheren Teilen ihres Bestandes fast nichts geben kann.

„Was jene kosmischen Stoffe betrifft, von denen eine gewisse Quantität, wie ich schon sagte, notwendig von ihnen für die Fortpflanzung ihrer Gattung und für die Erhaltung der allgemeinen Harmonie des ‚allkosmischen-

Ansanbaluiazars' umgewandelt werden müssen, so haben deine Lieblinge zur heutigen Zeit keineswegs ein Bedürfnis, ihren inneren ‚Gott der Selbstberuhigung' deswegen zu stören, da die Aufnahme dieser Stoffe schon, wie ich dir bereits sagte, in ihnen ganz willkürlich ohne Teilnahme ihrer eigenen bewußten Absicht vor sich geht.

„Es ist jedoch interessant hervorzuheben, daß anfangs, nämlich bald nachdem das Funktionieren des Organs Kundabuffer in den dreihirnigen Wesen auf deinem Planeten vernichtet war, sie auch diese zwei höheren Seins-Nahrungen kannten und sie mit bewußter Absicht gebrauchten, und einige Wesen des Kontinents Atlantis der letzten Zeit sogar die Prozesse zur Aufnahme dieser höheren Seins-Nahrungen als das Hauptziel ihrer Existenz betrachteten.

„Die Wesen des Kontinents Atlantis nannten damals diese zweite Seins-Nahrung ‚Amarlus', was bedeutete ‚Hilfe-für-den-Mond', und sie nannten die dritte Seins-Nahrung das ‚heilige Amarhudan', und dieses letzte Wort bedeutete damals bei ihnen ‚Hilfe-für-Gott'.

„Was das Fehlen des bewußten Bedürfnisses nach diesen höheren heiligen kosmischen Stoffen in der Psyche deiner Lieblinge angeht, so möchte ich deine Aufmerksamkeit auf eine daraus folgende sehr wichtige und für sie traurige Folge lenken.

„Im Hinblick auf die Tatsache nämlich, daß in ihnen außerdem, daß die absichtliche Aufnahme dieser bestimmten kosmischen Stoffe, die für die Entstehung und Existenz ihrer höheren Seins-Teile notwendig sind, aufhörte, auch aus ihrem allgemeinen Bestand nicht nur das Streben nach Vervollkommnung selbst, sondern auch die Möglichkeit zu sogenannter ‚absichtlicher-Kontemplations-Bereitschaft' verschwand, was der Hauptfaktor für die Aufnahme dieser heiligen kosmischen Stoffe ist, mußte von der Zeit an die Natur selbst, damit die erforderliche Quantität dieser

DER HEILIGE PLANET „FEGEFEUER"

Stoffe in sie eintreten und von ihnen angeeignet werden kann, sich allmählich dem anpassen, alles so herzurichten, damit sich für jeden von ihnen im Laufe seines ganzen Existenzprozesses solche ‚Unerwartetheiten' von selbst ereignen sollten, wie sie sich sonst nirgends und niemals in unserem Großen Megalokosmos mit dreihirnigen Wesen ereignen.

„Leider war die Natur dort gezwungen, sich dieser Anomalität anzupassen, damit dank dieser ‚Unerwartetheiten' einige intensive Seins-Erlebnisse und aktive Erwägungen in ihnen automatisch und unabhängig von ihnen selbst vor sich gehen, so daß dank dieser ‚aktiven Erwägungen' die erforderliche Umwandlung und Assimilierung dieser notwendigen heiligen Teilchen der höheren Seins-Nahrung in ihnen automatisch vor sich gehen kann.

„Was nun, mein Junge, die Umwandlungsprozesse selbst in Evolutions- und Involutions-Bewegungen all dieser verschiedenen kosmischen Stoffe durch eben solche Apparate des erhabenen all-kosmischen Trogoautoegokraten — wie auch deine Lieblinge welche sind — betrifft, so geschehen diese Umformungen bei ihnen ebenso wie bei uns und überhaupt in allen großen und kleinen Kosmen unseres großen Megalokosmos ganz genau auf Grund immer der zwei kosmischen Haupt-Grund-Gesetze, nämlich auf Grund des heiligen Heptaparaparschinoch und des heiligen Triamasikamno.

„Bevor ich dir sage, auf welche Weise die kosmischen Stoffe, die in die Wesen als ihre erste Seins-Nahrung eintreten, in ihnen zu den Zwecken des all-kosmischen Trogoautoegokratischen Prozesses umgewandelt werden und wie, wenn die dreihirnigen Wesen ihrerseits eine bestimmte Einstellung zu diesem Prozeß haben, sie sich in ihnen auch für die Bekleidung und Vervollkommnungihrer eigenen höheren Teile umwandeln, mußt du, um eine klare

Vorstellung über diese Prozesse zu haben, im Auge behalten, daß es in unserem Megalokosmos von den Resultaten der schon verflossenen verschiedenen Trogoautoegokratischen Prozesse, viele Hunderte selbständige ‚aktive Elemente' mit mannigfaltigen spezifischen subjektiven Eigenschaften gibt, die an neuen Bildungen teilnehmen.

„Da diese viele Hunderte ‚aktiver Elemente' mit mannigfaltigen Eigenschaften, wo immer sie auch sein mögen, durch sieben ‚Stopinder' des all-kosmischen heiligen Grund-Heptaparaparschinoch gingen, teilen und lokalisieren sie sich, je nachdem, von welchem Stopinder sie ihr ursprüngliches Entstehen erhalten hatten, der sogenannten ‚Verwandtschaft der Vibrationen' nach in sieben sogenannte ‚Ochtapanazanknische-Klassen'. Und alle, sowohl die großen als die kleinen schon bestimmten Verdichtungen ohne Ausnahme, die in unserem ganzen Megalokosmos vorhanden sind, werden von diesen sieben selbständigen Klassen angehörenden ‚aktiven Elementen' gebildet und haben, wie ich schon gesagt habe, ihre eigenen subjektiven Eigenschaften.

„Und diese ihre subjektiven Eigenschaften und auch ihre sogenannten ‚Verlebendigungs-Proportionen' verwirklichen sich zuerst gemäß der Form des Funktionierens des fünften Stopinders des heiligen Heptaparaparschinoch, der durch ihre Entstehung floß, und zweitens danach, ob die gegebenen ‚aktiven-Elemente' dank der bewußten Absicht seitens eines selbständigen Individuums entstehen, oder ob sie automatisch einfach auf Grund des zweitrangigen kosmischen Gesetzes, das ‚Anziehung-und-Verschmelzung-von-Ähnlichem' genannt wird, entstanden sind.

„Nun, eben diese viele Hunderte von bestimmten ‚aktiven Elementen', die sieben verschiedenen ‚Ochtapanazanknischen Klassen' angehören und sieben verschiedene subjektive Eigenschaften besitzen, unter denen die Eigenschaften der ‚Verlebendigung' und ‚Zersetzung' von größter Bedeutung sind, machen die Gesamtheit des allem zu Grunde liegenden all-kosmischen ‚Ansanbaluiazar' aus, durch den der erhabene kosmische Trogoautoegokrat verwirklicht wird, der wahre Retter von der gesetzmäßigen Wirkung des schonungslosen Heropas.

„Du mußt auch noch wissen, daß die Urentstehungen von allen Verdichtungen aus dem überall im Weltall vorhandenen Ätherokrilno auf Grund des zweitrangigen kosmischen Gesetzes der ‚Anziehung-und-Verschmelzung-von-Ähnlichem' auf folgende Weise vor sich geht:

„Wenn Teilchen des Ätherokrilno, die schon in verschiedenen Sphären aller sieben Stopinder des ‚all-kosmischen Grund-Ansanbaluiasar' sind, aus irgendeinem Grund zusammenstoßen, verursachen sie die Entstehung verschiedener ‚Kristallisationen', die noch keine subjektiven Eigenschaften haben, und wenn diese vereinten Teile des Ätherokrilno dann aus irgendeinem Grund in Verhältnisse kommen, wo ein Prozeß des ‚Harnelmiaznel' vor sich geht, verschmelzen sie in eins und formen sich gemäß der von ihnen erworbenen sogenannten ‚Vibrations-Komplexe' in ‚aktive Elemente' mit schon bestimmten spezifischen Eigenschaften um.

„Und wenn dann diese schon bestimmten ‚aktiven Elemente' mit den ihnen eigenen spezifisch subjektiven Eigenschaften in andere Prozesse des ‚Harnelmiaznel', die andere Bedingungen haben, gelangen, verschmelzen sie wieder miteinander gemäß des gleichen Gesetzes der ‚Verwandtschaft der Vibrationen', und da sie dadurch andere Eigenschaften erwerben, verwandeln sie sich in ‚aktive Elemente' einer anderen ‚Ochtapanazanknischen Klasse' und so fort und so weiter.

„Das ist der Grund, weshalb es in unserem Megalokosmos so viele aktive Elemente mit verschiedenen spezifisch subjektiven Eigenschaften gibt.

„Und wenn du nun, mein Junge, die Aufeinanderfolge

des Umformungsprozesses kosmischer Stoffe durch Seins-Apparate, in die diese kosmischen Substanzen als ihre ‚erste Seins-Nahrung' eintreten, genügend verstehst, wirst du damit auch wohl ungefähr all das verstehen, was sowohl die Haupteigentümlichkeit des heiligen Gesetzes Heptaparaparschinoch betrifft als auch die Prozesse der Involution und Evolution der anderen ‚höheren Seins-Nahrungen'.

„Wenn die ‚aktiven Elemente', die bei dem zurückkehrenden Aufstieg von dem letzten Stopinder des all-kosmischen heiligen Grund-Heptaparaparschinoch evolutionieren, in den allgemeinen Bestand der Seins-Apparate als ihre erste Seins-Nahrung eintreten, beginnen sie schon in ihrem Mund — mit Hilfe der Prozesse des zweitgradigen Gesetzes ‚Harnelmiaznel', das heißt, durch die Vermischung und Verschmelzung gemäß der ‚Verwandtschaft der Vibrationen' mit den aktiven Elementen, die schon zuvor im Bestand der Wesen evolutionierten und Schwingungen erwarben, die dem folgenden Stopinder des Seins-Heptaparaparschinoch entsprechen — allmählich sich zu ändern und sich diesmal im Magen der Wesen in bestimmte ‚aktive Elemente', genannt ‚Seins-Protoächari', zu verwandeln, die in ihren Schwingungen dem aufsteigenden vierten Stopinder des all-kosmischen Grund-Heptaparaparschinoch entsprechen.

„Von dort geht die Gesamtheit, die die ‚Schwerpunkts-Vibration' des ‚Seins-Protoächari' hat, wiederum dank des Prozesses ‚Harnelmiaznel' durch die ganzen sogenannten ‚Gedärme' hindurch und evolutioniert allmählich als Folge entsprechender Evolutionen und wird diesmal vollständig in dem sogenannten ‚Zwölffingerdarm' in ‚Seins-Deuteroächari' umgewandelt.

„Später geht ein Teil dieser bestimmten Stoffe des ‚Seins-Deuteroächari' in den planetischen Körper selbst über, um ihm zu dienen und auch dem lokalen ‚Harnelmiaznel' betreffs der neueintretenden Nahrung; und der andere Teil selbst setzt durch einen Prozeß des ‚Harnelmiaznel' lokalen Charakters die selbständige Evolution fort und verwandelt sich schließlich in den Wesen in noch höhere bestimmte Stoffe, die diesmal ‚Seins-Tritoächari' genannt werden.

„Diese Gesamtheit kosmischer Stoffe, die sich zeitweilig im allgemeinen Bestand der Seins-Apparate kristallisiert und den Vibrationen des ‚Seins-Tritoächari' entspricht, hat als Schwerpunkt ihrer Verdichtung im Bestand der Wesen die sogenannte ‚Leber'.

„Und gerade an dieser Stelle des ‚Seins-Ansanbaluiazar' befindet sich der untere ‚Mdnel-In' des heiligen Heptaparaparschinoch, der der ‚mechanisch-zusammentreffende-Mdnel-In' genannt wird, und darum können die Stoffe des ‚Seins-Tritoächari' weiter nicht allein durch den Prozeß ‚Harnelmiaznel' selbständig evolutionieren.

Und auf Grund jener Veränderung im allgemeinen Funktionieren des ursprünglichen all-kosmischen heiligen Gesetzes Heptaparaparschinoch kann im gegebenen Falle diese Gesamtheit der Stoffe, die ‚Seins-Tritoächari' genannt wird, von diesem Zustand weiter nur mit Hilfe von außen kommender Kräfte evolutionieren.

„Und wenn deshalb in diesem Falle diese Gesamtheit der Stoffe des ‚Seins-Protoächari' zur weiteren Evolution im allgemeinen Bestand der Wesen keine von außen kommende Hilfe erhält, involutionieren sowohl diese Gesamtheit als auch die in ihr kristallisierten bestimmten Schwerpunkte des ‚Seins-Ansanbaluiazar' immer wieder zurück in die bestimmten kosmischen Kristallisierungen, von denen aus sie ihre Evolution begannen.

„Für die von außen kommende Hilfe ist im gegebenen Falle die innere Organisation der Wesen von der Großen Natur so weise eingerichtet, daß die Stoffe, die in den Bestand der Wesen zur Bekleidung und Ernährung des zweiten Seins-Körpers-Kesdschan eintreten müssen, jene Gesamtheit der kosmischen Stoffe nämlich, die deine Lieblinge Luft nennen, gleichzeitig als eine von außen kommende Hilfe für die Evolution der Stoffe der ‚ersten Seins-Nahrung' dienen können.

„Die aktiven Elemente, die diese ‚zweite Seins-Nahrung' oder ‚Luft' ausmachen und die in den Bestand der Wesen auch zu ihrer Evolution durch diese zweite Seins-Nahrung eintreten, evolutionieren langsam mit Hilfe der verschiedenen Prozesse ‚Harnelmiaznel' örtlichen Charakters, wobei sie in der Nase der Wesen beginnen und in den sogenannten ‚Lungen' der Wesen in ‚Protoächari' verwandelt werden, in Protoächari jedoch, das ‚Astralnomonisches-Protoächari' genannt wird.

„Und wenn die Stoffe dieses ‚Astralnomonisches-Protoächari' in den Bestand der Wesen zu ihrer eigenen Evolution eintreten und noch in sich gemäß dem heiligen Heptaparaparschinoch alle Möglichkeiten haben, aus ihren Schwerpunkten durch den Prozeß ‚Harnelmiaznel' allein aufzusteigen, sich mit der Gesamtheit der Stoffe der ersten Seins-Nahrung vermischen, die schon bis zum dritten Stopinder des heiligen Seins-Heptaparaparschinoch evolutioniert sind und dann noch weiter evolutionieren und damit diesen Stoffen der ersten Seins-Nahrung helfen, durch die unteren ‚mechanisch-zusammentreffenden-Mdnel-In' zu gehen und in andere bestimmte Stoffe in ‚Seins-Tetartoächari' umgewandelt zu werden, wird das ‚Astralnomonische-Protoächari' selbst in die Stoffe verwandelt, die ‚astralnomonisches-Deuteroächari' heißen.

„An dieser Stelle meiner Erklärungen kannst du noch ein weiteres aufklärendes Beispiel haben, um den Unterschied zwischen dem ‚Autoegokrat' und dem ‚Trogoautoegokrat' voll zu begreifen, das heißt, den Unterschied zwischen dem früheren System, daß die Existenz der Sonne-Absolut erhielt, als dieses System Autoegokratisch war, und dem anderen System, das jetzt ‚Trogoautoegokratisch' genannt wird, zu dem es nach der Schöpfung des Megalokosmos wurde.

„Als die Umwandlung der Stoffe durch die ‚Seins-Apparate' nach dem Gesetz des heiligen Heptaparaparschinoch vor sich ging, ehe einige seiner Stopinder verändert waren, das heißt, vor der Erschaffung unseres jetzt existierenden Megalokosmos, erreichten die kosmischen Stoffe, die die erste Seins-Nahrung bilden und in solche ‚Apparat-Kosmen' für den lokalen Prozeß der Evolution eintraten, ihren Aufstieg zu ihrer sich vollendenden Umwandlung in andere höhere bestimmte aktive Elemente ohne Hindernis und ohne Hilfe von außen, bloß durch den Prozeß des Harnelmiaznel allein; seit aber das selbständige Funktionieren dieses heiligen Urgesetzes in ein abhängiges Funktionieren verwandelt wurde, muß die Evolution und Involution in diesen veränderten Stopindern immer von äußeren ‚von außen verursachten' Manifestierungen abhängen.

„Im gegebenen Fall aber erscheint als diese ‚von außen verursachte' Hilfe für die völlige Umwandlung kosmischer Kristallisationen durch die Wesen in höhere Kristallisationen die zweite Seins-Nahrung, die ganz andere Gründe zu ihrem Entstehen hat und ganz andere kosmische Resultate verwirklichen muß.

„Später werde ich dir einmal ausführlich erklären, wie in den Wesen die Umbildung der Stoffe der zweiten und dritten Seins-Nahrung vor sich geht; einstweilen aber merke dir nur, daß auch diese höheren kosmischen Stoffe in den Wesen genau nach denselben Prinzipien sich umwandeln wie die Stoffe der ersten Seins-Nahrung.

„Jetzt wollen wir fortfahren zu erforschen, wie eben gemäß des heiligen Heptaparaparschinoch der weitere sich vollendende Prozeß der Stoff-Umbildung ihrer ersten Seins-Nahrung im Bestand der ‚Seins-Apparate' vor sich geht.

„Also . . . die gewöhnliche erste Seins-Nahrung wird langsam in den Wesen in bestimmte Stoffe umgewandelt, die ‚Seins-Tetartoächari' heißen, die in den Wesen und somit natürlich in deinen Lieblingen als Hauptverdichtungsstelle die beiden sogenannten ‚Halbkugeln-ihres-Kopf-Hirns' haben.

„Und zwar wird ein Teil dieses ‚Seins-Tetartoächari' aus beiden Halbkugeln ihres ‚Kopf-Hirns' unverwandelt dazu verwandt, dem planetischen Körper des gegebenen Wesens zu dienen, der andere Teil aber, der in sich alle Möglichkeiten zu einer selbständigen Evolution hat, evolutioniert weiter ohne jede von außen kommende Hilfe, und indem er wieder durch den Prozeß ‚Harnelmiaznel' sich mit schon zuvor geformten höheren Stoffen mischt, die schon in den Wesen vorhanden sind, verwandelt er sich allmählich in noch höhere bestimmte Seins-aktive Elemente um, die ‚Piandschoächari' genannt werden.

„Und diese Stoffe haben in den Wesen als Zentralpunkt ihrer Verdichtung das sogenannte ‚Sianurinam' oder, wie deine Lieblinge diesen Teil ihres planetischen Körpers nennen, das ‚Kleinhirn', das sich auch im Kopf der Wesen befindet.

„Dank der fünften Brechung des heiligen Heptaparaparschinoch haben diese Stoffe in den Wesen die freie Möglichkeit, in den Manifestierungen des allgemeinen Bestandes dreihirniger Wesen nicht gleiche, sondern ‚einander entgegengesetzte' Resultate zu erzielen.

„Aus diesem Grunde müssen die Wesen, was diese Seins-Stoffe betrifft, immer sehr auf der Hut sein, um unwünschenswerte Folgen für ihr gesamtes Ganzes zu vermeiden.

„Ein Teil dieser bestimmten Stoffe aus dem ‚Kleinhirn' der Wesen wird wiederum zum Dienst des planetischen Körpers selbst verwandt, wogegen der andere Teil zuerst auf besondere Weise durch die ‚Nerven-Knoten' des

Rückens und der Brust durchgeht, um dann in den Wesen männlichen Geschlechtes in den sogenannten ‚Testikeln' sich zu verdichten und in den Wesen weiblichen Geschlechtes in was die meisten deiner Lieblinge ‚Eierstöcke' nennen, die die Verdichtungsstellen des ‚Seins-Exioächari' im allgemeinen Bestand der Wesen sind und für die Wesen selbst ihr allerheiligster Besitz. Du mußt wissen, daß diese besondere erwähnte Art ‚Trilwa' heißt.

„Erst danach werden diese kosmischen Stoffe, die in die ‚Seins-Apparate' zu Zwecken der Evolution eintreten, nämlich um durch das niedere Mdnel-In des allem zugrundeliegenden all-kosmischen ‚Stoffwechsels' in jene bestimmte Gesamtheit kosmischer Substanzen umgewandelt zu werden, eine Umwandlung, die das Los aller Wesen überhaupt ist und besonders auch deiner heutigen dreihirnigen Wesen, die auf dem Planeten Erde vorkommen, als die automatische Rechtfertigung des Sinnes und Zieles ihrer Existenz; und diese Gesamtheit kosmischer Substanzen wird überall ‚Exioächari' genannt.

„Also, mein Junge, die Gesamtheit ihrer ersten Seins-Nahrung, die aus der Evolution dieser Seins-Apparate resultiert, entspricht in ihren Vibrationen dem letzten Stopinder des Seins-Heptaparaparschinoch und tritt gemäß der Eigentümlichkeit dieses Stopinders in die ‚höheren-absichtlich-verwirklichten-Mdnel-In' des Heptaparaparschinoch-Gesetzes ein; und um vollständig in neue höhere Stoffe sich umzuwandeln und Vibrationen zu erwerben, die den Vibrationen der nächst-höheren Verlebendigung, nämlich dem fünften Stopinder des Grundprozesses des heiligen Heptaparaparschinoch entsprechen, bedarf es unbedingt eben jener fremden Hilfe, die im Bestand der dreihirnigen Wesen ausschließlich durch jene von mir schon mehr als einmal erwähnten Faktoren verwirklicht wird, die sich in der ‚Seins-Partkdolgpflicht' manifestieren, das heißt, gemäß eben jener Faktoren, die UNSER GEMEIN-

SAMER VATER DER UNENDLICHE SCHÖPFER im voraus als Mittel zu bestimmen geruhte, durch die gewisse Tetartokosmen — als ein End-Resultat ihres Dienstes für die Zwecke des all-kosmischen ‚Iraniranumansch'-Helfer in der Regierung der vergrößerten Welt werden können, Faktoren, die bis jetzt als das einzig mögliche Mittel dazu dienen, die kosmischen Stoffe aufzunehmen, die für die Bekleidung und Vervollkommnung der höheren Seins-Körper erforderlich sind und die wir in der jetzigen Zeit ‚bewußte Bemühungen' und ‚absichtliche Leiden' nennen.

„Hier mag noch gesagt und betont werden, daß deine Lieblinge von allen bestimmten kosmischen Stoffen, die sich in ihnen bilden und folglich immer in ihrem allgemeinen Bestand vorhanden sind, nur dieses ‚Seins-Exioächari' gut kennen, das sie ‚Sperma' nennen und mit dem sie alle möglichen Arten ihrer ‚Manipulationen' meisterlich ausführen.

„Durch diesen Namen ‚Sperma' betonen sie die Wichtigkeit der Gesamtheit der bestimmten Stoffe, die sich nur im Bestand der Wesen ‚männlichen Geschlechtes' bilden und übersehen eine gleiche Gesamtheit der ‚Summe-von-Stoffen', die in Wesen ‚weiblichen Geschlechtes' entstehen, und haben sogar keinen Namen dafür.

„Eben diese selbe Gesamtheit von Stoffen, die unvermeidlich immer als die Endsumme im Bestand aller Wesen aus ihrer ‚ersten Seins-Nahrung' entsteht, wurde einer der Hauptgründe dafür, daß sie später, nachdem sie nicht mehr länger ‚Seins-Partkdolgpflicht' in ihrem allgemeinen Bestand verwirklichten und diese Gesamtheit kosmischer Stoffe nicht, wie es nach dem heiligen Heptaparaparschinoch sein sollte, die erforderliche fremde Hilfe zu ihrer sich vollendenden Evolution in andere bestimmte höhere ‚aktive Elemente' erhielt, sich in ihnen jene Kristallisierungen zurückzubilden begannen, aus denen ihre Evolution begonnen hatte. Und solche involvierende Prozesse dienten von jener Zeit an als Faktoren, um in ihrem Bestand die Gegebenheiten zur Entstehung ihrer unzähligen — wie sie sie nennen — ‚Krankheiten' langsam hervorzurufen, und somit begann einerseits ihre früher bestehende Wesens-Individualität sich zurückzuentwickeln und andererseits ihre allgemeine Existenz-Dauer kürzer zu werden.

„Deine Lieblinge, die Wesen des Planeten Erde, besonders die Wesen der Jetztzeit, gebrauchen eben diese Stoffe des Seins-Exioächari keineswegs bewußt, weder zu ihrer Selbstvervollkommnung noch zur bewußten Erzeugung von Wesen ihresgleichen außerhalb von ihnen.

„Und die in ihnen sich formenden heiligen kosmischen Stoffe dienen entweder nur den Zwecken des erhabenen kosmischen Trogoautoegokraten, ganz ohne Teilnahme ihres eigenen Seins-Bewußtseins und individuellen Wunsches, oder der unfreiwilligen Empfängnis eines neuen Wesens ihresgleichen, das für sie ohne ihren bewußten Wunsch ein trauriges Resultat aus der Mischung dieser heiligen Stoffe der zwei entgegengesetzten Geschlechter ist, die zwei entgegengesetzte Kräfte des heiligen Triamasikamno verwirklichen während der Befriedigung jener Funktion von ihnen, die dank der Erbschaft von den alten Römern das Hauptlaster der gegenwärtigen dreihirnigen Wesen geworden ist.

„Mit Trauer muß ich sagen, daß das besagte entartete Erbe, das sich schon vollends in ihrem allgemeinen Bestand festgesetzt hat, für sie, besonders für deine gegenwärtigen Lieblinge ein bereits ‚automatisch-wirkendes' Mittel ist, um eben jene Impulse bis zur Wurzel in ihnen auszurotten, die manchmal in ihnen durch dreihirniger Wesen würdige Manifestationen entstehen, und in ihnen einen was man nennt ‚Durst-nach-Sein' hervorrufen.

„Ich wiederhole, mein Junge, nicht nur, daß deine Lieblinge, besonders die heutigen, diese heiligen Stoffe, die sich unvermeidlich in ihnen bilden, nicht mehr länger zur Bekleidung und Vervollkommnung ihrer ‚höheren-Teile' verwenden, noch auch für die Erfüllung der von der Natur für sie vorausgesehenen Seins-Pflicht, die in der Fortpflanzung ihrer Gattung besteht, sondern sie halten es, wenn dies Letztere zufällig geschieht, als ein sehr großes Unglück für sie, besonders weil die Folgen, die es nach sich zieht, für eine bestimmte Zeit die ungehemmte Befriedigung der unzähligen und vielfältigen Laster, die sich in ihrem Wesen festgesetzt haben, verhindern.

„Und deshalb bestreben sie sich, besonders die heutigen Wesen, in solchen Fällen durch alle Mittel, mit ihrem ganzen Bestand die Verwirklichung einer solchen zufälligen von ihrer Seite unbeabsichtigten heiligen Manifestation, die von der großen Natur vorgesehen ist, zu verhindern.

„In den letzten Jahrhunderten werden sogar viele von ihnen, in denen Gegebenheiten für alle möglichen hasnamussischen Eigenschaften stärker kristallisiert sind, sogar Spezialisten für die Vernichtung solcher zufällig verwirklichten heiligen Seins-Erfüllungen, und diese Spezialisten heißen dort ‚Engel-Fabrikanten'.

„Dagegen gilt und wird dieser ‚Seins-Akt', der für deine Lieblinge zu ihrem Hauptlaster geworden ist, überall in unserem großen Weltall von allen verschieden-naturigen Wesen unseres großen Weltalls als das heiligste aller heiligen göttlichen Sakramente betrachtet.

„Sogar viele zweihirnige und einhirnige Wesen dieses selben Planeten, wie zum Beispiel die Wesen, die dort ‚Hyänen', ‚Katzen', ‚Wölfe', ‚Löwen', ‚Tiger', ‚Wilde Hunde', ‚Baguschi', ‚Frösche' heißen und viele andere, die in ihrem sogenannten ‚gesetzmäßigen Bestand' überhaupt keine Gegebenheiten haben, die ihnen eine Möglichkeit zu ‚vergleichender Logik' bieten, empfinden selbst noch in der Jetztzeit, natürlich nur instinktiv, diesen Akt als heilig und manifestieren ihn nur während jener Perioden, die von der Großen Natur für dieses heilige Sakrament vorausbestimmt waren, hauptsächlich nämlich in der Periode des Beginns einer neuen sich vollendenden Bewegung jener kosmischen Verdichtung, auf der sie ihren Entstehungs- und Existenzplatz haben, das heißt in der Periode, die dreihirnige Wesen überall die ‚Dionosk-der-heiligen-Seruazar-Sakramente' nennen und die auf dem Planeten, der dich interessiert, ‚Frühlings-Tage' genannt wird.

„Vielleicht weißt du, mein Junge, noch nichts über die ‚heiligen-Sakramente-des-Großen-Seruazar'?" fragte Beelzebub seinen Enkel.

Auf diese Frage Beelzebubs erwiderte Hassin:

„Nein, teurer Großvater, ich kenne noch nicht die Einzelheiten davon, ich weiß nur, daß diese ‚Dionosken' unter uns auf dem Planeten Karatas als sehr heilige Tage gelten und ‚Gotthelfende-Dionoske' genannt werden, und ich weiß, daß unsere Wesen, die ‚Aktavus' sowohl als die ‚Passavus', sich auf diese großen heiligen Tage fast vom Ende der vorausgehenden heiligen Tage vorbereiten und daß ein ‚Lunias' vor dem Beginn dieser heiligen Sakramente sowohl alt als jung unter uns aufhören, die ‚erste Seins-Nahrung' in sich aufzunehmen und durch verschiedene heilige Zeremonien im Geiste unserem GEMEINSAMEN SCHÖPFER für ihre Existenz Dank zollen.

„Ich weiß auch, daß die zwei letzten dieser feierlichen Dionosken als die ‚Dionosken-zur-Verherrlichung-des-ersten-Erzeugers-jeder-Familie' gelten und so unter uns genannt werden.

„Und deshalb, mein teurer Großvater, erinnerten wir uns jedes Jahr während dieser Dionosken an dich und sprachen nur von dir, und jeder von uns bestrebte sich mit seinem ganzen Sein, den aufrichtigen Wunsch zu manifestieren, daß dein Geschick ständig für dich immer solche Verhältnisse der Seins-Existenz schaffen möge, die

847

dir schnell und leicht dazu dienen möchten, deine Vernunft bis zum erforderten heiligen Grad zu bringen und daß dadurch deine jetzige ‚gewöhnliche-Seins-Existenz', die für dich persönlich so beschwerlich ist, rascher zu Ende kommen möge."

Mit diesen letzten feierlich ausgesprochenen Worten endete Hassin seine Antwort.

„Nun wohl, mein Junge", sagte Beelzebub, „wir wollen über das ‚heilige-Seruazar-Sakrament' nach unserer Rückkehr auf unsere teure Karatas sprechen.

„Dort will ich dir einmal eingehend erklären, wo und wie das heilige Sakrament ‚Seruazar' mit den Stoffen ‚Seins-Exioächari' zur Fortpflanzung der Gattung vor sich geht und bei welchen Gelegenheiten und auf welche Weise die Vereinigung der zwei Arten von ‚Exioächari' welche Resultate ergibt; eine Art wird für das bejahende Prinzip in jenen ‚Seins-Apparaten' umgewandelt, die auf unserem Planeten Karatas die Wesen ‚Aktavus' sind und auf deinem Planeten Erde die Wesen ‚männlichen Geschlechtes', und die andere Art wird für das verneinende Prinzip in jenen Seins-Apparaten umgewandelt, die unter uns auf dem Planeten Karatas die Wesen ‚Passavus' sind, und auf dem Planeten Erde die Wesen ‚weiblichen Geschlechtes'.

„Komm nun und laß uns über jene ‚höheren-vervollkommneten-Seins-Körper', nämlich über die ‚Seelen', sprechen, die auf diesen heiligen Planeten Fegefeuer kamen, auf den sich all meine vorausgehenden Erklärungen bezogen.

„Also . . . vom ersten Anfang an, als diese höheren Seins-Teile auf diese Weise entstanden und in den Wesen bis zum erforderlichen heiligen Grad von objektiver Vernunft vervollkommnet waren, nämlich als in Übereinstimmung mit dem niederen ‚Mdnel-In' des heiligen Heptaparaparschinoch der Kesdschan-Körper dank der zweiten Seins-Nahrung in den Wesen geformt war, und in Übereinstimmung mit den höheren ‚Mdnel-In' dieses selben heiligen Gesetzes der dritte höchste Seins-Körper dank der dritten heiligen Seins-Nahrung bekleidet und vervollkommnet war und als diese vollkommen vervollkommneten höheren Seins-Teile von den niederen-Seins-Teilen sich trennten, wurden sie für würdig erachtet, sofort mit der Aller-Aller-Heiligsten Urquelle vereint zu werden und ihren Göttlichen vorbestimmten Zweck zu erfüllen.

„Dies ging so weiter bis zu der Zeit, als jenes schreckliche kosmische Ereignis geschah, das, wie ich dir schon sagte, jetzt die ‚Tschut-Gott-Litanische-Periode' genannt wird.

„Bis zu diesem all-kosmischen Unglück vereinten sich alle höheren Seins-Körper, die in einigen Tetartokosmen und in deren ersten Generationen entstanden waren und sich vervollkommnet hatten, sofort mit dem Aller-Aller-Heiligsten Protokosmos selbst, weil ihr allgemeiner Bestand schon Resultate verwirklicht hatte, die ihm völlig entsprachen.

„Die Sache ist die, daß, wenn vor diesem schrecklichen kosmischen Ereignis der heilige Theomertmalogos, der aus der Aller-Aller-Heiligsten ‚Sonne-Absolut' stammte, noch in reinem Zustand war, ohne daß irgendwelche von außen her verursachten Entstehungen irgendwelcher Art mit ihren eigenen subjektiven Eigenschaften ihm hinzugefügt waren, in die Sphären jener Planeten kam, auf denen die heiligen Kristallisierungen entstanden und aus den Resultaten von deren Umwandlungen ‚höhere-Seins-Körper' bekleidet und durch ‚Seins-Apparate' vervollkommnet wurden, diese letzteren genau einen solchen Bestand erhielten, der den erforderten Verhältnissen der Existenz in der Sphäre der Aller-Aller-Heiligsten ‚Sonne-Absolut' entsprach.

„Als aber später das besagte all-kosmische Unglück geschah, demzufolge der heilige Theomertmalogos aus der Aller-Aller-Heiligsten Sonne Absolut mit der Hinzufügung subjektiver Eigenschaften von von außen her verursachten Entstehungen auszugehen begann, von dieser Zeit an hatten diese heiligen kosmischen Entstehungen nicht mehr länger die Möglichkeit, den erforderlichen Verhältnissen der Existenz in der Sphäre der Aller-Aller-Heiligsten Urquelle zu entsprechen.

„Und diese Hinzufügung der von außen verursachten Entstehungen ergab sich im heiligen Theomertmalogos langsam durch die folgenden und wie ich hinzufügen muß, unvorausgesehenen Gründe.

„Wenn jeder einzelne ‚höhere-vervollkommnete-Seins-Körper‘ ein selbständiges Individuum wird und in sich sein eigenes heiliges Triamasikamno-Gesetz erwirbt, beginnt er ähnlich wie die Aller-Aller-Heiligste Sonne-Absolut nur im kleinen zu emanieren; und als viele dieser vervollkommneten selbständigen heiligen Individuen auf der Aller-Aller-Heiligsten Sonne-Absolut zusammen waren, stellte sich zwischen den Emanationen dieser heiligen Individuen und der Atmosphäre der Aller-Aller-Heiligsten Sonne-Absolut ein sogenannter ‚Geneotriamasikamnischer-Kontakt‘ her, und es ergaben sich jene Resultate, die jenes schreckliche Unglück für die ‚höheren-vervollkommneten-Seins-Teile‘ mit sich brachten, von denen ich dir schon sprach.

„Darauf harmonisierte sich die Wirkung der Resultate dieses ‚Geneotriamasikamnischen-Kontaktes‘ mit den schon existierenden Wirkungen der Aller-Aller-Heiligsten Sonne-Absolut selbst, und von dieser Zeit an entstand der heilige Theomertmalogos verändert; trotzdem aber gelang es den Folgen der Resultate dieses Kontaktes eine gewisse Periode hindurch, die harmonische Bewegung vieler Sonnen-Systeme zu ändern und eine Disharmonie im inneren Funktionieren einiger ihrer Planeten hervorzubringen.

DER HEILIGE PLANET „FEGEFEUER"

„Damals eben trennte sich von dem Sonnen-System namens ‚Khlarfogo' jener berühmte Planet, der für sich allein im Raum existiert und ganz außerordentliche Eigentümlichkeiten aufweist und heutzutage ‚Gewissensbiß' heißt.

„Dieser ‚Geneotriamasikamnische-Kontakt' ereignete sich deswegen, weil in der Atmosphäre der Aller-Aller-Heiligsten Sonne-Absolut selbst verschieden-quellige ungewöhnliche Vibrationen, die, wie ich dir schon gesagt habe, aus diesen höheren Seins-Körpern kamen, und mit den Emanationen der Aller-Aller-Heiligsten Sonne-Absolut sich vereinigten und mit ihnen zusammen auch überallhin in den Megalokosmos drangen und sogar jene Planeten erreichten, wo ‚höhere Seins-Körper' noch weiterhin in Wesen entstanden; und diese ungewöhnlichen Vibrationen wandelten sich langsam mit dem heiligen Theomertmalogos um und kristallisierten sich und nahmen allmählich an der Bekleidung der ‚höheren-Teile' der Wesen teil.

„Und von der Zeit an begannen diese heiligen Entstehungen in ihrem Bestande bestimmte Eigenschaften zu haben, die sich dadurch ergaben, daß gewisse Manifestierungen anderer Teile des gegebenen Wesens, in dem diese höheren Entstehungen bekleidet waren, in die Zusammensetzung des Bestandes dieser höheren Teile eintraten und assimiliert wurden und auch sehr ungewöhnliche Resultate ergaben, die später ‚Sünden-des-Seelen-Körpers' genannt wurden und noch so genannt werden.

„All diese verschiedenen Resultate waren die Ursache dafür, daß diese kosmischen Bildungen, selbst wenn sie in ihrer Vervollkommnung den erforderten Grad von objektiver Vernunft erreicht hatten, aber nicht mehr länger mit ihrem ganzen Bestand den Existenz-Bedingungen in der Sphäre des Aller-Aller-Heiligsten Protokosmos entsprachen, von da an die Möglichkeit verloren, würdig erachtet zu werden, sich mit ihm zu vereinen.

„Also, als diese trostlose Lage dieser höheren Seins-Körper, die ‚selbständige-heilige-Individuen' mit vervollkommneter Vernunft geworden waren, dem aber in ihrem Bestand nicht entsprachen, unserem ALL-LIEBEVOLLEN SCHÖPFER, der unendlich gerecht und gnädig ist, zuerst offensichtlich wurde, traf er sofort alle entsprechenden Maßnahmen betreffs dieser unvorhergesehenen und traurigen Erscheinung.

„Dieses kummervolle Phänomen brachte diese heiligen Individuen tatsächlich in eine hilflose Lage, weil sie, obgleich sie ob dieser erwähnten ‚Sünden' in ihrem Bestand keine Möglichkeit hatten, sich mit dem Schoß der Urquelle des Ganzen zu vereinen, doch gleichzeitig jenen Grad im heiligen Maß von Vernunft erreicht hatten, das sie jenem kosmischen Gesetz zweiten Grades unterwirft, genannt ‚Tetetzender', weshalb sie die Möglichkeit zu einer freien Existenz auf der Oberfläche gewöhnlicher Planeten verloren hatten.

„Unter den verschiedenen göttlichen Maßnahmen folgte dann ein Erlaß, den allerbesten Planeten in unserem ganzen großen Megalokosmos zu wählen, seine Oberfläche besonders herzurichten und ihn der weiteren freien Existenz dieser ‚höheren Seins-Körper', die in ihrer Vernunft vervollkommnet waren, zu überlassen, damit sie dort alle Möglichkeiten hätten, um sich von den unwünschenswerten Elementen in ihrem Bestand zu reinigen.

„Von der Zeit an entstand der heilige Planet, der da ‚Fegefeuer' heißt, und seine Hauptorganisation und Regierung wurden nach seinem eigenen Wunsch von unserem All-Viertel-Erhalter, dem großen Erz-Cherub Helkgematius, übernommen, eben jenem großen Helkgematius, der nach der Schöpfung der Welt zuerst des heiligen ‚Anklad' würdig wurde, das heißt, jenen Grad von Vernunft erreichte, der der erste ist, der überhaupt für ein selbständiges Individuum, ungeachtet seiner Natur, zu erreichen möglich ist, und der der dritte Grad nach der Absoluten Vernunft unseres UNENDLICHEN ist.

„Obgleich dieser heilige Planet tatsächlich in jeder Hinsicht der allerbeste ist, wie du selbst gesehen hast, und alles in seinem Äußeren nur derart ist, daß es immer von jedem selbständigen Individuum, wie ich dir schon gesagt habe, ‚isklolunizernernisch' wahrgenommen werden kann, das heißt ‚glückselig-sich-freuend', so zählt dies alles nicht für jene dort existierenden vervollkommneten ‚höheren-Seins-Körper', da sie immer völlig von ihrem intensiven Werk in Anspruch genommen sind, sich von jenen unwünschenswerten Elementen zu reinigen, die in ihren Bestand aus Gründen kamen, die ihrer Individualität ganz fremd sind.

„Im ganzen Bestand der jetzt auf diesem heiligen Planeten existierenden unglücklichen ‚höheren Seins-Körper', die an Vernunft bis zu dem höchsten Grad vervollkommnet sind, den gewöhnliche höhere kosmische Individuen erreichen können, gibt es nur diese eine Gegebenheit, die manchmal in ihnen den Impuls von Hoffnung hervorbringt, nämlich daß sie sich doch einmal reinigen könnten und ihnen das Glück zuteil würde, sich mit jener ‚Größe' zu vereinen und ein Teil von ihr zu werden, die unser ALLMÄCHTIGER ALLGERECHTER GEMEINSAMER UNENDLICHER VATER zum Wohl und Glück alles in unserem Großen Megalokosmos Existierenden verwirklicht.

„Hier ist es interessant zu bemerken, daß fast alle dreihirnigen Wesen auf allen möglichen Planeten unseres großen Weltalls entweder von diesem heiligen Planeten Fegefeuer wissen oder ihn instinktiv empfinden; unbekannt ist er nur den dreihirnigen Wesen deines Planeten, ja doch nur denen, die gegen das Ende der Existenz des Kontinents Atlantis und nach seinem Untergang entstanden sind.

„Sobald die dreihirnigen Wesen unseres Megalokosmos, ohne Unterschied ihrer äußeren Bekleidung irgendeinen Grad von Selbst-Bewußtsein erreichen, beginnen sie schon bewußt oder instinktiv davon zu träumen, daß sie einmal auf diesen heiligen Planeten kommen, um später des Glückes teilhaftig zu werden, ein Teil dieser Größe zu werden, mit der zu verschmelzen früher oder später das Los jedes schon entstandenen Wesens ist; und dreihirnige Wesen, die schon ein größeres Bewußtsein ihrer selbst erreicht haben, lassen immer eifrig und mit Freuden während ihrer gewöhnlichen Seins-Existenz — zur Realisierung dieses Traumes von ihnen — jene Unannehmlichkeiten an ihren Bestand heran, die aus den auf sich genommenen Entbehrungen ihres planetischen Körpers kommen, weil solche Wesen schon gut verstehen und instinktiv fühlen, daß ihr niederer Seins-Körper für ihr eigenes heiliges Triamasikamno die unentbehrliche Quelle für gewisse Arten verneinender Manifestierungen ist und als solche natürlich sich immer nur als der verneinende zu ihrem bejahenden Teil manifestieren muß; das heißt die Manifestation ihres niederen Teiles muß notwendig immer dem entgegengesetzt sein, was von ihrem höheren Seins-Teil von ihnen gefordert wird.

„In anderen Worten, jeder Wunsch des planetischen Körpers gilt dem höheren göttlichen Teile, der bekleidet und vervollkommnet werden muß, als unwünschenswert, und deshalb führen alle dreizentrischen Wesen unseres großen Megalokosmos einen andauernden Kampf gegen die Wünsche ihres planetischen Körpers, damit in ihnen in diesem Kampf durch die sogenannte ‚Kampfkrialnische-Reibung' jene heiligen Kristallisierungen geformt würden, aus denen ihr höherer göttlicher Seins-Teil entsteht und in ihnen vervollkommnt wird.

„In diesem dauernden Kampf ist ihr zweiter Seins-Körper das Gleichgewicht-gebende harmonische Prinzip und stellt in seinem eigenen individuellen Triamasikamno-Gesetz die neutralisierende Kraft dar; und deshalb bleibt dieser zweite Seins-Teil ihren mechanischen Manifestationen gegenüber immer gleichgültig, während er für alle ihre aktiven Manifestationen nach dem kosmischen Gesetz zweiten Grades ‚Urdeckplifata' immer dahin zielt, sich mehr mit jenen Wünschen zu vereinen, von denen es mehr in dem einen oder anderen der zwei besagten entgegengesetzten Seins-Teile gibt.

„Wie ich schon gesagt habe, hatten die dreihirnigen Wesen auch deines Planeten anfangs, das heißt vor dem Untergang des Kontinents Atlantis, ein ungefähres Verständnis dieses heiligen Planeten Fegefeuer, und damals gab es sogar verschiedene Legomonismen über ihn, und es blieben sogar nach dem Untergang jenes Kontinents einige Bruchstücke von Legomonismen betreffs dieses heiligen Planeten Fegefeuer erhalten, dank jenen gelehrten damaligen Wesen, die zufällig gerettet worden waren; und von ihnen gingen sie weiter von Geschlecht zu Geschlecht über. Als sich aber später in der Psyche dieser seltsamen dreihirnigen Wesen dort jene besondere Krankheit einstellte, die ich mit den Worten ‚Klügeln' charakterisierte, trieben sie ihr ‚Klügeln' auch an jenen teilweisen Kunden, die auf sie gekommen waren, und aus diesen Teilen authentischer Kunden betreffs des heiligen Planeten Fegefeuer formten sich allmählich Gegebenheiten und setzten sich in der Psyche der Wesen der folgenden Geschlechter fest, die solche Vorstellungen und Auffassungen hervorriefen, die durch einen gewissen Ausruf unseres hochgeschätzten unvergleichlichen Mulla-Nassr-Eddin ideal definiert werden, und in dem folgenden Seins-Laut besteht: ‚Tschrta-Zurrt'.

„Und was jene Bruchstücke von Legomonismen betreffs des heiligen Planeten angeht, die weiter von Geschlecht zu Geschlecht durch echte Eingeweihte dort vermittelt wurden und unverändert bis auf eine sehr kürzliche Epoche, nämlich auf die sogenannte ‚Babylonische-Epoche' kamen, so wurden auch sie — als Folge von dem, was ich ‚Geistesaufregung' nannte, die damals jeden ergriff und, wie ich dir schon erzählte, in diesem Babylon durch gelehrte Wesen ‚neuen-Formates' entstanden war, die da verschiedene dreihirnigen Wesen ungeziemende Eigenschaften hatten, — allmählich entstellt, und wie man sagt, schließlich vollständig ‚verdufteten'.

„Die Sache ist die, daß, trotzdem die Eingeweihten jener Zeit noch verhältnismäßig normal verantwortliche Wesen waren, die nicht leicht ihre Ideale veränderten, wie es heute von den meisten Wesen geschieht, so wie sie es selbst ausdrücken, wie ‚London-Fu-Fu-Klé' ihre Handschuhe wechseln, so doch in dieser Periode all diese seltsamen dreihirnigen Wesen die Psychose ergriff, um jeden Preis herausfinden zu wollen, ob sie eine Seele hätten und ob sie unsterblich sei, die Psychose, die so stark und weitverbreitet war, daß dieses ungesunde Bedürfnis ihrer Psyche den Geist sogar jener echten Eingeweihten dort aufstachelte und beeinflußte, so daß sie, nachdem auch sie dem Einfluß dieser Psychose verfallen waren, jenem Legomonismus betreffs des heiligen Planeten Fegefeuer solch ein ‚Kabur-Schubur' beimengten und ihn weitergaben, daß sich der Schwanz unseres Luzifer ob all der angenehmen Empfindungen in eine Schattierung der sogenannten ‚Tango'-Farbe verwandelte.

„Die Geistesverwirrung der eingeweihten Wesen des Planeten Erde jener Zeit geschah meiner Meinung hauptsächlich ob der schönen Theorie der Babylonischen Dualisten, in der gesagt war, daß es in der anderen Welt ‚Himmel' und ‚Hölle' gäbe. Eben diese zwei Ausdrücke, nämlich Himmel und Hölle dienten meiner Meinung nach als Ursache alles folgenden ‚Unsinns'.

„In einem Legomonismus über den heiligen Planeten

Fegefeuer wurden nämlich auch diese Worte ‚Paradies‘ und ‚Hölle‘ gebraucht.

„Ich weiß nicht, ob diese zwei Worte aus dem Legomonismus betreffs des heiligen Planeten genommen oder zufällig entstanden waren.

„Mit diesen zwei Worten waren in dem Legomonismus über den heiligen Planeten Fegefeuer die zwei folgenden Auffassungen ausgedrückt: durch das Wort Paradies die Prächtigkeit und Reichheit, die es auf diesem heiligen Planeten gibt, und durch das Wort Hölle jener innere Zustand, den die dortigen höheren Seins-Körper erfahren, nämlich den Zustand beständiger Angst, Kummer und Bedrückung.

„Und in einem anderen Legomonismus wurden sogar die Ursachen dieses Zustandes eingehend erklärt, nämlich daß diese ‚höheren Seins-Teile‘ oder ‚Seelen‘, die nach unausdrückbar bewußt-leidenden Arbeiten schließlich auf diesen heiligen Planeten gekommen waren und die Realität und Bedeutung alles Existierenden gesehen und verstanden hatten und denen es, hauptsächlich da sie UNSEREN GEMEINSAMEN UNENDLICHEN VATER so nahe und so oft sehen, bewußt geworden ist, daß sie ob der in ihnen vorhandenen unwünschenswerten Elemente noch unfähig sind, ihm in der Erfüllung seiner heiligsten Aufgaben zum Wohl unseres ganzen Megalokosmos zu helfen.

„So waren also diese zwei Worte offensichtlich der Grund, weshalb die armen Eingeweihten jener Zeit glaubten, als sie durch die allgemeine Psychose angesteckt waren, daß in jener phantastisch schönen Theorie der babylonischen zukünftigen Hasnamusse von denselben Dingen nur in mehr Einzelheiten die Rede war, und so fingen sie halb bewußt an, gewisse Einzelheiten dieser phantastischen Theorie in den Legomonismus betreffs dieses heiligen Planeten hineinzuschieben, und als diese

Kunden dann von Geschlecht zu Geschlecht weitergingen, blühte mit der Hinzufügung dieser Phantasien das auf, was unser teurer Mulla-Nassr-Eddin wieder mit einem Wort bezeichnet: ‚Kralkanatonaschachermacher'.

„Demzufolge, was ich dir soeben gesagt habe, mein Junge, wirst du im allgemeinen beurteilen können, was für Auffassungen und Vorstellungen sie zur Jetztzeit auf deinem Planeten dort betreffs der ‚Frage nach dem Jenseits' haben; man kann wahrhaftig sagen, daß, wenn diese Auffassungen und Vorstellungen deiner Sonderlinge über ihre ‚Fragen nach dem Jenseits' von unseren Hühnern gehört würden, die so herzlich lachen würden, wie es deinen Lieblingen von dem geschieht, was sie ‚Rizinusöl' nennen.

„Für ein besseres Verstehen und Erkennen und gleichzeitig für eine bessere märchenhafte Beleuchtung der Bedeutung dieser Ausdrücke, die ich soeben gebrauchte, ‚Hühnergelächter' und ‚Rizinusöl', muß ich dir von einigen anderen Folgen erzählen, die aus immer demselben ‚schlauen Klügeln' dieser deiner Lieblinge stammen, in diesem Fall über die Frage ‚des Seins-Exioächari', um so mehr als die Kenntnis davon dir eine weitere Gegebenheit liefern wird, um dir durch ein konkretes Beispiel gewisse Eigentümlichkeiten des kosmischen heiligen Grund-Gesetzes Heptaparaparschinoch, die ich dir schon erklärt habe, weiter aufzuhellen.

„Nach dem Untergang des Kontinents Atlantis blieb auch eine gewisse Kenntnis von dem Ursprung und der Bedeutung eben dieses ‚Seins-Exioächari' erhalten und ging langsam von Geschlecht zu Geschlecht über.

„Und als vor ungefähr dreißig oder fünfunddreißig Jahrhunderten nach einem großen Prozeß des gegenseitigen Vernichtens die meisten von ihnen anfingen, wie es dort gewöhnlich nach diesen schrecklichen Exzessen geschieht, die Wirklichkeit zu sehen und weniger mit den Verhältnissen ihrer gewöhnlichen Existenz zufrieden zu sein, ereignete es sich, daß die erhalten gebliebenen Fragmente, die das Wissen betreffs der Bedeutung des ‚Seins-Exioächari' enthielten, in ihrer authentischen Form auf einige von ihnen gelangten, die die Leere ihrer Existenz besonders stark empfanden und nach Möglichkeiten suchten, durch die sie diese Leere irgendwie füllen könnten.

„In diesen, wenn auch fragmentarischen, so doch authentischen Kunden war sehr überzeugend dargestellt, daß es mittels der Stoffe ‚Exioächari' oder ‚Sperma', die sich in ihnen bilden, möglich ist, sich zu vervollkommnen, jedoch zu ihrem Unglück waren keine Anweisungen in diesen erhalten gebliebenen Kunden, die sie erreicht hatten, was, und wie dies zu geschehen habe.

„Darauf begannen einige von ihnen darüber nachzudenken und sich eifrig zu bemühen, um zu verstehen, was von ihnen getan werden müßte, um mittels dieser Stoffe, die sich unausbleiblich in ihrem Bestand bilden, an Selbstvervollkommnung zu arbeiten.

„Als Resultat ihres ernsten Nachdenkens entstand in ihnen zuerst die Überzeugung, daß diese Selbstvervollkommnung jedenfalls dadurch verwirklicht werden könnte, indem diese sich in ihnen bildenden Stoffe, genannt ‚Sperma', nicht in der gewöhnlichen Weise von ihnen ausgeschieden würden, und einige von ihnen beschlossen, sich zusammenzutun und in Gemeinschaft zu existieren, um sich durch die Praxis zu überzeugen, ob solche Abstinenz tatsächlich die erwarteten Resultate ergeben würde.

„Wie sehr sich auch diese selben Wesen deines Planeten, die sich zuerst für diese Frage interessierten, bemühten, Klarheit darüber zu erhalten, so erreichten sie doch nichts; es gelang erst der zweiten Generation von ihnen, die schließlich nach langen bewußten Beobachtungen und intensivem aktivem Denken kategorisch verstand, daß dies tatsächlich möglich sei, jedoch nur unter der Bedingung einer unaufhörlichen Erfüllung der ‚Seins-Partkdolgpflicht'. Die Wesen dieser erwähnten Generation sowohl als einige der zwei folgenden Generationen, die ernsthaft dies zu verwirklichen begannen, erreichten tatsächlich die erwarteten Resultate.

„Aber schon die vierte Generation nach den Wesen, die zuerst an dieser Frage interessiert waren, und die Anhänger nicht aus Wesens-Überzeugung, sondern aus einer Eigenschaft waren, die da ‚Imitieren' genannt wird, was zu jener Zeit den dreihirnigen irdischen Wesen schon ganz eigen geworden war, existierte auch gemeinsam und tat als ob es das gleiche wäre.

„Und von der Zeit begann es und geschieht bis heute noch automatisch, daß sich diese Anhänger in einzelne Gruppen zusammentun und manchmal solide Sekten mit verschiedenen Namen bilden und gemeinsam abgesondert existieren, und dabei diese ‚Abstinenz' zur Grundlage ihres Zieles machen.

„Und die Plätze ihrer abgeschlossenen gemeinsamen Existenz heißen dort ‚Klöster' und die einzelnen Wesen, die zu diesen Sekten gehören, ‚Mönche'.

„Heutzutage gibt es sehr viele dieser Klöster und die unzähligen Mönche, die in sie eintreten, enthalten sich tatsächlich streng der Ausscheidung des ‚Seins-Exioächari' oder ‚Sperma', das sich in ihnen in der üblichen Weise bildet, aber es wird natürlich kein vernünftiges Resultat durch diese ihre Abstinenz erzielt, weil diesen unglückseligen ‚zeitgenössischen-Mönchen' sogar nicht einmal mehr der Gedanke in den Kopf kommt, daß, obgleich es tatsächlich möglich ist, sich durch diesen sich in ihnen bildenden Stoff ‚Exioächari' zu vervollkommnen, dies ausschließlich nur geschehen kann, wenn die zweite und dritte ‚Seins-Nahrung' absichtlich aufgenommen und bewußt in ihrem Bestande verdaut wird, was allein möglich ist, wenn alle Teile des Bestandes zuvor daran gewöhnt worden sind, beide heiligen ‚Seins-Partkdolgpflichten' bewußt zu erfüllen, nämlich ‚bewußte Bemühungen' und ‚absichtliche Leiden'.

„Es ist jedoch ungerecht zu sagen, daß überhaupt kein sichtbares Ergebnis unter diesen Mönchen erzielt wird. Es werden sogar zwei verschiedene Arten von ‚sichtbaren Ergebnissen' unter ihnen erzielt.

„Damit du besser verstehen kannst, warum diese besagten zwei verschiedenen Arten von Ergebnissen unter den heutigen enthaltsamen Mönchen erzielt werden, muß ich dir nochmals wiederholen, daß wenn nach dem kosmischen heiligen Grund-Gesetz Heptaparaparschinoch alles was in unserem Megalokosmos existiert, das große sowohl wie das kleine, im Evolutions-Prozeß beim Durchgang durch beide Mdnel-Ins des heiligen Heptaparaparschinoch nicht entsprechende von außen kommende fremde Hilfe erfährt, es sich langsam in jenen bestimmten Zustand zurückentwickelt, von dem aus es seine Evolution begann.

„Dasselbe geschieht natürlich mit den bestimmten kosmischen Stoffen, die sich im Bestand eben dieser irdischen sich enthaltenden Mönche bilden.

„Also, mein Junge, demzufolge daß diese irdischen Mönche, besonders die heutigen, der weiteren Evolution dieser sich unausbleiblich in ihnen durch den dauernden Gebrauch der ersten Seins-Nahrung formenden Stoffe nicht absichtlich helfen, das heißt, da sie überhaupt in ihrem ganzen Bestand keine ‚Seins-Partkdolgpflicht' ausüben, weder bewußt noch sogar automatisch, und da sie gleichzeitig diese Stoffe nicht in der normalen, von der Natur vorgezeichneten Weise aus sich ausscheiden, entwickeln sich diese Stoffe von selbst in ihnen zurück und während dieser Involution des ‚Seins-Exioächari' oder ‚Sperma' verwirklicht sich unter den vielen bestimmten zeitweiligen Stoffen, die sich im allgemeinen in ihrem ganzen Bestand durch solch einen unfreiwilligen Prozeß bilden, ein bestimmter zeitweiliger Stoff, der die Eigenschaft hat, auf zwei verschiedene Arten auf das allgemeine Funktionieren des planetischen Körpers eines Wesens zu wirken.

„Die erste Art der Wirkung dieser bestimmten Substanz besteht darin, daß sie den Ansatz von Überflüssigem, was ‚Karaziag' genannt wird, begünstigt, das heißt von dem, was man dort ‚Fett' nennt. Und seine zweite Art von Wirkung befördert die Entstehung und Verbreitung über den ganzen planetischen Körper von den sogenannten ‚Giftiunoskirnischen-Vibrationen'.

„Die Folge von all dem ist, daß im ersten Fall diese irdischen enthaltsamen Mönche außerordentlich, wie man dort gewöhnlich sagt, ‚dick' werden, und man trifft tatsächlich manchmal unter diesen fetten Mönchen eine Gattung mit solch reicher Fettanlage, daß sie vielfach jener Form von Wesen voraus sind, die sie absichtlich fett machen, um eben dieses Fett in ihrem planetischen Körper zu vermehren, die Form von Wesen, die sie ‚Schwein' nennen.

‚Dementgegen werden im zweiten Falle diese enthaltsamen Mönche, wie man auch dort gewöhnlich sagt, ‚mager-und-dünn' und die Wirkung der ‚Giftiunoskirnischen-Vibrationen', die durch sie gehen, ist in ihrer allgemeinen Psyche offensichtlich, die scharf dual wird und deren Manifestationen in zwei einander diametral entgegengesetzten Arten geteilt werden, die äußere sichtbare zur Schau getragene und von jedem um sie herum empfundene und die innere verborgene, die die gewöhnlichen Wesen dort, besonders die heutigen, schon nicht mehr feststellen oder wahrnehmen können; in ihren äußeren sichtbaren Äußerungen erscheinen diese ‚Giftiunoskirnischen-Mönche', was deine Lieblinge als ‚bigottisch' höchsten Grades ausdrücken würden, und in ihren inneren verborgenen Äußerungen, die sie anderen nicht zeigen, was deine Lieblinge ‚Zyniker-Experten' auch hohen Grades nennen würden.

„Was die Gründe betrifft, weshalb unter gewissen enthaltsamen Mönchen die Giftiunoskirnischen-Vibrationen aus dem Involutions-Prozeß des Exioächari statt einer Fettablagerung gewonnen werden, so gibt es sogar darüber eine sehr ‚eingehende-Theorie‘, die von einem, was sie ‚katholischen Mönch‘ nennen, ausgearbeitet ist, der vor einigen hundert Jahren eingehend bewies, daß dies deshalb geschieht, weil in den ersten Jahren ihrer Existenz sich eben diese ‚dünnen-Mönche‘ sehr eifrig mit jener Beschäftigung abgeben, durch die, was sogar die Medizin dort weiß, im allgemeinen auf dem Gesicht der jüngeren Wesen dort ‚Pickel‘ entstehen.

„Zu einer vollen Darstellung und für ein volles Verständnis der Bedeutung dieser Art von Abstinenz unter den gegenwärtigen Mönchen dort bleibt noch zu sagen, wovon ich mich während meines letzten Aufenthaltes unter ihnen überzeugte, daß nämlich schon dank nur dieser Folgen, die aus dem involutionierenden Prozeß des Exioächari stammen, verschiedene Folgen der Eigenschaften des Organs Kundabuffer sich im allgemeinen Bestand dieser unglücklichen irdischen enthaltsamen Mönche viel leichter festsetzen und folglich zugenommen haben."

An dieser Stelle seiner Erzählung wurde Beelzebub von einem Schiffs-Bediensteten unterbrochen, der ihm ein „Leitutschanbros" überreichte, das Beelzebub an sein Ohr hielt und seinem Inhalt zuhörte.